Campact e. V.

ABSCHALTEN!

Warum mit Atomkraft Schluss sein muss und was wir alle dafür tun können

Fischer Taschenbuch Verlag

Originalausgabe
Veröffentlicht im Fischer Taschenbuch Verlag,
einem Unternehmen der S. Fischer Verlag GmbH,
Frankfurt am Main, Juli 2011

© S. Fischer Verlag GmbH, Frankfurt am Main 2011
Text: Yves Venedey
Textredaktion: Matthias Michel, Wiesbaden
Satz: Dörlemann Satz, Lemförde
Druck und Bindung: C. H. Beck, Nördlingen
Printed in Germany
ISBN 978-3-596-18983-0

Inhalt

Campact – Kritische Masse für Demokratie ... 9

1. Einleitung: Der Atomdeal ... 15
1.1 Merkels Geheimvertrag ... 15
1.2 Kalkulierter Verfassungsbruch ... 32
1.3 Fukushima ist überall ... 36
1.4 Schwarz-gelber Technikpessimismus ... 42
1.5 Die Entstehung des Stromkartells ... 48
1.6 Der »energethische« Imperativ ... 56

Teil I Die Atomlüge – Wie uns Politiker und Atomlobby hinters Licht führen

2. Tödliche Nachbarn ... 65
2.1 Nukleares Lottospiel ... 65
2.2 Je älter, desto unsicherer ... 71
2.3 Das schleichende Gift der Routine ... 90
2.4 Der »Pamela-Anderson-Effekt« als letzte Rettung? ... 94
2.5 Tschernobyl und die Folgen ... 107
2.6 Welche Folgen hätte ein Super-GAU in Deutschland? ... 118
2.7 Machen Atomkraftwerke Kinder krank? ... 127

3.	**Brücke ins Nirgendwo**	139
3.1	Kassandra oder Damokles?	139
3.2	Atomkraft kann das Klima nicht retten	151
3.3	Der Systemkonflikt zwischen Atomkraft und Erneuerbaren Energien	162
4.	**Wohin mit dem Atommüll?**	182
4.1	Die bundesweite Endlagersuche von Campact	182
4.2	Atommülllager Weltmeere	193
4.3	Asse: Was ewig halten sollte, ist schon nach 40 Jahren undicht	200
4.4	Der Kampf um Gorleben	208
4.5	»Wenn die Wanne überläuft, dreht man auch zuerst den Hahn zu«	221
5.	**Die Lüge vom sauberen Atomstrom**	227
5.1	Uran: Der schmutzige Atombrennstoff	227
5.2	Die gesundheitlichen Folgen des Uranabbaus	237
5.3	Wismut und die Sanierung der Urangruben	241
5.4	Wie lange reicht das Uran?	243
6.	**Siamesische Zwillinge**	248
6.1	Zivile und militärische Atomtechnik lassen sich nicht trennen	253
6.2	Die Vision einer Welt ohne Atomwaffen	262
7.	**Der Mythos vom Comeback der Atomenergie**	268
7.1	Trotz Neubauten sinken die Marktanteile	268
7.2	Das Märchen vom »billigen« Atomstrom	284

Inhalt

Teil 2 Zukunft statt Atom und Kohle

8.	**Der Weg ins Solarzeitalter**	295
8.1	Der Atomausstieg 2.0	295
8.2	Kleiner ist flexibler: Die Intelligenz des Schwarms	305
8.3	Energieeffizienz – die wichtigste Brückentechnologie	315
9.	**Unendlich viel Energie**	319
9.1	Sonne und Wind schicken uns keine Rechnung	319
9.2	100 Prozent Erneuerbare bis 2040	330

Teil 3 Was wir alle für die Energiewende tun können

10.	**Atomausstieg selber machen**	341
10.1	Atomausstieg in fünf Minuten	341
10.2	Atomkraft wegsparen	349
10.3	Ökoenergie selber machen	353
10.4	Atombanken? Nein, danke!	355
11.	**Rote Karte für Atompolitiker**	370
11.1	Protest wirkt	370
11.2	Das Ende der Zuschauerdemokratie	375
11.3	Abschalten!	382

Anhang 386
17 tödliche Nachbarn –
Die deutschen Atomkraftwerke 386
Adressen von Anti-Atom-Initiativen und
Umweltverbänden 398

Empfehlenswerte Ökostromanbieter 403
Alternativbanken 405

Anmerkungen 406

Register 414

Campact – Kritische Masse für Demokratie

Als ich im Jahr 2010 mit der Arbeit an diesem Buch begann, ahnte auch im Campact-Team niemand, auf welch bedrückende Weise es an Aktualität gewinnen würde. Wir wussten um die Gefahren der Atomkraft, doch dass in einem Hochtechnologieland wie Japan mehrere Reaktoren gleichzeitig außer Kontrolle geraten könnten, hätten selbst wir nicht für möglich gehalten. Die tragischen Ereignisse in Japan zeigen 25 Jahre nach Tschernobyl erneut, dass die Atomenergie eine Technologie ist, die nicht beherrscht werden kann. Wir müssen jetzt alles tun, damit es nicht zu weiteren Atomkatastrophen kommt, nirgendwo auf der Welt. Einen Monat nachdem in Fukushima ein Super-GAU auf Raten begann, hatten bereits über 300 000 Menschen auf unserer Internetseite an Bundeskanzlerin Merkel appelliert, Atomkraftwerke abzuschalten – und zwar jetzt und endgültig! Erst im Herbst 2010 hatte Merkels Koalition die Laufzeiten der alternden Atommeiler drastisch verlängert: Bis weit über das Jahr 2040 hinaus wollte sie uns den tödlichen Risiken der Atomkraft aussetzen. Doch Fukushima veränderte vieles.

»Frau Merkel, zum Diktat bitte!« So beschrieb die *Süddeutsche Zeitung* die Art und Weise, wie die vier Atomkonzerne E.ON, RWE, EnBW und Vattenfall die Bundesregierung unter Druck setzten. Selten haben Konzerne dem Bundestag so offensichtlich ein Gesetz diktiert wie beim sogenannten Atomdeal. Dass rund 60 Prozent der Bevölkerung schon vor Fukushima für den Atomausstieg waren, hatte anscheinend kein Gewicht. Die im Oktober 2010 am Bundesrat vorbei durchgeboxten Laufzeitverlängerungen für die 17 deutschen Atomkraftwerke waren ein besonders drastisches Beispiel für den Einfluss von Konzernen und Wirtschaftslobbyisten auf das politische System. Ähnlich einflussreich wie die Stromkonzerne agieren Banken, Versicherungen, Pharmakonzerne und die Autoindustrie.

Doch wo bleibt die Lobby für die Interessen der Bürgerinnen und Bürger und der kommenden Generationen? Von den politischen Parteien fühlen sich viele Menschen nicht oder nicht mehr vertreten. Die beiden großen »Volks«parteien CDU und SPD büßten von 1997 bis 2007 Hunderttausende Mitglieder ein. Den Gewerkschaften ergeht es nicht anders. Die »Partei der Nichtwähler« hätte bei einigen der letzten Wahlen bereits die stärkste Fraktion bilden können. Doch eine generelle »Politikverdrossenheit« daraus abzuleiten wäre vorschnell. Im Gegenteil: Gerade die Anti-Atom-Bewegung zeigt, dass bestimmte gesellschaftliche Konflikte sehr wohl viele Menschen interessieren – und dass diese bereit sind, sich für den Ausstieg einzusetzen.

Mit diesen Entwicklungen im Hinterkopf beobachteten der Diplombiologe Christoph Bautz und der Politikwissenschaftler Günter Metzges 2004 den Ansatz einer neuen internetbasierten Initiative in den USA. Sie lernten einen Ansatz kennen, dessen Potential deutsche Organisationen bis dahin unterschätzten: über das Internet vermittelt Menschen gemeinsam zu politischen Aktionen zu mobilisieren. »MoveOn« nannte sich das US-Netzwerk, das eher aus einer Laune heraus im Silicon Valley entstanden war: Mitte der 1990er

Jahre stürzten sich Amerikas Medien ganz auf Präsident Bill Clintons Affäre mit Monica Lewinsky. Die Republikaner wollten Clinton sogar des Amtes entheben. Da unterschrieben Hunderttausende US-Bürger innerhalb kurzer Zeit eine Online-Petition unter dem Motto »Move on«. Kümmert Euch wieder um die wirklich wichtigen Probleme, war die Botschaft. Aus dieser Online-Petition entstand letztlich ein schlagkräftiges Online-Netzwerk, das in der Amtszeit von George W. Bush gegen den Irakkrieg mobilisierte und später Barack Obamas Pläne für eine Gesundheitsreform unterstützte.

Die Grundidee von MoveOn zusammen mit ihren eigenen Erfahrungen aus Jugendumweltorganisationen, Attac-Mitgründung und Anti-Atom-Bewegung verschmolzen Christoph Bautz und Günter Metzges Ende 2004 im Konzept von »Campact«: eine Kampagnenorganisation, mit deren Hilfe sich Menschen vernetzt über das Internet in aktuelle politische Entscheidungen in Deutschland einmischen. Online-Petitionen unterzeichnen, das können auch politisch interessierte Menschen, die nur wenig Zeit haben, weil sie beruflich oder familiär stark eingebunden sind, keine Ortsgruppen von Organisationen in der Nähe haben oder neben der Politik noch viele andere Interessen verfolgen. Politisches Engagement zu aktuell »brennenden« Themen wird für manche so erst möglich. Doch es soll nicht nur beim »Klicken« bleiben. Campact – eine Verbindung der Begriffe »Campaign« und »Action« – kombiniert schnelles Handeln via Internet mit phantasievollen Aktionen, die Öffentlichkeit herstellen und auf Entscheidungsträger einwirken. Das reicht vom Telefonmarathon beim lokalen Wahlkreisabgeordneten über Plakataktionen oder regionale Kundgebungen mit Großpuppen bis zur Beteiligung an Aufsehen erregenden Protestformen wie der 120 Kilometer langen Menschenkette zwischen den Atomkraftwerken Brunsbüttel und Krümmel im April 2010.

Kampagne trifft auf Aktion – mit Campact ist eine Kettenreaktion ganz eigener Art in Gang gesetzt: Hatte Campact Anfang 2007 um die 23 000 Aktive, waren es ein Jahr später bereits doppelt so viele. Felix Kolb, ebenfalls Politikwissenschaftler und zusammen mit Christoph Bautz Mitinitiator der Bewegungsstiftung, verstärkte inzwischen die Campact-Führung, das Team wuchs. Im Frühjahr 2009 durchbricht Campact die 100 000er-Marke, zwei Jahre später bekommen rund eine halbe Millionen Menschen den E-Mail-Newsletter des Kampagnennetzwerks und mischen sich regelmäßig in die Politik ein. Nach Gründungshilfen aus dem Umfeld der Bewegungsstiftung finanziert sich Campact inzwischen selbst, insbesondere aus den Spenden der Campact-Aktiven und den Beiträgen der Förderer. Andere gemeinnützige Organisationen tragen noch 17 Prozent (2009) bzw. knapp 10 Prozent (2010) zu den Einnahmen bei.

Anders als bei »MoveOn«, die als Vorfeldorganisation der amerikanischen Demokraten arbeitet, ist Campact von Anfang an auf Unabhängigkeit und Überparteilichkeit bedacht. Ob »rote« Mitverantwortung bei der Bahnprivatisierung, drohende »grüne« Toleranz von Kohlepatronage in Nordrhein-Westfalen, »schwarze« Angriffe auf die Rundfunkfreiheit, fehlende »gelbe« Sensibilität für Bürgerrechte bei Koalitionsverhandlungen oder »linkes« Umfallen beim Braunkohletagebau – für Campact zählt die Ausrichtung am Gemeinwohl und den Interessen engagierter Bürgerinnen und Bürger. Eine sozial gerechte, ökologisch nachhaltige, demokratische und friedliche Gesellschaft ist das große Ziel.

Den ersten größeren Erfolg feierte Campact gemeinsam mit Transparency International, Mehr Demokratie und Lobby

Control, als die vier Organisationen gemeinsam die Veröffentlichung der Nebeneinkünfte von Bundestagsabgeordneten durchsetzen halfen. Im April 2009 erreichte Campact im Bündnis mit vielen anderen Organisationen ein Anbauverbot für den Genmais MON 810. Campact mobilisierte Tausende Menschen zu den Großkundgebungen für erneuerbare Energien und gegen Atomkraft nach der Bundestagswahl 2009. Am friedlichen Protest gegen den Castor waren die Campact-Aktiven ebenso beteiligt wie an der Verhinderung eines Atommülltransports ins russische Atomzentrum Majak.

Der Erfolg von Campact, aber auch die Bürgerproteste gegen Stuttgart 21 und das Wiedererstarken der Anti-Atom-Bewegung beweisen, dass die Bürgerinnen und Bürger keineswegs politikverdrossen sind, sondern eher parteienverdrossen. Vielen Menschen genügt es nicht mehr, nur alle vier Jahre buchstäblich ihre Stimme »abzugeben« – und danach nichts mehr zu sagen zu haben. Dies zeigt auch der immer lautere Ruf nach mehr direkter Demokratie in Bund, Ländern, Gemeinden und Europa. Campact unterstützt die Forderung nach Volksinitiativen, Volksbegehren und Volksentscheiden.

Die Energiepolitik liegt Campact besonders am Herzen: Sie ist der archimedische Punkt beim ökologischen Umbau der Industriegesellschaft. An der Frage, ob der Wechsel von den atomar-fossilen Energien zu Erneuerbaren Energien, Energieeffizienz und Energiesparen rechtzeitig gelingt, entscheidet sich die Zukunft unseres Planeten. Es gibt kaum eine andere Technologie, die so großen Schaden anrichten kann und gleichzeitig so überflüssig und teuer ist, wie die Atomkraft. Darum war das Campact-Team sofort begeistert, als der Fischer Verlag den Vorschlag eines Buches über den Atomausstieg machte. Ein Buch für alle, die sich nicht nur über die Risiken der

Atomkraft, sondern auch über Alternativen informieren und sich zum Handeln ermutigen lassen wollen. Denn jede und jeder kann etwas für den Atomausstieg tun: Angefangen vom Wechsel des Stromanbieters und ethischer Geldanlage bis hin zu Beteiligung an Protestaktionen über www.campact.de, aber auch durch Mitwirkung in Umweltverbänden, bei der Anti-Atom-Organisation .ausgestrahlt oder vor Ort in den zahlreichen Gruppen, Initiativen und Bündnissen. Als sich am 6. November 2010 im Wendland 50 000 Menschen gegen den Castor versammelten, zogen über ganz Norddeutschland dichte Regenwolken. Doch in Dannenberg schien die Sonne – wie ein Gruß vom zukünftigen solaren Zeitalter.

Berlin, im April 2011
Yves Venedey

1. Einleitung: Der Atomdeal

1.1 Merkels Geheimvertrag

Rolf Martin Schmitz war die Freude über das Milliardengeschenk anzumerken, als er über das neue Energiekonzept der Bundesregierung sprach. Vielleicht waren es die Glückshormone, die den RWE-Vizechef so redselig machten. Nach seinem Vortrag auf einem Energiekongress in München meldete sich Tobias Münchmeyer zu Wort. Wer garantiere denn, wollte der Energieexperte der Umweltschutzorganisation Greenpeace wissen, dass die Konzerne wirklich einen Teil ihrer Zusatzgewinne aus den Laufzeitverlängerungen für die Atomkraftwerke abgeben? Schließlich hätten die vier Atomkonzerne doch schon einmal einen Vertrag gebrochen, den Atomkonsens mit Rot-Grün. Das sei eine Unterstellung, erwiderte Schmitz. Und im Übrigen hätten die Konzerne die Vereinbarung zwischen Bundesregierung und den Energiekonzernen noch in der Nacht paraphiert. »Um 5:23 Uhr morgens. Auch Sie, Herr Staatssekretär, haben wir dafür noch mal aus dem Bett geholt.« Er wies auf den in der ersten Reihe sitzenden Umweltstaatssekretär Jürgen Becker.[1]

Jetzt war es raus. Die anwesenden Journalisten wurden hellhörig. Auf den zahlreichen Pressekonferenzen nach der entscheidenden Nachtsitzung hatten Bundeskanzlerin Angela Merkel (CDU) und ihre Minister die Aufkündigung des Atomausstieges verkündet und ihr eigenes Energiekonzept als revolutionär gelobt. Doch von einem Vertrag mit den Kernkraftwerksbetreibern hatten sie nichts gesagt. Warum diese Heimlichtuerei? Was steht in dem Geheimvertrag? Nachdem sich Schmitz verplappert hatte, war in Berlin die Aufregung groß. Die Bundesregierung versuchte zunächst abzuwiegeln. Die Vereinbarung mit den Stromriesen sei doch ein »völlig normaler Vorgang«, hieß es. Aber nun sickerten immer mehr Details des Geheimvertrages durch.

Zwei Tage vorher hatte die Bundeskanzlerin seit dem frühen Sonntagmorgen zusammen mit Umweltminister Röttgen (CDU), Wirtschaftsminister Brüderle (FDP) und Finanzminister Schäuble (CDU) versucht, eine gemeinsame Linie im Atomstreit zu finden, der seit Monaten in der schwarz-gelben Koalition geschwelt hatte. Unterdessen war vor dem Bundeskanzleramt kein Durchkommen mehr: Über 2000 Menschen protestierten vor den Türen gegen die Atompläne der Bundesregierung. Ihr Unmut war unüberhörbar – sie pfiffen, trommelten und skandierten im Chor: »Abschalten, abschalten!«

Vor der Einfahrt zum Kanzleramt erwarteten die Atomkraftgegner den FDP-Vorsitzenden Guido Westerwelle und CSU-Chef Horst Seehofer, die erst später zu der Runde im Kanzleramt dazustoßen wollten. Doch beide Politiker scheuten die Konfrontation mit den Demonstranten: Ihre Limousinen fuhren gleich weiter ums Kanzleramt herum, zum Hintereingang. In der Regierungszentrale wurde bis spät in die Nacht verhandelt. Wie sich später herausstellte, waren dabei die Bosse von E.ON, RWE, Vattenfall und EnBW über eine Art Standleitung zugeschaltet.

Am Ende setzten sich die Atomlobby und Bundeswirtschaftsminister Rainer Brüderle (FDP) auf ganzer Linie gegen Bundesumweltminister Norbert Röttgen (CDU) durch: Die

Laufzeiten der ältesten und störanfälligsten Atommeiler, die vor 1980 ans Netz gegangen sind, wurden um acht Jahre verlängert – von 32 auf 40 Jahre ab dem Tag der ersten Inbetriebnahme. Die Laufzeiten für die nach 1980 in Betrieb gegangenen Atomkraftwerke wurden sogar um 14 Jahre verlängert, von 32 auf 46 Jahre. Im Durchschnitt dürfen die deutschen Atomkraftwerke 12 Jahre länger laufen, so die Regierung.

Doch diese Zahlen und Jahresangaben sind irreführend: Denn erstens wären die Reaktoren nach dem rot-grünen Atomgesetz ja nicht alle sofort abgeschaltet worden, sondern das letzte frühestens 2022. Die zusätzlichen Jahre kommen noch obendrauf. Nach dem schwarz-gelben Atomgesetz würde das letzte Atomkraftwerk (AKW) frühestens im Jahr 2036 abgeschaltet. Doch tatsächlich könnten einzelne Reaktoren sogar noch weit über das Jahr 2040 hinaus betrieben werden. Denn im Atomgesetz wurden keine Jahresfristen festgelegt, sondern die AKW-Laufzeiten wurden in Reststrommengen umgerechnet, welche die einzelnen Atommeiler noch produzieren dürfen. Wenn ein Atomkraftwerk aufgrund eines Störfalles oder für Reparaturen abgeschaltet wird und somit für eine gewisse Dauer keinen Strom produziert, verschiebt sich das Ende der Laufzeit entsprechend nach hinten. Außerdem werden durch den Ausbau der Erneuerbaren Energien viele Atomkraftwerke in Zukunft seltener mit voller Leistung arbeiten, sondern immer häufiger nur im Teillastbetrieb laufen oder ganz heruntergefahren werden müssen. Dadurch dauert es länger, bis die Atomkraftwerke die ihnen zugeteilte Strommenge produziert haben. Und falls die Kraftwerksbetreiber einzelne ältere Atomkraftwerke freiwillig vorzeitig stilllegen, weil sich teure sicherheitstechnische Nachrüstungen dort nicht mehr lohnen, dann können sie die ungenutzten Strommengen auf jüngere Anlagen übertragen.[2]

Kommt es dazu, könnten einzelne Atomkraftwerke sogar bis ins Jahr 2050 oder noch länger betrieben werden. Selbst der jüngste deutsche Atomreaktor wäre dann schon 61 Jahre alt. »Betriebszeiten von bis zu 50 Jahren und mehr, wie sie nach den neuen Plänen der Bundesregierung vorgesehen sind, wurden bisher noch nirgendwo ausprobiert. In Deutschland wird also der Feldversuch stattfinden, um herauszufinden: Wie lange hält ein Atomkraftwerk?«, kommentierte das Magazin *Stern*.[3] Deutschland hat den drittältesten Atomkraftwerkspark der Welt, nur die Meiler in den USA und in Großbritannien sind noch älter. Keiner der Reaktoren in Deutschland entspricht dem heutigen Stand von Wissenschaft und Technik, kein einziger von ihnen wäre heute noch genehmigungsfähig. Und keiner der Atommeiler würde den Absturz eines großen Passagierflugzeuges unbeschadet überstehen. Die sieben ältesten Kernkraftwerke weisen besonders große Sicherheitsmängel auf. Außerdem würden sie nicht einmal den Absturz eines kleineren Flugzeuges überstehen.

Norbert Orwells »zusätzliche Sicherheitsstufe«

Mit dem Atomdeal wurden nicht nur die Laufzeiten für die alternden Atomkraftwerke verlängert, sondern noch weitere Geschenke an die Atomkonzerne verteilt. So wurde in das Atomgesetz ein neuer Paragraph 7d eingefügt, den der Bundesumweltminister der Öffentlichkeit als »zusätzliche Sicherheitsstufe« zu verkaufen versuchte. »Die neue Bestimmung erlaubt es jetzt den Behörden, auch solche Maßnahmen zu verlangen, die bislang nicht als erforderlich angesehen wurden oder deren Erforderlichkeit umstritten ist«, so Röttgen. »Sie verbessert die Eingriffsmöglichkeiten der Behörden und verschärft die Verpflichtungen der Betreiber.«[4] Tatsächlich wurde jedoch in für Laien nur schwer verständlichem Juristendeutsch den Atomkraftwerksbetreibern ein Sicherheitsrabatt gewährt. »Norbert Orwell« nannte die Deutsche Umwelthilfe (DUH) den Minister deshalb. »Wir erleben eine Sprachverdrehung von wahrhaft Orwell'scher Dimension, mit dem klaren Ziel, die AKW-Betreiber vor teuren Sicherheits-Nachrüstungen zu schützen«, erklärt Rainer Baake, der Bundesgeschäftsführer der DUH.

Das Bundesverfassungsgericht hatte die Reaktorbetreiber bereits in seinem »Kalkar-Urteil« von 1978 zur nach dem Stand von Wissenschaft und Technik bestmöglichen Vorsorge gegen Schäden für die Allgemeinheit verpflichtet. Eine bessere als die »bestmögliche« Vorsorge ist schon rein begrifflich nicht denkbar. Die AKW-Betreiber müssen ihre Schadensvorsorge stets dynamisch an aktuelle Entwicklungen und neu erkannte Risiken anpassen, verlangten die Karlsruher Richter. Aufgrund dieses »Gebots des dynamischen Grundrechtsschutzes« konnten die Atomaufsichtsbehörden vor der Atomgesetznovelle Nachrüstungen und höhere Sicherheitsanforderungen durchsetzen. Die »bestmögliche Vorsorge« umfasst dem Kalkar-Urteil zufolge alles – bis auf Risiken die nach »dem Maßstab der praktischen Vernunft« auszuschließen seien: das sogenannte »Restrisiko«.

Die Gefahr, Terroristen könnten ein Passagierflugzeug kapern und es in ein Atomkraftwerk steuern, galt lange Zeit als so unwahrscheinlich, dass sie dem »unentrinnbaren« Restrisiko zugeordnet wurde. Doch am 10. April 2008 hat das Bundesverwaltungsgericht diese Auffassung verworfen. Nach den Anschlägen am 11. September 2001 auf New York und Washington seien Terrorangriffe auf Atomkraftwerke, etwa durch den gezielten Absturz eines Flugzeuges, nicht mehr als

»Restrisiko« anzusehen, urteilte das höchste deutsche Verwaltungsgericht. Durch dieses Urteil konnten die Anwohner von besonders schlecht gegen Flugzeugabstürze gesicherten Kernkraftwerken klagen und die »bestmögliche Vorsorge« einfordern. Zahlreiche Anwohner haben gemeinsam mit Greenpeace von dieser Möglichkeit Gebrauch gemacht und klagen auf den Widerruf von Betriebsgenehmigungen.

Mit dem neuen Paragraph 7d hat die schwarz-gelbe Koalition im Atomgesetz neben den Kategorien der bestmöglichen Vorsorge und dem Restrisiko eine dritte Kategorie definiert: die der weiteren Vorsorge. »Dadurch wird die bisher geltende umfassende Vorsorge in eine Vorsorge 1. Klasse und 2. Klasse unterteilt, ohne dass geregelt wird, welche Maßnahmen wozu gehören«, meint der Physiker und Jurist Wolfgang Renneberg. Die Maßnahmen der sogenannten weiteren Vorsorge seien nicht strikt verpflichtend, es gälten schwächere Anforderungen, und sie könnten auch nicht mehr eingeklagt werden, so der ehemalige Chef der deutschen Atomaufsicht.[5] »Auf diese Weise wird den Bürgern das Klagerecht entzogen, die Gerichte müssten die Klage schon aus formalen Gründen abweisen. Im Übrigen wären die Sicherheitsbehörden völlig frei zu entscheiden, ob die AKW-Betreiber überhaupt zusätzliche Schutzmaßnahmen ergreifen müssen oder welche ›geeignet und angemessen‹ wären, da der Stand von Wissenschaft und Technik nicht mehr gelten und er auch nicht durch andere gesetzliche Maßstäbe oder die Möglichkeit einer gerichtlichen Kontrolle ersetzt würde«, erläutert die Rechtsanwältin Cornelia Ziehm von der DUH.

Nach Meinung der Deutschen Umwelthilfe trägt die Novelle des Atomgesetzes die Handschrift von Gerald Hennenhöfer. Der ehemalige Manager des Atomkonzerns E.ON war von Röttgen nach der Bundestagswahl zum Abteilungsleiter für Reaktorsicherheit im Bundesumweltministerium ernannt worden. »Der ganze Vorgang ist skandalös. Das ist ein Gesetz von der Atomlobby für die Atomlobby«, kritisierte Rainer Baake.[6] Er und Hennenhöfer sind alte Bekannte, doch dazu später mehr.

Schwarz-Gelb verzichtete darauf, die Laufzeitverlängerungen an die Bedingung von Nachrüstungen zu knüpfen. Alle Atomkraftwerke können deshalb nach dem Ende der von Rot-Grün festgelegten Restlaufzeiten ohne Nachrüstungen zunächst weiterlaufen. Dabei ist zum Beispiel Biblis A nur gegen Absturz kleiner Sportflugzeuge und Biblis B nur gegen den Absturz einer Militärmaschine vom Typ Starfighter ausgelegt. Eigentlich hätte die staatliche Atomaufsicht hier schon längst Nachrüstungen durchsetzen müssen, was vermutlich auf eine Stilllegung der beiden Museumsmeiler hinausgelaufen wäre. Denn angesichts des Alters der beiden Reaktoren hätte sich der Aufwand nicht mehr rentiert – sofern es überhaupt technisch möglich ist, die alten Meiler nachträglich gegen den Absturz von großen Passagierflugzeugen zu schützen.

Wolfgang Renneberg war unter den Bundesumweltministern Jürgen Trittin (Grüne) und Sigmar Gabriel (SPD) Abteilungsleiter für Reaktorsicherheit. Er erklärt, die Atomaufsicht habe seinerzeit darauf verzichtet, solche Nachrüstungen für die sieben ältesten Reaktoren durchzusetzen, da sie nach dem Atomkonsens ohnehin bald hätten stillgelegt werden müssen. Die Reststrommengen von Biblis A und B wären bei normalem Betrieb rechnerisch bis 2007 bzw. 2008 ausgeschöpft gewesen, daher sei die Nachrüstung von Biblis auch rechtlich nicht mehr verhältnismäßig gewesen. »Jetzt gilt das nicht mehr, weil jeglicher Bestandsschutz der Anlagen mit dem Ablauf der gesetzlichen Restlaufzeit des Ausstiegsgesetzes von

2002 beseitigt ist. Die Verlängerung der Laufzeit hätte somit an jede Bedingung geknüpft werden können«, so Renneberg.

Röttgen hatte mehrfach angekündigt, er wolle den Atomkraftwerken Nachrüstungen zum Schutz gegen Flugzeugabstürze vorschreiben. Doch nach Abschluss des Atomdeals war davon nichts mehr zu hören. »Der Grund (dafür) liegt auf der Hand: Planung und Genehmigung dieser Maßnahmen allein dauern mindestens 4 bis 5 Jahre. Danach müsste noch Zeit für Bau- und Umrüstungsmaßnahmen vorgesehen werden. Die Umrüstungsmaßnahmen würden also dann realisiert sein, wenn die Laufzeitverlängerung von 8 Jahren praktisch abgelaufen ist. Dazu gäbe es für Röttgen eine Alternative: gesetzlich festzulegen, dass der Weiterbetrieb der Altreaktoren nur dann zulässig ist, wenn die Nachrüstungen erfolgt sind. Dies würde jedoch zu langen Stillständen der Anlagen und hohen Investitionen in der Größenordnung von einer Milliarde Euro oder mehr führen. Für die Betreiber wäre dies nicht mehr rentabel und bedeutete das ›Aus‹ für ihre Altreaktoren. Das ist jedoch nach der Einigung mit den Betreibern nicht gewollt. Damit der Verzicht auf die Nachrüstung nicht auffällt, hält Röttgen für die Öffentlichkeit an der Fassade harter Nachrüstungsauflagen fest. Hinter der Fassade laufen die Altreaktoren ohne relevante Sicherheitsverbesserungen weiter. Zugleich werden die Sicherheitsanforderungen auch auf der gesetzlichen Ebene abgesenkt«, analysiert Renneberg.

Milliardengeschenk für die Atomlobby

In dem Geheimvertrag über die Gewinnabschöpfung wurden den Konzernen noch weitere Zugeständnisse gemacht. Zwar müssen sie einen Teil ihrer Zusatzprofite aus den Laufzeitverlängerungen in einen Ökostrom-Fonds einzahlen, aber zugleich wurde der Aufwand für Nachrüstungen auf 500 Millionen Euro pro Atommeiler begrenzt. Fallen die Kosten dafür höher aus, können die AKW-Betreiber ihre Zahlungen in den Fonds entsprechend verringern. Der Staat gerät dadurch in einen Interessenkonflikt: Macht er den Betreibern im Interesse der Bevölkerung strenge Sicherheitsauflagen und verlangt Nachrüstungen, muss er auf Einnahmen verzichten. Denn ein wirksamer Schutz gegen Flugzeugabstürze zum Beispiel würde weit mehr kosten als 500 Millionen Euro, sagen Experten.

Auf Druck der Konzerne wurde die Atom-Brennstoffsteuer nur bis zum Jahr 2016 befristet, außerdem können die Steuerzahlungen als Betriebsausgabe von der Körperschaftsteuer abgesetzt werden. Auch gegen Neuregelungen in der Folge eines Regierungswechsels sicherten sich die Konzerne ab: Sollte die Brennstoffsteuer verlängert oder erhöht werden, können sie ihre Zahlungen in den Fonds ebenfalls verringern. »Atom-Geheimvertrag schützt Konzerne«, titelte die *Financial Times Deutschland*, nachdem die Details des Vertrages bekannt wurden.

Den Salzstock in Gorleben will die Regierung Merkel auf Biegen und Brechen als Endlager für hochradioaktiven Atommüll durchsetzen. Dabei gibt es massive geologische Zweifel an dessen Eignung: Über dem Salzstock fehlt ein schützendes Deckgebirge und darunter befindet sich das größte zusammenhängende Erdgasvorkommen Deutschlands. Darüber hinaus hat der Salzstock Wasserkontakt und könnte irgendwann absaufen, so wie das Atommülllager Asse II. Gorleben war in den 1970er Jahren aus rein politischen Gründen als Endlagerstandort ausgewählt worden, nicht aus geologischen (dazu mehr in Kapitel 4). Um eine Bürgerbeteiligung zu vermeiden, setzte Röttgen die Wiederaufnahme der »Erkundungsarbeiten« in Gorleben auf der Grundlage eines Rahmenbetriebsplanes von 1983 durch. Gleichzeitig fügte Schwarz-Gelb in das Atomgesetz wieder einen Paragraphen ein, der die Enteignung der Grundstücksbesitzer rund um den Salzstock ermöglicht. Rot-Grün hatte diesen Paragraphen 2002 gestrichen.

Die Zusatzgewinne von RWE, E.ON, EnBW und Vattenfall durch die Laufzeitverlängerungen beziffert Felix Matthes vom Öko-Institut nach Abzug aller Steuern und Abgaben auf mindestens 37 Milliarden Euro. Für die vier Großkonzerne hat sich der Atompoker also gelohnt. Selbst die Wirtschaftspresse wunderte sich, wie sehr die Bundesregierung den AKW-Betreibern entgegengekommen ist. Das *Handelsblatt* zeigte ein Bild des zufrieden lächelnden RWE-Chefs Jürgen Großmann, betitelt als »Strahlender Sieger«. »Milliardengeschenk für die Atomlobby«, lautete die Schlagzeile in der *Financial Times Deutschland*. »Die Energiefirmen feiern«, schrieb die *Süddeutsche Zeitung*. Damit waren aber nur die Atomfirmen gemeint. Die Stadtwerke und die Ökostrom-Branche dagegen waren sauer. Die Bundesregierung hatte nur mit den vier großen Stromkonzernen über die Laufzeitverlängerungen verhandelt und mit ihnen einen Deal zu ihren Lasten vereinbart. Der Verband kommunaler Unternehmen (VKU), in dem die 800 deutschen Stadtwerke organisiert sind, kritisierte die Laufzeitverlängerungen scharf und warf der Regierung eine wettbewerbsfeindliche Politik vor. Am Tag der Bundestagsabstimmung über das schwarz-gelbe Atomgesetz schalteten 50 Stadtwerke ganzseitige Zeitungsanzeigen. Unter der Überschrift »Vier gewinnen, Millionen verlieren« schrieb die »Initiative Pro Wettbewerb und Klimaschutz«: »Heute entscheidet der Bundestag über die Laufzeitverlängerung von Kernkraftwerken. Dies ist eine Entscheidung über

Zukunft oder Vergangenheit. Während sich E.ON, EnBW, RWE und Vattenfall durch die Laufzeitverlängerung jeden Tag Millionen Gewinne sichern, werden die Länder, Kommunen und Stadtwerke geschwächt. Die Folgen: Noch weniger Geld für Krankenhäuser, Schulen und Schwimmbäder.« Die Laufzeitverlängerungen für die Atomkraftwerke stärke die Marktmacht der Konzerne und führe zu weniger Wettbewerb. Die Zeche dafür zahlten die Verbraucher in Form höherer Strompreise, so die Stadtwerke. Im Vertrauen auf den beschlossenen Atomausstieg hätten die Stadtwerke bereits 6,5 Milliarden Euro in neue Kraftwerke und die umweltfreundliche Kraft-Wärme-Kopplung investiert. Diese Investitionen würden durch den Ausstieg aus dem Ausstieg nun entwertet und damit Vermögen der Bürgerinnen und Bürger in großem Stil vernichtet.

Auch die Erneuerbare-Energien-Branche kritisierte die Entscheidung der Regierung heftig. Laufzeitverlängerungen für die Atomreaktoren bremsten Investitionen in Erneuerbare Energien und gefährdeten die angestrebten Klimaschutzziele. »Mit der Aufkündigung des Atomkonsenses droht außerdem ein grundlegender Systemkonflikt, weil mit steigendem Ausbau der Erneuerbaren immer weniger Großkraftwerke gebraucht werden, die durchgängig am Netz sind. Atomkraftwerke sind nicht in der Lage, ihre Leistung so häufig und stark herunterzufahren, wie das zur Ergänzung des Angebots aus Erneuerbaren Energien notwendig ist. Und schon heute ist bisweilen zu viel konventioneller Strom im Netz, wie man an den negativen Börsenpreisen ablesen kann. Länger laufende Großkraftwerke verschärfen dieses Problem. Stattdessen brauchen wir in Zukunft mehr dezentrale, flexible Versorgungsstrukturen, eine Optimierung und Erweiterung der Stromnetze sowie die Entwicklung weiterer Speichermöglichkeiten«, kommentierte der Präsident des Branchenverbandes BEE, Dietmar Schütz.

Der rot-grüne Atomkonsens

Mit dem Atomdeal wurde der von der rot-grünen Koalition im Jahr 2000 mit den Kraftwerksbetreibern vereinbarte Atomkonsens aufgekündigt. Bundeskanzler Schröder (SPD) hatte den Atomausstieg unbedingt im Konsens mit den Stromkonzernen regeln wollen. Und zwar so, dass die Bundesregierung auf keinen Fall Entschädigungen an die Betreiber bezahlen muss. Bis dahin besaßen die Atomkraftwerke in Deutschland unbefristete Betriebsgenehmigungen, Rot-Grün wollte diese nun nachträglich befristen. Die AKW-Betreiber argumentierten, eine nachträgliche Befristung von unbefristeten Genehmigungen sei quasi eine Enteignung, die Regierung müsse daher die Konzerne für die dadurch entgangenen Gewinne entschädigen. Gegenüber den Medien hatten die Stromkonzerne schon vor der Bundestagswahl astronomische Milliardenbeträge genannt, die ihrer Ansicht nach eine neue Regierung an sie bezahlen müsse, wenn sie mit dem Atomausstieg ernst mache.

Der heutige DUH-Geschäftsführer Rainer Baake war damals beamteter Staatssekretär unter Bundesumweltminister Jürgen Trittin (Grüne). Zuvor war er Staatssekretär im hessischen Umweltministerium gewesen, erst unter Joschka Fischer (Grüne), dann unter dessen drei grünen Nachfolgerinnen. Er hatte bereits vor der Bundestagswahl auf der Grundlage von zwei Rechtsgutachten einen Gesetzentwurf für eine Novelle des Atomgesetzes erarbeitet, den sogenannten »Baake-Entwurf«. Baakes Gutachter waren zu dem Ergebnis gekommen, es sei sehr wohl möglich, die Betriebsgenehmigungen entschädigungsfrei nachträglich zu befristen, denn das Grundgesetz räume dem Schutz der Grundrechte auf Leben und körperliche Unversehrtheit der Bevölkerung Vorrang vor den Eigentumsrechten der Atomkraftwerksbetreiber ein. Die Juristen Alexander Roßnagel und Gerhard Roller argumentierten, schon das alte Atomgesetz habe die Möglichkeit vorgesehen, die Betriebsgenehmigungen zu widerrufen. So sei nach Auffassung des Bundesverfassungsgerichts das »Gewicht des Eigentumseingriffs gering«, wenn die Berechtigten bereits nach bisherigem Recht »mit Einschränkungen rechnen mussten«. Zudem sei den Betreibern die energie- und umweltpolitische Bedenklichkeit des Betriebs ihrer Anlagen bekannt gewesen, auch wenn sie diese Bewertung nicht teilten. Die Bemühungen sowohl zu einer gesetzlichen Beendigung der Atomenergienutzung als auch die Vorhaben zum Widerruf durch die Exekutive seien ihnen bekannt gewesen. Zudem seien die Investitionen in die Atomkraftwerke nicht nur mit eigenem Vermögen der Energieversorgungsunternehmen erfolgt, sondern auch durch öffentliche Mittel.

Dagegen verfassten die Juristen der Atomindustrie umfangreiche Gutachten, die – wen wundert es – den Eigentumsrechten der Betreiber einen weit höheren Stellenwert einräumten. Über Monate erklärten Juristen, Bundeskanzler Schröder, Wirtschaftsminister Werner Müller (parteilos) und viele andere, dass ein schneller Atomausstieg aus verfassungsrechtlichen Gründen nicht möglich sei – es sei denn, man zahle aus Steuergeldern riesige Entschädigungen an die Konzerne, was ja keiner wollen könne. Die Medien gaben ständig diese Positionen wieder, berichteten jedoch kaum über die Rechtsauffassung der Atomkraftgegner.

Atomkraftwerke sind durchschnittlich nach 15 Jahren, spätestens aber nach 20 Jahren abgeschrieben. Trittin wollte daher die Laufzeit der Atomkraftwerke auf 25 Jahre ab Inbetriebnahme begrenzen, dann hätten die Betreiber ihre Investitionskosten wieder hereingeholt und noch mindestens fünf Jahre Gewinn mit den Anlagen gemacht. Damit sei man verfassungsrechtlich auf der sicheren Seite und komme um Entschädigungszahlungen herum, glaubte man im Umweltministerium. Das letzte Atomkraftwerk wäre dann im Jahr 2014 abgeschaltet worden. Doch 25 Jahre waren den Konzernen viel zu wenig. In den Verhandlungen kam Rot-Grün den Konzernen dann noch weiter entgegen, man einigte sich auf eine Regellaufzeit von 32 Jahren ab dem Tag der ersten Inbetriebnahme. Die Laufzeiten wurden in Reststrommengen umgerechnet, die jedes einzelne Atomkraftwerk noch produzieren darf. Bei ihrer Berechnung legte man großzügig den Durchschnitt der fünf höchsten Jahresproduktionen zwischen 1990 und 1999 des jeweiligen Kraftwerkes zugrunde. Bei Erreichen der Strommenge erlischt die Betriebsgenehmigung automatisch. Die Strommengen können außerdem von einem Reaktor auf andere Reaktoren übertragen werden. Da die jüngeren Meiler als etwas sicherer gelten als die älteren, dürfen Strommengen von alten auf jüngere Anlagen übertragen werden, ohne dass dafür eine Genehmigung nötig ist. Für die Übertragung von Strommengen von jüngeren auf ältere Atomkraftwerke ist dagegen eine Erlaubnis des Bundesumweltministers einzuholen, im Einvernehmen mit dem Kanzleramt und dem Bundeswirtschaftsministerium.

Den Konzernen wurden noch weitere Zugeständnisse gemacht. So wurde beispielsweise auf die Einführung einer Brennelementesteuer verzichtet. Die steuerfreien Rückstellungen der Konzerne für den Rückbau der Atomkraftwerke und die Atommüllentsorgung wurden nicht in einen öffentlich-rechtlich Fonds überführt, sondern es wurde für sie lediglich ein sogenanntes »Abzinsungsgebot« eingeführt. Das heißt, die Rückstellungen blieben steuerfrei, aber immerhin mussten nun jedes Jahr 5,5 Prozent »abgezinst« werden. Auf Druck der Konzerne wurde die Wiederaufbereitung abgebrannter Brennstäbe im Ausland erst ab 2005 verboten (und nicht schon im Jahr 2000, wie im Koalitionsvertrag 1998 vereinbart). Um die Zahl der Atommülltransporte zu verringern, sollten bei den Atomkraftwerken Zwischenlager für die Castoren mit abgebrannten Brennelementen eingerichtet werden. Bei den »Zwischenlagern« handelt es sich genau wie in Gorleben um oberirdische Leichtbauhallen. Diese Zwischenlager waren für die AKW-Betreiber existentiell, ohne sie hätten sie den für den Betrieb der Atomkraftwerke nötigen Entsorgungsnachweis verloren. Die Erkundung des Salzstockes in Gorleben sollte für mindestens drei und höchstens zehn Jahre unterbrochen werden. Bis dahin sollten Experten wissenschaftliche Kriterien für eine neue Endlagersuche entwickeln.

Statt der »Förderung der Kernenergie« wurde nun die »geordnete Beendigung« der Atomenergie als Zweck des Atomgesetzes festgeschrieben und der Neubau von Atomkraftwerken gesetzlich verboten. Daran zu rütteln, traute sich Schwarz-Gelb bisher nicht. Zudem verfünffachte Rot-Grün die gesetzlich vorgeschriebene Deckungsvorsorge für einen Atomunfall von den bis dahin lächerlichen 500 Millionen Euro auf 2,5 Milliarden Euro. Dennoch wäre das angesichts der gigantischen gesundheitlichen und volkswirtschaftlichen Schäden (vom ohnehin mit Geld nicht aufzuwiegendem unermesslichem menschlichen Leid einmal abgesehen), die ein Super-GAU im dicht besiedelten Deutschland verursachen würde, nur ein Tropfen auf den heißen Stein. Die Stromkonzerne haften zwar theoretisch mit ihrem gesamten Betriebsvermögen. Doch bei einer Reaktorkatastrophe könnte ein Gebiet von der Größe Belgiens auf Dauer unbewohnbar werden. Ein Super-GAU in einem Atomkraftwerk im dicht besiedelten Deutschland würde Gesundheits-, Sach- und Vermögensschäden in Höhe von 2500 Milliarden Euro bis 5500 Milliarden Euro nach sich ziehen, wie die Prognos AG 1992 in einem Gutachten für das FDP-geführte Bundeswirtschaftsministerium errechnet hat. Die Deckungsvorsorge der Atomkraftwerksbetreiber deckt mit 2,5 Milliarden Euro also nur 0,1 Prozent des zu erwartenden Schadens. Die Schäden wären so gigantisch, dass selbst so große Konzerne wie E.ON oder RWE Insolvenz anmelden müssten – letztlich also müssten die Steuerzahler haften.

Und selbst für die 2,5 Milliarden Euro vorgeschriebene Deckungsvorsorge schließen die vier deutschen Atomkonzerne keine Haftpflichtversicherung ab. Sie haben sich lediglich gegenseitig eine Garantieerklärung über diese Summe gegeben. So sparen sie die Versicherungsprämien. »50 Autos auf dem Parkplatz eines Atomkraftwerks sind zusammengenommen besser versichert als das Atomkraftwerk selbst«, heißt es dazu treffend auf der Internetseite »100 gute Gründe gegen Atomkraft« des Ökostromanbieters Elektrizitätswerke Schönau (EWS, http://100-gute-gruende.de/index.xhtml).

Besonders problematisch am rot-grünen Atomkonsens war die folgende Vereinbarung:

»Während der Restlaufzeiten wird der von Recht und Gesetz geforderte hohe Sicherheitsstandard weiter gewährleistet; die Bundesregierung wird keine Initiative ergreifen, um diesen Sicherheitsstandard und die diesem zugrunde liegende Sicherheitsphilosophie zu ändern. Bei Einhaltung der atomrechtlichen Anforderungen gewährleistet die Bundesregierung den ungestörten Betrieb der Anlagen.«

Rein rechtlich beinhaltete dies zwar keinerlei Sicherheitsrabatt, die Sicherheitsbestimmungen blieben unverändert. In der Praxis war damit jedoch die klare Erwartung verbunden, dass rot-grüne Landesregierungen die Gesetze künftig betreiberfreundlicher auslegen, als es vor dem Atomkonsens der Fall war. An diese Vereinbarung sind die Landesregierungen nach der Aufkündigung des Atomausstieges nun nicht mehr gebunden. Anfang 2011 waren allerdings alle Bundesländer mit Atomkraftwerken noch CDU- oder CSU-geführt. Für den Uraltmeiler in Obrigheim wurde eine Übergangsfrist bis 31. Dezember 2002 vereinbart. Damit war klar, dass bis zur Bundestagswahl 2002 kein einziges Atomkraftwerk stillgelegt werden würde. Das empfanden viele Atomkraftgegner als besonders bitter, denn wäre 2002 Edmund Stoiber (CSU) Kanzler geworden, hätte man so gut wie nichts erreicht gehabt. Die Konzerne sind mit dem Atomkonsens also nicht schlecht gefahren. Doch ihren Teil der Vereinbarung waren sie niemals ernsthaft bereit einzulösen – obwohl sie mit dem Vertrag auch den folgenden Satz unterschrieben hatten: »Beide Seiten werden ihren Teil dazu beitragen, dass der Inhalt dieser Vereinbarung dauerhaft umgesetzt wird.«

Von Anfang an versuchten sie mit allen Tricks, die Abschaltung ihrer alten Schrottreaktoren möglichst lange hinauszuzögern, in der Hoffnung auf eine Zurücknahme des Atomausstiegs durch eine schwarz-gelbe Regierung nach der nächsten Wahl. Reaktoren, die ihre Reststrommenge fast ausgeschöpft hatten, drosselten sie einfach oder schalteten sie vorübergehend ganz ab, um ein Erlöschen der Betriebsgenehmigungen zu verhindern. Es war ein Konstruktionsfehler des rot-grünen Ausstiegsgesetzes, dass es für die Reststrommengen kein Verfallsdatum gab. Nur deshalb konnten die Atomkraftwerksbetreiber ihre sieben ältesten Atomkraftwerke ins Jahr 2011 retten, obwohl sie längst älter als 32 Jahre waren. Lediglich die Atomkraftwerke Stade und Obrigheim wurden stillgelegt – die beiden ältesten und kleinsten Meiler.

Genau zu dem Zeitpunkt, als der Atomausstieg endlich zu greifen begonnen hätte, wurde er aufgekündigt: Sieben alte Atomkraftwerke hätten im Laufe der Jahre 2011/2012 ihre Reststrommengen ausgeschöpft gehabt. »Ehrbare Kaufleute verhalten sich anders«, kritisierte Rainer Baake, der als Staatssekretär den Atomkonsens mit ausgehandelt hat. Verträge mit den Stromkonzernen sind ganz offensichtlich nicht das Papier wert, auf dem sie gedruckt wurden. Kaum war die Tinte unter dem schwarz-gelben Atomdeal trocken, erklärte RWE-Manager Schmitz, in acht Jahren werde man erneut über die Laufzeiten reden müssen. Die Konzerne wollen die Atomkraft nicht als Brücke, sondern für immer.

1.2 Kalkulierter Verfassungsbruch

Der schwarz-gelbe Atomdeal wurde von der Bundesregierung innerhalb weniger Wochen durch den Bundestag gepeitscht. Man wollte das unpopuläre Thema möglichst schnell vor den wichtigen Landtagswahlen im März 2011 »abräumen«. Im Umweltausschuss kam es zu tumultartigen Szenen, weil sich die Abgeordneten der Oppositionsfraktionen in ihren Rechten verletzt sahen. Die Ausschussvorsitzende Eva Bulling-Schröter von der Linksfraktion befand sich plötzlich zwischen allen Stühlen. »Ich musste da die Übersicht behalten und durfte nicht parteiisch sein. Auch wenn mir das als Oppositionspolitikerin in der Seele wehgetan hat«, erinnert sie sich. Selbst Bundestagspräsident Norbert Lammert (CDU) kritisierte seine eigene Koalition und sprach von einer Zumutung für das Parlament. Die Beratungen über das Atomgesetz seien kein »Glanzstück von Parlamentsarbeit« gewesen. Er habe den »Verdacht mangelnder Sorgfalt«. Die Laufzeiten seien nicht sachlich begründet, sondern schlicht ausgehandelt worden. »Das entspricht nicht meinen Anforderungen an ordentliche Gesetzgebungsarbeit.« Der Bundestag habe sich letztlich auf Druck der Regierung zu wenig Zeit genommen. Aus Protest enthielt sich Lammert bei der Abstimmung über das Gesetz der Stimme. Auch neun weitere Abgeordnete von CDU/CSU und FDP verweigerten dem Atomgesetz der eigenen Regierung die Zustimmung.[7]

Das Gesetz wurde ohne die Zustimmung des Bundesrates verabschiedet, da dort Schwarz-Gelb seit dem Regierungswechsel in Nordrhein-Westfalen keine Mehrheit mehr hatte. Dabei waren mehrere namhafte Gutachter zu dem Ergebnis gekommen, eine Zustimmung der Länderkammer sei erforderlich. Diese Auffassung vertrat unter anderem der frühere Präsident des Bundesverfassungsgerichts Hans-Jürgen Papier, ein CSU-Mitglied. Lediglich eine Minderheit der Verfassungsrechtler, darunter der frühere Bundesverteidigungsminister Rupert Scholz (CDU), war der Meinung, die Zustimmung des Bundesrates sei nicht erforderlich.

Auch der heutige Bundespräsident Christian Wulff hatte als niedersächsischer Ministerpräsident seinen Regierungssprecher erklären lassen, Niedersachsen gehe davon aus, dass die Länderkammer der Gesetzesänderung zustimmen müsse. Dieser Äußerung folgend startete Campact eine Kampagne unter dem Motto »Wulff tu's nicht«. 127 932 Menschen haben den Appell an den Bundespräsidenten unterschrieben und ihn damit aufgefordert, das Atomgesetz der Bundesregierung nicht zu unterzeichnen. Auf einer gemeinsamen Pressekonferenz mit der Deutschen Umwelthilfe (DUH) begründete die

Rechtsanwältin Cornelia Ziehm, warum die schwarz-gelbe Atomgesetznovelle nach Auffassung von Campact und DUH gegen das Grundgesetz verstößt. »Die Festlegung auf acht bzw. 14 Jahre Laufzeitverlängerung erfolgt ohne konkrete Begründung, weil es eine solche Begründung nicht gibt. Insbesondere geht sie nicht aus den von der Bundesregierung beauftragten Energieszenarien hervor, auf die sich die Regierung beruft. Die Bundesregierung selbst schreibt der Atomenergie in der Gesetzesbegründung für die Zukunft eine gegenüber der Gegenwart veränderte Rolle zu«, führte Ziehm aus. Wegen des zunehmenden Beitrags der Erneuerbaren Energien müssten die Atomkraftwerke technisch anders betrieben werden. Das aber bedeute neuartige Anforderungen an die Atomaufsicht, verbunden mit ebenso neuartigen Nachrüstanforderungen. Damit erhalte die Atomaufsicht der Länder eine »wesentlich andere Bedeutung und Tragweite«. Dies wiederum löse nach der Rechtsprechung des Bundesverfassungsgerichts die Zustimmungsbedürftigkeit eines Gesetzes im Bundesrat aus.

Doch nicht nur die Umgehung der Länderkammer, sondern auch wesentliche Inhalte des Gesetzes sind nach Meinung von DUH und Campact verfassungswidrig. Mit der Laufzeitverlängerung lässt der Bundestag die Produktion von rund 25 Prozent mehr Atommüll zu. Und das, obwohl Bundesumweltminister Norbert Röttgen (CDU) gleichzeitig betont, es sei vollständig offen, ob der Salzstock Gorleben als Endlager geeignet ist oder nicht. Es gibt also derzeit nicht einmal eine »realistische Planung« für ein Endlager für hochradioaktive Abfälle. »Da der Bund bereits für den schon angefallenen Atomabfall seiner – aus der Verfassung abgeleiteten und im Atomgesetz konkretisierten – Entsorgungspflicht nicht nachkommt, so darf er den Anfall noch weiterer hochgefährlicher

Mülls nicht genehmigen«, so Ziehm. Verfassungsrechtlich bedenklich sei aber auch die Absenkung des Sicherheitsniveaus durch die Einführung des bereits erwähnten neuen Paragraphen 7d in das Atomgesetz. »Mit der Regelung weicht die Novelle das Gebot der ›bestmöglichen Schadensvorsorge‹ auf, das bisher alles umfasst, mit Ausnahme von Risiken, die nach dem Maßstab praktischer Vernunft (das sogenannte Restrisiko) auszuschließen sind.« Der Bundespräsident müsse deshalb den kalkulierten Verfassungsbruch der Regierungskoalition stoppen. In einer repräsentativen, von Campact in Auftrag gegebenen Meinungsumfrage von TNS Emnid waren 66 Prozent der Bundesbürger der Meinung, Bundespräsident Wulff sollte dem umstrittenen Atomgesetz seine Unterschrift verweigern. Wulff unterzeichnete letztlich trotzdem, das Gesetz trat in Kraft. Doch die öffentliche Debatte hatte die Anti-Atomkraft-Bewegung vorerst gewonnen. Im März 2011 reichten die Bundestagsfraktionen von SPD und Bündnis 90/Die Grünen in Karlsruhe eine Verfassungsklage gegen das Gesetz ein. Auch die Bundesländer Nordrhein-Westfalen, Rheinland-Pfalz, Berlin, Brandenburg und Bremen reichten eine sogenannte Normenkontrollklage gegen das Atomgesetz beim Bundesverfassungsgericht ein. Zuvor hatten Anwohnerinnen und Anwohner mehrerer Atomkraftwerke bereits gemeinsam mit Greenpeace eine Verfassungsbeschwerde formuliert. Die Greenpeace-Juristen argumentieren in ihrer Klageschrift überzeugend, dass die Laufzeitverlängerungen das Grundrecht auf Leben und körperliche Unversehrtheit der Anwohner verletzen.

1.3 Fukushima ist überall

Schon wenige Monate, nachdem Schwarz-Gelb die Laufzeitverlängerungen durchgeboxt hatte, wurde der Pro-Atomkurs der Merkel-Regierung radikal in Frage gestellt. Am 11. März 2011 erschütterte ein Erdbeben der Stärke 9,0 auf der Richterskala Japan. Es war eines der schwersten Erdbeben in der Geschichte des Inselstaates. Anschließend verwüstete ein gigantischer Tsunami große Teile des Landes, die Flutwelle riss Schiffe, Autos, Brücken und sogar ganze Häuser mit sich. Ersten Schätzungen zufolge forderten das Erdbeben und der Tsunami mehr als zwanzigtausend Todesopfer. Doch als wäre das alles nicht schon schrecklich genug, zeichnete sich nach der Naturkatastrophe auch noch eine Atomkatastrophe ab. Das Erdbeben löste zwar eine automatische Schnellabschaltung der Kernkraftwerke aus, doch die nukleare Kettenreaktion endet nicht sofort auf Knopfdruck. In den Reaktoren entsteht auch nach der Abschaltung eine sehr große Hitze, denn die bei der Kernspaltung entstandenen radioaktiven Stoffe zerfallen weiterhin. »Die Restzerfallswärme ist ungeheuer groß, nämlich sieben Prozent der Kraftwerksleistung«, erklärt der Atomexperte Mycle Schneider. Daher müssen die Brennstäbe nach dem Herunterfahren des Reaktors noch mehrere Monate lang gekühlt werden, sonst beginnen sie zu schmelzen und die nukleare Kettenreaktion gerät außer Kontrolle.

Doch die Kühlsysteme eines Reaktors benötigen Strom, der die Kühlmittelpumpen antreibt. Beim Reaktor Fukushima 1 hatte das Erdbeben die externe Stromversorgung zerstört. Wie die deutschen Atomkraftwerke verfügen auch die japanischen Meiler für einen solchen Fall über Diesel-Notstromaggregate. Die sprangen nach dem Erdbeben zunächst auch an, doch dann kam der Tsunami und schwemmte die Dieseltanks regelrecht davon: Fukushima 1 liegt direkt am Strand, das ganze Kraftwerksgelände stand unter Wasser. Den Kraftwerkstechnikern gelang es zwar, Notbatterien zu schalten, doch die sind eigentlich nur dafür gedacht, ein paar Minuten zu überbrücken, und reichen höchstens für ein paar Stunden. Der Kühlwasserstand im Reaktordruckbehälter sank immer tiefer, die Brennstäbe sollen bis zur Hälfte aus dem Wasser geragt haben. Dadurch liefen sie immer heißer und begannen schließlich zu schmelzen. Da der Druck und die Radioaktivität immer weiter stiegen, wurde radioaktiver Dampf in die Umwelt abgelassen. Trotzdem kam es zu einer Wasserstoffexplosion, bei der Teile des Reaktorgebäudedachs weggesprengt wurden. Auch der Sicherheitsbehälter (Containment) um den Reaktordruckbehälter wurde bei mindestens zwei der sechs Reaktoren in Fukushima 1 beschädigt. Sollte dieser zerbersten, könnte das radioaktive Inventar aus dem Reaktorinneren komplett an die Umwelt gelangen. Zudem bestand die Gefahr, dass sich der schmelzende Reaktorkern zunächst durch den Boden des Reaktordruckbehälters und dann durch den Boden des Sicherheitsbehälters fressen und das Erdreich sowie das Grundwasser radioaktiv kontaminieren könnte. In ihrer Not griffen die japanischen Ingenieure zu einer verzweifelten Maßnahme, die in keinem Handbuch vorgeschrieben ist: Sie fluteten den Sicherheitsbehälter von außen mit Meerwasser, das mit Bor versetzt wurde. Was genau im Reaktor vor sich ging, wussten die Kerntechniker längst nicht mehr: Die unvorstellbare Hitze im Inneren hatte alle Messinstrumente zerstört, der Reaktor befand sich im Blindflug. Unterdessen gelangten immer neue Schreckensmeldungen aus anderen Atomreaktoren an die Öffentlichkeit, gleich in mehreren Reaktoren war die Kühlung ausgefallen und die Kernschmelze hatte begonnen.

Nachdem immer neue atomare Hiobsbotschaften aus Japan Deutschland erreichten, versuchten die Atomkraftwerksbetreiber zu beschwichtigen: In Deutschland gebe es weder Erdbeben dieser Stärke und auch keine Tsunamis. Die deutschen Atomkraftwerke seien die sichersten der Welt. Genau das hatten japanische Politiker ihrer Bevölkerung auch immer erzählt. Doch in Deutschland würden einige der älteren Meiler schon bei einem viel leichteren Erdbeben, wie sie auch hierzulande vorkommen, in Schwierigkeiten geraten. Und Tsunamis sind hierzulande zwar unwahrscheinlich, doch Hochwasser und Sturmfluten bedrohen auch deutsche Atommeiler. Das Problem in Japan war außerdem nicht das Erdbeben oder der Tsunami, sondern der Stromausfall. Bei einer Zerstörung der Stromversorgung und der Notstromaggregate eines Atomreaktors durch eine Naturkatastrophe, einen Brand, eine Explosion oder einen Terroranschlag wäre eine Kernschmelze auch in deutschen Reaktoren nicht mehr zu verhindern.

Das Design der Unglücksreaktoren in Fukushima Daiichi ähnelt sehr stark dem der deutschen Siedewasserreaktoren der sogenannten Baulinie 69, die fast genauso alt sind. Diese deutschen Reaktoren waren zwar eine Eigenentwicklung von AEG und Siemens, doch als Vorbild dienten dabei die von General Electric gebauten Siedewasserreaktoren, zu denen auch Fukushima Daiichi gehört. Block 1 der Anlage sollte ursprünglich Anfang 2011 stillgelegt werden, doch die japanische Regierung verlängerte die Laufzeit um zehn Jahre.

Besonders die vier Atomkraftwerke in Neckarwestheim und Philippsburg gelten als erdbebengefährdet. Das Erdbeben von Basel im Jahre 1356 erreichte 6,9 auf der Richterskala. Japan bewies, dass man immer mit stärkeren Beben rechnen muss, als es sie bisher gab. Schon Erschütterungen von der Stärke des Basler Erdbebens würden die Anlagen kaum standhalten. In Neckarwestheim müsste nicht einmal die Erde beben, dort müsste nur die Erde zusammensacken. Der Geologie-Professor Hermann Behmel warnte bereits vor vierzig Jahren vor dem Bau der beiden Reaktoren in Neckarwestheim. »Der Ort ist eine geologische Zeitbombe«, sagt der mittlerweile 72-jährige Geologe. Neckarwestheim steht auf einem alten Steinbruch, der Untergrund besteht aus porösen Schichten aus Kalk und Gips, in die das Grundwasser immer neue Hohlräume spült, das poröse Gestein zerbröselt. Etwa fünf Kilometer von den beiden Atomkraftwerken tat sich im Sommer 2010 auf einem Acker urplötzlich ein 18 Meter tiefer Krater auf – ohne jede Vorwarnung. Der Kühlturm des Kraftwerks sackte bereits um 40 Zentimeter ab. Die unter der Erde liegenden Rohre des Kühlsystems könnten abreißen, wenn die Gesteinsschichten in Neckarwestheim nachgeben. Dieses Problem betrifft nicht nur den Uralt-Reaktor Neckarwestheim 1, sondern auch das jüngste deutsche Atomkraftwerk Neckarwestheim 2. Auch Professor Dr. Gerhard Jentzsch, ehemaliger Präsident der Deutschen Geophysikalischen Gesellschaft, kommt in einem Gutachten aus dem Jahr 2005 zu dem Ergebnis, dass in der Umgebung des AKW Neckarwestheim lediglich »mittelsteifer, poröser Untergrund« vorliege (Bodenklasse M). Bei einem Erdbeben bedeute dies, dass mit um 30 Prozent stärkeren Erschütterungen zu rechnen sei. Um folgenschwere Schäden zu vermeiden, müssten Bauten auf solch instabilem Grund entsprechend stabiler errichtet werden.

Andere Gefahren drohen im Norden Deutschlands: Die Atomkraftwerke Brokdorf und Unterweser gelten als besonders hochwassergefährdet. An der Nordseeküste ist zwar ein Tsunami unwahrscheinlich, doch auch Hochwasser und Sturmfluten können eine Gefahr für Atomkraftwerke darstellen. »Ein gleichzeitiges Auftreten von Sturmflut und Tidehochwasser kann dort (Atomkraftwerk Unterweser; Anmerkung des Autors) für eine Gefährdungssituation sorgen«, schreibt die Physikerin Oda Becker in einem Gutachten für den Bund für Umwelt und Naturschutz Deutschland (BUND). Laut einer Studie ist bei einer Überflutung des AKW-Geländes von gefährlichem Notstromfall auszugehen.

Eine noch größere Gefahr bestünde bei einem Deichbruch. Laut Aufsichtsbehörde würde der Wasserstand bei einem Deichbruch auf 3,95 Meter ansteigen. Diese Berechnungen beruhten aber zum Teil auf veralteten Analysen, so Becker. »Dieser Wasserstand ist nur fünf Zentimeter höher als die Anlagensicherheitsgrenze. Steigt das Wasser höher, ist ein folgenschwerer Kernschmelzunfall unvermeidlich«, heißt es in der BUND-Studie.

Nach der Atomkatastrophe in Japan verkündete Bundeskanzlerin Merkel ein »Moratorium« mit den Reaktorbetreibern. Die Laufzeitverlängerung wurde für drei Monate »ausgesetzt«, die sieben ältesten Reaktoren, die nach dem rot-grünen Atomkonsens im Jahr 2011 ihre Reststrommengen ausgeschöpft hätten, mussten vorübergehend vom Netz. In der Zwischenzeit sollten die Anlagen einem Sicherheitscheck unterzogen werden. Sollte auch nur einer dieser gefährlichen Schrottreaktoren jemals wieder ans Netz gehen, würde die Kanzlerin auch noch ihren letzten Rest Glaubwürdigkeit verlieren.

Über die Versorgungssicherheit mache sie sich keine Sorgen, erklärte die Kanzlerin, schließlich sei Deutschland gegenwärtig Stromexporteur. Warum wurden die Laufzeiten dann überhaupt verlängert? Hatten Politiker von Union und FDP doch immer behauptet, wenn es beim Atomausstieg bliebe, entstünde eine »Stromlücke« und man müsse Atomstrom aus dem Ausland importieren.

Die Stromimportlüge

Schon heute gibt es wegen des Booms der Erneuerbaren Energien und den Laufzeitverlängerungen für Atomkraftwerke massive Überkapazitäten auf dem deutschen Strommarkt. Horst Seehofer behauptete im Sommer 2010 dennoch, wenn es beim Atomausstieg bliebe, sei man auf Atomstrom aus dem Ausland angewiesen. Das ist eines der beliebtesten Argumente der Atomkraftbefürworter, aber mit der Realität hat es nichts zu tun, wie ein Blick in die Statistiken der Energieversorger zeigt. Allein im ersten Quartal 2010 lieferte Deutschland über 18 Milliarden Kilowattstunden Strom ins Ausland, während im gleichen Zeitraum nur 8,9 Milliarden Kilowattstunden aus dem Ausland importiert wurden. Mit gut 9 Milliarden Kilowattstunden erzielte die Bundesrepublik den höchsten Strom-Exportüberschuss ihrer Geschichte. Damit wurde im ersten Quartal in Deutschland 6,7 Prozent mehr Strom erzeugt als verbraucht – obwohl die Atomkraftwerke Krümmel und Brunsbüttel nicht eine einzige Kilowattstunde produzierten. Das belegen die Zahlen der Arbeitsgemeinschaft Energiebilanzen, einem Zusammenschluss von sieben Verbänden der Energiewirtschaft.

Der Exportüberschuss entsprach ziemlich exakt jener Menge, die in der gleichen Zeit in den alten Reaktoren Biblis A und B, Neckarwestheim I, Isar 1, Philippsburg 1 und Grafenrheinfeld erzeugt wurde. Das bedeutet: Deutschland hätte auf acht Atomkraftwerke verzichten können – und selbst dann noch über eine ausgeglichene Bilanz verfügt. Von einer »Stromlücke« kann also überhaupt keine Rede sein. Zumal der Strom-Exportüberschuss Deutschlands seit dem Jahr 2002 kontinuierlich steigt. Bis dahin war die Bilanz mit kleinen Schwankungen recht ausgeglichen. Der Grund für die gewaltigen Stromexportüberschüsse ist der anhaltende Boom bei den Erneuerbaren Energien, den das rot-grüne Erneuerbare-Energien-Gesetz (EEG) ausgelöst hat.

Im Jahr 2008 waren sieben Atomkraftwerke monatelang abgeschaltet, trotzdem erzielte Deutschland einen Exportüberschuss in Höhe von 22,5 Milliarden Kilowattstunden Strom. Das ist etwa so viel, wie vier mittlere Atomkraftwerke im Jahr produzieren. An diesen Zahlen kann man sehen: Die sieben ältesten und gefährlichsten Atomkraftwerke und der Pannenreaktor in Krümmel können problemlos endgültig stillgelegt werden, ohne dass wir deshalb Strom aus dem Ausland importieren müssten.

1.4 Schwarz-gelber Technikpessimismus

Trotz des sogenannten Moratoriums betonte die Kanzlerin auch nach Fukushima, die Atomenergie sei weiterhin als »Brückentechnologie« nötig. Eine Rückkehr zum schrittweisen Atomausstieg bis 2022 schloss sie ausdrücklich aus, und sie glaubt nicht, dass es bis dahin möglich sei, die Atomkraft durch Erneuerbare Energien zu ersetzen. Die schwarz-gelbe Regierung hält Atomkraftwerke, von denen viele in den 1960er und 1970er Jahren auf dem Stand der damaligen Technik konzipiert wurden, für sicher. Doch sie traut es Ingenieuren und Technikern nicht zu, 23 Prozent Atomstrom bis 2022 durch einen solaren Energiemix aus Wind, Sonne, Wasser, Erdwärme und nachhaltig erzeugter Biomasse zu ersetzen oder mit Hilfe einer höheren Energieeffizienz einzusparen. Damit zeigen sich die Atomkraftbefürworter weit technikpessimistischer als die meisten Atomkraftgegner. Dabei wird gerade ihnen doch immer Technikfeindlichkeit unterstellt.

Noch in den 1990er Jahren behauptete die Atomlobby in Zeitungsanzeigen, mehr als 4 Prozent Strom aus erneuerbaren Energiequellen seien in Deutschland langfristig nicht möglich. Die CDU-Vorsitzende Angela Merkel erklärte im Juni 2005: »Den Anteil Erneuerbarer Energien am Stromverbrauch auf 20 Prozent zu steigern ist wenig realistisch.« Doch sie erwies sich immerhin als lernfähig. Zwei Jahre später setzte sie, inzwischen Kanzlerin einer großen Koalition, als EU-Ratsvorsitzende einen Beschluss durch, der bis 2020 einen Anteil von 20 Prozent Erneuerbarer Energien am gesamten Energieverbrauch vorschreibt. Der damalige Bundesumweltminister Sigmar Gabriel (SPD) war noch 2006 der Meinung, der Anteil Erneuerbarer Energien an der Stromversorgung könne bis 2025 nur bei maximal 27 Prozent liegen. Drei Jahre später strebte seine Partei in ihrem Bundestagswahlprogramm 2009 für 2020 bereits 35 Prozent Erneuerbare Energien an, im Jahr 2030 sollten die Erneuerbaren »mindestens die Hälfte« ausmachen.

Das Wachstum der Erneuerbaren Energien hat bisher stets alle Prognosen übertroffen, selbst die optimistischsten. Als im Jahr 2000 der Atomkonsens ausgehandelt wurde, wollte die rot-grüne Bundesregierung den Anteil der Erneuerbaren Energien an der Stromversorgung bis 2010 auf 12,5 Prozent verdoppeln. Das hielt die damalige Opposition aus Union und FDP für völlig unrealistisch, und selbst manche Experten meinten, das Ziel sei zu ambitioniert. Tatsächlich betrug der Anteil der Erneuerbaren Energien an der Stromversorgung im Jahr 2010 sogar 17,4 Prozent und an der gesamten Energieversorgung (also einschließlich Wärme und Verkehr) schon 10,5 Prozent.[8]

Auch wissenschaftliche Prognosen und selbst die Lobbyverbände der Erneuerbaren-Energien-Branche haben die Dynamik des Ausbaus stets unterschätzt. Gestützt auf renommierte wissenschaftliche Institute veröffentlichte die EU-Kommission 1996 ein »baseline scenario« und ein »advanced scenario«. In ersterem sprach sie von 6799 Megawatt installierter Windkraftkapazität in den damals 15 Mitgliedsländern der EU bis 2007: »eine Fehlerquote von 732 Prozent gegenüber dem dann bereits erreichten realen Ausbau«, wie der Solarenergie-Experte Hermann Scheer feststellte. Im zweiten, optimistischeren Szenario sprach die Kommission von einem Anteil des Wind- und Solarstroms von 30 280 Megawatt bis 2020. Ein Wert, der bereits im Jahr 2008 mit 73 504 Megawatt weit höher lag. Auch die Internationale Energieagentur (IEA) liegt mit ihren Prognosen regelmäßig kräftig daneben. 2002 sagte sie in ihrem »World Energy Outlook« für die EU-15 im Jahr 2030 eine installierte Windkraftkapazität von 71 000 Megawatt voraus, die aber bereits 2009 erreicht war. Für die Photovoltaik rechnete sie bis 2020 mit einer Kapazität von 4000 Megawatt, doch im Jahr 2008 waren es schon 9331 Megawatt. »Der systematischen Unterschätzung der Erneuerbaren Energien stellt die IEA regelmäßig Überschätzungen fossiler Energien und der Atomenergie gegenüber«, schreibt Hermann Scheer. »Mit ihren Fehlprognosen hat sie in erheblichem Maße zu politischen Fehlentscheidungen, zu Fehlinvestitionen im Bereich konventioneller Energien und zu unterlassenen Entscheidungen zu erneuerbaren Energien beigetragen. Dennoch wird sie nach wie vor von den Regierungen – insbesondere von den Weltwirtschaftsgipfeln (G8 bzw. G20) – mit neuen Studien beauftragt.«

Doch solche Fehleinschätzungen sind bei neuen Technologien nicht ungewöhnlich. 1878 erklärte die Western Union, damals die größte Telekommunikationsgesellschaft in den USA: »Das Telefon hat zu viele ernsthaft zu bedenkende Män-

Schwarz-gelber Technikpessimismus

gel für ein Kommunikationsmittel.« Lord Kelvin, Präsident der Royal Society, war im gleichen Jahr der Überzeugung, dass niemand Flugmaschinen bauen könne, die schwerer sind als Luft. Ken Olsen, Chef der Digital Equipment Corporation (DEC), eine der ersten großen Computerfirmen in den USA, meinte 1977: »Es gibt keinen Grund für irgendein Individuum, einen Computer zu Hause haben zu wollen.« IBM wollte das noch junge Unternehmen Microsoft 1982 nicht kaufen, weil es nicht die geforderten 100 Millionen Dollar wert sei. Die IBM-Manager waren ebenso felsenfest davon überzeugt, die Zukunft gehöre den Zentralrechnern, wie die Manager der Stromkonzerne in Deutschland heute davon überzeugt sind, Großkraftwerke hätten noch eine Zukunft. Die Unternehmensberatung McKinsey prognostizierte 1980 im Auftrag des amerikanischen AT&T-Konzerns, dass es bis zum Jahr 2000 in den USA nur 0,9 Millionen Mobiltelefone geben werde – tatsächlich waren es dann schon 109 Millionen. »Derartige Irrtümer resultieren aus strukturkonservativem Denken, Tunnelblicken anerkannter Experten und der Fehleinschätzung menschlicher Bedürfnisse. Nicht zuletzt entstehen sie aus einer Unterschätzung der Marktdynamik, wenn die Einführung einer neuen Technologie nicht von wenigen Großabnehmern abhängig ist, sondern über zahllose Nachfrager erfolgt, die deren Gebrauchswert für sich selbst erkennen«, meinte Scheer, aus dessen Buch *Der energethische Imperativ* (zusammengesetzt aus »energetisch« und »ethisch«) die meisten der erwähnten Beispiele für »affirmativen Expertenpessimismus« stammen.

Klimafreundlich, sicher, bezahlbar: 100 Prozent Erneuerbare Energien

Doch nicht nur die Erneuerbaren Energien, auch die Potentiale der Energieeffizienz werden häufig unterschätzt. »Der ambitionierte Ausbau der regenerativen Stromerzeugung und das entschiedene Fördern der Stromeffizienz könnten bis spätestens 2020 sämtliche Atomkraftwerke in Deutschland ersetzen. Allein mit Energieeffizienzmaßnahmen ließen sich sechs Atommeiler überflüssig machen«, erklärt Torben Becker, Energieexperte des BUND. Die längeren Laufzeiten für Atomkraftwerke blockierten hingegen eine verbraucher- und klimafreundliche Stromversorgung. Der BUND veröffentlichte dazu ein mit Unterstützung des Heidelberger ifeu-Instituts für Energie- und Umweltforschung erarbeitetes Maßnahmenpaket für mehr Stromeffizienz. Die mit Effizienzmaßnahmen bis 2020 erreichbare Reduzierung des Stromverbrauchs in Deutschland entspreche der Jahresproduktion von mindestens sechs Atomkraftwerken, rechnete Martin Pehnt vom ifeu-Institut vor. Die Greenpeace-Studie »Plan B« zeigte bereits im Jahr 2007, dass alle deutschen Atomkraftwerke nach und nach schon bis zum Jahr 2015 vollständig ersetzt werden könnten – also etwa sieben Jahre früher als im rot-grünen Atomkonsens vereinbart. Ohne dass die Lichter ausgehen oder die Klimaschutzziele gefährdet werden.

Zu diesem Ergebnis kommt auch der Sachverständigenrat für Umweltfragen (SRU) der Bundesregierung. Er fordert die Bundesregierung auf, jetzt die Weichen für eine »klimafreundliche, sichere und bezahlbare Energieversorgung« aus 100 Prozent Erneuerbaren Energien zu stellen. Die Energieexperten des Umweltrates betonten: »Für die Übergangszeit sind weder Laufzeitverlängerungen für Atomkraftwerke noch neue Kohlekraftwerke erforderlich. Die Brücke zu den erneuerbaren Energien steht bereits.« Weder eine Verlängerung der Laufzeit von Atomkraftwerken noch der Bau neuer Kohlekraftwerke mit Kohlendioxidabscheidung und -speicherung seien notwendig für den Übergang zur erneuerbaren Stromversorgung. Die Umweltweisen warnen davor, dass durch die Laufzeitverlängerungen für Atomkraftwerke Überkapazitäten im System entstehen. »Die konventionellen Kraftwerke sind auf Dauer nicht mit der erneuerbaren Stromerzeugung vereinbar, da ihre Leistung nicht schnell genug an die Schwankungen der Wind- und Sonnenenergie angepasst werden kann. Das dauerhafte Nebeneinander von konventioneller und wachsender erneuerbarer Stromerzeugung würde das System ineffizient und unnötig teuer machen«, heißt es in einer Pressemitteilung der Regierungsberater.

Die Sachverständigen ließen mehrere Szenarien einer vollständig regenerativen Stromversorgung vom renommierten Deutschen Zentrum für Luft- und Raumfahrt durchrechnen. Das Ergebnis: Die Strompreise in einem vollständig regenerativen System würden wahrscheinlich sogar niedriger sein als bei einem Mix aus regenerativen und atomar-fossilen Energien. Das klingt plausibel, denn bei den Erneuerbaren Energien (mit Ausnahme der Biomasse) gibt es die Primärenergie gratis. Und während die atomar-fossilen Energien immer teurer werden, sinken die Kosten der Erneuerbaren kontinuierlich. In Teil II wird ausführlicher auf dieses Thema eingegangen.

Auch das Umweltbundesamt hält Laufzeitverlängerungen für Atomkraftwerke und den Neubau von Kohlekraftwerken für überflüssig und schädlich. Eine Stromlücke gebe es nicht, lautet das Fazit der Studie »Energieziel 2050«. Doch die Bundesregierung hört lieber auf Lobbyisten als auf ihre eigenen wissenschaftlichen Berater.

1.5 Die Entstehung des Stromkartells

Wie wurden die Stromkonzerne so mächtig, dass sie der Bundesregierung ein Gesetz diktieren konnten? So mächtig, dass sich die Bundesregierung sogar die Verfassung zurechtbiegt, nur um die Laufzeit einer veralteten Risikotechnologie zu verlängern? Nach der Lektüre des Buches *Aufstieg und Krise der deutschen Stromkonzerne* von Peter Becker wundert sich niemand mehr über den Ausgang des Atompokers. Der Rechtsanwalt schildert darin, wie alles mit drei genialen Unternehmern begann: Emil Rathenau, Werner Siemens und Hugo Stinnes.

Auf der Weltausstellung im Jahre 1881 in Paris witterte Emil Rathenau das Geschäft seines Lebens. Während alle Welt über die von 100 elektrischen Bogenlampen hell erleuchteten Champs-Élysées sprach, interessierte er sich mehr für die Ausstellung des amerikanischen Erfinders Thomas Alva Edison. Auf einem kleinen Tisch stand eine Glühlampe, die man mit einem Schalter »anzünden« und ausschalten konnte. Edison und seine Mitarbeiter hatten nicht nur die Glühlampe erfunden, sondern auch alles, was dazugehört: Schalter, Steckdosen, Fassungen, Sicherungen, Stromzähler und den Dynamo »Jumbo«, eine Dampfmaschine mit 120 PS, die einen 50-Kilowatt-Dynamo antrieb. Jumbo war der größte Generator seiner Zeit.

Rathenau war seit dem Verkauf einer von ihm gegründeten Maschinenfabrik Goldmarkmillionär. Er sicherte sich die deutschen Rechte von Edisons Glühlampensystem und beschloss, die Elektrizität in Berlin einzuführen. Nur ein Viertel der Berliner hatte damals Gaslicht, der Rest verfügte nur über Petroleumlampen. Berlin war daher ein riesiger Markt für Glühlampen, die Einwohner mussten nur ihre Vorzüge ken-

Die Entstehung des Stromkartells

nenlernen, war sich Rathenau sicher. Außerdem wuchs die Stadt damals sehr schnell: Berlin sollte zu einer Metropole für vier Millionen Menschen ausgebaut werden. Erst vor wenigen Jahren war mit dem Bau der Kanalisation für 1,2 Millionen Menschen begonnen worden. Rathenau konnte also darauf setzen, dass sein Stromnetz auf dieser Riesenbaustelle mitwachsen würde.

»Seine erste Edison-Anlage installierte Rathenau beim ›Berliner Börsencourier‹ – und das neue helle Licht, das man schon an der Türe einschalten konnte, wurde eine Sensation. Die zweite Lichtanlage wurde im ›Böhmischen Brauhaus‹ platziert. Die Brauer waren nämlich mit Gaslicht unzufrieden, weil es die Luft in den Gärkellern zu stark erhitzte und die Qualität des Bieres beeinträchtigte. Und das Brauhaus – und bald die ganze Branche – waren hochzufrieden. Rathenau begeisterte auch die angesehensten Clubs der Hauptstadt für das elektrische Licht – den Unions-Club des Adels und die ›Ressource‹ der Banker. Rathenau war Gast bei einem Bankett in der Ressource und konnte zuhören, wie der Bankier Pringsheim das neue Licht und seinen Propheten Rathenau pries. Aber Rathenau musste kurz darauf in den Keller verschwinden: Das Licht hatte angefangen zu flackern, und er ahnte eine Katastrophe. Die Lager des Dynamos waren heißgelaufen und Rathenau musste sie mit dem Eis kühlen, das eigentlich für die Sektkübel bestimmt war. Am nächsten Tag feierte Berlin das ›fabelhaft zuverlässige Edison-Licht‹«, so Becker.

Die Internationale Elektrizitätsausstellung in München brachte 1882 für Rathenau den Durchbruch. Es war überhaupt die erste Ausstellung, die nach Einbruch der Dunkelheit eröffnet werden konnte, weil die Hallen und Zufahrten von zahlreichen Edison-Lampen hell erleuchtet wurden. Die Münchner Zeitungen feierten Rathenau. Nun waren die Berliner

Bankiers bereit, die Gründung der Deutschen Edison-Gesellschaft mit fünf Millionen Mark zu finanzieren. Rathenau benannte die Deutsche Edison-Gesellschaft später in Allgemeine Elektricitäts-Gesellschaft um, kurz AEG.

Nun musste sich Rathenau noch mit dem Chef der Firma Siemens & Halske einigen. Der später geadelte Werner Siemens war damals bereits ein weltberühmter Erfinder und Unternehmer, der unter anderem die erste Dynamomaschine gebaut hatte. Aus einer kleinen Werkstatt mit zehn Arbeitern machte Siemens in 35 Jahren einen der ersten Weltkonzerne, mit Tochtergesellschaften in Großbritannien, Frankreich, Österreich-Ungarn, Russland und den USA. Obwohl selbst kein Akademiker, wurde der geniale Erfinder von der Akademie der Wissenschaften zum Mitglied ernannt. Doch Siemens war zudem ein gerissener Geschäftsmann. Das von Alexander Bell erfundene Telefon baute er einfach nach, da es in Deutschland nicht patentiert war. Es verkaufte sich hervorragend, die Gewinnspanne lag bei 50 Prozent.

Rathenau brauchte Siemens, weil nur er genügend Erfahrung hatte, um die Massenproduktion elektrischer Aggregate zu beginnen. Und Siemens brauchte Rathenau und seine Edison-Patente. Die beiden teilten das Edison-Monopol in zwei Monopole auf: Rathenau übernahm den Bau der Kraftwerke und den Stromverkauf. Dafür verpflichtete er sich, alle Dynamos, Motoren, Kabel usw. bei Siemens zu kaufen. Beide Partner wollten Glühlampenfabriken bauen, sahen aber bereits ein Glühlampenkartell mit fester Preisbindung vor. »Als der auf zehn Jahre befristete Kooperationsvertrag unterschrieben war, hatten Siemens und Rathenau den Strommarkt bereits aufgeteilt, bevor es ihn überhaupt gab«, schreibt Becker.

Rathenau überzog Berlin mit einem System von Blockstationen, die Häuserblocks mit Strom versorgen sollten. Die erste Blockstation entstand auf einer der belebtesten Kreuzungen der Stadt, Friedrichstraße/Unter den Linden. Sie konnte mit ihren sieben Dynamos 1800 Glühlampen speisen. Doch Rathenau dachte schon an den Bau von Großkraftwerken. Ihm war aber klar, dass er diese Pläne nicht gegen den Willen der Stadt Berlin verwirklichen konnte.

Als Tochter seiner Deutschen Edison-Gesellschaft gründete Rathenau die »Aktiengesellschaft Städtische Elektricitätswerke«, das erste deutsche Elektrizitätsversorgungsunternehmen (EVU). Mit dem Berliner Magistrat handelte er nach schwierigen Verhandlungen einen Konzessionsvertrag aus. »Im Vertrag zwischen Stadt und EVU wurden jene Grundregeln festgelegt, die Konzessionsverträge bis zum Jahre 1998 aufwiesen, dem Jahr der Liberalisierung der Energiemärkte. Die Gesellschaft erhielt das exklusive Wegerecht für die Verlegung und den Betrieb von Leitungen; niemand außer der Gesellschaft konnte Stromleitungen verlegen. Das war ein Transportmonopol. Außerdem erhielt sie auch das Monopol für den Stromverkauf, weil sonst der hohe Investitionsaufwand für den Bau der Leitungen nicht zu finanzieren war. Als Gegenleistung zahlte Rathenau sechs Prozent vom Umsatz als Konzessionsabgabe an die Stadt. Außerdem musste er sich verpflichten, jeden Bürger im Konzessionsgebiet an das Stromnetz anzuschließen – die ›Anschluss- und Versorgungspflicht‹. Der Stadt war auch schon klar, dass im Monopol die Preise kontrolliert werden mussten. Der Magistrat behielt sich also eine Preis- und Mißbrauchsaufsicht für die Tarife vor.«[9]

Die Ehe zwischen RWE und den Kommunen

Hugo Stinnes bekam schon mit 21 Jahren von seiner Familie das Geschäft mit Zechen, Kohlenhandel und einer Flotte von Rheinschiffen anvertraut. 1898 wurde er in den Aufsichtsrat der Kraftwerksgesellschaft Rheinisch-Westfälische Elektrizitätswerke (RWE) gewählt, obwohl er keine einzige RWE-Aktie besaß. RWE war damals eine Betriebsgesellschaft des Lahmeyer-Konzerns. Der Anlagenbauer war nur am Verkauf seiner Generatoren interessiert. Daher veräußerte der Konzern die Betriebsgesellschaften schon nach wenigen Jahren mit beträchtlichem Gewinn an die Kommunen, aus denen dann öffentlich-rechtlich organisierte kommunale Unternehmen wurden. So aber nicht bei RWE: Der Lahmeyer-Konzern steckte 1902 in finanziellen Schwierigkeiten und brauchte dringend Bargeld. Gemeinsam mit seinem Freund und Geschäftspartner August Thyssen übernahm Stinnes 86 Prozent der RWE-Aktien.

Der Bau immer größerer Dampfturbinen erlaubte die Senkung des Strompreises von 60 auf 40 Pfennig pro Kilowattstunde. Jeder neue Stromkunde erhielt für die ersten drei Jahre zusätzlich einen Rabatt von 20 Prozent. Um zu verhindern, dass Stinnes in Düsseldorf ein neues Kraftwerk bauen würde, das mit der dort billigeren Braunkohle betrieben werden sollte, bot das Steinkohlesyndikat an, die Steinkohle zu Preisen an RWE zu liefern, die erheblich unter seinen üblichen Preisen lagen. Genau das hatte Stinnes von Anfang an bezweckt. Als Gegenleistung schlug Stinnes vor, RWE solle tagsüber den Strom für den allgemeinen Verbrauch liefern. Aber abends, zur Zeit der Lichtspitze, nahm RWE dann den nicht mehr arbeitenden Zechen den Strom ab. So konnte der Bau von äußerst unrentablen Spitzenlastkraftwerken vermieden werden. Das war das erste überörtliche Verbundsystem verschiedener Kraftwerke.

Stinnes setzte von Anfang an alles daran, die gesamte Stromversorgung des Ruhrgebietes und des Rheinlandes in die Hand zu bekommen. »Städte und Gemeinden ohne eigenes Kraftwerk wurden durch niedrige Strompreise und hohe Konzessionsabgaben angelockt, bestehende Kraftwerke wurden entweder aufgekauft und entweder geschlossen oder als Reserve- oder Spitzenlastkraftwerke weiterbetrieben, um Verbraucher und Politiker über die veränderten Machtverhältnisse im Unklaren zu lassen.« Zudem baute Stinnes die Kommunen als Aktionäre in das RWE-Netz ein. Die Kommunen verfügten zwar nicht über die Kapital-, aber über die Stimmenmehrheit. Ihnen wurden hohe Dividenden und Konzessionsabgaben gezahlt. Außerdem erhielten alle Bürgermeister, Oberbürgermeister und Landräte in den Aufsichtsräten 7000 bis 11 000 Goldmark p.a. – das entsprach etwa der Höhe ihrer Beamtengehälter. Dafür bekam das RWE langfristige Konzessionsverträge und günstige kommunale Darlehen.

Der rheinische Braunkohlebaron Paul Silverberg baute neben seinen Gruben ein eigenes Großkraftwerk und konnte sich im Rennen um die Stromlieferverträge für die Städte Köln und Mühlheim gegenüber Stinnes durchsetzen. Die Stadtwerke Köln wollten den Rheinbraun-Strom auf eigene Rechnung an die Landkreise in der Umgebung weiterverkaufen. Vergebens, denn RWE hatte die Landkreise längst auf ihre Seite gezogen. Nicht nur mit günstigen Strompreisen und hohen Konzessionsabgaben: Die Landräte, mittlerweile im RWE-Aufsichtsrat oder im Beirat, hatten nun alle ein Auto. Das konnten sich damals sonst nur Millionäre leisten. »Köln war von RWE umzingelt.« Mit dieser Methode ist RWE bis heute erfolgreich, nicht nur Bürgermeister, auch ehemalige Landes- und Bundespolitiker werden dort gerne mit lukrativen Jobs versorgt.

Überall entstanden nun in Deutschland öffentliche oder gemischtwirtschaftliche Stromversorger. So etwa die Landeselektrizitätsgesellschaften wie Preussen-Elektra, Energieversorgung Schwaben, Bayernwerk usw. Da die Stromversorger quasi Staatsunternehmen waren, wurden sie kaum reguliert. Der Staat wollte sich selbst keine Fesseln anlegen. Das führte auch dazu, dass die Interessen der Stromkonzerne bisweilen mit den öffentlichen Interessen verwechselt wurden. Auch von den Nazis mussten die Energiekonzerne nichts befürchten. Viele Kohlegrubenbesitzer hatten die NSDAP bereits seit den 1920er Jahren finanziert. Das 1935 erlassene Energiewirtschaftsgesetz sollte die Stromversorger, wie es in der Gesetzesbegründung hieß, vor »den schädlichen Auswirkungen des Wettbewerbs« schützen. Die Gebietsmonopole der verschiedenen großen Energieversorger wurden gesetzlich festgeschrieben. Das Energiewirtschaftsgesetz galt in Deutschland in seinen Grundzügen bis zu der von der Europäischen Union erzwungenen Liberalisierung der Strommärkte im Jahr 1998.

Zur Zeit von Hugo Stinnes bildete sich auch die heutige zentralistische, auf Großkraftwerke ausgerichtete Struktur unserer Stromversorgung heraus. Der Bau von Kraftwerken kostet Milliarden, die Kapitalrücklaufzeiten sind sehr lang. Daher gefährdet der schnelle Ausbau der dezentralen Erneuerbaren Energien die Rentabilität bestehender oder noch geplanter Großkraftwerke – jedenfalls solange es einen Einspeisevorrang für die Erneuerbaren gibt. Die Managementberatung Boston Consulting glaubt nicht, dass Großkraftwerke noch eine Zukunft haben. Doch die deutschen Stromkonzerne klammern sich verzweifelt an ihr lukratives Geschäftsmodell.

Auch das starke Drängen nach Laufzeitverlängerungen für die Atomkraftwerke ist im Grunde nur ein verzweifelter Versuch, sich dem technischen Fortschritt entgegenzustemmen.

Mit der Strommarktliberalisierung begann ein staatlich gefördertes »Monopoly« in Deutschland. Getrieben von der Vorstellung, nur große Konzerne könnten auf dem künftigen europäischen Strommarkt überleben, wurden massiv Fusionen vorangetrieben: Der VEBA-Konzern und die Münchner VIAG sowie ihre Stromtöchter Preussen Elektra und Bayernwerk fusionierten zu E.ON. Die VEBA war ein bundeseigener Konzern, der 1929 in Preußen gegründet wurde und ab 1965 privatisiert wurde, die VIAG war 1923 vom Deutschen Reich gegründet worden. E.ON ist mittlerweile der größte private Energiekonzern der Welt. Die Energieversorgung Schwaben und das Badenwerk wurden zur Energie Baden-Württemberg (EnBW) vereinigt. Das Land Baden-Württemberg verkaufte seinen Aktienanteil von zunächst 25,1 Prozent an die staatsdominierte Électricité de France (EDF). Ende 2009 kaufte der damalige baden-württembergische Ministerpräsident Mappus (CDU) die Anteile am Landtag vorbei wieder zurück. Auch RWE mischte beim Fusionsmonopoly mit: Der Essener Konzern schloss sich mit den Vereinigten Elektrizitätswerken Westfalen (VEW) zusammen. Vattenfall Europe, ein Tochterunternehmen des schwedischen Staatskonzerns Vattenfall, entstand zwischen den Jahren 2000 und 2002 aus einer Fusion der VEAG mit ihren Braunkohletagebauen in Ostdeutschland und den Berliner und Hamburger Stadtwerken BEWAG und HEW.

1.6 Der »energethische« Imperativ

Hermann Scheer war schon früh klar, dass sich die Erneuerbaren Energien niemals im Konsens mit den großen Stromkonzernen durchsetzen ließen, deren Geschäftsmodell sie in Frage stellen. Der SPD-Politiker stritt bereits für eine vollständige regenerative Energieversorgung, als das selbst manche Umweltschützer noch für unrealistisch hielten (und seine eigenen, auf Kohle fixierten Parteigenossen sowieso). Scheer gehörte gemeinsam mit seinem Parteifreund Dietmar Schütz und den beiden Grünen-Abgeordneten Michaele Huestedt und Hans-Josef Fell zu den Eltern des Erneuerbare-Energien-Gesetzes (EEG), das die damalige rot-grüne Koalition im Jahr 2000 verabschiedet hatte. Es war wahrscheinlich das erste wichtige Energiegesetz in Deutschland, das gegen den erbitterten Widerstand der Stromkonzerne durchgesetzt wurde.

Das EEG wurde das weltweit erfolgreichste und für die Verbraucher kostengünstigste Programm zum Ausbau der Erneuerbaren Energien, doch dazu später mehr. Der Wirtschafts- und Sozialwissenschaftler Scheer erkannte bereits während seiner Tätigkeit als wissenschaftlicher Mitarbeiter am Kernforschungszentrum in Karlsruhe (1976–1980), dass man die Atomenergie selbst dann ablehnen müsste, wenn sie nichts kosten würde. Kurz vor Scheers plötzlichem Tod am 14. Oktober 2010 erschien sein letztes Buch *Der energethische Imperativ*. Es sollte sein Vermächtnis werden. Zu dem Titel inspiriert hatte ihn die 1912 erschienene Schrift *Der energetische Imperativ* des Chemie-Nobelpreisträgers Wilhelm Ostwald (1853–1932). Darin legte Ostwald dar, dass »die unverhoffte Erbschaft der fossilen Brennmaterialien« dazu verführe, »die Grundsätze einer dauerhaften Wirtschaft vorläufig aus dem Auge zu verlieren und in den Tag hinein zu leben«. Da sich diese Brennmaterialien unweigerlich aufbrauchen würden, ergebe sich daraus zwangsläufig die Erkenntnis, dass eine »dauerhafte Wirtschaft ausschließlich auf die regelmäßige Zufuhr der Sonneneinstrahlung gegründet werden kann«. Daraus leitete er seinen energetischen Imperativ ab: »Vergeude keine Energie, verwerte sie.« Die Verbrennung fossiler Energien betrachtete Ostwald als Vergeudung, weil die verwendeten Brennstoffe dadurch für den Energieeinsatz unwiederbringlich verloren sind. Stattdessen warb er für die Verwertung der immer vorhandenen Energie, die wir heute als Erneuerbare Energie bezeichnen. »Dem ›energetischen Imperativ‹ räumte Ostwald einen höheren gesellschaftlichen Stellenwert ein als dem ›kategorischen Imperativ‹ des Philosophen Immanuel Kant«, stellt Scheer fest. Kants kategorischer Imperativ besagt: »Handle so, dass die Maxime deines Willens jederzeit zugleich als Prinzip einer allgemeinen Gesetzgebung gelten könnte.«

»Einfacher ausgedrückt in einem alten Sprichwort: Was Du nicht willst, das man Dir tu, das füge auch keinem anderen zu«, liefert Scheer auch gleich die Übersetzung des berühmten Satzes. »Ostwald sieht in Kants Imperativ ein Sittengesetz, während sein Imperativ naturgesetzlich ist. Ob ein Sittengesetz beachtet wird oder nicht, ist eine moralische Frage. Sie entscheidet über die Qualität des gesellschaftlichen Zusammenlebens. Ein Naturgesetz lässt uns dagegen keine andere Wahl. Seine Nichtbeachtung hat für die Gesellschaft so schwerwiegende Folgen, dass sie auch eine Verwirklichung der ethischen Grundsätze Kants letztlich unmöglich machen würde«, so Scheer.

Die Naturgesetze, auf denen Ostwalds Imperativ gründet, sind der erste und zweite Hauptsatz der Thermodynamik. Der erste Hauptsatz der Thermodynamik lehrt uns: Energie kann weder erzeugt noch vernichtet, sondern nur in andere Energiearten umgewandelt werden. Die Energie ist in unterschiedlicher Form vorhanden: als »ruhende Energie«, »gebundene Energie« oder »nicht verfügbare Energie« in Form von Öl-, Kohle-, Gas- oder Uranvorkommen; als »freie Energie« bzw. »verfügbare Energie«, wenn man sie in Bewegung setzt und verbrennt; und nach ihrer Umwandlung als »zerstreute« und nicht mehr nutzbare Energie. Doch stets bleibt die Gesamtmenge der Energie in einem geschlossenen System konstant. Wenn in diesem Buch aus Gründen der Verständlichkeit von »Energieerzeugung« oder »Energieverbrauch« gesprochen wird, ist damit also immer die Umwandlung von ruhender oder gebundener Energie in freie Energie und dann in nicht mehr nutzbare Energie gemeint.

Der zweite Hauptsatz der Thermodynamik besagt, dass bei jeder Umwandlung von einer Energieform in eine andere Umwandlungsverluste entstehen. Durch die Verluste bei der Umwandlung von ruhender in verfügbare und dann in zerstreute und nicht mehr verfügbare Energie werden Wärme und andere Emissionen freigesetzt, die die Ordnung der Ökosphäre in Unordnung bringen und schließlich deren Wärmetod hervorrufen. Man spricht in diesem Zusammenhang von Entropie; der Begriff setzt sich aus den griechischen Wörtern *en* (= in) und *trope* (= Umwandlung) zusammen. Entropie bezeichnet den Übergang von geordneten Systemen (Syntropien) zu solchen der Unordnung. Es gibt allerdings auch einen gegenläufigen Prozess, die Negentropie (negative Entropie), den Übergang von Unordnung in neue Ordnungen – etwa durch wiederaufgeforstete Wälder. Der zweite thermodynamische Hauptsatz gilt nicht nur für die Verbrennung fossiler Ressourcen, sondern auch für die Atomenergie. Sie geht auf die Erkenntnis der Hochenergiephysik zurück, dass auch Materie eine Form von Energie ist, die in Bewegungsenergie umgewandelt werden kann. Durch die Kernspaltung und die Kernfusion wurde die Möglichkeit zur Herbeiführung von Entropie in der Natur dramatisch gesteigert – am stärksten durch Atomwaffen.

Der zweite Hauptsatz der Thermodynamik hat seine Gültigkeit in geschlossenen Systemen. Im Verhältnis zur Sonne ist die Erde ein offenes System, durch das die Sonnenenergie strömt. Die Entropiezunahme findet auf der Sonne statt. Die von der Sonne ausgestrahlte Energie liefert uns bereits »freie Energie«, wir brauchen keine andere Energie, um sie in Bewegung zu setzen. Wo sie absorbiert wird, erwärmt die Sonne die Land- und Meeresflächen und strahlt in Form von Wärme zurück. In Pflanzen wird Sonnenenergie durch Photosynthese umgewandelt, Nahrung und Biomasse sind indirekte Sonnenenergie. Die Sonne strahlt jedoch nicht gleichmäßig auf die Erde, je nach Breitengrad sind Tag- und Nachtzeiten unterschiedlich, Wolken, Eis- und Schneedecken reflektieren und absorbieren die Sonne, die unebene Erdoberfläche führt zu unterschiedlichen Einstrahlungswinkeln. Durch die Unterschiede zwischen wärmeren und kälteren Einstrahlungszonen entstehen Luftbewegungen: Auch beim Wind handelt es sich also um indirekte Sonnenenergie. Treffen die Sonnenstrahlen auf Gewässer, verdunstet Wasser und kondensiert in der Atmosphäre, als Regen fällt es wieder auf die Erde und fließt von höheren geographischen Regionen in tiefer gelegene: Fließwasser als indirekte Sonnenenergie. Die solaren Energien unterliegen natürlich auch den thermodynamischen Gesetzen. Aber sie führen zu keiner Entropiezunahme über die durch die Zerstreuung und Abstrahlung in den Weltraum natürlich gegebene hinaus. Und die Speicherung von Sonnenenergie durch die Photosynthese, also

Pflanzenwachstum, bewirkt gleichzeitig eine Zunahme der Negentropie.

Als Ostwald seinen energetischen Imperativ formulierte, wusste man noch nicht, dass der Mensch durch das Verbrennen fossiler Brennstoffe das Weltklima aus dem Takt bringen würde. Auch ohne Klimawandel wäre der schnelle Wechsel von den atomar-fossilen Energien zu den solaren Energien eine naturgesetzliche Notwendigkeit.[10] Doch auch aus Kants kategorischem Imperativ lassen sich die gleichen Schlussfolgerungen für den Umgang mit Energie ableiten wie aus Ostwalds Buch. »Jeder will in sauberer Luft leben, weshalb auch keiner die Luft anderer verschmutzen darf. Jeder Mensch braucht Energieressourcen, weshalb keiner so viel Energie beanspruchen darf, dass für andere nichts mehr übrig bleibt. Fest steht: Schon bisher reichte die fossile und atomare Energie nicht aus, um den Energiebedarf der gesamten Menschheit zu befriedigen. In naher Zukunft wird dies angesichts der sich erschöpfenden Reserven bei gleichzeitig wachsendem Energiebedarf immer weniger möglich sein«, betonte Scheer. Niemand will, dass seine Heimat im Meer versinkt, darum dürfen wir das auch nicht den Menschen zum Beispiel in Bangladesch zumuten, in dem wir das Weltklima weiter anheizen. Niemand will, dass sein Kind Krebs bekommt, darum dürfen wir die Kinder in der Umgebung der tödlichen Nachbarn auch keinem vermeidbaren Risiko aussetzen. Niemand will ein Atommüllendlager in seiner Nachbarschaft, darum darf man nicht noch weiter Atommüll produzieren.

Und da wir den Uranabbau in Deutschland und den größten Teilen Europas beendet haben, weil die Folgen für Mensch und Umwelt einfach nicht mehr hinnehmbar erschienen, ist es mit Kants kategorischem Imperativ auch nicht vereinbar, den indigenen Völkern in Australien, Kanada oder Afrika diese Folgen weiter zuzumuten. Der Philosoph Hans Jonas hat Kants Imperativ darum folgendermaßen weiterentwickelt: »Handle so, dass die Wirkungen deiner Handlung verträglich sind mit der Permanenz echten menschlichen Lebens auf Erden.«

Mit dieser Maxime ist es unvereinbar, weiter Atommüll anzuhäufen, obwohl bis heute niemand weiß, wo und wie er für eine Million Jahre sicher gelagert werden kann. Doch nicht nur am Ende der Brennstoffkette, sondern schon ganz am Anfang, beim Abbau des Atombrennstoffs Uran, entsteht ein gigantischer Berg aus radioaktivem und giftigem Müll, der für Hunderttausende von Jahren eine tödliche Gefahr darstellt. Es darf keine weiteren Tschernobyls und Fukushimas mehr geben, darum müssen wir die Atomkraftwerke abschalten, je schneller, desto besser. Gleichzeitig müssen wir aber auch unseren Ausstoß von Treibhausgasen bis zum Jahr 2050 um 90 bis 95 Prozent verringern, um die globale Erwärmung wenigstens noch auf 2 Grad Celsius gegenüber der vorindustriellen Zeit begrenzen zu können. Diese Herausforderung ist nur mit Erneuerbaren Energien, Energieeffizienz und Energiesparen zu meistern. Unsere Zukunft ist 100 Prozent erneuerbar.

Teil I

**Die Atomlüge – Wie uns Politiker
und Atomlobby hinters Licht führen**

2. Tödliche Nachbarn

2.1 Nukleares Lottospiel

Es war schon kurz vor 11 Uhr, doch bisher waren erst wenige Campact-Aktive gekommen. Die ganze Nacht hindurch hatten Helferinnen und Helfer auf einem Parkplatz im hessischen Biblis 12 000 Luftballons mit Gas befüllt und in große Schläuche gepackt, während der Regen auf das Zeltdach prasselte. Susanne Jacoby und Christoph Bautz wurden allmählich nervös. Zwar hatten rund 200 Campact-Aktive aus Frankfurt am Main und Umgebung per E-Mail angekündigt zu kommen, doch vielleicht waren sie angesichts des grauen und regnerischen Wetters an diesem Samstagvormittag doch lieber zu Hause geblieben. Aber bald konnten die Campaignerin und der Campact-Geschäftsführer aufatmen: Ein Auto nach dem anderen bog auf den Parkplatz ein, immer mehr Menschen trafen auf Fahrrädern oder vom Bahnhof ein, am Ende waren es rund 600. Auch der Himmel klarte auf, und die Sonne kam zum Vorschein. Rasch wurden verschiedene Aufgaben verteilt: Allein 130 Helfer wurden gebraucht, um die langen Ballonschläuche zu bewegen, andere trugen Plakate oder gelbe Fahnen mit Anti-Atom-Sonnen. Daraus wurde schließlich ein kilometerlanger Demonstrationszug, vorneweg zwölf Aktive in Skelettkostümen – ein eindrucksvolles Bild! Vor den beiden Atomkraftwerken Biblis A und B wurden die schwarzen und gelben Ballons schließlich in zwei Massenstarts fliegen gelassen. Hinter jedem der 12 000 Ballons stand jeweils ein Mensch, der die Aktion mit einer kleinen Spende ermöglicht hatte. Die Aktion unter dem Motto »Atomlügen aufsteigen lassen – Grüße vom tödlichen Nachbar« sollte zeigen, wohin es eine radioaktive Wolke wehen würde, wenn es in einem der beiden Reaktoren mitten im dicht besiedelten Rhein-Main-Gebiet zum sogenannten Super-GAU käme: zu einem Unfall, der über den »Größten anzunehmenden Unfall« hinausgeht, bei dem die Kraftwerke noch als beherrschbar angesehen werden.

Der Kraftwerksbetreiber RWE hatte versucht, die Aktion zu verhindern und Campact untersagt, die Ballons von seinen Grundstücken rings um das Atomkraftwerksgelände zu starten. Verhindern konnte RWE die Protestaktion nicht. Die Ballons wurden nun eben einige Kilometer entfernt auf einem Parkplatz aufgeblasen und auf dem einzigen öffentlichen Weg zu den beiden umstrittenen Atomkraftwerken getragen. »Die von Ihnen geplante Aktion, die mit Begriffen wie ›tödlicher Nachbar‹ wirbt, hat nach unserer Einschätzung nichts mehr mit einer sachlichen Debatte oder Streitkultur zu tun«, so begründete der Atomkonzern in einem Schreiben an Campact das Demonstrationsverbot und erhob den Vorwurf, mit der Aktion einzig »Ängste schüren« zu wollen. Gegenüber der *Bild-Zeitung* sprach ein Konzernsprecher von »Panikmache«. Ist es Panikmache, Atomkraftwerke als »tödliche Nachbarn« zu bezeichnen? Wie sicher sind Atomkraftwerke wirklich?

In Atomkraftwerken entsteht durch Kernspaltung im Brennstoff eine unvorstellbare Energie, die mit Hilfe gewaltiger Wassermassen ununterbrochen abgeführt werden muss. Fällt die Kühlung des Brennstoffs aus, beginnt der Reaktorkern zu schmelzen und die nukleare Kettenreaktion gerät außer Kontrolle. Um das zu verhindern, verfügen Atomkraftwerke über eine sehr komplexe Sicherheitstechnik. Diese ist entsprechend anfällig für Störungen und Fehler, und so kann sich jederzeit ein schwerer Unfall ereignen. Dann würden große Mengen radioaktiver Stoffe in die Umwelt gelangen, die Leben und Gesundheit von Millionen Menschen bedrohen. Ganze Landstriche mit einer Fläche von zehntausend Quadratkilometern und mehr müssten evakuiert werden. Ähnlich große Flächen könnten auf Dauer unbewohnbar bleiben. Ein Atomunfall in einem so dicht besiedelten und hoch industrialisierten Land wie Deutschland hätte katastrophale gesundheitliche, soziale, ökologische und wirtschaftliche Folgen. Kaum eine andere Technik kann einen so großen Schaden anrichten wie die Atomkraft.

Die Kraftwerksbetreiber und Politiker von CDU/CSU und FDP beteuern, die deutschen Atomkraftwerke seien »sicher«. Dabei erwecken sie den Eindruck, Sicherheit wäre eine fest definierte objektive Größe, ein absoluter Grenzwert, der quasi festlegt, dass alles in Ordnung ist und nichts passieren kann. Wolfgang Renneberg war von 1998 bis 2009 Abteilungsleiter für Reaktorsicherheit im Bundesumweltministerium und Chef der deutschen Atomaufsicht. In einem Gutachten über die »Risiken alter Kernkraftwerke«, das von der Bundestagsfraktion von Bündnis 90/Die Grünen in Auftrag gegeben wurde, schreibt der Physiker und Jurist: »Die Interpretation des Begriffs Sicherheit im Sinne einer objektiven, absolut bezifferbaren Kenngröße ist jedenfalls für den Bereich der Kerntechnik nicht haltbar. Sicherheit beschreibt nicht einen diskret abgrenzbaren objektiven Zustand, sondern beschreibt die Auffassung über oder die Bewertung eines Risikos. Der Betrieb der in Deutschland und zurzeit auch weltweit betriebenen Kernkraftwerke ist immer mit dem Risiko eines Super-GAUs verbunden. Bei manchen ist das Risiko kleiner, bei manchen größer. Wenn der Betrieb von Kernkraftwerken als sicher bezeichnet wird, dann heißt dies folglich nur, dass das damit verbundene Risiko akzeptiert wird.«[11]

Lege man eine durchschnittliche Kernschmelzhäufigkeit aufgrund von technischem Versagen von etwa 1 zu 100 000 zugrunde, so ergebe sich in einem Zeitraum von 60 Jahren eine Wahrscheinlichkeit in der Größenordnung von einem Prozent, dass in dieser Zeit in einem der 17 deutschen Kernkraftwerken ein Kernschmelzereignis auftritt. »Die Aussage, die deutschen Atomkraftwerke seien für eine Laufzeit von 60 Jahren sicher, bedeutet deshalb nichts anderes als die Akzeptanz auch dieses Risikos. Wer dieses Risiko akzeptiert, geht damit – bildhaft gesprochen – eine gesellschaftliche Wette ein und riskiert mit einer Wahrscheinlichkeit von 1 zu 100, dass er verliert. Dieses Risiko, zu verlieren, ist damit nicht hypothetisch, sondern real«, so Renneberg. Damit liegt das Risiko eines Super-GAUs in einem deutschen Atomkraftwerk wesentlich höher, als die Chance auf sechs Richtige im Lotto – die beträgt nämlich nur 1 zu 140 Millionen.[12] Trotzdem hoffen Millionen Menschen auf einen Sechser im Lotto, während sie glauben, in den Atomkraftwerken werde schon nichts passieren.

Angesichts von 146 Atomkraftwerken in der EU kommt es während einer angenommenen Betriebszeit von 40 Jahren mit einer Wahrscheinlichkeit von über 16 Prozent zu einem Super-GAU. Bei dieser Berechnung sind viele mögliche Störfallszenarien sowie das erhöhte Risiko aufgrund von Altersmängeln aber noch gar nicht berücksichtigt. Die Wahrscheinlichkeit von Unfällen durch menschliches Versagen oder von Terroranschlägen lässt sich durch die Methoden der Wahrscheinlichkeitsberechnung ohnehin nicht seriös bestimmen.

Es gehört zum Wesen von Wahrscheinlichkeitsberechnungen, dass sich eine Atomkatastrophe heute ereignen kann oder erst in 100 Jahren. Als es 1979 in Harrisburg (USA) erstmals zu einer Kernschmelze kam, höhnten Atomkraftgegner auf Flugblättern über die Sicherheitsversprechungen der Atomkraftwerksbetreiber: »Alle 100 000 Jahre ein Unfall – wie schnell doch die Zeit vergeht!« Allein in Deutschland zählten die Behörden seit 1965 fast 6000 »meldepflichtige Ereignisse« in Atomkraftwerken, das sind durchschnittlich zwei bis drei Pannen pro Woche. Jedes Jahr haben einige davon das Potential zu einem Super-GAU. Oft war es nur Glück und Zufall, dass es dazu nicht kam.

So zum Beispiel im Atomkraftwerk Biblis A im Dezember 1987: Ein Ventil, welches das unter hohem Druck stehende radioaktive Kühlwasser des Primärkreislaufes vom Notkühlsystem trennt, versagte beim Anfahren des Reaktors und schloss nicht – was die Betriebsmannschaft aber über 16 Stunden lang nicht registrierte. Eine leuchtende Warnlampe wurde von zwei aufeinanderfolgenden Schichten die ganze Zeit entweder übersehen oder für einen Defekt der Anzeige gehalten. Erst die dritte Schicht bemerkte den Fehler. Statt den Reaktor sofort herunterzufahren, versuchte die Crew, das Ventil mit einem Trick zu schließen: Ein Kontrollventil, das den Primärkreislauf von einer Messleitung trennt, die für den hohen Druck nicht ausgelegt ist, wird absichtlich geöffnet, um das defekte Ventil »durchzuspülen«. Dies jedoch misslang. In der Folge strömten 107 Liter radioaktives Kühlwasser aus, gelangten über die Messleitung in den Ringraum außerhalb des Sicherheitsbehälters und von dort in die Atmosphäre. Nur mit Glück schaffte man es, das Kontrollventil gegen den hohen Druck wieder zu schließen. Wäre das nicht gelungen, hätte die Messleitung wegen des hohen Druckes platzen können und ein Verlust großer Mengen Kühlmittel wäre unvermeidlich gewesen. Ein solcher Kühlmittelverlust kann zu einer Kernschmelze und damit zum Super-GAU führen. Gelangt das Kühlmittel, wie in diesem Fall, aus dem Sicherheitsbehälter hinaus, können auch Notkühlsysteme nur noch begrenzt eingreifen, da das Kühlmittel verlorengeht. RWE hat den bis dahin schwersten Zwischenfall in einem westdeutschen Atomkraftwerk über ein Jahr lang geheim gehalten. Erst ein Artikel in einer Fachzeitschrift aus den USA, der von der Frankfurter Rundschau aufgegriffen wurde, machte den Störfall öffentlich.

Forsmark: Reaktor im Blindflug

Doch auch in der jüngeren Zeit wurden immer wieder Zwischenfälle aus Atomkraftwerken bekannt, die beinahe zu einer Katastrophe geführt hätten. Am 25. Juli 2006 um 13:19 Uhr lösten Techniker bei Wartungsmaßnahmen außerhalb des schwedischen Atomkraftwerkes Forsmark einen Kurzschluss aus. Normalerweise bringt eine solche Störung im benachbarten Stromnetz ein Atomkraftwerk in keine ernsten Schwierigkeiten. Der Reaktor wird vom gestörten Stromnetz getrennt, bevor der Kurzschluss draußen die Elektrik innen erreicht. Schlimmstenfalls schaltet sich der Reaktor automatisch ab und wird dann über Notkühlsysteme allmählich in einen unkritischen Zustand gebracht. Doch an jenem Dienstag war alles anders. Da die Trennung vom Netz zu langsam erfolgte und die eigentlich unspektakuläre Störung eine Serie weiterer Komplikationen auslöste, brach ein Großteil des elektrischen Sicherheitssystems in Block 1 des Siedewasserreaktors zusammen. Zwei von vier dieselgetriebenen Generatoren, die die Reaktorsteuerung und die Notkühlpumpen mit Strom versorgen sollen, fielen aus. 22 Minuten lang blieben in der kritischen Phase der Havarie Bildschirme in der Leitwarte des Reaktors schwarz, sendeten Messfühler keine Signale über die atomare Kettenreaktion im Inneren des Reaktors, selbst Teile der Lautsprecheranlage blieben stumm. Die Reaktormannschaft besaß in diesen quälenden Minuten keine Informationen über die Positionen der Steuerstäbe, die die Kettenreaktion im Reaktorinneren regulieren, oder über den Kühlwasserstand im Reaktorbehälter – Informationen, die im Ernstfall überlebenswichtig sein können. Erst als es einem Techniker gelang, die beiden ausgefallenen Dieselgeneratoren per Hand anzuwerfen, war der Blindflug des Atomreaktors beendet. Als Ursache des Störfalls machte die schwedische Reaktoraufsicht den Ausfall zweier Wechselrichter aus. Die genauen Abläufe ließen sich wegen des Ausfalles der Messtechnik allerdings nicht rekonstruieren. Warum die beiden baugleichen Wechselrichter nicht ebenso reagiert hatten wie die beiden anderen, konnten die Experten nicht klären. Wären diese ebenfalls ausgefallen, wäre der Reaktor mit hoher Wahrscheinlichkeit außer Kontrolle geraten. Der Vorfall in Forsmark ist einer von vielen Störfällen in Atomkraftwerken, die in keinem Handbuch vorgesehen waren.[13]

2.2 Je älter, desto unsicherer

»Deutschland hat die sichersten Atomkraftwerke der Welt.« Das behauptete die Hauptgeschäftsführerin des Bundesverbandes der deutschen Elektrizitätswirtschaft (BDEW), die ehemalige CDU-Politikerin Hildegard Müller. Allerdings wird das auch in Frankreich, den USA, der Schweiz, Schweden, Finnland, Großbritannien, Japan oder Südkorea von den dortigen Atomkraftwerken behauptet. Es sind meistens Politiker, Journalisten oder Lobbyisten, die so etwas sagen. Fachleute, auch die Kernkraftbefürworter unter ihnen, würden eine solche Pauschalbehauptung niemals aufstellen. Deutschland hat den drittältesten Atomkraftwerkspark der Welt. Selbst die jüngeren deutschen Atommeiler sind mittlerweile über 20 Jahre alt und wurden in den 1970er Jahren entwickelt, als gerade die erste Golf-Generation vom Band lief. Kann es wirklich sein, dass ausgerechnet die drittältesten Atomkraftwerke der Welt auch die sichersten sind? Das würde ja bedeuten, dass die Technik seitdem nicht mehr weiterentwickelt wurde. Und dass Kernkraftwerke, anders als Autos oder Flugzeuge, mit zunehmendem Alter immer sicherer werden. Doch davon kann leider keine Rede sein. Um das festzustellen, genügt ein Blick in die amtliche Pannenstatistik: In den ältesten deutschen Atomkraftwerken gibt es mehr als dreimal so viele »meldepflichtige Ereignisse« (Pannen) wie in den neueren. Mit den unterschiedlich langen Laufzeitverlängerungen für ältere und jüngere Atommeiler haben auch CDU/CSU und FDP erstmals anerkannt, dass ältere Atomkraftwerke noch unsicherer sind als neuere Reaktoren.

Das Reaktormaterial altert. Die älteren Anlagen weisen zudem eine Reihe gravierender sicherheitstechnischer Nachteile gegenüber den modernen Anlagen auf. Außerdem ist bei den älteren Atomkraftwerken auch die Qualität der Werkstoffe und der Fertigung insgesamt niedriger. »Das Störfallrisiko erhöht sich durch die Laufzeitverlängerungen mit jedem Jahr. Techniker wissen: Je älter die Anlagen werden, desto anfälliger werden sie. Das liegt in der Natur der Sache. Die Verantwortung dafür, ob das Sicherheitsniveau vertretbar ist oder nicht, muss aber die Politik tragen. Das kann ihr niemand abnehmen«, so Michael Sailer, Geschäftsführer des Öko-Instituts.[14] Sailer ist auch Mitglied der Reaktorsicherheitskommission, eines von der Bundesregierung eingesetzten Expertengremiums, von 2002 bis 2006 war er deren Vorsitzender.

Je älter, desto unsicherer

	Reaktor	Am Netz seit	Pannen insgesamt	Pannen pro Jahr
1	Brunsbüttel	1976	455	13,89
2	Neckarwestheim 1	1976	419	12,76
3	Biblis B	1976	406	12,33
4	Krümmel	1983*	414	12,31
5	Biblis A	1974	414*	11,97
6	Philippsburg 1	1979	329	11,00
7	Unterweser	1978	324	10,62
8	Brokdorf	1986	202	8,98
9	Isar 1	1977	271	8,65
10	Grohnde	1984	208	8,46
11	Grafenrheinfeld	1981	212	7,78
12	Philippsburg 2	1984	174	7,18
13	Emsland	1988	110	5,26
14	Gundremmingen B	1984	108	4,32
15	Gundremmingen C	1984	95	3,89
16	Neckarwestheim 2	1989	75	3,70
17	Isar 2	1988	68	3,21

* Das AKW Krümmel ging zwar erst 1983 ans Netz, gehört aber wie Brunsbüttel, Philippsburg 1 und Isar 1 zur besonders störanfälligen Baureihe 69 der Siedewasserreaktoren
AKW-Pannenstatistik: Rangfolge nach Anzahl der meldepflichtigen Ereignisse pro Jahr (Quelle: Bundesamt für Strahlenschutz, 2009)

Man unterscheidet zwischen vier Formen des Alterns oder des Veralterns, die das Risiko einer Atomanlage erheblich erhöhen:
- Materialalterung: Die einzelnen Komponenten einer Atomanlage altern, es kommt zur Materialermüdung und zu Verschleißerscheinungen.
- Konzeptalterung: Auch ganze Anlagen- und Sicherheitskonzepte können veralten, das heißt nicht mehr dem heutigen Stand von Wissenschaft und Technik entsprechen.
- Personalalterung: Erfahrene Mitarbeiter von Atomkraftwerken treten in den Ruhestand, dadurch geht Know-how verloren. Qualifizierter Nachwuchs ist aber Mangelware.

- Nachweisalterung: Auch die Sicherheitsnachweise, die den Genehmigungen von Atomkraftwerken zugrunde lagen, können veralten und somit ihre Gültigkeit verlieren.

Materialalterung

Wie alle Maschinen und technischen Anlagen »altern« auch Atomkraftwerke. Die Belastungen, denen die einzelnen Komponenten einer Atomanlage im Betrieb ausgesetzt sind, führen im Lauf der Zeit zu einer Verschlechterung der Materialeigenschaften. Hohe Temperaturen, enorme mechanische Belastungen, eine chemisch aggressive Umgebung und das Neutronen-Dauerbombardement aus der Kernspaltung wirken auf sicherheitstechnisch relevante und teilweise nur schwer zugängliche Konstruktionselemente ein. Dadurch kommt es irgendwann zur Materialermüdung. Diese Alterungsprozesse sind oft nur schwer feststellbar, da sie sich gewöhnlich auf der mikroskopischen Ebene der inneren Struktur von Materialien vollziehen. Häufig bemerkt man sie erst, nachdem es zum Versagen einer Komponente – zum Beispiel einem Rohrbruch – gekommen ist. Immer wieder sind in den vergangenen Jahrzehnten Korrosion, Strahlenschäden, Rissbildung an der Oberfläche oder an Schweißnähten auch im Inneren wichtiger Teile aufgetreten. Experten sprechen bei der Ausfallrate von Komponenten einer Atomanlage von einer »Badewannenkurve«: Kurz nach Inbetriebnahme ist die Ausfallrate bei einer neuen Anlage besonders hoch, weil in dieser Phase Baumängel und Konstruktionsfehler ans Licht kommen. Da zu diesem Zeitpunkt ein besonders hoher ökonomischer Anreiz besteht, einen reibungslosen Betrieb der Anlage zu gewährleisten, werden meist erhebliche Anstrengungen zur Behebung sämtlicher Probleme unternommen. Sind diese »Kinderkrankheiten« dann erst einmal überwunden, sinkt die Ausfallrate gewöhnlich auf ein Minimum. In dieser Phase handelt es sich meist um Zufallsausfälle, etwa in Folge von Wartungs- oder Bedienungsfehlern oder durch Schmutzpartikel. Bis es dann zu ersten Verschleiß- und Ermüdungserscheinungen kommt und die Ausfallrate allmählich wieder ansteigt.

Laut dem britischen Atomexperten Anthony Frogatt beginnt die Alterungsphase unabhängig vom Reaktortyp nach rund 20 Betriebsjahren, wobei diese Zahl nur als Faustregel gelten sollte und Alterungsphänomene auch früher auftreten können.[15] Dieser Vorgang, der nicht immer leicht zu erkennen ist, erhöht das Risiko einer Atomanlage erheblich. In Deutschland haben mittlerweile auch die jüngeren Reaktoren mit einem Alter von über 20 Jahren die Phase erreicht, in der vermehrt Alterserscheinungen auftreten. Zahlen aus dem Bundesumweltministerium vom März 2010 bestätigen dies: Nach diesen Daten ist nicht nur bei älteren, sondern auch bei den neueren Atomkraftwerken ein Anstieg der altersbedingten Fehlerrate zu erkennen. Allerdings erfolgt der Anstieg bei den ältesten Baulinien auf einem deutlich höheren Niveau.[16]

Ein Teil der altersbedingten Ausfälle ist vorhersehbar und kann mit entsprechenden Programmen überwacht werden. Trotzdem ist das Alterungsmanagement in Deutschland immer noch unterentwickelt, wie die Physikerin Oda Becker 2009 in einer Studie im Auftrag des BUND festgestellt hat. Doch es kommt auch immer wieder zu vorzeitigen Alterungserscheinungen, die niemand vorhergesehen hat. »Da nach ursprünglichen Planungen Kernkraftwerke für eine Lebensdauer von 30 bis 40 Jahren ausgelegt sein sollten, sind die meisten der bislang beobachteten Alterungsprozesse solche vorzeitigen unvorhergesehenen Alterungsprozesse«, führt Renneberg in seiner Studie »Risiken alter Kernkraftwerke« aus. »Unvorhergesehene frühzeitige Alterungsprozesse bergen immer ein erhöhtes Risiko, da sie häufig erst entdeckt werden, wenn sich bereits Schäden oder Vorschädigungen entwickelt haben.« In der Mehrzahl der Fälle wurden in Deutschland Alterungsschäden bisher entdeckt, bevor sie zu größeren Schäden führten – teilweise aber nur durch Zufall.

Die mit Alterungsschäden verbundenen Risiken können katastrophale Folgen haben, wie die folgenden Beispiele zeigen, die Renneberg in seiner Studie angeführt hat:

Im Kernkraftwerk Davis Besse im US-amerikanischen Bundesstaat Ohio wurde ein nahezu vollständiger Durchriss einer Umfangsnaht im Bereich des Reaktordeckels erst im letzten Moment erkannt. Ursache war ein durch Korrosion verursachtes und beschleunigtes Risswachstum. Ein Abriss des Deckels bei vollem Betrieb hätte unabsehbare Folgen gehabt.

Im AKW Biblis A führten falsch eingestellte »Stoßbremsen« zu erheblichen Risiken. »Stoßbremsen« dienen zur Sicherung von Rohrleitungen, Armaturen und technischen Einrichtungen vor großen und schnellen Änderungen der Lasten an den Verankerungen. Druckstöße und Erschütterungen, die von innen oder außen auf das damit gesicherte System einwirken, sollen damit elastisch abgefangen werden. In den neunziger Jahren wurde in einem Kernkraftwerk festgestellt, dass sich die Einstellung von Stoßbremsen unbemerkt verändert hatte. Auch in anderen Fällen hatten sich die Stoßbremsen nicht als zuverlässig erwiesen. Wäre in einem solchen Fall ein Störfall eingetreten, bei dem die Abfederung von Erschütterungen oder Druckstößen in Rohrleitungen von wesentlicher Bedeutung gewesen wäre, hätte ein ganzes Systems von Rohrleitungen und Komponenten versagen können. Erst recht dann, wenn diese Komponenten aufgrund von Alterung bereits spröder, die Wanddicken dünner gewesen wären oder bereits kleine Anrisse vorhanden gewesen wären.

Am 28. Juni 2007 war im Atomkraftwerk Krümmel die Alterung des eingesetzten Netztransformators Ursache für einen starken Brand, der den Netztrafo außer Betrieb setzte, bei dem Rauch in die Steuerwarte drang und nach einer Fehlschaltung eine Notbespeisung des Reaktors erforderlich wurde.

Im AKW Brunsbüttel schmorte ein 10-kV-Kabel der Eigenbedarfsversorgung durch. Bei nachfolgenden Untersuchungen stellten sich Schäden heraus, die auf Fertigungsfehler zurückgingen und zu einem vorzeitigen Verschleiß der Isolierung bis hin zum Kurzschluss führten. Dieser Fertigungsfehler und damit die vorzeitige Alterung lagen aber nicht nur bei diesem Kabel, sondern bei allen vergleichbaren Mittelspannungskabeln vor. Ein gleichzeitiger Ausfall von mehreren Kabeln, beispielsweise aufgrund einer Überspannung mit einem daraus resultierenden Brand und weiteren Folgen, wäre danach nicht mehr ausgeschlossen gewesen, erläutert Renneberg.

Der Ausbau der wetterbedingt schwankenden Stromerzeugung aus erneuerbaren Energiequellen führt dazu, dass Atomkraftwerke künftig immer häufiger herauf- und heruntergeregelt werden müssen. Doch diese Betriebsweise belastet Atomkraftwerke außerordentlich, so wie ständiges extremes Bremsen und wieder Beschleunigen ein Auto stark beansprucht. Dadurch werden sich die alterungsbedingten Risiken von Atomkraftwerken in den nächsten Jahren noch zusätzlich erhöhen. Kernkraft und Erneuerbare Energien passen eben nicht zusammen, auch wenn die Atomlobby immer wieder das Gegenteil behauptet. Doch dazu in Kapitel 5 mehr.

Konzeptalterung

Am 22. März 1975 suchte in dem US-amerikanischen Atomkraftwerk Browns Ferry ein Techniker bei einem Kontrollgang nach einem Luftleck. Dazu benutzte er eine brennende Kerze. Der Schaumstoff, mit dem die Kabel umgeben waren, fing durch die Kerze Feuer, was jedoch erst später erkannt wurde, als bereits erhebliche Schäden aufgetreten waren. In der Folge funktionierte im Block 2 der Anlage nur noch ein einziges Notkühlsystem. In Block 1 war gar kein Notkühlsystem mehr verfügbar, denn die Stromversorgung der für die Störfallbeherrschung erforderlichen Pumpen war durch den Brand ausgefallen. Es drohte eine Kernschmelze und damit ein Super-GAU. Denn ein Abschalten des Reaktors reicht in so einem Fall nicht aus, da die radioaktiven Zerfallsprozesse auch nach der Abschaltung noch so eine extreme Hitze erzeugen, dass jeder Reaktorbehälter ohne weitere Kühlung versagt. Glücklicherweise konnten zwei Kondensatpumpen, die als Teil des normalen Betriebssystems eigentlich nicht zur Beherrschung eines solchen Störfalls gedacht waren, noch rechtzeitig zugeschaltet werden, so dass eine Kernschmelze gerade noch verhindert wurde. So wird dieser Störfall in der Online-Enzyklopädie Wikipedia geschildert.

Die Sicherheitstechnik moderner Atomkraftwerke entwickelte sich ganz wesentlich aus den Erfahrungen, wie man sie in Browns Ferry gemacht hatte. Zu diesem Störfall wäre es nicht gekommen, wenn man die Stromversorgungs- und die Steuerungskabel für jede der Pumpen des Notkühlsystems baulich getrennt verlegt hätte. Denn die Pumpen fielen aus, weil sie durch den Brand gleichzeitig funktionsunfähig wurden. »Das Prinzip der räumlichen Trennung wurde nach diesem Vorfall zum Grundprinzip für die Auslegung von neuen

Kraftwerken«, erklärt Renneberg. Doch für das Atomkraftwerk in Biblis und einige andere Uraltreaktoren kam diese Erkenntnis zu spät, ihre Planungen oder zum Teil auch ihr Bau waren bereits abgeschlossen. »Alle wesentlichen Kabel liefen durch einen Raum, den sogenannten Rangierverteiler. Trotz aller Verbesserungen des Brandschutzes seit den neunziger Jahren in Biblis, wie z. B. durch Brand hemmende Kabelbeschichtungen und Teiltrennungen von Kabelsträngen, bleibt es in Biblis bei den konzeptionellen Sicherheitsnachteilen, da die Erkenntnisse von Browns Ferry bei der Planung nicht mehr berücksichtigt werden konnten«, so der ehemalige oberste deutsche Reaktoraufseher.

Ein weiterer Vorfall, der Schwächen in den bis dahin gültigen Reaktorkonzepten aufdeckte, war der Unfall im Atomkraftwerk Three Miles Island bei Harrisburg, der Hauptstadt des US-Bundesstaates Pennsylvania. Dort geschah, was nach den Prognosen der Atomkraftbefürworter praktisch ausgeschlossen war: Ein Atomreaktor geriet außer Kontrolle. Eine Woche lang kämpfte eine ständig anwachsende Expertenschar gegen das drohende nukleare Inferno. Doch die erste Kernschmelze in einem Großreaktor konnten sie nicht mehr verhindern. Fast drei Viertel des Reaktorkerns aus 36 816 Brennstäben, gebündelt in 177 Brennelementen, waren bei Temperaturen nahe 2800 Grad geschmolzen. Mehrere radioaktive Dampfwolken gelangten in die Umwelt. Experten grübeln noch heute, warum das Stahlgefäß der ungeheuren Belastung standhielt. Sie fanden keine überzeugendere Erklärung als: Glück gehabt. 144 000 Menschen hatten die Flucht ergriffen oder waren evakuiert worden. Wie viel Radioaktivität damals entwichen ist und wie viele Menschen deshalb an Krebs erkrankt sind, ist bis heute umstritten.[17]

Die deutschen Atomkraftwerke können in vier Baulinien

bei den Druckwasserreaktoren und zwei Baulinien bei den Siedewasserreaktoren eingeteilt werden. Die beiden Anlagen der ersten Baulinie der Druckwasserreaktoren sind inzwischen stillgelegt. Zu den konzeptionell veralteten Druckwasserreaktoren der zweiten Baulinie gehören die Atomkraftwerke Biblis A, Biblis B, Neckarwestheim I und Unterweser. Zu den konzeptionell veralteten Siedewasserreaktoren der Baulinie 69 zählen die Atomkraftwerke Brunsbüttel, Krümmel, Philippsburg 1 und Isar 1.

Die schlechteren Sicherheitsstandards der älteren Baureihen zeigen sich nicht nur darin, dass sie über weniger und schlechter räumlich getrennte Notkühlsysteme verfügen, sondern beispielsweise auch beim mangelnden Schutz gegen Flugzeugabstürze. Biblis A, Brunsbüttel und Philippsburg 1 halten allenfalls dem Absturz eines Sportflugzeuges stand. Biblis B, Isar 1, Neckarwestheim 1 und das AKW Unterweser sind lediglich für den Aufprall des heute nicht mehr eingesetzten kleinen Militärjets »Starfighter« ausgelegt. Die übrigen zehn deutschen Atomkraftwerke halten angeblich den Absturz eines »Phantom«-Jägers oder eines Airbus A320 aus. Das heute größte Verkehrsflugzeug, der A380, hat jedoch zehnmal mehr Kerosin im Tank.

Mit Wandstärken von bis zu 180 Zentimeter sind die Reaktorgebäude neuerer Atomkraftwerke rund dreimal so dick wie die älterer Kraftwerke. Alte Reaktoren sind gegenüber Einwirkungen von außen wesentlich verwundbarer. Bei den Druckwasserreaktoren der zweiten Baulinie beträgt die Wandstärke nur etwa 60 cm, bei den Siedewasserreaktoren der Baulinie 69 sogar weniger als 50 Zentimeter. Bei Isar 1 variiert die Wandstärke zwischen 0,35 und 1,20 Meter. Die geringen Wandstärken stellen nicht nur eine Gefahr für den Reaktorkern dar, sondern auch für die abgebrannten Brennelemente, die in Abklingbecken zwischengelagert werden. Diese befinden sich im oberen Teil des Reaktorgebäudes, außerhalb des Sicherheitsbehälters. Bei einer Einwirkung von außen, beispielsweise einem Terroranschlag, besteht die Gefahr der Freisetzung erheblicher Mengen von radioaktiven Stoffen.

Der sogenannte Sicherheitsbehälter (Containment) soll das Entweichen radioaktiver Stoffe in die Umgebung erschweren. Bei den Siedewasserreaktoren der Baulinie 69 hat dieser jedoch nur einen sehr kleinen Durchmesser. Auf diesem kleinen Raum befinden sich sehr viele Einbauten, folglich ist das freie Volumen nur klein. Bei einem Störfall wäre deshalb sehr schnell der Zeitpunkt erreicht, an dem der Sicherheitsbehälter dem Druck nicht mehr standhalten kann. Hier erfolgten zwar Nachrüstungen, nun soll der Druck über ein gefiltertes Entlastungssystem abgebaut werden – sofern es bei derart störanfälligen Reaktoren nicht ausfällt, wie Oda Becker skeptisch anmerkt. Die Physikerin hat im Auftrag des Bund für Umwelt- und Naturschutz Deutschland (BUND) eine Studie über die Gefahren von Laufzeitverlängerungen verfasst.[18] »Die wesentlichere und nicht nachrüstbare Auslegungsschwäche des Sicherheitsbehälters ist aber seine stählerne Bodenwanne. Kommt es einmal zur Kernschmelze, dann dringt der geschmolzene Reaktorkern innerhalb weniger Stunden durch den Reaktordruckbehälter und fällt in die stählerne Bodenwanne des Sicherheitsbehälters. Diese Wanne schmilzt innerhalb von Minuten durch. Bei anderen Anlagentypen würde der geschmolzene Kern auf Betonfundamente treffen, die erst nach Tagen durchschmelzen. So kommt es sehr rasch nach einem Kernschmelzunfall zu radioaktiven Freisetzungen«, warnt Becker.

Im November 2006 stellte die halbstaatliche Gesellschaft für Anlagen- und Reaktorsicherheit (GRS) die Ergebnisse einer Sicherheitsanalyse für die drei kleinen Siedewasserreaktoren der Baulinie 69 vor. Demnach würde der Boden des Reaktordruckbehälters bei einem Kernschmelzunfall mit einer Wahrscheinlichkeit von 98 Prozent nicht standhalten. Danach würde der Sicherheitsbehälter in jedem Falle versagen – und das schon innerhalb von Minuten. Es käme in den meisten Fällen zur Freisetzung von Radionukliden. Erschreckend ist dabei vor allem, dass die Vorwarnzeit meist nur zwischen 90 Minuten und fünf Stunden betragen würde. So bliebe extrem wenig Zeit für eine Evakuierung der Bevölkerung. »Kann eine Evakuierung nicht rechtzeitig erfolgen, ist in der Nähe des Atomkraftwerkes mit akuten Strahlenkrankheiten mit zum Teil tödlichen Folgen, in größerer Entfernung mit teils erheblichen Langzeitfolgen (vor allem Krebs und genetische Schäden nachfolgender Generationen) zu rechnen«, schreibt Becker. Bei moderneren Atomkraftwerken mit Sicherheitsbehältern aus Stahlbeton bliebe etwas mehr Zeit für die Evakuierung der Bevölkerung.

Auch der Sicherheitsbehälter der japanischen Unglücksreaktoren in Fukushima Daiichi hatten zusätzliche Betonfundamente und waren damit den ältesten deutschen Siedewasserreaktoren, wie zum Beispiel Krümmel, mit ihrem Sicherheitsbehälter aus leicht schmelzendem Stahl sicherheitstechnisch in diesem Punkt überlegen. Darüber hinaus verfügte das japanische Atomkraftwerk über dampfgetriebene Pumpen, die auch ohne Strom Kühlwasser in den Reaktor leiten. Zusammen mit den leistungsstarken Batterien verhinderten sie nach dem Erdbeben und dem Tsunami den sofortigen Super-GAU.

»Insbesondere in einigen älteren Anlagen entsprechen einige wichtige sicherheitstechnische Systeme nicht mehr dem Stand von Wissenschaft und Technik«, heißt es in einer Studie der Gesellschaft für Anlagen und Reaktorsicherheit

(GRS) vom Sommer 2010. Das betreffe etwa die Stromversorgung, Notstromdiesel, Leittechnik, Führung der Frischdampfleitungen, Notbespeisung und die Kühlwasserversorgung. In einigen älteren Anlagen sind selbst in den Sicherheitsbehältern brennbare PVC-Stromkabel eingebaut, kritisiert das Öko-Institut. Auch bei der Notstromversorgung sehen die Wissenschaftler des Öko-Institutes schwere Sicherheitsmängel: Der Diesel für die Notstromaggregate sollte eigentlich mindestens für 72 Stunden reichen, doch die Tanks sind bei einigen Anlagen dafür zu klein.

Die älteren Reaktoren weisen noch viele weitere sicherheitstechnische Nachteile auf, deren Verringerung oder Behebung durch Nachrüstungen nur sehr begrenzt möglich ist. So sind beispielsweise Behälter und Rohre nicht aus einem Stück gefertigt, dadurch besitzen sie mehr rissanfällige Schweißnähte an wichtigen Komponenten und Rohren des Primärkreislaufes. Gleichzeitig ist aber die Prüfbarkeit des Primärkreislaufes auf Risse und Schäden eingeschränkt.

Die Alterung schreitet schneller voran als der vorsorgende Austausch von Bauteilen. Außerdem führen nachträgliche Änderungen nahezu zwangsläufig zu Folgefehlern, worauf Wolfgang Renneberg hinweist: »Durch den vorzeitigen Austausch von Komponenten, Rohrleitungen, Kabeln, Befestigungen sind auf der einen Seite – zumeist vorzeitige – Alterungsprozesse unterbrochen worden. Auf der anderen Seite wurden durch die zum Teil umfangreichen Nachrüstungen neue Fehler eingebaut, die die Fehlerrate und damit das Risiko erhöht haben. Das Risiko, neue Fehler zu machen, ist dabei umso höher, je komplexer das System ist, in das eingegriffen wird.« Beispiele dafür gibt es viele:

So wurde Ende der achtziger Jahre bekannt, dass das Atomkraftwerk Biblis A nicht ausreichend gegen Erdbeben und

Schwingungen gesichert ist.»In der Folge wurden die Verankerungen in den Betonstrukturen nachgerüstet. Dazu wurden unter anderem Dübel verwandt, die sich im Inneren des Betons einfräsen sollen. Um einen festen Sitz zu erlangen, mussten die Dübel exakt bis zur roten Markierung eingedreht werden. Am 15. Oktober 2006 wurde bei einer Inspektion im Atomkraftwerk Biblis eine Ankerplatte entdeckt, die nicht schlüssig auf dem Beton auflag. Weitere Untersuchungen ergaben, dass die Dübel zum Teil nicht vorschriftsmäßig bis zur roten Markierung eingedreht waren und die erforderliche Festigkeit dadurch nicht erreicht wurde.«

Im Atomkraftwerk Krümmel wurde am 1. Juli 2009 nach einer Störung am Eigenbedarfstransformator eine erhöhte Freisetzungsrate von Xenon 133 festgestellt. Ein Anstieg dieses langlebigen Edelgases gilt als Hinweis auf Schäden an den Brennstäben. Drei Tage später stieg die Zahl der Spaltprodukte im Reaktorwasser. Als Ursache wurde eine äußere Schädigung von Brennelementen durch Metallteile festgestellt. Wie sich herausstellte, waren zuvor im Rahmen eines umfangreichen Nachrüstungsprogramms Armaturen in dem Atomkraftwerk saniert worden. Unter anderem hatte man auch innere Rohrleitungen und Armaturen nachgefräst. Dabei entstehende Metallspäne waren nicht sorgfältig genug entfernt worden und in den Kühlkreislauf des Reaktors gelangt.

Am 14. Dezember 2001 kam es im Atomkraftwerk Brunsbüttel zu einer Wasserstoffexplosion in unmittelbarer Nähe des Reaktordruckbehälters. Leitungen wurden aufgerissen oder verbogen. Ein 2,7 Meter langes Rohrstück der Deckelsprühleitung am Reaktordruckbehälter fehlte. Diese Leitung gehört zum Reaktorwasserreinigungssystem und dient dazu, beim Herunterfahren der Anlage die Abkühlzeit zu verkürzen. »Ein Grund dieser Explosion lag darin, dass sich in einer Leitung Kondensat gebildet hatte, welches nicht abfließen konnte. Grund dafür waren vorausgegangene Reparaturarbeiten an einem Ventilsitz«, so Renneberg.

Die Atomaufsichtsbehörden waren durch die von Rot-Grün gesetzlich festgelegten Laufzeitbegrenzungen nicht in der Lage, grundlegende konzeptionelle Nachrüstungen der Atomkraftwerke zu verlangen, sagt Renneberg. »Grundlegende aufwändige Maßnahmen, deren Realisierung mehrere Jahre in Anspruch genommen hätten und nur noch eine kurze Zeit zu einer Sicherheitserhöhung geführt hätten, wären vor dem Hintergrund der Restlaufzeitbegrenzung unverhältnismäßig gewesen.« So verzichtete die Atomaufsicht darauf, von RWE die Errichtung einer verbunkerten Notwarte zu verlangen, von der aus der Reaktor im Falle eines Unfalles oder eines Terroranschlages noch gesteuert werden könnte. Denn die Notwarte wäre voraussichtlich erst dann fertig geworden, wenn Biblis A aufgrund des rot-grünen Atomkonsenses mit den Kernkraftwerksbetreibern ohnehin hätte abgeschaltet werden müssen.

Durch den schwarz-gelben Atomdeal darf Biblis A nun mindestens acht Jahre weiter betrieben werden – natürlich ohne verbunkerte Notwarte. Auch für Nachrüstungen zum Schutz gegen Flugzeugabstürze hätten die Betreiber der sieben ältesten Atomkraftwerke zehn Jahre Zeit. Im Rahmen des kurz nach Beginn des Super-GAUs in Fukushima verkündeten Moratoriums wurden die Reaktoren abgeschaltet. Bei Drucklegung dieses Buches war noch nicht entschieden, ob sie es für immer bleiben.

Die AKW-Betreiber behaupten, die älteren Atomkraftwerke seien mittlerweile runderneuert. Eine Vielzahl von Komponenten sei inzwischen ausgetauscht, insofern könne man nicht von alten Anlagen sprechen. Doch der ehemalige Chef der deutschen Atomaufsicht widerspricht vehement: »Diese Aussage ist falsch. Die dargelegten konzeptionellen Nachteile der älteren Anlagen bestehen weitgehend nach wie vor.« Renneberg fordert seit langem, die älteren Atomkraftwerke einem systematischen Vergleich mit den neueren Reaktoren und dem heutigen Stand von Wissenschaft und Technik zu unterziehen. Doch einen solchen Sicherheitsvergleich hätten die Bundesländer und die Betreiber bereits im Jahr 2009 entschieden abgelehnt. Kein Wunder, denn die sicherheitstechnischen Nachteile der älteren Atomkraftwerke würden bei so einem systematischen Vergleich offen zu Tage treten, da ist sich Renneberg sicher. »Jeder Versuch, die alten Reaktoren auch konzeptionell auf den neuesten Sicherheitsstandard zu bringen, käme technisch und wirtschaftlich einem Neubau nahe. Planung, Genehmigung und Bau würden darüber hinaus so große Zeiträume in Anspruch nehmen, dass die Sicherheitsverbesserungen für einen effektiven Sicherheitsgewinn zu spät kämen«, führt Renneberg aus.

Physikalische Alterungsprozesse und veraltete Anlagenkonzepte bei den älteren Atomkraftwerken führen dazu, dass bei diesen die Wahrscheinlichkeit von Störfällen höher liegt als bei neueren Anlagen. Gleichzeitig ist die Wahrscheinlichkeit für die Beherrschbarkeit von Störfällen bei den älteren Reaktoren deutlich geringer, da sie über weniger Sicherheitsreserven verfügen. Hinzu kommt, dass die Folgen eines Störfalls in einem der museumsreifen Altreaktoren für die Bevölkerung deutlich gravierender sein können. Laut Sicherheitsanalysen ist ein schwerer Unfall in alten Atomkraftwerken, wie etwa Biblis, neunmal wahrscheinlicher als in neueren Atomanlagen. Und dabei sind Brände, Erdbeben oder Terrorangriffe noch gar nicht berücksichtigt. Aber auch in den neueren Atomkraftwerken kann sich jeden Tag ein Super-GAU ereignen. Die älteren Reaktoren sind lediglich noch gefährlicher. Keines der deutschen Atomkraftwerke entspricht heute noch dem Stand von Wissenschaft und Technik. Dabei hat das Bundesverfassungsgericht schon 1978 den Betrieb von Atomanlagen genau an diese Bedingung geknüpft. Die Karlsruher Richter betonten ausdrücklich den »dynamischen« Charakter der sich ständig weiterentwickelnden Sicherheitskriterien. Doch bislang hat sich noch keine Bundesregierung dazu durchgerungen, Betriebsgenehmigungen zu widerrufen.

Genauso wenig, wie man in einer alten Ente schwerlich Knautschzonen und die vielen anderen Sicherheitselemente nachträglich einbauen kann, die dazu beigetragen haben, dass die Zahl der im Straßenverkehr getöteten Menschen deutlich gesunken ist, könne man die alten Atomkraftwerke auf den heutigen Stand der Technik bringen, sagt Renneberg. »Ein Atomkraftwerk der ersten, zweiten oder dritten Generation wäre bereits vor zwanzig Jahren nicht mehr genehmigungsfähig gewesen«, betont der Atomexperte. »Keines der heute betriebenen Atomkraftwerke würde die heutigen internationalen Auslegungsanforderungen für neue Atomkraftwerke erfüllen.«

Personalalterung und der Mangel an qualifiziertem Nachwuchs

Aber nicht nur das Reaktormaterial altert, auch erfahrene Mitarbeiterinnen und Mitarbeiter von Atomkraftwerken gehen in den Ruhestand. Der Verlust von Know-how durch das Ausscheiden von Mitarbeitern von Atomkraftwerken, aber auch bei Gutachtern und Behörden ist ein Thema, über das seit mehr als zehn Jahren in der Fachwelt diskutiert wird. Das Problem wird dadurch verschärft, dass immer weniger junge Menschen ihre berufliche Perspektive in der Nuklearenergie sehen. Ein Problem, das nicht nur Deutschland betrifft, sondern über das die Atomindustrie auch in vielen anderen Ländern klagt. Wer will heute schon noch Kerntechnik studieren?

Das stellt nicht nur für den Weiterbetrieb der Atomkraftwerke ein Problem dar. Auch bei einem schnellen Atomausstieg werden geschulte Techniker benötigt, um den Rückbau stillgelegter Kernkraftwerke zu bewerkstelligen, Abzweigungen radioaktiven Materials für den Bau von Nuklearwaffen oder »schmutzigen Bomben« zu verhindern und den Atommüll für unvorstellbar lange Zeiträume sicher lagern und überwachen zu können. »Für diese Aufgaben bleibt hochqualifiziertes und verantwortungsbewusstes Personal notwendig«, stellt Hermann Scheer fest. »Wie kann in mittlerer und ferner Zukunft sichergestellt werden, dass es selbst nach einer ebenso notwendigen wie unausweichlichen Beendigung der Atomenergienutzung noch hoch qualifizierte Atomtechniker gibt, die sich mit der Rolle von Totengräbern und Friedhofswächtern für viele Millionen Tonnen gelagerten Atommülls zufriedengeben? Wer will so einen Beruf noch erlernen? Das ist ein unlösbares Problem, an das die Wegbereiter der Atomenergie nicht gedacht haben, weil sie an Atomkraft für alle künftigen Zeiten glaubten. Auf Atomenergie kann verzichtet werden, ihre Hinterlassenschaften sind kaum rückholbar.«[19]

Laut Wolfgang Renneberg haben die Atomaufsichtsbehörden ein besonderes Problem, die erforderliche Kompetenz aufrechtzuerhalten. »Bereits aufgrund unflexibler Gehaltsstrukturen und nicht ausreichender finanzieller Mittel sind sie kaum in der Lage, kerntechnisch hoch qualifizierte und erfahrene Techniker anzuwerben«, sagt der ehemalige Chef der deutschen Atomaufsicht.

Nachweisalterung

Die Sicherheitsnachweise, die den Genehmigungen der Atomkraftwerke zugrunde liegen, sind mittlerweile teilweise mehr als 30 Jahre alt. Seitdem hat sich jedoch viel verändert. Die Ausgangsgrößen für Berechnungen und Rechenmethoden, sogenannte Auslegungsparameter, sind heute andere. Neue wissenschaftliche und technische Erkenntnisse sind hinzugekommen, und neue Betriebserfahrungen liegen vor. »Die alten Nachweise, dass Störfälle sicher beherrscht werden können, reichen nicht mehr aus, soweit sie sich aus heutiger Sicht als unvollständig und im Ergebnis falsch herausstellen. Solche Fälle hat es in der Vergangenheit immer wieder gegeben. Bis heute ist beispielsweise nicht die Frage abschließend geklärt, ob bei einer Leitungsleckage im Reaktor freiwerdendes Isoliermaterial nicht die Kühlkanäle verstopft. Dies könnte katastrophale Konsequenzen haben. Im Rahmen der Genehmigung war das Problem noch gar nicht geprüft worden, weil das Problem noch nicht erkannt worden war«, schreibt Renneberg in seiner Studie. Außerdem lägen Sicherheitsnachweise, die nach heutigem Stand für einen möglichst sicheren Betrieb der Anlage erforderlich sind, bei der ursprünglichen Genehmigung aber noch gar nicht gefordert worden waren, zum Teil gar nicht vor. Auch die Genehmigungsdokumentationen seien bei den Anlagen der alten Baulinien gegenüber heutigen Standards wesentlich schlechter und in vielen Fällen unvollständig. Darüber hinaus lasse sich in vielen Fällen, in denen Anlagen wiederholt verändert wurden und es mehrfache Änderungsdokumente von Änderungsdokumenten gibt, der Zustand der komplexen Anlagen von der Atomaufsicht nur noch aufwändig in einer Kette von Nachweis- und Dokumentationsunterlagen verfolgen. »Die Alterung der Sicherheitsnachweise und die Alterung der Dokumentationen verstärken die Gefahr, dass bestehende Risiken der älteren Anlagen nicht erkannt werden. Die bestehenden alten Genehmigungen spiegeln deshalb ein Sicherheitsniveau wider, das in Wirklichkeit nicht existiert. Das wirkliche Sicherheitsniveau ist in der Regel geringer als das in der Genehmigung bestätigte«, so Renneberg. Inwieweit die alten Nachweise noch Gültigkeit besitzen, kann nur durch ihre systematische Überprüfung nach heutigem Stand von Wissenschaft und Technik geklärt werden.

2.3 Das schleichende Gift der Routine

Nicht nur der technische Zustand und die Konzeption, sondern auch die Art und Weise, wie ein Atomkraftwerk betrieben wird, hat einen Einfluss auf das Risiko, das von diesem ausgeht. Ganz entscheidend ist dabei eine hohe Sicherheitskultur. Darunter versteht man, dass Betreiber und Mitarbeiter von Atomkraftwerken sowie die Aufsichtsbehörden der Sicherheit höchste Priorität einräumen, sich kontinuierlich mit Sicherheitsfragen auseinandersetzen, um zu garantieren, dass diese angemessene Aufmerksamkeit erhalten. Dazu gehört vor allem ein effektives Sicherheitsmanagement, das jedoch nach Einschätzung der BUND-Gutachterin Oda Becker in Deutschland »bisher nicht vorhanden« ist.

Lange Zeit ging man davon aus, dass diese Sicherheitskultur

in Deutschland besonders hoch sei. Sogar Kernenergiebefürworter haben dies auf die Stärke der deutschen Anti-Atom-Bewegung zurückgeführt. Ohne die andauernde skeptische Beobachtung durch die Bevölkerung, Umweltverbände, Bürgerinitiativen, kritische Wissenschaftler und Medien wären die Atommeiler vermutlich noch unsicherer. Doch gilt wohl leider auch der Umkehrschluss: Wenn das öffentliche Interesse an Fragen der Reaktorsicherheit schwindet, leidet auch die Sicherheit.

Insbesondere nach mehreren Vorfällen in den damals von Vattenfall betriebenen Skandal-Reaktoren in Krümmel und Brunsbüttel sind Zweifel aufgetaucht, ob die Sicherheitskultur in Deutschland tatsächlich so hoch ist, wie man angenommen hat. Dass in diesen beiden Atomkraftwerken besonders viele Sicherheitsverstöße bekannt geworden sind, ist kein Beweis dafür, dass es in anderen deutschen Kraftwerken besser zugeht. »Die meisten Verstöße gegen die Sicherheitskultur gelangen nie an die Öffentlichkeit«, sagt Becker. »Auch in anderen Anlagen traten Fehler auf, die auf eine ungenügende Sicherheitskultur hinweisen. Viele dieser Fehler wurden nur zufällig gefunden und haben zum Teil schon lange oder sehr lange bestanden.« Und natürlich kommt solchen Fehlern und Nachlässigkeiten in einem alten Atomkraftwerk, das nur über geringe Sicherheitsreserven verfügt, störfallanfälliger ist und vermehrt Alterungsschäden aufweist, ein größeres Bedrohungspotential zu.

Die mangelnde Sicherheitskultur drückt sich auch in der schleppenden Behebung von sicherheitstechnischen Mängeln aus. »Es ist in Deutschland Praxis, dass die Beseitigung von Sicherheitsdefiziten nicht umgehend erfolgt, sondern erst nach Monaten oder Jahren. In Abstimmung mit den Aufsichtsbehörden werden sicherheitstechnisch erforderliche Maßnahmen auf die nächste Jahresrevision – oft auch auf die nächsten Jahresrevisionen – verschoben, damit die Anlage nach dem Ereignis möglichst schnell wieder in Betrieb genommen werden kann. Es ist zu befürchten, dass dieses leichtsinnige Vorgehen früher oder später schwerwiegende Konsequenzen haben wird«, schreibt Becker in dem BUND-Gutachten. »In Brunsbüttel ergaben sich zum Beispiel aus den periodischen Sicherheitsüberprüfungen im Jahr 2001 aus Sicht der Atomaufsichtsbehörde 707 Mängel, die vom Betreiber behoben werden sollten. 185 davon sollten aufgrund ihrer sicherheitstechnischen Bedeutung kurzfristig beseitigt werden. Dies war sechs Jahre später immer noch nicht vollständig geschehen.«[20]

Zu einer hohen Sicherheitskultur gehört auch, dass die Atomkraftwerke ständig unabhängig und kritisch überprüft werden. Doch nicht nur die Politik und die staatlichen Atomaufsichtsbehörden sind eng mit den Stromkonzernen verfilzt, sondern auch private Sachverständigenorganisationen wie der Technische Überwachungs-Verein (TÜV). Denn der TÜV ist als Gutachter alles andere als unabhängig. Der TÜV Süd beispielsweise ist eine Aktiengesellschaft und als solche auf Gewinn ausgerichtet. Der TÜV verdient gut an den Atomkraftwerken, und würde er die Abschaltung besonders störanfälliger Atomkraftwerke empfehlen, gingen ihm Aufträge in dreistelliger Millionenhöhe verloren. Eine unabhängige Kontrolle stellt man sich anders vor. Das meint auch Wolfgang Renneberg. Im Interview mit dem ARD-Magazin *Kontraste* erklärte der ehemalige Abteilungsleiter für Reaktorsicherheit im Bundesumweltministerium: »Wenn wir den Fall, dass ein TÜV beurteilen soll, ob ein Kernkraftwerk noch weitere beispielsweise weitere acht Jahre betrieben werden soll, dann geht es hier um die Frage, ob der TÜV innerhalb dieser acht

Jahre noch ein weiteres Geschäftsfeld für sich erhält oder ob er dieses Geschäftsfeld verliert. Seine Entscheidung kann also objektiv von dieser Frage beeinflusst sein und insofern eine Entscheidung sein, die nicht objektiv an Sicherheitsmaßstäben ausgerichtet ist.«[21] Bereits 2008 kam eine Arbeitsgruppe im Bundesumweltministerium zu der Schlussfolgerung, es gebe ein »Ungleichgewicht zwischen Behörde und Sachverständigenorganisationen« und die »große Betreibernähe« der TÜVs beinträchtige »die Qualität und die Unabhängigkeit der Begutachtung«. Das wundert einen nicht, denn zwei Drittel der Aktien der TÜV Süd AG hält die TÜV e. V. Und die Mitglieder des Vereins sind unter anderem die Atomkraftwerksbetreiber E.ON, Vattenfall und EnBW.

»In den letzten Jahren wurden immer wieder Ereignisse aus deutschen Atomkraftwerken gemeldet, die auf Mängel in der Organisation und/oder der Betriebsführung hinweisen.« Das sagt nicht etwa ein Atomkritiker, sondern die halbstaatliche Gesellschaft für Anlagen- und Reaktorsicherheit (GRS) in ihrem Jahresbericht 2006/2007. Diese Aussage beruht auf der Auswertung der meldepflichtigen Ereignisse in den deutschen Atomkraftwerken. Diese Mängel könnten erheblichen Einfluss auf den sicheren Betrieb der Anlagen haben, warnt die GRS. Mehrfach forderten die Aufsichtsbehörden die Betreiber bereits auf, ein wirkungsvolles Sicherheitsmanagementsystem einzuführen. Bisher jedoch ohne durchschlagenden Erfolg.

Doch auch ein besseres Sicherheitsmanagement bietet keine hundertprozentige Sicherheit gegenüber menschlichen Fehlern und technischem Versagen. Menschen machen Fehler, und die Technik funktioniert auch nicht immer wie sie soll – jeder Computernutzer oder Autofahrer kann ein Lied davon singen. Doch bei der Atomenergie können solche ganz alltäglichen Fehler unter unglücklichen Umständen eine Katastrophe auslösen. Christine und Ernst-Ulrich von Weizsäcker haben gefordert, Technologien müssten fehlerfreundlich sein. Die Erneuerbaren Energien sind fehlerfreundlich, und wenn bei ihnen einmal etwas schiefläuft, dann werden keine riesigen Gebiete radioaktiv kontaminiert und nicht eine ganze Volkswirtschaft in den Abgrund gestoßen. Der Atomtechnik fehlt diese Fehlerfreundlichkeit.

RWE hat den Kernkraftgegnern vorgeworfen, sie würden mit dem Begriff »tödliche Nachbarn« die Mitarbeiter der Kraftwerke diffamieren. Das ist Unsinn. Nicht sie, sondern die Atomkraftwerke und die verantwortungslosen RWE-Manager sind hier gemeint. Solange noch Atomkraftwerke betrieben werden, so lange sind wir darauf angewiesen, dass dort Menschen arbeiten, die mehr von ihrem Job verstehen und sich verantwortungsbewusster verhalten als die Zeichentrickfigur Homer Simpson. Problematisch ist allerdings, dass, wie es Gerd Rosenkranz von der Deutschen Umwelthilfe ausdrückt, kein Mensch immun ist gegen das »schleichende Gift der Routine, die es fast unmöglich macht, eintönige oder über Jahre wiederkehrende Tätigkeiten in jeder Minute mit einem Höchstmaß an Konzentration auszuführen«.

2.4 Der »Pamela-Anderson-Effekt« als letzte Rettung?

»Es gibt Grund zur Sorge, aber nicht für Hysterie.« Mit diesen Worten warnte im November 2010 der damalige Bundesinnenminister Thomas de Maizière (CDU) eindringlich vor Terroranschlägen islamistischer Terroristen. Bisher hatten die Sicherheitsbehörden immer nur von einer »abstrakten Gefahr« gesprochen, doch nun lagen offenbar konkrete Hinweise auf geplante Anschläge in Deutschland vor. Die neue Dimension terroristischer Bedrohung wirft schon seit den Terrorangriffen in New York und Washington am 11. September 2001 neue Fragen hinsichtlich der Sicherheit von Atomkraftwerken auf.

Dass auch Atomkraftwerke zu Zielen von terroristischen Angriffen werden könnten, lässt sich spätestens seit den Aussagen zweier inhaftierter al-Quaida-Führer – nachzulesen im offiziellen Bericht des US-Senates – nicht mehr bestreiten.[22] Demnach erwog Mohammed Atta, der später eine Boeing 767 in den Nordturm des World Trade Centers steuerte, auch einen Angriff auf die beiden Reaktorblöcke des Atomkraftwerkes Indian Point am Norduder des Hudson River. Sogar einen Codenamen für den Angriff auf den nur etwa 60 Kilometer von New York entfernten Atommeiler gab es schon: »electrical engineering«. Die Terrorpiloten verwarfen diesen Plan schließlich, weil sie annahmen, dass ihr Anflug auf das Atomkraftwerk vorzeitig mit Flugabwehrraketen oder Abfangjägern gestoppt werden würde.

Doch ein solcher militärischer Schutz der Anlage existierte in Wirklichkeit gar nicht – die Entscheidung der Terroristen gegen diesen Angriff beruhte auf einer Fehleinschätzung. Auch in der ursprünglicheren, noch monströseren Planung des al-Quaida-Führers Khalid Sheik Mohammed mit insgesamt zehn zeitgleich entführten Passagiermaschinen standen nach dessen eigenen Aussagen mehrere Atomkraftwerke auf der Zielliste. »Es ist deshalb unabdingbar, Szenarien terroristischer Angriffe in die Risikobewertung von Atomkraftwerken ernsthafter als bisher einzubeziehen. Diese Angriffe sind seit dem 11. September 2001 sehr viel wahrscheinlicher geworden«, kommentiert Gerd Rosenkranz von der Deutschen Umwelthilfe.

Die Terroranschläge in New York und Washington alarmierten auch die deutschen Behörden. Schon wenige Tage nach den Angriffen auf das World Trade Center und das Pentagon überprüfte das Bundeskriminalamt (BKA) die Besucherlisten deutscher Atomkraftwerke. Die BKA-Beamten wurden schnell fündig: Der Islamist und Komplize der Attentäter vom 11. September Mounir al-Motassadeq hatte mit Kommilitonen der Technischen Universität in Hamburg-Harburg den Reaktor in Stade besichtigt.[23] Das BKA hält Terroranschläge auf deutsche Atomkraftwerke offenbar für eine sehr reale Bedrohung: Seit 2003 gibt es in der Wiesbadener Behörde eine eigene Abteilung mit dem bürokratischen Namen »Zentrale Unterstützungsgruppe des Bundes für gravierende Fälle nuklearspezifischer Gefahrenabwehr«. Diese erstelle vierteljährlich streng geheime Berichte über die Gefährdungslage, berichtete der *Spiegel*.

Keines der 436 weltweit im Jahre 2010 betriebenen Atomkraftwerke würde einem gezielten Angriff mit einem vollgetankten großen Passagierflugzeug standhalten – das gaben nach dem 11. September sogar die deutschen Reaktorbetreiber zu. Beim Bau vieler (aber nicht aller!) Reaktoren war zwar der zufällige Absturz von Kleinflugzeugen oder Militärjets in die Sicherheitsüberlegungen einbezogen worden. Doch der unbeabsichtigte Absturz einer Passagiermaschine genau auf ein Atomkraftwerk galt als so unwahrscheinlich, dass dafür nirgendwo auf der Welt wirksame Sicherheitsvorkehrungen getroffen wurden. Dass Selbstmordattentäter Passagierflugzeuge in Lenkwaffen umfunktionieren, konnten sich die Reaktorkonstrukteure wohl nicht einmal in ihren schlimmsten Alpträumen ausmalen.

Die Bundesregierung beauftragte schon bald nach den Anschlägen in den USA die in Köln ansässige Gesellschaft für

Anlagen- und Reaktorsicherheit (GRS) damit, die Verwundbarkeit deutscher Atomkraftwerke durch Angriffe aus der Luft zu untersuchen. Dabei wurde nicht nur die Standfestigkeit der verschiedenen Reaktoren ermittelt. Ein halbes Dutzend Piloten flog darüber hinaus an einem Flugsimulator der Technischen Universität Berlin Tausende Angriffe gegen in Deutschland betriebene Atomkraftwerke, die mit detailgetreuen Videosimulationen in das Cockpit des Simulators eingespielt wurden. Dabei wurden Angriffe mit unterschiedlichen Geschwindigkeiten, Aufprallorten und -winkeln geprobt. Einige der Testpiloten hatten zuvor nur kleinere Propellermaschinen geflogen, genau wie die Attentäter am 11. September 2001. Auch Passanten von der Straße sollen zu Kamikazeflügen am Flugsimulator eingeladen worden sein. Trotzdem war angeblich jeder zweite simulierte Angriff ein Treffer.

Die Ergebnisse der umfangreichen GRS-Untersuchung wurden nie veröffentlicht. Begründet wurde diese Entscheidung von der Bundesregierung sinngemäß damit, dass sie potentiellen Terroristen keine Gebrauchsanweisung für Anschläge auf Atomkraftwerke liefern wolle. Nur eine als »VS-vertraulich« klassifizierte Zusammenfassung gelangte später an die Öffentlichkeit.[24] Demnach droht insbesondere bei den älteren Reaktoren bei jedem Treffer eine Katastrophe. Und zwar unabhängig vom Typ, von der Größe oder von der Aufprallgeschwindigkeit der betreffenden Passagiermaschine. Entweder werde der Sicherheitsbehälter (Containment) direkt durchschlagen oder das Rohrleitungssystem durch die enormen Erschütterungen beim Aufprall und durch nachfolgende Kerosinbrände zerstört. Eine Kernschmelze und die folgende massive Freisetzung von Radioaktivität seien dann sehr wahrscheinlich heißt es in der GRS-Studie. Auch die Abklingbecken, in denen abgebrannte Brennelemente zwischengelagert werden, gelten als sehr gefährdet.

Auch für den Atomphysiker Heinz Smital von Greenpeace ist klar, dass die dünne Außenwand der ältesten deutschen Atomkraftwerke dem Aufprall einer großen Verkehrsmaschine nicht standhalten könnte. »Ein Flugzeugabsturz in das Reaktorgebäude hätte katastrophale Folgen. Die bei einem Aufprall freigesetzte Strahlendosis wäre so groß, dass bereits innerhalb weniger Stunden der behördliche Grenzwert für eine Evakuierung um das Tausendfache überschritten sein könnte. Gebiete von bis zu 100 000 Quadratkilometern wären möglicherweise so stark kontaminiert, dass die Bevölkerung langfristig umgesiedelt werden müsste«, führt Smital aus.

Ein von Greenpeace in Auftrag gegebenes Gutachten aus dem Jahr 2010 schätzt die »Erfolgswahrscheinlichkeiten einer Terrorgruppe«, ein Flugzeug in ein Atomkraftwerk zu lenken, als hoch ein: »Die Barrieren eines integrierten Sicherheits- und Schutzkonzepts sind sowohl einzeln als auch in ihrer Gesamtwirkung gering.«[25] Schon die Kontrollen an den Flughäfen seien alles andere als lückenlos. Gutachterin Oda Becker listet weltweit 28 Flugzeugentführungen auf, die zwischen dem 11. September 2001 und dem September 2010 stattgefunden haben – trotz der verschärften Personenkontrollen an den Flughäfen. Auch seien bei Tests der Sicherheitskontrollen, etwa am Flughafen Frankfurt am Main, nur 63 Prozent der gefährlichen Gegenstände gefunden worden.

Die Internationale Zivilluftfahrtsorganisation (ICAO), der 190 Staaten angehören, schreibt für alle Flugzeuge mit mehr als 60 Sitzen gepanzerte Cockpittüren vor. Diese Türen sind schussfest und durch einen Zugangscode gesichert. Flugzeugentführer sollen so daran gehindert werden, in das Cockpit einzudringen. Das Greenpeace-Gutachten kommt jedoch zu dem Ergebnis, dass gepanzerte Cockpittüren zwar spontane Flugzeugentführungen verhindern helfen könnten, aber für gut vorbereitete Terrorgruppen kein unüberwindliches Hindernis darstellten.

Zivil gekleidete, aber bewaffnete Flugsicherheitsbegleiter, sogenannte Sky-Marshalls, dienten eher der psychologischen Abschreckung und seien nur selten an Bord der Maschinen. Zudem stelle eine bewaffnete Person an Bord selbst ein großes Risiko dar, heißt es in dem Gutachten: Terroristen könnten sie überwältigen und ihre Waffen abnehmen, oder sie könnte selbst ein Komplize von Terroristen sein. Außerdem könne ein Schusswechsel an Bord die Flugsicherheit gefährden.

Könnten Abfangjäger der Bundeswehr einen Terrorangriff auf ein deutsches Atomkraftwerk noch verhindern? Die Luftwaffe stellt permanent zwei sogenannte Alarmrotten bereit, die den Luftraum sichern sollen. Dazu stehen in Neuburg an der Donau und in Wittmund Abfangjäger bereit, die im Alarmfall innerhalb von 15 Minuten in der Luft sein sollen. Doch vermutlich würden die Kampfflugzeuge im Falle eines Angriffs auf ein Atomkraftwerk zu spät kommen. »Eine Passagiermaschine legt selbst bei einer Reisegeschwindigkeit von nur 700 bis 750 km/h rund zwölf Kilometer pro Minute zurück. Die Distanz zwischen Flughäfen bzw. Flugrouten und Atomkraftwerken ist gering. Nimmt ein Flugzeug Kurs auf ein AKW, beträgt die Vorwarnzeit unter Umständen nur wenige Minuten. Die Abfangjäger benötigen schon etwa 15 Minuten bis zum Start, im Fall einer 2004 in München entführten Maschine stiegen zwei Kampfjets des Luftgeschwaders in Neuburg erst 17 Minuten nach dem Funkspruch der Maschine auf. Die Maschinen benötigten weiterhin einige Minuten, um das entführte Flugzeug zu erreichen«, schreibt Becker. Wenn es den Piloten der Abfangjäger dann nicht gelingt, Funkkontakt zu der entführten Maschine herzustellen (davon muss man im Entführungsfall ausgehen), sollen sie, bevor sie eine Maschine abdrängen, Sichtkontakt aufnehmen, um sich zu vergewissern, ob wirklich Terroristen hinter dem Steuer sitzen. Das ist aber nach bisherigen Erfahrungen problematisch: »In den Jahren 2004 und 2005 gab es ca. 400-mal über mehr als 5 Minuten keinen Funkkontakt zu größeren Flugzeugen. Es erfolgten hierzu mehr als 30-mal militärische Einsatzflüge. Dabei wurde 16-mal eine Sichtidentifizierung durchgeführt. Bis die Sichtidentifizierung gelang, dauerte es bis zu 15 Minuten«, heißt es in dem Gutachten weiter. Bis dahin hätten Terroristen das Flugzeug vermutlich schon längst in ein Atomkraftwerk gesteuert.

Hinzu kommt, dass das Bundesverfassungsgericht im Februar 2006 den Abschuss von entführten Passagierflugzeugen verboten hat, da er mit dem Grundgesetz unvereinbar sei. Es ist jedoch unmöglich, ein Verkehrsflugzeug abzudrängen, ohne gleichzeitig den Abschuss anzudrohen. 2007 äußerte der damalige Bundesverteidigungsminister Franz Josef Jung (CDU), er würde ein entführtes Flugzeug, das für Terrorangriffe benutzt werden soll, notfalls auch ohne gesetzliche Grundlage abschießen lassen. Jung betonte, im Notfall würde er sich auf einen »übergesetzlichen Notstand« berufen. Der Vorsitzende des Bundeswehrverbandes rief die Soldaten daraufhin zur Befehlsverweigerung auf, sollte sie der Verteidigungsminister zum Abschuss einer Passagiermaschine auffordern. Artikel 11 II des Soldatengesetzes verbiete es außerdem, Befehle auszuführen, die ein Verbrechen beinhalten. Eine Berufung auf einen übergesetzlichen Notstand sei nach dem Urteil des Bundesverfassungsgerichtes nicht mehr möglich. Auch der Verband der Bundeswehr-Jetpiloten widersprach Jung vehement.

Bleibt als letzte Rettung vor einem nuklearen Inferno nur noch die Vernebelung von Atomanlagen. Dabei setzen die Betreiber auf das MASS-System, das ursprünglich für Hochseefregatten entwickelt wurde. Es funktioniert nach dem Prinzip »Tarnen und Täuschen«: Täuschkörper sollen automatische Zielsysteme auf ein Scheinziel umlenken. Währenddessen kann das Kriegsschiff im Schutz der Nebelschwaden abdrehen. Der Rüstungskonzern Rheinmetall wirbt wie folgt für sein MASS-System: »Wir haben diese Ablenkung intern Pamela Anderson-Effekt genannt. Er besagt vereinfacht, dass wir der generischen Sensorik an Stelle des ursprünglichen Schlüsselreizes ›Schiff‹ einen optimierten Schlüsselreiz präsentieren. So wie Pamela Anderson manchem Mann den Kopf verdreht, verdrehen unsere Täuschkörper der ankommenden Rakete den (Such-)Kopf.«[26]

Nun soll die Vernebelungsanlage Atomkraftwerke vor Terrorangriffen aus der Luft schützen. Wenn ein Flugzeug seine Route verlässt und auf ein Atomkraftwerk zusteuert, würden die Nebelgranaten elektronisch gezündet. Das Reaktorgebäude würde dann in Nebel eingehüllt, was einem Terrorpiloten das Zielen erschweren soll. Voraussetzung dafür ist allerdings, dass die Angriffsabsicht bei einer Entfernung von 15 bis 20 km des Flugzeugs zum AKW erkannt wird, so die Physikerin Becker in ihrem Gutachten. Angesichts der Nähe der deutschen Atomkraftwerke zu den Flugrouten ist es mehr als fraglich, ob der Nebel rechtzeitig ausgelöst werden könnte. Zudem bleiben der Kühlturm und der Abluftkamin unvernebelt. Der Nebel hält nur wenige Minuten an, die Granaten können aber erneut gezündet werden.

Doch es bestehen zwei wesentliche Unterschiede zwischen

einem Kriegsschiff und einem Atomkraftwerk: Ein Terrorpilot lässt sich nicht durch Täuschkörper auf ein anderes Ziel umleiten, und ein Atomkraftwerk kann auch im Schutz der Nebelschwaden seine Position nicht ändern. Die Vernebelung könnte bei einem Terroranschlag mit einer Passagiermaschine bestenfalls die Trefferwahrscheinlichkeit im Sichtanflug für einen ganz bestimmten Aufschlagpunkt verringern.»Bei älteren Atomkraftwerken ist es aufgrund der geringen Auslegung gegen externe Einwirkungen gar nicht nötig, einen bestimmten Punkt genau zu treffen«, heißt es in dem Gutachten. »Die Orientierung an markanten Gebäuden auf dem AKW-Gelände, wie Kühltürme und Abluftkamin, sind für einen Sichtanflug auf das relativ große Ziel ausreichend. Das rechteckige Reaktorgebäude in Isar 1, Brunsbüttel und Philippsburg stellt eine große Aufschlagfläche dar. Ein Aufprall würde dort mehr Schaden anrichten als bei einer halbrunden Reaktorkuppel. Eine nennenswerte Verringerung der Trefferwahrscheinlichkeit eines Reaktorgebäudes ist bei den älteren Atomanlagen durch ihre Vernebelung somit nicht zu erwarten. Die Wahrscheinlichkeit, dass der Absturz in einen schweren Unfall mündet, würde deshalb bei Altanlagen praktisch nicht verringert.«

Ursprünglich wurde die Vernebelung als Teil eines Konzepts gesehen, das auch vorsah, die Satellitensignale für Navigationsgeräte im Alarmfall weiträumig zu stören. Da von einer solchen Maßnahme jedoch auch alle anderen Flugzeuge in dem Gebiet betroffen wären, liefen die Pilotenverbände verständlicherweise dagegen Sturm. Daraufhin legte das Bundesverkehrsministerium gegen die Pläne, die GPS-Navigation zu stören, sein Veto ein. Das dritte Element des Konzeptes stellte der Abschuss der Maschine dar. Aber das hat – wie eben erwähnt – das Bundesverfassungsgericht verboten. Damit ist das Gesamtkonzept der Vernebelung eigentlich gescheitert.

Andere Terrorszenarien

Doch außer der Entführung einer Verkehrsmaschine untersuchte Oda Becker für Greenpeace weitere Anschlagsszenarien. So könnten Terroristen einen Hubschrauber dazu nutzen, um Sprengladungen direkt am Reaktorgebäude anzubringen, oder einen Selbstmordanschlag mit einem mit Sprengstoff beladenen Helikopter verüben. Ein solcher Angriff würde besonders bei den älteren Atomkraftwerken mit hoher Wahrscheinlichkeit zu »katastrophalen Folgen« führen, so die Gutachterin. Ein kleines Privatflugzeug würde zwar wahrscheinlich am Reaktorgebäude zerschellen, könnte aber ebenfalls mittels Sprengstoff in eine »fliegende Bombe« verwandelt werden, die unter Umständen ein Loch in das Reaktorgebäude reißen und große Zerstörungen im Inneren des Gebäudes verursachen könnte, durch welche die Kühlung des Reaktors unterbrochen werden würde – was, sofern es der Betriebsmannschaft nicht gelänge, eine behelfsmäßige Kühlung zu installieren, unweigerlich zu einer Kernschmelze führen würde.

Noch verheerender wäre ein Angriff mit einem Businessjet. Nach der bereits erwähnten Studie der Gesellschaft für Anlagen- und Reaktorsicherheit (GRS) würde bei älteren Atomkraftwerken schon der Absturz einer kleineren Verkehrsmaschine (etwa eines Airbus A320) zu erheblichen Zerstörungen am Reaktorgebäude führen. Die GRS hält es für fraglich, ob die Folgen beherrscht werden könnten, ein Kernschmelzunfall wäre zu befürchten. Ein Angriff mit einer entführten Frachtmaschine hätte ähnlich katastrophale Folgen wie ein Angriff mit einem Passagierflugzeug. Denkbar wäre auch ein Selbstmordanschlag mit einem entführten Militärjet. Aufgrund der vielen kriegerischen Auseinandersetzungen existiere weltweit eine große Anzahl gut ausgebildeter und erfahrener Kampfpiloten, die in der Lage wären, einen derartigen Angriff auf ein Atomkraftwerk zu fliegen. Die Auswirkungen könnten verheerend sein, besonders wenn das Kampfflugzeug Waffen an Bord hätte.

Terrorangriffe vom Boden

Doch neben einem Anschlag aus der Luft wären auch Angriffe vom Boden aus denkbar, etwa mit panzer- oder bunkerbrechenden Waffen. Greenpeace warnt davor, dass Terroristen beispielsweise das russische Panzerabwehrsystem AT-14 »Kornet« für einen Angriff auf ein deutsches AKW nutzen könnten.[27] Nach Herstellerangaben können die Lenkraketen bis zu 1,20 Meter dicken Stahl und mehr als drei Meter Beton durchschlagen – völlig ausreichend für die Schutzhüllen deutscher Atomkraftwerke, so die Physikerin Oda Becker. Wie bereits erwähnt wurde, beträgt die Stärke der Betonhülle bei älteren deutschen Atomkraftwerken nur 60 bis 100 Zentimeter, bei neueren nur 180 bis 200 Zentimeter. Mit einer Serie von Raketen könnten Attentäter Löcher in das Reaktorgebäude schießen und im Innenraum mittels eines thermobarischen Gefechtskopfes einen Brennstoff fein verteilen, der dann zur Explosion gebracht würde. Die Wirkung wäre verheerend: Es würde zur Kernschmelze und damit zum Super-GAU kommen. Das Schmuggeln eines AT-14-Systems samt Munition nach Deutschland wäre laut Greenpeace kein Problem, »das kann man bequem in einem Kombi-PKW transportieren«.

Doch nach einem Bericht des Nachrichtenmagazins *Der Spiegel* vom September 2010 wäre es sogar noch einfacher, ein

Atomkraftwerk in Europa anzugreifen. Wie leicht man auf ein AKW-Gelände eindringen kann, hat Greenpeace schon mehrfach vorgeführt. Im Januar 2003 etwa drangen Aktivisten bis in die Leitwarte des britischen AKWs Sizewell B vor. Und am 22. Juni 2009 gelang es Umweltschützern, die Kuppel des deutschen Kernkraftwerkes Unterweser zu besetzen. »Das war gar nicht schwer. Als wir ankamen, hat der Pförtner gleich die Schranke aufgemacht. Der dachte wohl, das wird schon seine Richtigkeit haben, wenn um drei Uhr nachts ein Reisebus vorfährt. Unsere Leute sind ausgestiegen und durch offene Schranken gelaufen«, berichtete Hagen Rogg, Teamleiter der Aktionsabteilung, dem *Greenpeace Magazin*. »Auf dem Gelände befanden sich einige Werkschützer, teils mit Hunden und bewaffnet. Aber es waren zu wenige, um sich mehr als 50 Greenpeacern wirkungsvoll in den Weg stellen zu können.« Ebenfalls im Juni 2010 gelangten Aktivisten der Umweltorganisation auch auf das Gelände des schwedischen Atomkraftwerkes Forsmark. »Wären das bewaffnete Terroristen gewesen, hätten sie ohne Weiteres ins Innere des Kraftwerks vordringen können«, meint der schwedische Nuklearexperte Lars-Olov Höglund. Er war zehn Jahre lang Chefkonstrukteur der Atomkraftwerke des Vattenfall-Konzerns. Höglund warnt seit Jahren davor, dass insbesondere europäische Atomkraftwerke enorm verwundbar sind. So könne eine gut bewaffnete Terrorgruppe, insbesondere wenn sie über einen Komplizen in der Reaktormannschaft verfüge, ins Innere des Kraftwerks vordringen und dort mit Sprengladungen enorme Schäden bis hin zur Kernschmelze anrichten. »Man muss nur wissen, was man in die Luft sprengt«, so Höglund. Diese Informationen seien im Internet leicht zu finden.

Die verwundbarste Stelle eines Atomkraftwerks sei jedoch die Stromversorgung für alle anderen Sicherheitsvorrichtungen, so Höglund. Diese Systeme befänden sich außerhalb der Reaktorgebäude. »Man muss deshalb gar nicht den Reaktorblock direkt angreifen«, meint auch der Berliner Rüstungsexperte Otfried Nassauer. Schon mit vergleichsweise einfachen Sprengwaffen, beispielsweise Gewehrgranaten, könne man die Stromversorgung der Sicherheitssysteme zerstören – ohne das AKW-Gelände überhaupt betreten zu müssen, sagt Höglund. Die einzige Möglichkeit, Atomkraftwerke gegen solche Angriffe zu schützen, sei ein Sicherheitsbereich, der wie in den USA schon außerhalb der Sichtweite des Kraftwerks beginne und von schwerbewaffneten Sicherheitsleuten geschützt wäre. »Bei einer Zerstörung der Stromversorgung eines AKWs wäre der nukleare GAU durch nichts mehr aufzuhalten, warnte Höglund bei *Spiegel Online*. »Die Terroristen könnten verschwinden und sich die Kernschmelze ein bis zwei Stunden später im Fernsehen anschauen.«[28]

Cyberterrorismus

Technisch-versierte Terroristen benötigen heute gar keine Waffen, Bomben oder Flugzeuge, um einen Terroranschlag auf ein Atomkraftwerk zu verüben und im schlimmsten Fall einen Super-GAU auszulösen. Mit Viren, Würmern und anderer Schadsoftware sind gezielte Cyberangriffe auf die Kontrollsysteme von Atomkraftwerken denkbar. Im Juli 2010 entdeckte eine weißrussische Firma einen Computervirus, der gezielt von Siemens entwickelte Kontrollsysteme, wie sie auch in deutschen Atomkraftwerken zum Einsatz kommen, angreift.

Fachleute glauben, dass der Wurm Stuxnet entwickelt wurde, um das iranische Atomwaffenprogramm zu sabotieren, was offenbar auch gelungen ist. Es wird spekuliert, dass

Stuxnet von amerikanischen oder israelischen Geheimdiensten entwickelt wurde – bewiesen ist das jedoch nicht. Aber unabhängig davon zeigt Stuxnet noch etwas anderes, nämlich dass es nicht reicht, besonders kritische Systeme nicht mit dem Internet zu verbinden, denn der Wurm wurde nachgewiesenermaßen über USB-Sticks übertragen.

Ein weiteres Beispiel: Experten der US-Heimatschutzbehörde gelang es, mit einem Schadprogramm in die Steuerung eines Notstromgenerators einzudringen und die Anlage so zu überlasten, dass sie den Geist aufgab. Besonders anfällig für Cyberattacken dieser Art sind ausgerechnet die etwas moderneren deutschen Reaktoren, die zwischen 1980 und 1989 ans Netz gingen, da sie über digitale Leitsysteme verfügen, während die ältesten deutschen Atomkraftwerke noch mit analoger Leittechnik gesteuert werden. Doch auch in den Altreaktoren werden immer mehr Computer eingesetzt, weil es für die alte Leittechnik kaum noch Ersatzteile gibt.

2.5 Tschernobyl und die Folgen

»Immer diese Kopfschmerzen«

Ein Beitrag von Nick Reimer.
Der Chefredakteur von klimaretter.info war mehrfach in Tschernobyl und Umgebung, zuletzt 2011. Wiktor Zawalnuk heißt eigentlich anders, sein Name wurde zum Schutz seiner Persönlichkeitsrechte geändert.

Ein Besuch im Atomkraftwerk Tschernobyl, dem »Dokumentationszentrum Sarkophag«, in der Wohnsiedlung der Atomkraftwerker und beim Leiter von Schicht 5, Wiktor Zawalnuk.

Pripjat am 26. April 1986: Wiktor Zawalnuk hatte Glück. Der Leiter von Schicht 5 des Atomkraftwerkes »W. I. Lenina« genießt seinen Urlaub. »Nach Balkonien« sei er mit seiner Frau gefahren, erzählt Wiktor Zawalnuk – für eine Reise hatte es wieder nicht gereicht. Pech für Zawalnuk: Ein Anruf aus dem Kraftwerk beendete jäh die Ferienstimmung. Havarie. Feuer. Einsatz.

Das AKW Tschernobyl liegt in Sichtweite von Zawalnuks Balkon. Sein Glück war, dass er Urlaub hatte: Der junge Leonid Toptunow oder Schichtleiter Aleksandr Akimow – etliche seiner Kollegen sind wenig später tot. »Ich war einer der Ersten am Reaktor«, erzählt Zawalnuk. In den Maschinenhallen brannte es, die Dachpappe hatte Feuer gefangen, schwerer Qualm stieg auf, tief im Reaktor glühten 1000 Tonnen Graphit. »Wir haben Sandsäcke gefüllt, Tausende.« Manche sind mit dem Hubschrauber über dem offenen Reaktordach in den brennenden Block 4 geworfen worden. Andere aber auch einfach nur per Hand.

Später wird Wiktor Zawalnuk in die geräumte Stadt Tschernobyl als Kommandant geschickt – »Ordnung organisieren, Plünderungen unterbinden«. Bis zum 6. Dezember blieb Zawalnuk in der »Sona Otschuschdenija«, dem Sperrgebiet, das etwa 30 Kilometer rings um das Atomkraftwerk gezogen wurde. Wörtlich übersetzt: die »Zone der Entfremdung«. Aber Wiktor Zawalnuk hatte ja Glück: Zum Nikolaustag 1986 erwartet ihn seine Familie im neuen Heim in Kiew.

Zwanzig Jahre später hatte Wiktor Zawalnuk wieder Glück. »Nichts Ernstes, ich bin nur zur Überprüfung in der Klinik«, sagt er mit einem Lächeln und betritt mit seiner abgewetzten Tasche das Radiologische Institut in Kiew. Nein, konkrete Beschwerden habe er nicht. Sicherlich, ohne Magen sei das Leben nicht immer ganz einfach. Der sei ihm schon vor Jahren entfernt worden. Und dann hatte er ja auch diesen Herzinfarkt. Aber: Ob das nun etwas mit dem Reaktorunfall zu tun habe, nein, dass könne niemand so ganz sicher sagen. »Sehen Sie, das ist das Alter.« Zawalnuk wird demnächst 50.

Hoffentlich: Dem Herzinfarkt folgte Arteriosklerose, eine Erkrankung der Schlagadern. Danach kam eine Krankheit namens Hypothermie hinzu, der Körper gibt mehr Wärme ab, als er produzieren kann. »Wir haben es der Welt gezeigt«, sagt Zawalnuk und ballt die Faust. »Binnen kürzester Zeit hatten wir den Reaktor unter Kontrolle. Im Westen wäre das undenkbar gewesen.« Nein, ein Held sei er nicht – »Helden sind die jungen Ärzte, die sich freiwillig nach Tschernobyl gemeldet hatten.« Schlimm sei, dass die anderen drei Reaktoren abgeschaltet wurden, »die liefen doch stabil«, murmelt Zawalnuk. Und sagt dann: »Wissen Sie, was das Schlimmste ist? Ich habe immer solche Kopfschmerzen. Die hören gar nicht mehr auf.«

Einst wollte die Sowjetunion vier Kilometer von Pripjat entfernt den größten atomaren Kraftwerks-Park der Welt bauen. Elf Blöcke waren geplant. Nach dem Unfall mussten die Bauarbeiten eingestellt werden. An den Reaktorgebäuden Nummer fünf und sechs ragen noch immer die Kräne in den Himmel. Die weitgehend fertigen Hallen dienen inzwischen als Zwischenlager für den Müll der atomaren Katastrophe.

Zawalnuks Block 4 war der jüngste im Kombinat W. I. Lenina, die drei anderen blieben noch jahrelang nach dem Unglück weiter in Betrieb. Mehr als 10 000 Menschen verdienten ihr täglich Brot vis-à-vis des »Sarkophags«, wie die Schutzhülle um den explodierten Reaktorblock genannt wird. »300 Milliarden Kilowattstunden haben wir produziert«, sagt voller Stolz Andre Wladislawisch Schatzmann, der zweite Generaldirektor des Atomkraftwerks. Auf dem Tisch im großen Sitzungssaal liegen Helme bereit, Schatzmann hat einer Führung durch das AKW zugestimmt. Ende 2000 ging der letzte der drei noch betriebenen Atomblöcke vom Netz. »Dafür gab es keinen technischen Grund«, betont Schatzmann. Man sei lediglich internationalen Verpflichtungen nachgekommen. Kurz nach der Unabhängigkeit der Ukraine begann 1994 ein diplomatisches Tauziehen zwischen der Europäischen Union und der ehemaligen Sowjetrepublik. Die Westeuropäer wollten unbedingt die Abschaltung der drei noch laufenden Tschernobyl-Reaktoren. Der damalige Präsident Leonid Kutschma witterte eine sprudelnde Geldquelle. Im »Memorandum of Understanding« verpflichteten sich die führenden Wirtschaftsstaaten der G7, »die Schließung der Reaktoren finanziell zu unterstützen«. Ende 1998 verabschiedete das ukrainische Parlament ein entsprechendes Gesetz.

Bis zur Schließung fuhren jeden Tag 10 000 Menschen ins Atomkraftwerk. Die Sowjetunion hatte nach dem GAU 40 Kilometer entfernt auf einer weniger verstrahlten grünen Wiese eine neue Stadt gebaut: Slawutitsch, dessen 27 000 Einwohner praktisch alle vom Betrieb der Blöcke 1 bis 3 lebten. Zum AKW pendelten sie mit dem Zug, der an einer Dekontaminierungsschleuse endete. Die ist inzwischen allerdings außer Betrieb: Heute schlagen die Messgeräte nur noch selten Alarm. Im Kraftwerk selbst soll die Strahlung geringer sein als an vielen anderen Stellen in der Todeszone. Trotzdem hatten die Wachleute auch nach der Stilllegung der Blöcke an den Sicherheitsschleusen des Kombinates mächtig zu tun: Tausende Mitarbeiter sind immer noch damit beschäftigt, das Kraftwerk zurückzubauen. Und nach den Terroranschlägen 2001 wurden auch hier die Sicherheitskontrollen verschärft.

Alarm geschlagen hat auch die ukrainische Atomaufsicht: Sie stoppte die Arbeiten am Zwischenlager für festen Atommüll, das unmittelbar neben den stillgelegten Reaktoren entstehen soll. Generalauftragnehmer für den Bau war der französische Staatskonzern Framatom. Seither streiten sich die Ukrainer mit den Franzosen über die in den Sand gesetzten Euromilliarden. Es heißt, die französischen Ingenieure hätten fehlerhaft geplant. Es heißt allerdings auch: Die Ukrainer hätten die Fehler gern umgesetzt. Je länger sich der Rückbau auf dem Areal hinzieht, desto länger haben die Slawutitscher in Tschernobyl schließlich eine Zukunft. »Viele haben sich bei anderen Atomkraftwerken beworben«, erzählt ihr Vizebürgermeister Wladimir Konstantinowitsch Zhygallo. Doch die Chancen der Tschernobyler stünden nicht gut, Kollegen aus Russland seien mindestens ebensolche Fachleute, jedoch deutlich billiger. So bemüht sich Vizebürgermeister Zhygallo, Ersatzarbeitsplätze in seine Stadt zu holen – bislang mit nur wenig Erfolg: Außer dem Internationalen Tschernobyl-Forum und einer Textilfabrik wollte sich hier noch keine größere Firma ansiedeln.

Der Besucher wird den Eindruck nicht los, dass sie alle froh sind, jeden Tag zum Ort des GAUs zurückkommen zu dürfen. Julia Konstantinowa zum Beispiel, die einen wirklich exklusiven Arbeitsplatz besitzt: 50 Meter Luftlinie bis zum havarierten Block 4. »Die beiden Dachträger sind nicht sehr stabil: Sie liegen einfach nur oben drauf«, sagt Julia, die Führerin des »Dokumentationszentrums Sarkophag«. Man müsse das verstehen: 90 000 Leute haben unter extremsten Belastungen in nur 206 Tagen die Außenhaut gebaut. Da lief manches nicht ganz so wie gewünscht. Ursprünglich war die Hülle um Block 4 für 30 Jahre konzipiert. »Er hat den äußeren Einwirkungen der letzten

20 Jahre standgehalten«, urteilt lapidar die deutsche Strahlenschutzkommission. Äußere Einwirkungen waren beispielsweise Erdbeben. Im Mai 1990 wurden etwa 6,8 und 6,3 auf der Richterskala gemessen, das Epizentrum lag am Karpatenrand. Julia Konstantinowa, eine Frage bitte: 50 Meter Luftlinie bis zu dem Unfallreaktor – wie fühlt sich das an? Wie gefährlich ist das Ding? »Normalno«, sagt die Mittvierzigerin und zuckt die Schultern.

Der Sarkophag: ein Bauwerk in der Form eines R, so hoch wie ein 20-stöckiges Haus. In seinem Inneren verbergen sich in absoluter Dunkelheit etwa 1000 Räume, viele davon vollkommen zerstört. »Beim Bau musste in Kauf genommen werden, dass die alten Stützenkonstruktionen nicht zuverlässig waren«, sagt Alexander Borowoi vom russischen Kurtschatow-Institut. Dieses war früher das Zentralhirn der sowjetischen Atomindustrie, Borowoi ist auch der IAEO-Experte für Strahlungshavarien. »Die Explosion und der Brand haben das Material ja stark angegriffen. Ihre wirkliche Festigkeit konnte wegen der gewaltigen Strahlungsfelder aber nicht überprüft werden«, so der Experte. Informationen über den Zustand gewann man ausschließlich durch Fotos, die vom Hubschrauber aus gemacht wurden.

Kann der Sarkophag zusammenbrechen? Und vor allem: Wie viel Kernbrennstoff schlummert noch unter seiner Haut? Fast nichts, meinen die einen Wissenschaftler – fast alles, lautet die andere Meinung. Dabei ist dieser Punkt zentral: Von der Menge des noch verbliebenen Kernbrennstoffs hängt ab, ob, wie und wie schnell eine zweite Haut um den Reaktor gebaut werden muss.

»Acht Risikogebiete sind in der Sarkophaghaut lokalisiert«, erklärt Julia Konstantinowa, Mikrorisse etwa, Materialverschiebungen, Wasser. Die Hülle ist nicht wirklich hermetisch, jährlich gelangen bis zu 2000 Kubikmeter Regen-

und Tauwasser durch die Ritzen in den Reaktor. Seit November wird an den ersten Stellen gearbeitet. »Es geht aber nur langsam voran: Die Leute dürfen immer nur für zwei Minuten arbeiten.« Die Strahlung ist einfach zu hoch: Unter der Hülle gibt es Stellen, wo Strahlenleistungen von 20 Sieverts pro Stunde gemessen werden. Schon 2 Sieverts sind tödlich. Zum Vergleich: In Berlin wird beispielsweise 1 Mikrosievert registriert – 20 Millionen mal weniger.

Zwar bescheinigen auch westliche Fachleute den Sarkophagerbauern ingenieurtechnische Standards. Allerdings mussten die Bauteile wegen der extremen Strahlung vielfach per Roboter montiert werden – was damals noch eine enorme Herausforderung an die Präzision bedeutete. Wesentliche Bauteile konnten so weder verschraubt noch verschweißt werden, sie sind einfach nur aufeinandergestapelt. Wie lange kann das noch halten? Schatzmann, der zweite Generaldirektor des Kraftwerks jedenfalls sagt: »Als Betreiber können wir die Stabilität nicht mehr garantieren.«

Seit Jahren wird deshalb eine zweite Hülle geplant, eine gigantische Stahlbogenkonstruktion: 250 Meter lang, 150 Meter breit und 105 Meter hoch – so groß, dass man die Pariser Kathedrale Notre-Dame mehrfach darin unterbringen könnte. Zwanzigtausend Tonnen Stahl sollen verbaut werden. Zum Schutz der Arbeiter werden die einzelnen Bögen weit entfernt vom Reaktor montiert und dann auf Schienen darüber geschoben. Das Dach besteht aus zwei Stahlhäuten, ständiger Unterdruck zwischen ihnen soll dafür sorgen, dass künftig keine strahlenden Stoffe mehr austreten. In die Kuppel wird ein riesiger Spezialkran gehängt, mit dessen Hilfe später einmal der Sarkophag und auch der Unglücksreaktor entsorgt werden sollen.

Ursprünglich sollte die Stahlhülle bereits 2007 vollendet

sein, doch Planung und Ausschreibung verzögerten sich immer wieder. Auftragnehmer ist nun ein Konsortium namens »Novarka«, geleitet von den französischen Konzernen Vinci und Bouygues. Im Jahr 2010 haben immerhin die Fundamentarbeiten begonnen, die Kosten werden derzeit auf 1,5 Milliarden Euro geschätzt. Ein genaues Fertigstellungsdatum möchte niemand nennen, aber es sei realistisch anzunehmen, dass Anfang 2014 die Bögen über den Sarkophag geschoben werden können. Dann wäre der Arbeitsplatz von Wiktor Zawalnuk, Leiter von Schicht 5 am Block 4 des Atomkraftwerkes »W. I. Lenina« hermetisch von der Außenwelt abgeschnitten, 29 Jahre nach der Katastrophe.

Ob er das wohl noch erleben wird? »Wiktor Zawalnuk ist ein ganz typischer Fall der Strahlenkrankheit«, urteilt Konstantin Loganowsky, Leiter des Radiologischen Instituts in Kiew. »Zuerst beginnt das vegetative Nervensystem nicht mehr richtig zu arbeiten«, sagt der Arzt. Im »Fall Zawalnuk« habe das zu einem Magendurchbruch geführt, bei dem dann auch Krebs festgestellt worden sei. »Andere Organe machen ebenso Probleme, der Herzinfarkt ist eine logische Folge.« Wobei Zawalnuk es ja noch gut getroffen hat: »Mit seinem Bettnachbarn hätten Sie ein solches Gespräch wie vorhin nicht führen können«, sagt der Arzt. Zawalnuks Vorteil sei, dass er sich als Held fühlt. Der andere Patient aber glaubt, dass die Welt sich an ihm vergangen hat. »Natürlich hat der Bettnachbar damit nicht unrecht. Im Kampf gegen seine Krankheit ist das aber ganz schlecht«, so Dr. Loganowsky.

Der Arzt kennt Zawalnuk schon lange: In Tschernobyl habe dieser als Stadtkommandant ihm damals ein Zimmer zugewiesen. Und darauf geachtet, dass Loganowsky stets genügend Brennholz hatte. Wie lange der Exschichtleiter, Exkommandant, Exheld noch zu leben habe, sei schwer einzuschätzen: »Die Kopfschmerzen rühren von einer schweren Schädigung der Hirnrinde.«

Und dann sagt der Leiter des Radiologischen Instituts in Kiew einen wundersam doppeldeutigen Satz: »Helfen kann Zawalnuk nun niemand mehr.« Der Leiter der Schicht 5 verstarb 2008.

In der Nacht vom 25. auf den 26. April 1986 kam es in dem sowjetischen Atomkraftwerk Tschernobyl in der Ukraine zum Super-GAU. Es war der bisher weltweit schlimmste Unfall in einem Atomkraftwerk. In den darauffolgenden zehn Tagen wurden große Mengen radioaktiver Stoffe in die Atmosphäre freigesetzt und mit den unterschiedlichen Luftströmungen je nach Wetterlage auf der Nordhalbkugel ungleichmäßig verteilt. Die sich stark verändernden Wetterverhältnisse führten zu mehreren radioaktiven Wolken in verschiedene Himmelsrichtungen. Die anfangs vorherrschende Luftströmung transportierte die radioaktiven Stoffe über Polen nach Skandinavien, eine zweite Wolke zog über die Slowakei, Tschechien und Österreich nach Deutschland und eine dritte Wolke erreichte schließlich Rumänien, Bulgarien, Griechenland und die Türkei. Die radioaktive Kontamination der betroffenen Gebiete variierte dabei sehr stark – je nachdem, ob es beim Durchzug der radioaktiven Luftmassen zu Niederschlägen gekommen war und wie stark diese ausgefallen waren. In Deutschland wurde der Süden aufgrund starker lokaler Regenfälle wesentlich stärker belastet als der Norden.[29]

Millionen Menschen wurden zu Opfern, riesige Landstriche unbewohnbar. Mehr als 350 000 Menschen mussten ihre Heimat für immer verlassen, 400 000 leben seither in Regionen »strikter Kontrolle«. Zwischen 600 000 und eine Million sogenannte »Liquidatoren« bekamen bei Aufräum- und Katastrophenschutzmaßnahmen erhebliche Strahlendosen ab, nach russischen Angaben sind über 90 Prozent von ihnen krank und arbeitsunfähig. »Liquidatoren altern vorzeitig. Sie erkranken überdurchschnittlich häufig an Krebs, an Leukämie, an somatischen und psychischen Erkrankungen, viele von ihnen haben Katarakte (grauer Star, Anm. d. Verfassers)«, heißt es in einer Studie der atomkritischen Ärztevereinigung IPPNW und der Gesellschaft für Strahlenschutz.[30] Der Münchner Strahlenbiologe Professor Edmund Lengfelder gelangt zu der Einschätzung, dass bis zum Jahr 2006 allein schon zwischen 50 000 und 100 000 der Liquidatoren gestorben sind. Wie viele Menschen insgesamt in Folge der Reaktorkatastrophe starben, weiß niemand genau.

Strahlenbelastungen erhöhen die Wahrscheinlichkeit, nach einer Latenzzeit von Jahren oder Jahrzehnten an Krebs oder Leukämie zu erkranken. Diese Erkrankungsfälle lassen sich jedoch von anderweit ausgelösten Erkrankungen nicht unterscheiden. Ein Nachweis, dass die Ursache in der Strahlenbelastung liegt, lässt sich nur statistisch führen. Das ist einer der Gründe, weshalb die Schätzungen über die Zahl der Todesopfer des Super-GAUs teilweise extrem voneinander abweichen. Hinzu kommt, dass wichtige Daten zum Ablauf der Katastrophe und ihren gesundheitlichen Folgen nicht frei zugänglich sind, sondern geheim gehalten werden. Oder sie wurden gar nicht erhoben. Die Ermittlung der Strahlenbelastung der Liquidatoren und der Bevölkerung überforderte die zuständigen Behörden. Ungefähr die Hälfte der Liquidatoren, viele von ihnen junge Soldaten, bekamen nie einen Nachweis für ihre Tätigkeit. Und nach dem Zerfall der Sowjetunion lebten bzw. leben sie auf mehrere Nationalstaaten verstreut. Viele Menschen wanderten aus den radioaktiv verseuchten Regionen in weniger belastete ab. Diese Wanderungsbewegungen können heute nur unvollständig rekonstruiert werden. Kontaminierte Nahrungsmittel wurden in sauberen Gebieten verteilt und saubere Nahrungsmittel in die kontaminierten Regionen transportiert, was Vergleiche zwischen belasteten und unbelasteten Gebieten fragwürdig macht. Und große epidemiologische Studien sind sehr teuer und nur mit staatlicher Unterstützung möglich. Doch weder die Regierungen in Russland, Weißrussland und der Ukraine, noch die Atomkraftwerke betreibenden Regierungen des Westens scheinen ein Interesse daran zu haben, dass die Folgen von Tschernobyl umfassend erforscht werden. Zudem wurden viele wichtige Studien nur in russischer Sprache publiziert und aufgrund der Sprachbarriere in der westlichen Fachwelt nicht gelesen und berücksichtigt. All dies macht es schwierig herauszufinden, wie viele Menschen in der Folge des Super-GAUs in Tschernobyl tatsächlich erkrankten oder starben. Die Weltgesundheitsorganisation spricht mittlerweile von 14 000 bis 17 000 Toten in den am stärksten betroffenen Regionen. Eine Studie im Auftrag von Greenpeace gelangt dagegen zu der Zahl von 93 000 Krebstodesfällen sowie 137 000 Schilddrüsenkrebsfällen weltweit.[31] Mitglieder der nicht gerade als Speerspitze der Anti-Atom-Bewegung bekannten deutschen Strahlenschutzkommission gehen von über 100 000 Todesfällen aus. Die genaue Zahl werde sich vermutlich nie feststellen lassen, sagte ein WHO-Sprecher.[32]

Unklar ist auch, wie viele Kinder mit Missbildungen auf die Welt kamen und zu wie vielen genetischen Defekten es gekommen ist. »Die Erbgutveränderungen bei Kindern von Liquidatoren und Menschen, die in belasteten Gebieten leben, werden zu einer Belastung künftiger Generationen führen, deren Umfang man überhaupt noch nicht abschätzen kann«, so die IPPNW-Studie. Und aufgrund der langen Latenzzeiten wird noch eine erhebliche Zunahme der Krebserkrankungen erwartet. Bei den im September 2005 vom Tschernobyl-Forum der Vereinten Nationen unter Federführung der Internationalen Atomenergie-Organisation (IAEO) und der Weltgesundheitsorganisation (WHO) vorgelegten Arbeitsergebnissen lassen sich nach Angaben der IPPNW erhebliche Unstimmigkeiten nachweisen. Zum Beispiel wurde in den Pressemitteilungen von WHO und IAEO erklärt, dass künftig höchstens 4000 zusätzliche Krebs- und Leukämietote in den besonders belasteten Gebieten zu befürchten wären. In dem zugrundeliegenden Bericht der WHO ist jedoch von rund 9000 künftigen Toten die Rede. Überprüft man die in dem Bericht für diese Zahl angegebene Literaturquelle, so ergäben sich daraus sogar 10 000 bis 25 000 zusätzliche Krebstote, so die IPPNW.

2.6 Welche Folgen hätte ein Super-GAU in Deutschland?

»Biblis in Hessen? Das ist doch weit weg!«, mag sich manch einer in Sachsen-Anhalt oder Brandenburg denken. Doch im Falle eines Super-GAUs könnte das südwestlich von Frankfurt gelegene AKW näher sein, als einem lieb ist. Das zeigte die Ballonaktion in Biblis (siehe Anfang dieses Kapitels). Rund 12 000 Ballons ließ Campact am 12. Juni 2010 an den Uraltreaktoren in Biblis aufsteigen, etwa 13 000 Ballons am 26. Juni vor dem Pannenreaktor Krümmel. An den Ballons waren Postkarten befestigt, mit der Bitte an den Finder, den Fundort des Ballons mitzuteilen. Die schwarzen und gelben Ballons sollten zeigen, wie sich radioaktive Partikel nach einem Super-GAU unaufhaltsam ausbreiten – und markierten damit den Gefahrenbereich rings um die AKWs. Die rund

Welche Folgen hätte ein Super-GAU in Deutschland? 119

Ausbreitung der »Ballonwolken«

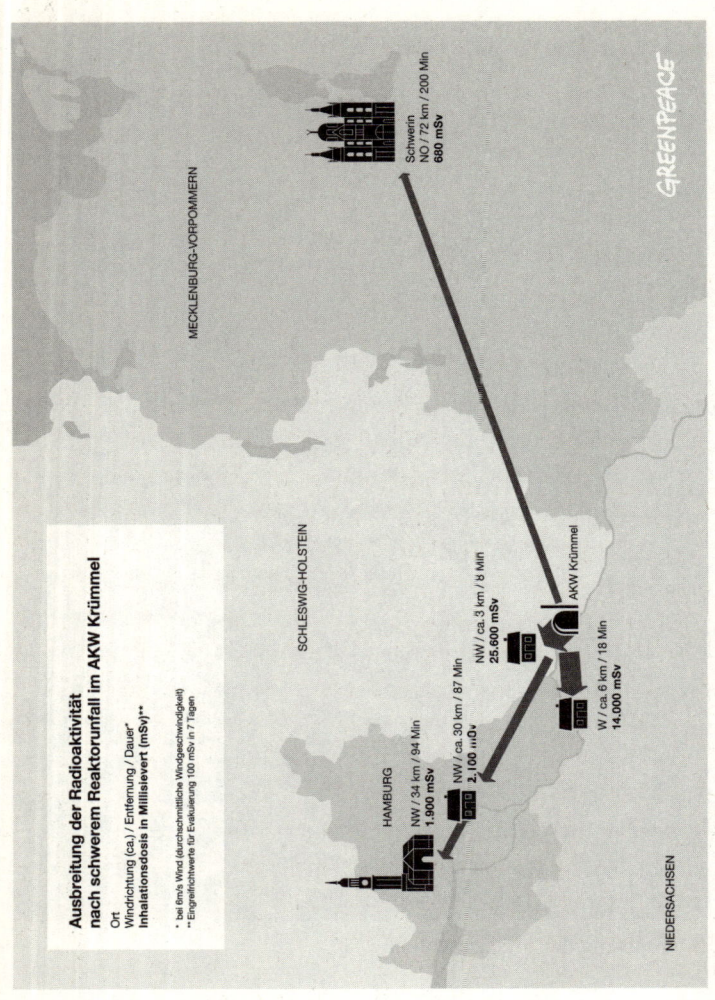

zweihundert erhaltenen Rückmeldungen wurden auf eine Karte übertragen.

Auf der Karte ist deutlich zu sehen, wie der starke Südwestwind am Tag der Aktion in Biblis die Ballons weit über Thüringen hinaus bis nach Sachsen-Anhalt und Brandenburg wehte. Am Tag der Aktion in Krümmel waren die Windverhältnisse anders: Ein schwacher Wind aus Nordwest blies die meisten Ballons ins nahe gelegene Wendland. Als ob die Menschen dort mit dem geplanten Endlager für hochradioaktive Abfälle in Gorleben nicht schon genug gestraft wären. Nun also auch noch »radioaktive« Ballons!

»Natürlich ist das Ganze kein wissenschaftliches Experiment. Ein Massenstart mit Ballons lässt sich nicht mit einer Explosion oder einem Brand in einem Atomkraftwerk vergleichen, bei dem radioaktive Teilchen viel höher in die Atmosphäre geschleudert werden können«, kommentiert Susanne Jacoby von Campact die Aktion. In Tschernobyl führten nach der Explosion des Reaktors mehrere Graphitbrände dazu, dass die radioaktiven Stoffe mit dem Rauch sehr hoch in die Atmosphäre aufstiegen und über den halben Erdball verteilt wurden. Deutsche Atomkraftwerke haben jedoch, im Gegensatz zu Tschernobyl, keinen Graphit im Reaktorkern, das Feuer fangen könnte. Der Großteil der radioaktiven Stoffe würde daher nicht über ganz Europa verteilt, sondern im Umkreis von einigen hundert Kilometern niederschlagen, wo die Strahlenbelastung dann entsprechend höher wäre.

Heliumballons fliegen naturgemäß nur eine bestimmte Zeit – danach entweicht das Gas, und sie sinken zu Boden. Trotzdem deckt sich die Karte der Ballonfundorte im Falle von Biblis weitgehend mit den Berechnungen des Öko-Institutes. Die Wissenschaftler hatten im Auftrag von Eurosolar, der Europäischen Vereinigung für Erneuerbare Energien, berechnet, wie sich im Falle eines Terroranschlages auf Biblis die radioaktiven Stoffe bei unterschiedlichen Windverhältnissen ausbreiten würden.[33] Am häufigsten weht der Wind in Biblis aus südwestlicher Richtung, wie bei der Ballonaktion. Bei einer starken Freisetzung von radioaktiven Stoffen neutraler bis leicht stabiler Luftturbulenz würden in diesem Fall in einem zigarrenförmigen Gebiet so hohe Strahlungswerte erreicht, dass dort nach der deutschen Strahlenschutzverordnung eine Evakuierung der Bevölkerung notwendig wäre. »Dieses Gebiet reicht bis in eine Entfernung von etwa 600 km; es wäre sogar noch polnisches Staatsgebiet betroffen. Die maximale Breite des Gebiets würde senkrecht zur Ausbreitungsrichtung etwa 50 km betragen. Bei der angenommenen Windrichtung wären von der Evakuierung unter anderem die Städte Erfurt, Dessau und Berlin betroffen«, so das Öko-Institut.

Bei anderer Windrichtung könnten beispielsweise die Städte auf einer Verbindungslinie von Biblis über Würzburg nach Prag oder von Biblis über Regensburg nach Wien betroffen sein. Auch in den Städten München, Hamburg und Paris könnte bei entsprechender Windrichtung noch »der Eingreifrichtwert für die Evakuierung überschritten« werden. Für eine Evakuierung bis in diese großen Entfernungen von einem Atomkraftwerk bestehen keine konkreten Planungen. In der Notfall-Informationsbroschüre von RWE für das KKW Biblis wird ausgeführt: »Die Katastrophenschutzbehörde hat Pläne für eine solche angeordnete Evakuierung vorbereitet, die bis zu einer Entfernung von circa 10 km vom Standort des Kernkraftwerkes gelten.«

Eine Arbeitsgruppe der Deutschen Umweltstiftung hat in mühevoller Kleinarbeit die Bevölkerungszahlen in einem Umkreis von jeweils 150 Kilometern um die Atomkraftwerke ermittelt.[34] Einzelne Atommeiler gefährden so laut Umweltstiftung bis zu 18 Millionen Menschen in ihrem Einzugsbereich. Drei von vier Bundesbürgern sind unmittelbar gefährdet, so das Fazit. Besonders gefährdet, teils durch bis zu sechs AKWs in unmittelbarer Nähe, sind die Regionen um Bremen, Südbaden, Nordwürttemberg und die westlichsten Regionen der Bundesländer Saarland, Nordrhein-Westfalen und Rheinland-Pfalz. Doch wie die Berechnungen des Öko-Institutes für Biblis zeigten, müssten je nach Wind- und Wetterverhältnissen auch sehr viel weiter entfernt liegende Städte und Landstriche evakuiert werden.

Bei einer Kernschmelze in einem deutschen Atomkraftwerk kann fünfmal so viel Radioaktivität freigesetzt werden wie in Tschernobyl. Das ermittelte die halbstaatliche Gesellschaft für Anlagen- und Reaktorsicherheit (GRS) 1989 in der »Deutschen Risikostudie Kernkraftwerke, Phase B«.[35] Und Deutschland ist siebenmal so dicht besiedelt wie die Region um Tschernobyl – entsprechend mehr Menschen wären von einem Atomunfall betroffen. Auf dieser Grundlage berechnete das Basler Prognos-Institut 1992 für das Bundeswirtschaftsministerium die Folgen eines Super-GAUs im AKW Biblis. Ergebnis: etwa fünf Millionen Krebserkrankungen, die Hälfte davon tödlich. Etwa zehn Millionen Menschen müssten umsiedeln, weil ihre Heimat durch den radioaktiven Fallout dauerhaft unbewohnbar würde. Auch Millionen von Arbeitsplätzen gingen dadurch verloren. Den finanziellen Schaden eines solchen Unfalls schätzte die Studie auf 2500 bis 5500 Milliarden Euro. Inflationsbereinigt dürfte die Summe heute ein Viertel darüber liegen. Ein schwerer Atomunfall käme also nicht nur einem gesundheitlichen, sondern auch einem volkswirtschaftlichen Zusammenbruch gleich, von den sozialen und politischen Folgen ganz abgesehen. Als Deckungsvorsorge (etwa über eine Haftpflichtversicherung) müssen die

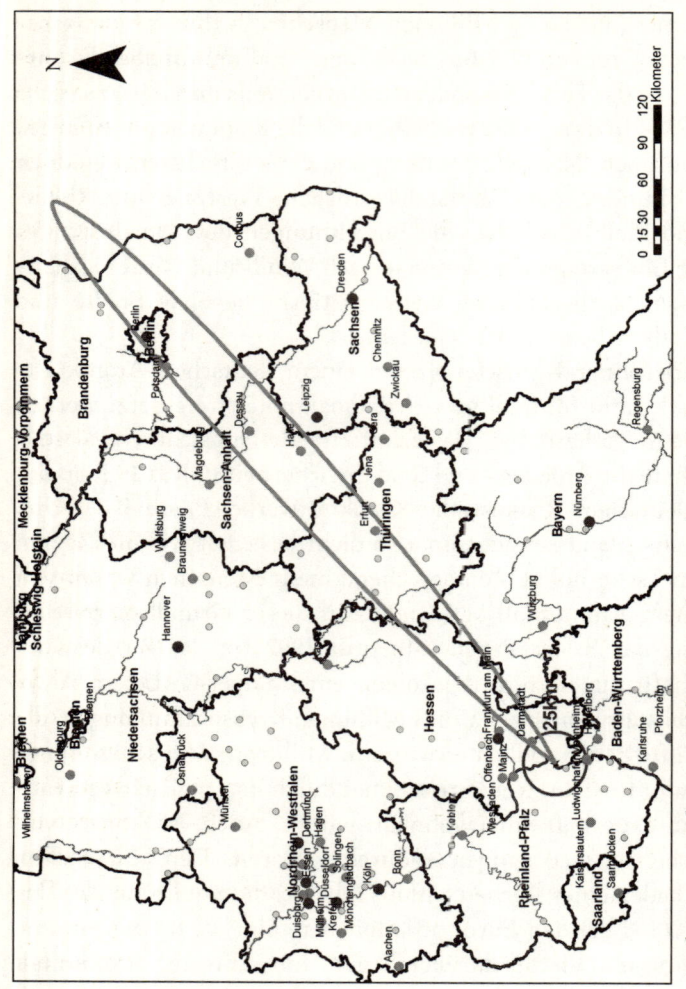

Ausbreitungsrechnung Biblis: Zu evakuierendes Gebiet bei Wind aus Südwest (Quelle: Eurosolar/Öko-Institut, 2007)

AKW-Betreiber aber nur 2,5 Milliarden Euro vorweisen. Zusätzliche 0,3 Milliarden Euro garantieren die Vertragsstaaten des Pariser Atomhaftungsübereinkommens. Die AKW-Betreiber bzw. deren Mutterkonzerne haften zwar formal mit ihrem gesamten Betriebsvermögen für die Folgen von Atomunfällen, doch bei einer möglichen Schadenshöhe von 2500 bis 5500 Milliarden Euro wäre das nur ein Tropfen auf den heißen Stein.

Widersprüchliche Tipps vom tödlichen Nachbarn

Im Ernstfall wäre Deutschland nach Ansicht der Ärzteorganisation IPPNW katastrophal schlecht auf einen Super-GAU vorbereitet.[36] Laut Strahlenschutzverordnung müsste ab einer zu erwartenden Strahlendosis von 100 Millisievert (mSv) in sieben Tagen die Bevölkerung evakuiert werden. Nach einer Analyse der GRS würden dafür bei einigen der älteren Atomkraftwerke aber nur zwischen 90 Minuten und fünf Stunden Zeit bleiben. Bei einem Flugzeugabsturz auf das Atomkraftwerk Krümmel würden ganze drei Stunden für die Evakuierung des Großraums Hamburg zur Verfügung stehen – das ist völlig unmöglich! Evakuierungspläne gibt es außerdem lediglich für Orte im Umkreis von 25 Kilometern um ein Atomkraftwerk. Tatsächlich müsste bei einem Super-GAU je nach Wetterlage selbst in mehreren hundert Kilometern Entfernung noch evakuiert werden.

So empfiehlt der AKW-Betreiber RWE der Bevölkerung in seiner Notfallschutz-Broschüre einerseits, im Falle eines Atomunfalls im Haus zu bleiben: »Überprüfen Sie, ob Fenster und Türen möglichst dicht geschlossen sind. (...) Gehen Sie nur dann ins Freie, wenn es unbedingt notwendig ist.« (S. 14)

Andererseits kann es aber erforderlich werden, das Haus zu verlassen, um Jodtabletten abzuholen (S. 15): »Sie können diese Tabletten nach einem erfolgten Aufruf über den Rundfunk oder nach entsprechenden Lautsprecherdurchsagen bei den in Ihrer Gemeinde eingerichteten Ausgabestellen abholen.« Doch Jodtabletten schützen die Schilddrüse nur dann vor radioaktivem Jod, wenn sie vor dem Durchzug einer radioaktiven Wolke eingenommen werden, was schwierig werden dürfte, da sie erst mit einem Helikopter zu den Ausgabestellen gebracht werden müssten. Vor anderen radioaktiven Nukliden wie Cäsium oder Strontium nützen Jodtabletten jedoch gar nichts.

Es kann auch nötig werden, die Bevölkerung zum Zwecke einer vollständigen Evakuierung aufzufordern, ihre Häuser zu verlassen. Sofern man hierbei kontaminiert wird und keine der wenigen Notfallstationen in der Nähe ist, dann soll man sich bei der hektischen Flucht auf der Landstraße oder in einem fremden Ort nach einer verfügbaren Dusche umsehen (S. 19): »Was tun, wenn man der Strahlung ausgesetzt war? (...) Sollten Sie an keiner Notfallstation vorbeigekommen sein, so legen Sie vorsorglich die Oberbekleidung ab, waschen oder duschen sich gründlich und legen frische Oberbekleidung an.«

Die Verhaltenstipps von RWE zeigen, wie hilflos die Bevölkerung wäre, wenn es tatsächlich zu einer Atomkatastrophe käme. Der einzige wirksame Schutz vor einem Super-GAU heißt deshalb: Abschalten!

2.7 Machen Atomkraftwerke Kinder krank?

Je näher ein Kind an einem Atomkraftwerk wohnt, desto größer ist sein Risiko, an Krebs oder Leukämie (Blutkrebs) zu erkranken. Zu diesem Ergebnis kommt eine Studie des Mainzer Kinderkrebsregisters, die im Dezember 2007 für Schlagzeilen sorgte.[37] Die Studie betätigte den alten Verdacht, die radioaktiven Emissionen der Atomkraftwerke erhöhten das Krebsrisiko in der Umgebung der Anlagen. Bereits 1978 sorgten Berichte über Leukämiefälle bei Kindern, die in der Hauptwindrichtung des AKW Emsland bei Lingen lebten, für Aufregung. Und in den 1980er Jahren häuften sich in Großbritannien Hinweise auf erhöhte Krebsraten bei Kindern in der Region der atomaren Wiederaufarbeitungsanlage Sellafield.

Für heftige Diskussionen sorgte Anfang der 1990er Jahre eine außergewöhnliche Häufung von Leukämiefällen, ein sogenanntes »cluster«, im Umfeld des AKW Krümmel bei Geesthacht an der Elbe. Ende der 1990er Jahre zeigten mehrere Studien von Dr. Alfred Körblein, Physiker am Umweltinstitut München, signifikant erhöhte Kinderkrebsraten in der Umgebung bayrischer Atomkraftwerke. Daraufhin übten die Ulmer Ärzteinitiative, weitere Bürgerinitiativen und die atomkritische Ärzteorganisation IPPNW öffentlich Druck aus, Bürgerinnen und Bürger schrieben über 10 000 Protestbriefe. Aufgrund dessen gab das Bundesamt für Strahlenschutz (BfS), eine dem Bundesumweltministerium unterstellte Behörde, schließlich eine aufwändige Untersuchung in Auftrag: die sogenannte KiKK-Studie (»Epidemiologische Studie zu Kinderkrebs in der Umgebung von Kernkraftwerken«). Durchgeführt wurde sie vom Deutschen Kinderkrebsregister am Institut für Medizinische Biometrie, Epidemiologie und Informatik (IMBEI) der Universität Mainz. Die Studie wurde von einem hochkarätig besetzten Expertengremium aus zwölf Medizinern, Epidemiologen, Physikern und Statistikern wissenschaftlich begleitet. In diesem Gremium waren ausgewiesene Kritiker der Atomkraftwerke vertreten, aber auch Experten mit einem eher atomfreundlichen Ruf. Die KiKK-Studie ist die weltweit aufwändigste, umfangreichste und genaueste Untersuchung zum Thema.

Das Expertengremium und das Bundesamt für Strahlenschutz bestimmten drei Fragen, welche die KiKK-Studie beantworten sollte:

- Treten Krebserkrankungen bei Kindern unter fünf Jahren in der Umgebung von Kernkraftwerken häufiger auf als anderswo?
- Falls ja: Nimmt das Risiko mit der Nähe zu den Kernkraftwerken zu (»negativer Abstandstrend«)?
- Gibt es gegebenenfalls andere Einflussfaktoren, die das Ergebnis der Untersuchung erklären können?

Untersuchungsgebiet der KiKK-Studie waren die Landkreise im Umkreis von 50 Kilometern aller 15 deutschen AKW-Standorte. Zur Studienzeit waren dort insgesamt 21 Reaktoren in Betrieb. Das Mainzer Kinderkrebsregister registriert seit 1980 bundesweit alle neu diagnostizierten Krebserkrankungen bei Kindern. Da statistische Aussagen umso verlässlicher sind, je größer ihre Datenbasis ist, wählten die Wissenschaftler den größtmöglichen Untersuchungszeitraum: 24 Jahre, von 1980 bis 2003. Im Untersuchungszeitraum und -gebiet waren 1592 Kinder unter fünf Jahren an Krebs erkrankt, davon 593 an Leukämie. Methodisch ist die KiKK-Studie eine wissenschaftlich aufwändige sogenannte Fall-Kontroll-Studie. Dabei werden die Lebensumstände der Fallgruppe (die krebskranken Kinder in der Umgebung von Atomkraftwerken, deren Daten das Mainzer Kinderkrebsregister zur Verfügung stellte) mit denen einer Kontrollgruppe verglichen. Die Kontrollgruppe umfasste insgesamt 4735 zufällig ausgewählte Kinder gleichen Alters und Geschlechts wie die erkrankten, die im gleichen Studiengebiet lebten und deren Daten die Einwohnermeldeämter der Landkreise lieferten).

Für jedes erkrankte und jedes gesunde Kind ermittelten die Wissenschaftler unter anderem auf 25 Meter genau den Abstand zwischen Wohnung und Abluftschornstein des Atomkraftwerks. Dieser Abstand sollte als Ersatzgröße (»Surrogat«) für die im Bereich der Wohnungen zu erwartende durchschnittliche radioaktive Strahlung dienen – weil es schlicht nicht möglich ist, in 6327 Wohnungen rund um die Uhr und über Jahre hinweg die Radioaktivität direkt zu messen bzw. sogar nachträglich zu bestimmen.

Die Ergebnisse der Studie sind eindeutig: Das Krebsrisiko nimmt zu, je näher die Kleinkinder an einem Atomkraftwerk wohnen. Kinder, die im Umkreis von bis zu fünf Kilometern um ein deutsches Atomkraftwerk aufwachsen, besitzen ein um 60 Prozent erhöhtes Risiko, an Krebs zu erkranken. Ihr Risiko, an Leukämie (Blutkrebs) zu erkranken, ist sogar um 120 Prozent erhöht – mehr als doppelt so hoch als bei Kindern, die nicht in AKW-Nähe eines Atomkraftwerks leben. Leukämie gehört zu den Krebsarten, die besonders leicht durch radioaktive Strahlung hervorgerufen werden können. Selbst im Abstand von 50 Kilometern von einem AKW ist das Krebsrisiko bei Kindern noch signifikant erhöht. Die Ergebnisse der epidemiologischen Untersuchung sind im Nahbereich statistisch hoch signifikant. Dies bedeutet, dass sich die nachgewiesene Häufung von Krebsfällen rings um Kernkraftwerke nicht mit einem Zufall erklären lässt.

Da Krebs verschiedene Ursachen haben kann, überprüften

die Forscher über 20 Faktoren, die ebenfalls als Krankheitsursachen in Betracht kommen könnten. Sie nahmen die sozioökonomische Situation der Familien der erkrankten und der Kontrollkinder unter die Lupe, fragten nach Kontakten zu Pestiziden, Tabakrauch und anderen Giften, suchten nach Immunerkrankungen und prüften, ob noch andere Strahlungsquellen als die Atomkraftwerke vorhanden sein könnten. Die aufwändige Suche nach anderen Einflussfaktoren, sogenannten »confoundern«, verlief negativ – als einziger Risikofaktor blieb die Nähe des Wohnorts zum Kernkraftwerk. »Dass die Krebsrate überall mit der Nähe zum AKW zunimmt beziehungsweise mit der Entfernung vom Reaktor abnimmt (›negativer Abstandstrend‹), ist ein starkes Indiz dafür, dass das Krebsrisiko etwas mit dem AKW zu tun hat. Und welche andere Ursache, wenn nicht die Strahlung, sollte für die Krebserkrankungen in Frage kommen? Etwa der Anblick der Kühltürme?«, sagt der Kinderarzt Dr. Winfried Eisenberg von der IPPNW. »Außerdem nimmt in der Nähe eines AKW gerade die Zahl von Leukämie-Erkrankungen besonders stark zu. Und Leukämie wird bekanntlich besonders leicht durch Strahlung ausgelöst.«[38]

Atomanlagen geben nicht nur bei einem Reaktorunfall, sondern auch im sogenannten »Normalbetrieb« radioaktive Stoffe an Luft und Wasser ab – völlig legal. Dazu gehören unter anderem Tritium (H-3, schwerer Wasserstoff), radioaktiver Kohlenstoff (C-14), Strontium (Sr-90), Jod (I-131), Cäsium (Cs-137), Plutonium (Pu-239), radioaktive Edelgase wie Krypton (Kr-85), Argon (Ar-41) und Xenon (Xe-133). »Ein Atomkraftwerk in Deutschland darf üblicherweise jedes Jahr zum Beispiel eine Billiarde (10^{15}) Becquerel radioaktive Edelgase, 30 Milliarden ($3 \cdot 10^{10}$) Becquerel radioaktive Schwebstoffe und circa 10 Milliarden (10^{10}) Becquerel radioaktives

Jod-131 in die Luft abgeben«, so Eisenberg. »Die biologischen Effekte in den Körper aufgenommener radioaktiver Isotope sind vermutlich unterbewertet. Tritium etwa wird seitens der Strahlenschutzbehörden als Gefahrenquelle kleingeredet bzw. stark unterschätzt. Tritium ist ein Betastrahler mit einer Halbwertszeit von 12,3 Jahren. Atomkraftwerke setzen es in großen Mengen über Kamin und Abwasser frei. Mit Sauerstoff verbindet sich Tritium leicht zu ›schwerem Wasser‹, HTO. Pflanzen, Tiere und Menschen können schweres Wasser nicht von normalem Wasser unterscheiden. Das bedeutet, dass HTO wie normales Wasser aufgenommen wird und in alle Körperteile gelangt. Es wird in die Organe und sogar direkt in die Gene eingebaut, wo sich die Betateilchen trotz ihrer relativ geringen Reichweite nah genug an den strahlensensibelsten Strukturen befinden, um dort Krankheiten und Erbschäden auslösen zu können.«

Als gefährlich anerkannt ist dagegen Strontium-90. »Strontium-90 ist ein Betastrahler mit einer Halbwertszeit von 28,8 Jahren. Es wird zwar in deutlich geringeren Mengen an die Umgebung abgegeben als Tritium. Doch Strontium wird vom Körper für Calcium gehalten und deshalb in Knochen und Zähne eingebaut – insbesondere bei Kindern, deren Knochen und Zähne noch wachsen. Strontium-90-Partikel, die sich in der Nähe des Knochenmarks befinden, senden ihre Betateilchen über Jahre und Jahrzehnte ins Knochenmark hinein – also genau dorthin, wo die Blutbildung stattfindet. Selbst geringe Mengen von Strontium-90 gehören deswegen zu den gefährlichsten Auslösern für Leukämie bei Kindern.«

Die brisanten Forschungsergebnisse der Mainzer Wissenschaftler sorgten 2007 im In- und Ausland für Aufsehen. Das Bundesamt für Strahlenschutz beauftragte Professor Karl-Heinz Jöckel, Professor Eberhard Greiser und Professor Wolfgang Hoffmann damit, die Qualität der KiKK-Studie wissenschaftlich zu überprüfen. Die drei Gutachter bescheinigten den Autoren der Studie, methodisch sauber gearbeitet zu haben: »In der KiKK-Studie wurde die bestmögliche Methodik angewendet, um die a priori formulierte Hypothese analytisch zu prüfen. Mit dem Hauptergebnis (negativer Abstandstrend) ist die Studienfrage für Deutschland abschließend beantwortet.«

Allerdings kritisierten sie, die Autoren hätten nicht gut genug mit dem die Untersuchung begleitenden Expertengremium zusammengearbeitet. Kritik übten sie auch an der Darstellung und der Interpretation der Studienergebnisse durch die Autoren. Professorin Maria Blettner, Leiterin des Instituts für Medizinische Biometrie, Epidemiologie und Informatik der Universität Mainz, und der Leiter des Kinderkrebsregisters, Dr. Peter Kaatsch, redeten nämlich die Forschungsergebnisse des eigenen Institutes klein. »Aufgrund des aktuellen strahlenbiologischen und strahlenepidemiologischen Wissens kann die von deutschen Kernkraftwerken emittierte ionisierende Strahlung grundsätzlich nicht als Ursache interpretiert werden.« Die Emissionen aus den Atomkraftwerken seien tausendfach zu gering, um die deutlich erhöhten Krebsraten in der Umgebung von Atomkraftwerken erklären zu können, argumentierten Blettner und Kaatsch.

Der Münchner Strahlenbiologe Professor Edmund Lengfelder sieht im Vorgehen von Blettner und Kaatsch die »Tatbestandsmerkmale von Fälschung beziehungsweise Betrug in der Wissenschaft erfüllt«. Auch das die Studie wissenschaftlich begleitende externe Expertengremium widersprach Blettner und Kaatsch deutlich: Ein Zusammenhang zwischen Strahlenbelastung durch Atomkraftwerke und Krebs könne »aufgrund des besonders hohen Strahlenrisikos für Kleinkinder sowie der unzureichenden Daten zu Emissionen von Leistungsreaktoren (...) keinesfalls ausgeschlossen werden«. Darüber hinaus sprächen mehrere epidemiologische Kausalitätskriterien für einen solchen Zusammenhang. Professor Wolfgang Hohmann, Arzt und Epidemiologe an der Universität Greifswald sowie Mitglied der externen Expertenkommission, sagt: »Ich kenne nur wenige epidemiologische Studien, die einen so klaren Befund haben wie diese.« Und selbst das Bundesamt für Strahlenschutz, Auftraggeber der Studie, sah »aufgrund der deutlichen Abhängigkeit des Risikos von der Entfernung zu den Standorten der Reaktoren« zumindest »Hinweise auf mögliche Zusammenhänge«.

Der damalige Bundesumweltminister Sigmar Gabriel (SPD) leitete die KiKK-Studie an die Strahlenschutzkommission zur Überprüfung weiter, ein von der Bundesregierung ernanntes Expertengremium. Die Strahlenschutzkommission kam im Februar 2009 zu dem Ergebnis, sie könne sich die erhöhte Erkrankungswahrscheinlichkeit in der Umgebung aller deutschen Atomkraftwerke weiterhin nicht erklären, war sich aber sicher, dass die von den Atomreaktoren ausgehende Strahlung als Ursache dafür nicht in Frage komme.

Es erstaunt, mit welcher Sicherheit die Autoren der Studie und die Strahlenkommission davon ausgehen, dass die radioaktiven Emissionen der Kernkraftwerke nicht die Ursache für die nachgewiesenen häufigeren Krebserkrankungen in deren Umgebung sind. Nur die Atomkraftwerksbetreiber selbst führen regelmäßig Strahlenmessungen durch, die Aufsichtsbehörden nehmen lediglich hin und wieder stichprobenartige Kontrollmessungen vor. Die genauen Messergebnisse und Messprotokolle betrachten die AKW-Betreiber als Betriebsgeheimnisse. Die individuelle Strahlenbelastung einzelner Anwohner eines Atomkraftwerkes lässt sich gar nicht messen, sondern wird mit Hilfe komplizierter Rechenmodelle geschätzt. Wie hoch die Strahlenbelastung der Anwohner von Atomanlagen tatsächlich ist, weiß daher niemand.

Aus der Sicht der Ärztinnen und Ärzte der IPPNW könnten mehrere Ursachen für die auffällige Häufung von Krebserkrankungen in der Umgebung von Atomkraftwerken in Betracht kommen:

- Die tatsächlichen Emissionen aus den Atomreaktoren könnten höher sein, als die meist nur stichprobenartigen oder auf bestimmte Nuklide und Strahlenarten beschränkten Messwerte glauben machen.
- Die individuelle Strahlenbelastung kann nicht direkt gemessen werden, sondern wird anhand von Modellrechnungen aus Emissionswerten simuliert, die auf den Angaben der AKW-Betreiber beruhen. Diese stellen den Aufsichtsbehörden nur monatlich gemittelte Emissionswerte zur Verfügung. Kurzzeitig wesentlich höhere Spitzenwerte, sogenannte »Peaks«, wie sie etwa beim Wechsel von Brennelementen regelmäßig auftreten, werden so statistisch eingeebnet.
- Es existiert keine exakte Kontrolle der Betreiberangaben. So wurden etwa um das Atomkraftwerk Krümmel Kontaminationen festgestellt, die sich durch die vom Betreiber Vattenfall angegebenen Emissionen nicht erklären lassen.
- Die Rechenmodelle, mit denen die Verdünnung und die Ausbreitung der von den Atomkraftwerken abgegebenen radioaktiven Stoffe in deren Umgebung simuliert werden, könnten falsch sein. Die tatsächliche Strahlenbelastung könnte folglich höher liegen.
- Jüngste Forschungen belegen, dass die Strahlenempfindlichkeit von ungeborenen Kindern viel höher ist als bisher

angenommen. Diese Erkenntnisse werden in der Strahlenschutzverordnung nicht genügend berücksichtigt.
- Die gängigen Vorstellungen über Aufnahme und Verweildauer von Radionukliden in Pflanzen, Tieren und Menschen könnten falsch sein und damit auch die Annahmen über die Schäden, die diese Nuklide im Körper verursachen.
- Der Embryo benötigt sehr viel Wasser. Schweres bzw. tritiiertes Wasser (HTO) kann sich im Embryo anreichern und deutlich höhere Konzentrationen erreichen als in der Mutter.
- Die biologischen Effekte in den Körper aufgenommener radioaktiver Isotope sind vermutlich unterbewertet. Tritium etwa wird seitens der Strahlenschutzbehörden als Gefahrenquelle üblicherweise kleingeredet, mindestens stark unterschätzt.
- Die Vorstellungen darüber, welche Strahlendosis zu welchen Schäden führt (»Dosis-Wirkungs-Beziehung«), könnten falsch sein, wie oben etwa für Strontium beschrieben.
- Bestimmte Bevölkerungsgruppen, insbesondere Kinder, sind extrem strahlensensibel. Grenzwerte und Modellrechnungen nehmen darauf bisher keine Rücksicht.

»Kleinkinder sind um ein Vielfaches strahlensensibler als Erwachsene. Mögliche Erkrankungen aufgrund von Strahlung lassen sich daher bei ihnen eher auch statistisch deutlich nachweisen. Dafür gibt es mehrere Gründe. Erstens nimmt ein Kind stetig an Gewicht und Größe zu, es wächst vom Embryo zum Erwachsenen, und zwar je jünger, umso schneller. Daher teilen sich die Zellen eines Embryos, Fötus, Säuglings, Kleinkinds deutlich häufiger als die eines Kindes, Jugendlichen oder gar Erwachsenen. Zellen in der Teilungsphase (Mitose) sind durch Strahlung viel stärker gefährdet als Zellen in der Ruhephase. Zweitens entwickelt sich die Fähigkeit des Körpers, ›defekte‹ Zellen zu erkennen und zu eliminieren, erst im Laufe der Kindheit. Ein Embryo, ganz auf Wachstum eingestellt, besitzt diese Zellreparaturmechanismen noch nicht. ›Defekte‹ Zellen, wie sie etwa durch Strahleneinwirkung bei der Zellteilung entstehen, können sich daher weiter vermehren und später zu Krebs oder zu vererbbaren Krankheiten führen. Drittens muss ein Kind, das wächst, im Gegensatz zu einem Erwachsenen mehr Stoffe aufnehmen als abgeben. Sein Organismus nimmt daher radioaktive Substanzen in Essen, Trinken und Atemluft begierig auf; besonders gefährlich sind radioaktives Cäsium und Strontium, die sehr lange Zeit strahlen und sich in Muskeln bzw. Knochen ablagern. Viertens haben Kinder ihr ganzes Leben noch vor sich. Bei manchen der strahlenverursachten Krankheiten dauert es lange, bis sie erkannt werden können, manchmal 20 oder gar 30 Jahre. Kinder haben eher als (ältere) Erwachsene die zweifelhafte Chance, das Ende dieser Latenzzeiten zu erleben«, schreibt der Kinderarzt Eisenberg in der Broschüre »Atomkraftwerke machen Kinder krank«, die von der IPPNW und der Anti-Atom-Organisation .ausgestrahlt gemeinsam herausgegeben wurde.

Im Jahr 2009 wertete der Epidemiologe Professor Eberhard Greiser in einer Metaanalyse im Auftrag der grünen Bundestagsfraktion Erkrankungsdaten aus der Umgebung von 80 Kernkraftwerken aus fünf Ländern aus: Deutschland, Frankreich, Großbritannien, Kanada und USA.[39] Greisers Metaanalyse bestätigte die Ergebnisse der KiKK-Studie, da er in der Umgebung der untersuchten ausländischen Atomkraftwerke ebenfalls erhöhte Krebsraten feststellte. »Gleichzeitig sprechen die hier vorgelegten internationalen Ergebnisse gegen die Ansicht, nach der radioaktive Emissionen aus Atomanlagen als Ursache für die erhöhten Leukämiezahlen grundsätzlich auszuschließen sind«, schreibt der Bremer Epidemiologe. Greiser betont, das erhöhte Krebsrisiko in der Umgebung von Atomkraftwerken entspreche in etwa dem erhöhten Lungenkrebsrisiko durch Passivrauchen am Arbeitsplatz. Nach einer langen öffentlichen Debatte habe letztere Erkenntnis auch in Deutschland zu strengeren Gesetzen geführt, die das Rauchen am Arbeitsplatz eindämmten.

Die Ärzteorganisation IPPNW fordert, die »erlaubten Emissionen« aus den AKW nicht an der mutmaßlichen Strahlenbelastung eines gesunden Mannes (»reference man«) zu orientieren, sondern an der eines Embryos. »Ein gesunder junger Mann mit intakten Zellreparaturmechanismen kann wahrscheinlich mehr Radioaktivität vertragen als eine Frau und erst recht als ein Kind, von einem Embryo ganz zu schweigen. Es ist daher höchste Zeit, den »reference man« durch einen »reference embryo« zu ersetzen«, so die IPPNW. Doch davon wollen die Bundesregierung und die Atomkraftwerksbetreiber nichts wissen. Kein Wunder: Da Embryos bereits durch sehr geringe Strahlendosen geschädigt werden – für sie gibt es keine Schwellendosis –, dürfte es technisch kaum möglich sein, die AKW-Emissionen so weit zu senken, dass ein Embryo tatsächlich nicht gefährdet wird. Folglich müssten die Atomkraftwerke stillgelegt werden. »Unsere Kinder sind wichtiger als Restlaufzeiten«, meint Winfried Eisenberg.

Atomlügen fliegen auf

Angesichts des tagtäglichen Katastrophenrisikos der alternden Atomkraftwerke, ihrer Verletzbarkeit durch Terrorangriffe und der tödlichen Risiken, die schon vom »Normalbetrieb«

der Atomkraftwerke ausgehen, ist es keine »diffamierende Parole«, Atomkraftwerke als »tödliche Nachbarn« zu bezeichnen. Hinzu kommt der Atommüll, von dem noch für Hunderttausende von Jahren eine tödliche Gefahr ausgeht (siehe Kapitel 4). Außerdem die katastrophalen Folgen des Uranabbaus für Mensch und Natur in den Abbauländern (siehe Kapitel 5). »Wir schüren keine Ängste, sondern RWE und die anderen Atomkraftwerks-Betreiber verharmlosen die Risiken der Atomkraft in unerträglicher Weise«, wies Campact-Geschäftsführer Christoph Bautz die Kritik von RWE zurück. »Nicht nur die sieben ältesten Atomkraftwerke und der Skandalreaktor in Krümmel müssen endgültig stillgelegt werden, auch die übrigen Reaktoren müssen bis spätestens 2015 Meiler für Meiler abgeschaltet werden.«

3. Brücke ins Nirgendwo

3.1 Kassandra oder Damokles?

Globale Erwärmung, schmelzende Gletscher, ansteigender Meeresspiegel. Angesichts der mittlerweile gefestigten wissenschaftlichen Erkenntnisse sind eigentlich keine Zweifel mehr möglich: Der Klimawandel ist in vollem Gange, und der Mensch hat zunehmenden Anteil daran. Die globale Durchschnittstemperatur steigt, auch ein paar schneereiche Winter in Mitteleuropa ändern daran leider nichts. Ohne drastische Verminderung der Treibhausgase steuert die Welt auf eine globale Erwärmung von bis zu 7 Grad Celsius zu, warnt der Weltklimarat der Vereinten Nationen (IPCC). Um wenigstens die schlimmsten Folgen des Klimawandels zu vermeiden, muss der Anstieg der globalen Durchschnittstemperatur auf 2 Grad Celsius gegenüber der vorindustriellen Zeit begrenzt werden. Schon ein solcher Temperaturanstieg hätte jedoch weitreichende Auswirkungen, besonders für die ärmeren Länder. Schon heute leiden Millionen Menschen (und natürlich auch Tiere und Pflanzen) unter dem Klimawandel. Dabei hat sich die weltweite Durchschnittstemperatur seit Beginn der Industrialisierung bisher »nur« um 0,8 Grad Celsius erhöht.

Das erste Jahrzehnt des 21. Jahrhunderts war durch eine erstaunliche Anzahl von extremen Wetterereignissen gekennzeichnet. Am 12. August 2002 fielen an der Wetterstation

Zinnwald-Georgenfeld in Sachsen 312 Millimeter Wasser vom Himmel. Niemals zuvor ist in Deutschland eine solche Regenmenge an einem einzigen Tag gemessen worden. In der Folge kam es zur »Jahrhundertflut« der Elbe – seit Beginn der Aufzeichnungen im Jahr 1275 erreichte der Fluss noch nie einen so hohen Pegelstand. Im Jahr 2003 brach eine Hitzewelle in Europa alle Temperaturrekorde und forderte mehr als 70 000 Menschenleben. 2005 übertrafen die Stärke und Anzahl der Hurrikans über dem Atlantik alles, was je dort beobachtet wurde. Einer dieser Stürme, der Hurrikan Katrina, zerstörte New Orleans. 2007 kam es in Griechenland zu verheerenden Flächenbränden, und die Nordwestpassage in der Arktis war zum ersten Mal seit Menschengedenken eisfrei. 2009 erlebte Australien eine Dürre und Rekordhitze, über hundert Menschen kamen bei Buschfeuern ums Leben. Der Sommer 2010 war ein Sommer der Extreme: Zentralrussland erlebte die schlimmste Hitzewelle aller Zeiten. Trockenheit und Hitze führten zu über 500 Waldbränden, die Moskau in Rauch einhüllten und mehrere Atomanlagen bedrohten. Infolge der Trockenheit verhängte die russische Regierung ein Exportverbot für Weizen, was die Getreidepreise auf der ganzen Welt in die Höhe trieb. Ebenfalls im Sommer 2010 führte ein ungewöhnlich starker Monsunregen im Nordwesten Pakistans zu katastrophalen Überschwemmungen; nach Angaben der Vereinten Nationen wurden 20 Prozent der gesamten Landesfläche überflutet, mehr als 20 Millionen Menschen waren betroffen, offiziellen Angaben zufolge starben bis September 2010 über 1700 Menschen. In China kamen über tausend Menschen bei Überschwemmungen ums Leben, eine Million Häuser wurden zerstört. In wesentlich kleinerem Maßstab hatten auch europäische Länder wie Polen, Tschechien oder Deutschland mit Hochwasser zu kämpfen. Das Jahr

2010 war nach Angaben der US-Weltraumbehörde NASA das wärmste und nasseste Kalenderjahr seit Beginn der Wetteraufzeichnungen im 19. Jahrhundert. Die Temperatur lag statistisch gleichauf mit dem Jahr 2005, dem bisherigen Rekordjahr.

»Es könnte sich bei dieser Häufung von alle Rekorde brechenden Ereignissen lediglich um eine erstaunliche Pechsträhne handeln. Aber das ist äußerst unwahrscheinlich. Sehr viel wahrscheinlicher ist es das Ergebnis der Erwärmung des Klimas – eine Folge davon, dass dieses Jahrzehnt das weltweit heißeste seit mindestens tausend Jahren ist«, meint Professor Stefan Rahmstorf. Zwar lasse sich nicht wissenschaftlich beweisen (und auch nicht widerlegen), dass ein bestimmtes Wetterereignis von der globalen Erwärmung verursacht wurde, aber die globale Erwärmung erhöhe sehr wahrscheinlich die Häufigkeit von Wetterextremen und mache sie schwerwiegender, so der Potsdamer Klimaforscher.

Der gezinkte Würfel

Gleichzeitig vermelden die Wissenschaftler eine Rekordschwäche der Sonne. Noch nie seit Beginn der Satellitenmessungen in den 1970er Jahren war die Sonnenstrahlung so schwach wie in den letzten Jahren. Damit scheidet die veränderte Sonnenaktivität als Ursache für die Rekordwärme aus. Die größte Veränderung im Energiehaushalt der Erde im letzten Jahrhundert ist auf den Anstieg von bestimmten Spurengasen in der Atmosphäre zurückzuführen, die die Wärmeabstrahlung in den Weltraum behindern. Dazu gehören beispielsweise Kohlendioxid, Methan und Lachgas. »Wie jüngste Eisbohrungen in der Antarktis zeigen, gibt es heute in der Atmosphäre – aufgrund der Emissionen aus fossilen Brennstoffen – ein Drittel mehr Kohlendioxid als zu irgendeiner Zeit seit mindestens einer Million Jahren«, erläutert Rahmstorf.[40] Folglich ist die durch die menschlichen Emissionen hervorgerufene atmosphärische Veränderung für die Klimaforscher der Hauptverdächtige, wenn es zu nie da gewesenen Wetterextremen kommt.

Durch die globale Erwärmung werden Hitzeperioden wie im Sommer 2010 in Russland häufiger und fallen extremer aus. Und weil warme Luft mehr Feuchtigkeit aufnehmen kann, nehmen auch Niederschläge in einer wärmeren Welt zu und werden heftiger. Mit jedem Grad Erwärmung können 7 Prozent mehr Wasser aus gesättigten Luftmassen abregnen. Aber auch die Verdunstung erhöht sich, wodurch das Dürrerisiko steigt. Zudem können sich durch die Klimagase die Muster der atmosphärischen Zirkulation verändern. Dadurch können sich in einigen Regionen Hitze-, Dürre- oder Regenextreme verschärfen, während sie in anderen seltener werden. Für die Menschen bringt es jedoch nur geringe Vorteile, wenn sich Wetterextreme verringern, auf die sie bereits gut eingestellt sind, während neue Extremsituationen, an die sie nicht angepasst sind, katastrophale Folgen haben können – wie man in Pakistan oder Russland sehen konnte.

Der Kieler Klimaforscher Mojib Latif vergleicht den Einfluss des Menschen auf das Klima mit einem gezinkten Würfel. »Das Zinken besteht darin, dass wir die Temperatur der Erde infolge des Ausstoßes bestimmter klimarelevanter Gase, wie beispielsweise Kohlendioxid, erhöhen. Dies führt zu mehr Wetterextremen, so wie der gezinkte Würfel mehr Sechsen hervorbringt. Wir können aber nicht sagen, wann die nächste Sechs kommt, denn die Reihenfolge der Zahlen bleibt zufällig. Ähnlich verhält es sich mit den Wetterextremen: wir können zwar ihre Statistik berechnen, beispielsweise, dass sie sich infolge des Klimawandels häufen werden, wir wissen aber nicht, wann genau die Wetterextreme eintreten«, so Professor Latif in seinem Buch *Bringen wir das Klima aus dem Takt?*. Genauso, wie man auch schon vor dem Zinken des Würfels Sechser würfeln konnte, gab es auch früher schon schwere Überschwemmungen oder lang anhaltende Trockenperioden. Doch die Wahrscheinlichkeit solcher Wetterextreme hat sich erhöht. Beobachtungen der letzten 100 Jahre bestätigen, dass sich extreme Wetterereignisse weltweit häufen, wie von den Klimamodellen vorhergesagt. Der Vergleich mit dem gezinkten Würfel verdeutlicht auch, dass es prinzipiell nicht möglich ist, einzelne Wetterextreme der globalen Erwärmung zuzuschreiben, genauso wenig, wie man eine bestimmte Sechs dem Zinken des Würfels zuordnen kann. »Man muss immer die Statistik der Wetterextreme über einen längeren Zeitraum betrachten, wenn man den Zusammenhang zwischen Wetterextremen und der globalen Erwärmung beleuchten möchte«, so Latif. Und solange der Würfel nicht extrem stark gezinkt ist, bringt er auch noch andere Zahlen hervor. Zum Beispiel kalte Winter in Deutschland. »Die globale Erwärmung ist noch recht klein, so dass wir nicht erwarten können, nur noch milde Winter zu haben. Die Eins in Form des strengen Winters ist möglich«, erklärt Latif. Allerdings werde die Wahrscheinlichkeit für das Auftreten strenger Winter in dem Maße abnehmen, wie sich die globale Erwärmung verstärkt.[41]

Der alte Scheich und der Klimawandel

Der Untergang der Welt sei nahe, beschwor Scheich Hilal Abdalla seinen Gast aus England. Der Älteste vom Stamme der Jalul und der Afrikaforscher Alex de Waal saßen in einem schwarzen Beduinenzelt, zwischen Stapeln aus Satteln, Taschen und Schwertern, und tranken Tee. Wüstensand lege sich seit einiger Zeit überall auf die Felder, die ohnehin kurze Regenzeit falle manchmal ganz aus, und wenn der Regen dann nach langer Trockenheit zurückkehre, würden große Teile des fruchtbaren Bodens fortgespült, berichtete der über 80-jährige Scheich besorgt. Auf einmal stellten die Bauern Zäune auf. Mit der Begründung, das Land reiche eben nicht mehr für alle, verwehrten sie den Hirten und Kamelzüchtern seines Stammes den Durchgang zu ihren Weiden. So würden die uralten Regeln außer Kraft gesetzt, nach denen Ackerbauern und Viehzüchter seit jeher in Frieden miteinander gelebt, Böden und Brunnen geteilt und untereinander Handel getrieben hätten. Die nomadischen Viehzüchter boten den Ackerbauern Milch, Fleisch und Transportmöglichkeiten, jene dafür Getreide und Eisenwaren. So schildern die Journalisten Harald Schumann und Christiane Grefe in ihrem Buch *Der globale Countdown* diese Begegnung Mitte der 1980er Jahre in Darfur, einer Region im Westen des Sudan.[42]

Im Sudan gehen die Regenfälle immer weiter zurück, ähnlich wie in vielen anderen Regionen Afrikas. Aber auch die Überweidung von Grasflächen, das Abholzen von Wäldern und die dann einsetzende Bodenerosion haben dazu beigetragen, dass weite Teile des Landes unfruchtbar wurden. Der Ausbau der Intensivlandwirtschaft nach dem Vorbild der Industriestaaten verschärfte die Probleme noch. Denn dadurch laugten ehemals fruchtbare Böden aus, Kleinbauern wie Hirten waren gezwungen, in bereits dicht besiedelte Gebiete abzuwandern. Im nördlichen Sudan hat sich die Wüste in den letzten 40 Jahren hundert Kilometer weiter in Richtung Süden ausgebreitet. Seit der Unabhängigkeit des Landes gingen 40 Prozent des Waldes verloren.»Klimamodelle sagen für den Sudan einen Temperaturanstieg um 0,5 Grad Celsius bis 2030 und 1,6 Grad Celsius bis 2060 voraus; zugleich wird die Regenmenge um weitere fünf Prozent im Jahresdurchschnitt abnehmen. Für die Getreideernte bedeutet das einen Rückgang um 70 Prozent«, berichtet der Sozialpsychologe Harald Welzer in seinem Buch *Klimakriege – Wofür im 21. Jahrhundert getötet wird*.[43]

Zwanzig Jahre nach der Begegnung im Beduinenzelt brach 2003 in Darfur Krieg aus, arabische Milizen stürmten die Dörfer. Die Dschandschawid, was übersetzt etwa »Männer mit Pferd und Waffe« heißt, setzten Hütten in Brand, folterten und ermordeten die Bauern und vergewaltigten deren Frauen. Anführer der Banden war ein Jalul mit Namen Musa Hilal. Alex de Waal erkannte den Mann wieder: Es war der Sohn des Scheichs. Er spielte eine wichtige Rolle am Beginn eines Bürgerkrieges, in dessen Verlauf schätzungsweise 100 000 Menschen getötet und rund 2,5 Millionen Menschen zu Flüchtlingen wurden. In westlichen Medien wurde der Konflikt, soweit sie überhaupt Notiz davon nahmen, häufig als »ethnische Säuberung« beschrieben, begangen von »Arabern« an »Schwarzafrikanern«. Der Konflikt hat jedoch komplexe wirtschaftliche, politische und ökologische Ursachen. Teile der Reitermilizen wurden von der sudanesischen Regierung mit Waffen ausgestattet, damit sie gegen Aufständische der »Sudanesischen Befreiungsarmee (SLM), der »Bewegung für Gerechtigkeit und Gleichheit« (JEM) und weitere Gruppen vorgehen. Diese Rebellen fanden ihren Rückhalt bei den verarmten Bauernstämmen. Sowohl die Reitermilizen als auch die Rebellen konnten uralte ethnische, religiöse und politische Spannungen zwischen den über 80 Volksgruppen, Stammesmilizen und Kriminellen für sich nutzen. »Besonders aber der Konflikt zwischen nomadischen Viehzüchtern und sesshaften Ackerbauern, der den alten Scheich Hilal so sehr verstört hatte, ließ sich für den Konflikt instrumentalisieren«, schreiben Schumann und Grefe. Bei diesem Konflikt geht es um Acker- und Weideland und um die versiegenden Brunnen. In den letzten 20 Jahren ist die durchschnittliche jährliche Regenmenge in Darfur um 40 Prozent gesunken, verantwortlich ist dafür wahrscheinlich der globale Klimawandel – und damit auch die reichen Industriestaaten, die den Klimawandel hauptsächlich verursacht haben.

Doch als ob das alles noch nicht genug Konfliktstoff wäre, geht es im Sudan auch noch um Erdöl. Im Süden des Landes wurden große Ölvorkommen entdeckt, die Schätzungen reichen bis drei Milliarden Fass. Die Milliardeneinnahmen aus der Ölförderung könnten der Entwicklung des Landes dienen, doch stattdessen verschärften sie die Konflikte im Sudan noch. »Den alleinigen Anspruch auf die Petrodollars haben stets die Machtcliquen in der Hauptstadt im Norden erhoben. Deshalb schürte das Regime des Omar al-Baschir in einem jahrelangen Bürgerkrieg Mord und Vertreibung im Süden – wo die Befreiungsbewegung SPLA (Sudanesische Volksbefreiungsarmee) dafür kämpfte, dass die Öleinnahmen in der Region blieben. Anfang 2005 unterzeichnete das Militärregime unter internationalem Druck einen Friedensvertrag mit den Aufständischen des südlichen, ölreichen Landesteils«, so Schumann und Grefe. Der Vertrag sieht vor, die Einnahmen aus der Erdölförderung aufzuteilen. Außerdem wurde eine Volksabstimmung über die Unabhängigkeit des Südens vereinbart, die im Januar 2011 stattfand. Doch die Einigung im Süden fachte den Konflikt in Westen des Landes erst richtig an. Es ist wohl kaum Zufall, dass die SLM und die JEM ihre ersten Aktionen in Darfur gerade dann starteten, als die Friedensverhandlungen im Süden begannen. Die Aufständischen im Westen wollten ebenfalls ihr Stück vom Kuchen abbekommen. Denn auch in Darfur gibt es Erdöl, auch wenn nicht ganz klar ist, wie groß die dortigen Vorkommen wirklich sind. Und wie zuvor im Süden gehen von der Regierung unterstützte Milizen brutal gegen die Aufständischen vor und terrorisieren die Zivilbevölkerung.

Amerikanische Ölkonzerne mussten den Sudan in den 1980er Jahren wegen des Bürgerkrieges im Süden verlassen und später wegen der Wirtschaftssanktionen der US-Regierung gegen das Baschir-Regime. An ihre Stelle drängten russische, indische, malayische und vor allem chinesische Ölfirmen in das Land. China hält 40 Prozent an Sudans staatlichem Ölbetreiber und hat große Summen in die Ölanlagen investiert. Zugleich lieferte China auch Waffen an das sudanesische Regime. Daher ist es kein Zufall, dass China lange Zeit im Weltsicherheitsrat der Vereinten Nationen die Entsendung von UN-Friedenstruppen nach Darfur verhinderte. Erst 2007 machte China doch noch Druck auf den Diktator und bewog ihn dazu, einem Blauhelmeinsatz zuzustimmen. Die chinesische Regierung befürchtete wohl, die immer lauteren internationalen Menschenrechtskampagnen könnten zu einem Boykott der Olympischen Spiele in Peking führen. Die UN-Truppen im Sudan sind jedoch für ihre Aufgabe gar nicht ausreichend ausgestattet, Darfur ist etwa so groß wie Frankreich. Der Konflikt weitete sich auch auf benachbarte Regionen im Tschad und sogar Libyen aus. Der Internationale Strafgerichtshof in Den Haag hat im März 2009 einen internationalen

Haftbefehl gegen Präsident al-Baschir wegen Kriegsverbrechen in Darfur erlassen. Von der Afrikanischen Union (AU) wurde der Haftbefehl nahezu einhellig abgelehnt. Baschir ist seither mehrfach in afrikanische Länder gereist, um zu zeigen, dass er nicht mit einer Verhaftung rechnen müsse. Lediglich Tschad und Botswana erklärten, dass sie Baschir auf ihrem Territorium verhaften würden. Am 23. Februar 2010 wurde nach Verhandlungen zwischen sudanesischen Regierungsvertretern und einer Delegation der JEM in Doha ein Zwölf-Punkte-Rahmenabkommen unterzeichnet, das unter anderem einen Waffenstillstand und eine zukünftige Beteiligung der JEM an der Regierung in Darfur vorsieht.

Im Sudan ist mit Händen zu greifen, dass der Klimawandel und Konflikte um die knapper werdenden und von den reichen Industrieländern begehrten Ressourcen zu den Ursachen der Gewalt und des Bürgerkrieges gehören. Bodenerosion, versiegende Brunnen und Auseinandersetzungen um die von den Industrienationen begehrten knappen Rohstoffe treiben auch in anderen Regionen Afrikas immer mehr Menschen in die Flucht und schüren die Gewalt. Die Experten des Umweltprogramms der Vereinten Nationen (UNEP) bezeichnen den Darfur-Konflikt als »tragisches Beispiel für einen sozialen Zusammenbruch, der aus einem ökologischen Kollaps resultieren kann«. Es ist zu befürchten, dass sich die Zusammenstöße noch verschärfen werden, wenn der Klimawandel ungebremst weitergeht. Harald Welzer meint deshalb: »Ein Blick in den Sudan ist ein Blick in die Zukunft.«

Klimawandel und der Kollaps ganzer Gesellschaften

Wenn schon eine Erwärmung um 0,8 Grad Celsius solch katastrophale Folgen hat, dann ist das nur ein kleiner Vorgeschmack darauf, was der Menschheit blühen würde, wenn sie das Weltklima ungebremst weiter anheizt und die globale Durchschnitts-Temperatur um bis zu 7 Grad Celsius steigen würde. Der amerikanische Evolutionsbiologe und Geograph Jared Diamond schildert in seinem Buch *Kollaps – Warum Gesellschaften überleben oder untergehen*, dass in der Vergangenheit schon wesentlich geringere klimatische Veränderungen zum Untergang ganzer Gesellschaften und Imperien beigetragen haben. In dem überaus lesenswerten 700-seitigen Wälzer geht Diamond der Frage nach, warum manche Gesellschaften wie die Wikinger, die Oster-Inseln oder die Maya untergegangen sind, während sich andere behaupten konnten. Er machte fünf Faktoren aus, die über den Untergang oder Erfolg von Gesellschaften entscheiden: Klimaveränderungen, Raubbau an der Natur, feindliche Nachbarn und freundliche Handelspartner und die Art, wie eine Gesellschaft auf ihre Umweltprobleme reagiert. Er schildert auch Gesellschaften, die aus ihren Fehlern gelernt haben und so ihre Probleme in den Griff bekamen. Ein positives Beispiel ist die Wiederaufforstung im Japan der Shogun-Zeit.[44]

»Um die globale Erwärmung bis zum Ende des Jahrhunderts noch auf 2 Grad Celsius gegenüber der vorindustriellen Zeit begrenzen zu können, müssen die Industriestaaten ihre Treibhausgasemissionen bis 2050 um 90 bis 95 Prozent senken«, führt Campact-Klimaexperte Ferdinand Dürr aus. »Nichts zu tun und sich dem Klimawandel lediglich anzupassen, wäre nach den Berechnungen des ehemaligen Chefökonomen der Weltbank, Nicholas Stern, etwa 25-mal so teuer wie eine Begrenzung des Klimawandels auf 2 Grad Celsius.« Die Atomlobby will uns weismachen, dass wir diese Klimaschutzziele nicht ohne die Nuklearenergie erreichen können, die wir als »Brückentechnologie« auf dem Weg ins Solarzeitalter noch benötigten. Stehen wir als vor der Wahl zwischen Pest und Cholera, zwischen den schlimmen Folgen des Klimawandels und den Risiken und Problemen der Atomkraft?

Der Wissenschaftliche Beirat der Bundesregierung Globale Umweltveränderungen (WGBU) stellte im Jahr 1999 in einem Gutachten verschiedene Risikotypen einander gegenüber. Dabei stuften sie den Klimawandel als Risikotyp »Kassandra« und die Atomkraftnutzung als Risikotyp »Damokles« ein, benannt nach zwei Gestalten der antiken Mythologie. Beim Risikotyp »Kassandra« liegt zwischen der Verursachung und dem Schadenseintritt eine relativ große Zeitspanne. Die Seherin Kassandra sagte die Niederlage Trojas gegen die Griechen voraus, wurde von ihren Landsleuten aber nicht ernst genommen. Niemand wollte die erst in weiterer Zukunft liegende Bedrohung wahrhaben. Beim Risikotyp »Damokles« kann der Schaden sehr groß sein, doch die Wahrscheinlichkeit seines Eintretens, sei gering, so die Wissenschaftler. Damokles wurde der Legende nach vom Tyrannen Dionysios zu einem Festmahl geladen und durfte an dessen Tafel sitzen. Über seinem Platz hing jedoch ein großes Schwert, das lediglich von einem Rosshaar gehalten wurde. Als Damokles dieses Schwert bemerkte, konnte er das Festmahl nicht mehr genießen und bat seinen Gastgeber, seinen Platz verlassen zu dürfen. Müssen wir noch länger unter dem Damoklesschwert eines möglichen Super-GAUs sitzen bleiben, um dem Kassandra-Risiko des Klimawandels zu entgehen? Wobei das Risiko steigt, je länger man unter dem Schwert sitzen bleibt, denn irgendwann kommt es auch bei einem Pferdehaar zu Materialermüdung, und es reißt. Wäre wirklich etwas damit gewonnen, ein Kassandra-Risiko gegen ein erhöhtes Damokles-Risiko einzutauschen? Oder gibt es weniger riskante Wege, das Klima zu schützen?

3.2 Atomkraft kann das Klima nicht retten

Auf den Großplakaten und Zeitungsanzeigen sind vor einem blauen Himmel Windkraftanlagen und das Atomkraftwerk einträchtig nebeneinander zu sehen, inmitten grüner Wiesen, Bäume und Felder. Es fehlt nur noch Vogelgezwitscher, um den idyllischen Eindruck perfekt zu machen. Über diesem Bild ist zu lesen: »Klimaschützer unter sich. Kernkraftwerk Brokdorf und Windkraft: CO_2-Ausstoß = Null«. Schon das ist eine Lüge, doch darauf gehen wir später ein. Ähnliche Plakatmotive gibt es auch von den Atomkraftwerken Biblis und Neckarwestheim, dort ist jeweils ein Hausdach mit einer Photovoltaikanlage im Vordergrund zu sehen. Mit dieser Kampagne wirbt der Lobbyverein »Deutsches Atomforum« für die Atomkraft. Die Werbestrategen der Atomindustrie setzen nun offenbar darauf, dass das positive Image der Erneuerbaren Energien auf die Atomkraft abfärbt. Denn keine andere Energieerzeugungsform ist in der Bevölkerung so populär wie die Erneuerbaren Energien. So halten es nach einer repräsentativen TNS Emnid-Umfrage im Auftrag von Greenpeace 86 Prozent der Bundesbürger für wichtig oder sehr wichtig, dass Deutschland seine Stromversorgung vollständig auf Erneuerbare Energien umstellt. Mehr als die Hälfte der Haushalte ist sogar bereit, dafür deutlich mehr Geld auszugeben.[45] Und während die wenigsten Menschen ein Kohle- oder ein Atomkraftwerk in ihrer Nähe stehen haben wollen, sind dezentrale Solar-, Wind- oder Biomasseanlagen vielerorts sehr willkommen.

Damit hat die Atomlobby ihre Kommunikationsstrategie gegenüber den Erneuerbaren Energien geändert. 1990 behauptete der »Informationskreis Kernenergie«, der von den deutschen Stromkonzernen finanziert wird: »1988 wurde in Dänemark fast jede hundertste Kilowattstunde aus Wind erzeugt – das entspricht etwa einem Anteil von 0,9 Prozent am gesamten Stromverbrauch. Eine vergleichbar intensive Nutzung der Windkraft ist in der Bundesrepublik wegen anderer klimatischer Bedingungen nicht möglich.« 1993 hieß es in einer in allen großen deutschen Zeitungen veröffentlichten Anzeige der Atomkonzerne: »Kann Deutschland aus der Kernenergie aussteigen? Ja. Die Folge wäre allerdings eine enorme Steigerung der Kohleverbrennung, mithin der Emissionen des Treibhausgases CO_2. Denn regenerative Energien wie Sonne, Wasser und Wind können auch langfristig nicht mehr als 4 Prozent unseres Strombedarfes decken. Können wir ein solches Vorgehen verantworten? Nein.« Das Unmögliche wurde längst Wirklichkeit: Im Jahr 2010 betrug der Anteil der Erneuerbaren Energien an der Stromversorgung bereits 17 Prozent. Und zahlreiche Studien belegen, dass eine Vollversorgung mit 100 Prozent Erneuerbaren Energien bis spätestens 2050 möglich ist. Selbst die schwarz-gelbe Bundesregierung strebt mit ihrem Energiekonzept bis 2050 einen Anteil von 80 Prozent an. Dabei wäre sogar noch ein wesentlich schnellerer Wechsel von den atomar-fossilen Energien zu den Erneuerbaren Energien möglich. Nach einer Studie des Umweltsachverständigenrates der Bundesregierung könnte der Strom bereits im Jahr 2030 zu 100 Prozent aus erneuerbaren Energiequellen stammen. Nur die Rücksichtnahme auf die noch bestehenden konventionellen Kraftwerke habe dazu geführt, das eine vollständig regenerative Stromversorgung im Szenario des Sachverständigenrates erst im Jahr 2050 erreicht werde, sagt der Umweltweise Professor Olav Hohmeyer. Damals wollten uns die Atomkraftwerksbetreiber weismachen, mehr als 4 Prozent Strom aus erneuerbaren Quellen seien nicht möglich. Heute heißt es dagegen in der Werbung der Atomlobby: »Erneuerbare Energien und Kernkraft sind ideale Partner einer klimafreundlichen Stromversorgung.« Doch die plötzlich so heftig umworbene Branche wehrt sich gegen die schon beinahe an Stalking erinnernden Annäherungsversuche der Atomkraftwerksbetreiber. Der Windanlagenbauer ENERCON ließ dem Atomforum im Dezember 2010 gerichtlich verbieten, auf seinen Plakaten und Anzeigen Windräder von ENERCON zusammen mit Kernkraftwerken abzubilden. Die Windräder von ENERCON sind unter anderem klar an ihrem grünen Sockel zu erkennen. Das Landgericht Berlin urteilte, dass die Nuklearlobbyisten den guten Ruf des Windkraftunternehmens nicht für ihre Zwecke ausnutzen dürften. Das Atomforum musste daraufhin die ENERCON-Windkraftanlagen auf ihren Fotomontagen durch Windräder ersetzen, die nicht wie die von ENERCON aussehen. Auch der Bundesvorsitzende des Bundesverbandes Erneuerbare Energie (BEE), Dietmar Schütz, widerspricht der Werbung der Atomlobby deutlich: »Atomkraft und Erneuerbare Energien passen nicht zusammen. Auf Dauer stehen sich Atomkraft und flexible Erneuerbare Energien im Wege.« Der Branchenverband hat deshalb bereits 2009 gemeinsam mit Campact und der Deutschen Umwelthilfe (DUH) eine Kampagne gegen Laufzeitverlängerungen für Atomkraftwerke und den Neubau von Kohlekraftwerken gestartet. Mehr als 10 000 Unternehmer und Beschäftigte der Erneuerbaren Energien-

Branche unterschrieben innerhalb kurzer Zeit den Appell »Unsere Zukunft ist erneuerbar«, der kurz vor der Bundestagswahl 2009 als Anzeige in der *Financial Times Deutschland* veröffentlicht wurde.

> **Appell von Beschäftigten und Unternehmern der Branche der Erneuerbaren Energien:**
>
> *UNSERE ZUKUNFT IST ERNEUERBAR!*
>
> Wer den Atomausstieg kippt und Kohlekraftwerke baut, zerstört die Zukunft der Erneuerbaren Energien
>
> Über 330 000 Menschen arbeiten bereits in der Branche der Erneuerbaren Energien. Im nächsten Jahrzehnt könnten hier über 200 000 weitere Arbeitsplätze entstehen. Doch es ist Gefahr im Verzug: Die Aufkündigung des Atomausstiegs und der geplante Bau von 20 Kohlekraftwerken würden diese Erfolgsgeschichte zerstören.
>
> Bleiben die Atomreaktoren am Netz und werden Kohlekraft und Erneuerbare gleichzeitig ausgebaut, entsteht ein Überangebot auf dem Strommarkt. Dann werden die Energiekonzerne den weiteren Zubau Erneuerbarer Kapazitäten blockieren wo es nur geht, um nicht auf ihrem Kohle- und Atomstrom sitzen zu bleiben – indirekt durch Einflussnahme auf die Politik und direkt durch Blockade beim Um- und Ausbau der Stromnetze. Zudem werden sie eigene Investitionen in die Erneuerbaren zurückfahren.
>
> Atom- und Kohlekraftwerke können die schwankende Stromerzeugung aus Sonne und Wind nicht bedarfsgerecht ergänzen, da sie in ihrer Leistung unflexibel sind. Damit Erneuerbare Energien zunehmend den Grundbedarf an Strom abdecken, braucht es Investitionen in den Aus- und Umbau der Stromnetze, Entwicklung von Speicherkapazitäten und Kraftwerken, die ihre Leistung flexibel an Stromerzeugung und -bedarf anpassen.
>
> Mit Erneuerbaren Energien können wir unsere Stromversorgung in Zukunft zu 100 Prozent abdecken, ohne das Klima aus

> dem Gleichgewicht zu bringen und die Risiken der Atomkraft in
> Kauf zu nehmen. Dafür müssen jetzt die richtigen Entscheidun-
> gen getroffen werden. Wir, Beschäftigte und Unternehmer der
> Branche der Erneuerbaren Energien sowie Menschen, die in Zu-
> liefer-Betrieben beschäftigt sind oder etwa als Berater, Installa-
> teure, Fachhandwerker, Planer und Ingenieure eng mit der Bran-
> che zusammenarbeiten, fordern:
> Nein zum Ausstieg aus dem Atomausstieg! Keine zusätzlichen
> Kohlekraftwerke!

Als bei der Fußball-WM 2010 in Südafrika die junge, multikulturelle deutsche Nationalelf viele Menschen, nicht nur in Deutschland, mit ihrem Spiel begeisterte, warb das Atomforum mit Fußballmotiven für die Atomkraft. In den Werbetexten hieß es zum Beispiel: »Nicht nur für unsere Jungs ist das Zusammenspiel der Schlüssel zum Erfolg, sondern auch für Kernenergie und erneuerbare Energiequellen.« Der Präsident des Deutschen Fußballbundes (DFB), Theo Zwanziger, warf dem Atomforum daraufhin vor, in den Anzeigen werde »eine Parteinahme des DFB für die weitere Nutzung der Kernkraft suggeriert«. Der DFB verlangte deshalb vom Präsidenten des Deutschen Atomforums, Ralf Güldner, eine Unterlassungserklärung. »Merkmal jeder dieser Anzeigen ist, dass zwischen den Leistungen der deutschen Nationalmannschaft und dem Anliegen des Atomforums ein Zusammenhang hergestellt wird«, sagte Zwanziger.[46] Offenbar möchte fast niemand noch etwas mit der Atomlobby zu tun haben. Fußballstar Lukas Podolski beispielsweise wirbt lieber für die Solarenergie. In einem Fernsehspot der Solarworld AG erklärt er die Solartechnik mit einfachen Worten: »So, wie der Fußballer den Ball direkt annimmt und im Tor versenkt, so direkt speist auch eine Solarzelle die Sonnenenergie ins Stromnetz. Also genauso wie auf dem Platz, nur halt auf dem Dach.«[47]

Atomkraft ist nicht CO_2-frei

»Kernkraftwerk Brokdorf und Windkraft: CO_2-Ausstoß = Null«, heißt es auf den »Klimaschützer unter sich«-Plakaten. Tatsächlich erzeugen Atomkraftwerke genauso wie Erneuerbare Energien im Betrieb praktisch keine direkten Kohlendioxidemissionen. Aber besonders beim Abbau und der Verarbeitung des Uranerzes, der Anreicherung des Urans und der Brennelementeherstellung werden beträchtliche Mengen Kohlendioxid freigesetzt. »Sieht man sich die gesamte Prozesskette bei der Kernkraft an, also Herstellung, Aufbereitung, Verwahrung, Betrieb und Transporte, dann hat auch die Atomenergie einen beachtlichen Kohlendioxid-Ausstoß«, sagte der ehemalige Präsident des Umweltbundesamtes, Professor Andreas Troge.

Für den Bau von Atomkraftwerken sind Beton, Kupfer, Stahl und andere Materialien erforderlich. Werden diese mit einbezogen, umfasst die Analyse den vollständigen Lebenszyklus des nuklearen Systems. Die für diese Zwecke benötigte Energie wird teils mit fossilen Energieträgern erzeugt, wodurch Treibhausgasemissionen verursacht werden. Einige zusätzliche Treibhausgasemissionen resultieren direkt aus chemischen Reaktionen bei der Materialverarbeitung (z. B. der Zementherstellung). Entsprechend emittieren Atomkraftwerke – ebenso wie andere Energieerzeugungsanlagen – indirekt CO_2 sowie andere Treibhausgase. »Da der Treibhauseffekt ein globales Phänomen ist und Treibhausgasemissionen unabhängig vom Ort ihrer Entstehung dazu beitragen, muss der

Gesamte Treibhausgasemissionen verschiedener Stromerzeugungsoptionen (inkl. vorgelagerte Prozesse und Stoffeinsatz zur Anlagenherstellung)
(Daten: Öko-Institut 2007)

Strom aus:	Emissionen in g/kWh$_{el}$	
	CO_2-Äquivalente	nur CO_2
KKW (Uran nach Import-Mix)	32	31
KKW (Uran nur aus Russland)	65	61
Braunkohle-Kraftwerk	1153	1142
Braunkohle-Heizkraftwerk	729	703
Erdgas-GuD-Heizkraftwerk	148	116
Erdgas-Blockheizkraftwerk	49	5
Biogas-Blockheizkraftwerk	−409	−414
Windpark onshore	24	23
Windpark offshore	23	22
Wasserkraftwerk	40	39
Solarstrom-Import (Spanien)	27	25

KKW = Kernkraftwerk
GuD = Gas- und Dampfturbinenkraftwerk
Gesamte Treibhausgasemissionen verschiedener Stromerzeugungsoptionen (inklusive vorgelagerter Prozesse und Stoffeinsatz zur Anlagenherstellung), Quelle: Öko-Institut, 2007

vollständige Lebenszyklus von der Primärenergiegewinnung bis zum Energieertrag betrachtet werden, um Treibhausgasemissionen von Energieprozessen zu ermitteln und zu vergleichen. Dafür ist es erforderlich, allen relevanten Schritten des Lebenszyklus der Energietechnologien zu folgen und die Aktivitäten zu identifizieren, die direkt oder indirekt Treibhausgase emittieren«, so das Öko-Institut.

Die in der Tabelle aufgeführten CO_2-Werte sind Mittelwerte. Je nachdem, woher das Uran oder die Kohle bezogen wird, und aufgrund unterschiedlich energieintensiver Methoden der Urananreicherung schwanken die Werte. Die Wissenschaftler weisen darauf hin, dass sich die CO_2-Bilanz der Atomkraft in Zukunft noch deutlich verschlechtern kann, wenn auf weniger ergiebige Uranquellen ausgewichen werden muss. Dagegen wird sich die Klimabilanz der Erneuerbaren Energien weiter verbessern, wenn auch bei Produktion, Transport und Installation der Anlagen und ihrer Komponenten hauptsächlich Ökoenergie zum Einsatz kommt.

Die Berechnungen des Öko-Instituts zeigen, dass Atomkraftwerke zwar deutlich klimafreundlicher sind als Kohlekraftwerke, aber nicht so klimafreundlich wie Windparks. Am besten schneiden in der Bilanz Biogas-Blockheizkraftwerke ab. In Blockheizkraftwerken wird Strom und Wärme gekoppelt erzeugt (Kraft-Wärme-Kopplung). Da dadurch Öl- und Erdgasheizungen in Häusern ersetzt und somit deren Emissionen vermieden werden können, erhalten sie für die KWK-Wärme in der Bilanz eine Gutschrift. So erklärt sich der »negative« Wert für Biogas-Blockheizkraftwerke, der in diesem Fall sehr positiv ist.

Hier liegt ein weiterer Nachteil der Atomkraftwerke: Da ihre Nutzung nur in großen, zentralen Anlagen in relativ großem Abstand zu Städten möglich ist, geht die Wärme, die bei der Stromerzeugung entsteht, ungenutzt verloren. Der Wirkungsgrad der Atommeiler liegt deshalb nur bei etwa 33 Prozent. Das heißt, zwei Drittel der erzeugten Energie heizen sinnlos Flüsse und Luft auf. Wer Atomkraft nutzt, aber gleichzeitig Wohnungen mit einer Erdgas- oder Ölheizung im Keller beheizt, ist kein Klimaschützer. Da Blockheizkraftwerke Strom und Wärme gleichzeitig produzieren, könnte ihr Ausbau gleichzeitig Strom aus abgeschalteten Atomkraftwerken und Öl- und Gasheizungen ersetzen. So würde selbst dann nicht mehr CO_2 entstehen, wenn die Blockheizkraftwerke mit Erdgas statt mit Biogas befeuert werden. Natürlich könnte man auch aus Atomstrom Wärme erzeugen, etwa durch Nachtspeicheröfen. Diese Stromheizungen führen jedoch zu alptraumartig hohen Stromrechnungen. Außerdem wäre es ziemlich absurd, erst zwei Drittel der Energie wegzukühlen, um den Atomstrom anschließend wieder in Wärme zu verwandeln.

Laufzeitveränderungen leisten keinen Beitrag zum Klimaschutz

»Laufzeitverlängerungen leisten einen wichtigen Beitrag zum Klimaschutz«, heißt es in der »Klimaschützer«-Reklame des Atomforums. Auch das ist eine Lüge. Denn für jede Tonne CO_2, die durch die Laufzeitverlängerungen bis 2020 eingespart wird, dürfen die Industrie oder andere EU-Staaten entsprechend mehr Treibhausgase ausstoßen. Denn im Rahmen des Europäischen Emissionshandels wurde eine ab 2013 jährlich sinkende Obergrenze (Cap) für den CO_2-Ausstoß aller Kraftwerke bereits bis 2020 festgelegt. Der weitere Ausbau der Erneuerbaren Energien wurde dabei bereits berücksichtigt, längere AKW-Laufzeiten aber nicht. Denn als in den EU-Verhandlungen die Obergrenzen für die dritte Handelsperiode festgelegt wurden, galt noch das rot-grüne Atomgesetz mit seinen Laufzeitbegrenzungen.

Ab 2013 soll die Industrie die Verschmutzungsrechte nicht mehr geschenkt bekommen, sondern sie werden versteigert. Durch die Versteigerung und die jährlich sinkende Obergrenze steigt der Preis der Emissionszertifikate. Industrieunternehmen haben dann die Wahl zwischen dem Kauf der Zertifikate oder einer Investition in neue Technologien, die Treibhausgase vermeiden. Dieser Anreiz, in innovative Technik zu investieren, fällt bei einer Laufzeitverlängerung geringer aus. Denn wegen der durch die Laufzeitverlängerung für die Atomkraftwerke frei werdenden Zertifikate steigt das Angebot, und folglich sinkt der Preis. Dadurch wird es europaweit billiger, CO_2 auszustoßen. Und damit nimmt der Anreiz ab, in Erneuerbare Energien oder Energieeffizienz zu investieren. So stellt auch der Bundesverband der Deutschen Industrie (BDI) fest: »Die durch eine längere Laufzeit der Kernkraftwerke in der deutschen Energiewirtschaft eingesparten CO_2-Emissionen werden jedoch in der deutschen Industrie und den anderen teilnehmenden Ländern zusätzlich emittiert.«[48] Durch die Laufzeitverlängerung wird zumindest bis zum Jahr 2020 nicht ein einziges zusätzliches Gramm Kohlendioxid eingespart. »Der Laufzeitverlängerung für diese Hoch-Risiko-Technologie stehen also nicht mal ansatzweise nennenswerte Vorteile gegenüber«, so das Fazit von Dr. Felix Matthes vom Öko-Institut.

Die Laufzeitverlängerungen für die Atomkraftwerke hätten nur dann einen positiven Effekt für den Klimaschutz, wenn im selben Umfang Emissionsrechte vom Markt genommen werden, wie durch die längeren AKW-Laufzeiten frei werden. Umgesetzt werden könnte das beispielsweise durch die Löschung von ungenutzten Verschmutzungsrechten aus dem nationalen Versteigerungsbudget. Doch dadurch würden dem Staat mehrere hundert Millionen Euro an Einnahmen entgehen. Die EU-Staaten könnten sich natürlich auch auf ehrgeizigere Klimaschutzziele einigen. Doch genau das wollen die angeblich so um das Klima besorgten deutschen Stromkonzerne nicht.

Atomarer Klimaschutz ist unrealistisch

Es ist jedoch auch schlicht unrealistisch, die Klimaschutzziele durch Atomkraft zu erreichen. »Mindestens 10 neue Atomkraftwerke müssten in Deutschland errichtet werden, um über einen Ausbau der Atomenergie das Kohlendioxid-Reduktionsziel der schwarz-gelben Bundesregierung von 40 Prozent (gegenüber 1990) bis 2020 für den Stromsektor zu erreichen«, erläutert Gerd Rosenkranz von der Deutschen Umwelthilfe (DUH). »Hinzu käme ein zusätzliches Potenzial von Neubauten, um die bis dahin aus Altersgründen stillgelegten Meiler zu ersetzen.« Das wäre schon aus zeitlichen Gründen kaum realistisch: In Frankreich rechnen Experten mit einer Zeitspanne von neun Jahren zwischen Bauentscheidung und Inbetriebnahme eines Atomkraftwerkes. In Finnland wird auf der Halbinsel Olkiluoto ein neues Atomkraftwerk gebaut. Es sollte eigentlich 2009 ans Netz gehen, doch mittlerweile gilt aufgrund zahlreicher Probleme und Verzögerungen eine Inbetriebnahme vor 2013 als unwahrscheinlich. Da in Deutschland die Bevölkerung mehrheitlich Atomkraft ablehnt und Verzögerungen beim Bau von Atomkraftwerken die Regel sind, wäre es kaum möglich in der vorgegebenen Zeit die Klimaschutzziele zu erreichen.

Schon 2002 hat eine Enquete-Kommission des Bundestages ermitteln lassen, wie ein Klimaschutzszenario bis 2050 aussehen müsste, das größtenteils auf der Basis von Atomkraftwerken realisiert würde. Die Wissenschaftler kamen zu dem Ergebnis, das dazu 60 bis 80 neue Atomkraftwerke nötig wären. Zum Vergleich: Anfang 2011 waren in Deutschland 17 Atomkraftwerke in Betrieb. Angesichts solcher Zahlen nur für Deutschland, kann man sich leicht ausmalen, was eine solche Strategie im Weltmaßstab bedeuten würde. Um auch nur einen nennenswerten Beitrag zu den Klimaschutzzielen zu erreichen, müssten auf der ganzen Welt Tausende neue Atomkraftwerke gebaut werden. »Sie würden nicht mehr nur in 30 Staaten Strom und Katastrophenrisiken produzieren, sondern in 50, 60 oder mehr Ländern. Tausende potenzieller Katastrophenherde würden über den Globus verteilt, in Krisenregionen neue Ziele für terroristische Anschläge geschaffen. Die Endlagerprobleme und die Gefahr der unkontrollierten Weiterverbreitung von Atomwaffen in allen Weltregionen würden eine neue Dimension erreichen«, warnt Rosenkranz. Zudem müssten wegen der dann knappen Uranvorräte bald die heute üblichen Leichtwasserreaktoren durch eine noch gefährlichere Plutoniumwirtschaft mit Wiederaufbereitung und Schnellen Brutreaktoren abgelöst werden. Und gigantische Finanzmittel müssten statt in die Armutsbekämpfung in den Ausbau der nuklearen Infrastruktur investiert werden. »Wirksamen Klimaschutz gibt es nur mit Erneuerbaren Energien, Energieeffizienz und Energieeinsparung«, sagt Ferdinand Dürr. »Die Atomkraft stört dabei nur, denn sie verstopft die Stromnetze und behindert Investitionen in Energieeffizienz und Erneuerbare Energien.«

3.3 Der Systemkonflikt zwischen Atomkraft und Erneuerbaren Energien

Der Stromverbrauch schwankt im Tagesverlauf. Morgens, mittags und abends ist der Bedarf generell hoch, in der Nacht dagegen gering. Da diese Schwankungen vorhersehbar sind, wurde in der Vergangenheit die Energieerzeugung darauf ausgerichtet. Atomkraftwerke und Braunkohlekraftwerke sollten rund um die Uhr laufen, um die sogenannte Grundlast zu decken. In geringem Maße werden auch Laufwasserkraftwerke dafür eingesetzt. Grundlastkraftwerke sind darauf ausgelegt, konstant betrieben zu werden, und nur schwer zu regeln. Steinkohlekraftwerke sind etwas teurer im Betrieb als die Grundlastkraftwerke, dafür aber leichter zu regeln. Sie werden eingesetzt, um periodische Schwankungen im Strombedarf abzudecken. Dabei handelt es sich vor allem um vorhersehbare tägliche Belastungen des Stromnetzes. Bei unvorhersehbaren Schwankungen aufgrund von Fehlern in der Verbrauchsprognose oder Kraftwerksausfällen sowie bei einzelnen Verbrauchsspitzen, wie beispielsweise der sogenannten Kochspitze am Mittag, werden Spitzenlastkraftwerke eingesetzt. So können zum Beispiel moderne, hocheffiziente Gaskraftwerke oder Pumpspeicherkraftwerke den Leistungsänderungen im Stromnetz folgen und innerhalb von Sekunden oder Minuten Energie bereitstellen. Doch das war gestern.

Heute hat sich der Kraftwerkspark durch den Ausbau der Erneuerbaren Energien erheblich verändert. Wind- und Sonnenenergie, Biomasse, Wasserkraft und Erdwärme deckten 2010 im Jahresmittel bereits rund 17 Prozent des Strombedarfs. Sie haben Vorfahrt im Stromnetz und müssen daher zuerst eingespeist werden. Dieser Einspeisevorrang, der im Erneuerbare-Energien-Gesetz (EEG) geregelt ist, bringt Investitionssicherheit und ist die Grundvoraussetzung für den weiteren Ausbau der Erneuerbaren Energien, ohne den die deutschen Klimaschutzziele nicht erreicht werden können. Darum hat sich auch die schwarz-gelbe Bundesregierung in ihrem Energiekonzept ausdrücklich dazu bekannt, den Erneuerbaren Energien im Stromnetz weiterhin Vorfahrt zu gewähren. Das bedeutet, der Strombedarf wird zunächst durch Erneuerbare Energien gedeckt – erst danach kommen die konventionellen Kohle- und Atomkraftwerke zum Zuge, um den verbleibenden Bedarf (Residuallast) zu decken. Da aber die Stromerzeugung aus Wind und Sonne wetterbedingt schwankt, wird es eine immer gleichbleibende Grundlast in Zukunft gar nicht mehr geben. Dadurch steigt aber der Bedarf an flexiblen konventionellen Kraftwerken, die sich an die Stromerzeugung der Erneuerbaren Energien anpassen. Neuerdings behauptet die Atomlobby, Kernkraftwerke seien genau solche flexiblen Kraftwerke. Im Kleingedruckten der »Klimaschützer«-Reklame des Atomforums heißt es: »Gemeinsam in eine nachhaltige Energiezukunft. Erneuerbare Energien und Kernenergie sind ideale Partner einer klimafreundlichen Stromversorgung. (...) Durch ihre hohe Flexibilität können Kernkraftwerke naturbedingte Schwankungen Erneuerbarer Energien, wie Windenergie, ausgleichen.«

Umweltschützer, die Lobbyverbände der Erneuerbaren-Branche und unabhängige Wissenschaftler bezweifeln das aber. So schreibt der Sachverständigenrat für Umweltfragen (SRU) der Bundesregierung: »Es besteht ein grundsätzlicher Konflikt zwischen der schwankenden Stromeinspeisung aus erneuerbaren Energien und den grundlastorientierten konventionellen Kraftwerken. Kohle- und Kernkraftwerke können aufgrund ihrer technischen Eigenschaften nur bedingt zum Lastfolgebetrieb eingesetzt werden, können also die schwankende Einspeisung aus erneuerbaren Energien nicht flexibel genug ergänzen. Abregelungen und Abschaltungen von Kohle- und Kernkraftwerken werden bei fortschreitendem Ausbau der erneuerbaren Energien häufiger notwendig. Dadurch sinkt ihre Auslastung.«

Der Atomkonzern E.ON gab dazu ein Gutachten beim Institut für Energiewirtschaft und rationelle Energieanwendung (IER) der Universität Stuttgart in Auftrag. In ihrer Studie erörtern die Wissenschaftler detailliert, wie schnell sich

Siedewasser- und Druckwasserreaktoren den wetterbedingten Schwankungen der Stromerzeugung aus Erneuerbaren Energien anpassen können. Demnach könnte die Leistung von Druckwasserreaktoren um 3,8 bis 5,2 Prozent pro Minute gedrosselt oder erhöht werden. Voraussetzung dafür ist allerdings laut IER, dass das Atomkraftwerk mit mindestens der Hälfte seiner Leistung läuft. Siedewasserreaktoren müssen sogar mit mindestens 60 Prozent ihrer Leistung laufen, um der Last folgen zu können. Sie können ihre Stromproduktion auch nur um 1,1 bis 3,8 Prozent pro Minute drosseln oder erhöhen. Mit anderen Worten: Wenn bei einem Sturm besonders viel Windstrom produziert wird, können die Atomkraftwerke zwar ihre Leistung drosseln, jedoch nur bis zu 50 beziehungsweise 60 Prozent ihrer Nennleistung. Wenn aber so viel Windstrom produziert wird, dass das nicht genügt, dann müssen die Atomkraftwerke vollständig abgeschaltet werden, sofern kein Stromüberangebot entstehen soll.

Doch genau das wird bei einem starken Ausbau der Erneuerbaren Energien immer öfter passieren. Die Bundesregierung hat am 4. August 2010 den Nationalen Aktionsplan für Erneuerbare Energien beschlossen. Darin geht sie davon aus, dass der Anteil der Erneuerbaren Energien an der Stromversorgung im Jahr 2020 bei 38,6 Prozent liegen wird. Das Fraunhofer-Institut für Windenergie und Energiesystemtechnik (IWES) hat auf der Basis dieser Regierungszahlen im Auftrag der Deutschen Umwelthilfe errechnet, inwieweit die Stromnachfrage in Monaten Mai bis Juli 2020 aus Erneuerbaren Energien gedeckt wird und welche Strommengen dann noch in konventionellen Kraftwerken erzeugt werden müssen. Das Institut legte dabei die Wetterdaten des Jahres 2009 zugrunde. Die Berechnungen zeigen, dass die Einspeisung aus Erneuerbaren Energien insbesondere in den Sommermonaten den

Stromverbrauch öfter sogar übersteigen wird. Und noch viel häufiger deckt sie den Strombedarf fast vollständig. Und mit dem weiteren Ausbau der Erneuerbaren Energien werden solche Situationen von der Ausnahme zur Regel.

Eine Minute oder zwei Tage?

Schon im Jahr 2020 müssten die deutschen Atomkraftwerke 629-mal vom Netz genommen werden, wenn es bei der beschlossenen Laufzeitverlängerung bleiben würde, hat Olav Hohmeyer in einer Studie im Auftrag des Ökostromversorgers LichtBlick errechnet. Hohmeyer ist Professor für Energie- und Ressourcenwirtschaft an der Universität Flensburg. In der Praxis werde die Zahl der Reaktorabschaltungen noch weit höher liegen, da er in seiner Rechnung unterstellt habe, dass erst alle Atomkraftwerke auf die Minimalleistung von 50 beziehungsweise 60 Prozent heruntergeregelt werden, bevor der erste Reaktor abgeschaltet wird, erklärt Hohmeyer, der auch im Mitglied im Sachverständigenrat für Umweltfragen der Bundesregierung (SRU) und im Weltklimarat der Vereinten Nationen (IPCC) ist. Doch im Markt werde sich wahrscheinlich kein so selbstloses Verhalten der Reaktorbetreiber durchsetzen. Es würden vielmehr die kostengünstigsten Atomkraftwerke mit voller Leistung betrieben, dagegen die teuersten Atomkraftwerke nacheinander heruntergeregelt und komplett abgeschaltet, so Hohmeyer. Nach der Abschaltung muss ein Atomreaktor aus technischen Gründen 15 bis 24 Stunden stillstehen. Danach dauert es ein bis zwei Tage, bis er wieder seine volle Leistung erreicht hat. Kohlekraftwerke sind ähnlich schwerfällige Kolosse wie Atomkraftwerke, bestehende Anlagen können in der Regel nur auf minimal

50 Prozent ihrer Leistung heruntergeregelt werden, neuere Kohlekraftwerke auf bis zu 30 Prozent. Sie benötigen etwa vier Stunden, um angefahren zu werden. Das ist viel zu langsam, um die kurzfristigen Schwankungen der Wind- und Sonnenenergie im Stromnetz auszugleichen.

Hohmeyers Berechnungen zeigen, dass die Atomkraftwerke nach einer Starkwindphase über einen längeren Zeitraum nicht mehr zur Verfügung stünden, weil die Reaktoren in einer vorangegangenen Phase ihre kritische Minimallast unterschritten hätten und deshalb hätten abgeschaltet werden müssen. Lediglich in längeren Schwachwindphasen könnte die Kapazität der Atomkraftwerke voll genutzt werden. »Bei jeder notwendigen Abschaltung aufgrund der Unterschreitung der Minimallast kommt es zu einem kurzfristigen Ausfall sehr großer Leistungen, die zu erheblichen Teilen durch andere Kraftwerke ersetzt werden müssen, da das Angebot der regenerativen Energiequellen zwar zu einer Unterschreitung der Minimallastschwelle führt, aber nicht automatisch die gesamte abzuschaltende Kapazität des Kernkraftwerks nicht mehr erforderlich ist«, sagt Hohmeyer. Im Durchschnitt gehe es dabei um den kurzfristigen Ersatz von 685 Megawatt pro Abschaltung. Die sehr große Leistung der Atomkraftwerksblöcke erweise sich in dieser Situation als Hindernis für eine gut regelbare Stromversorgung.

Gaskraftwerke sind wesentlich schneller und dynamischer regelbar. Moderne Gasturbinenkraftwerke erreichen ihre volle Leistung in rund 20 Minuten und können sie um 10 bis 25 Prozent pro Minute erhöhen oder drosseln. Druckluftspeicher weisen ähnliche Eigenschaften wie Gasturbinenkraftwerke auf. Noch flexibler sind Blockheizkraftwerke, sie brauchen nur etwa 90 Sekunden, um ihre volle Leistung zu erreichen. Moderne Mikroblockheizkraftwerke wie die »ZuhauseKraftwerke« von LichtBlick und Volkswagen benötigen dazu sogar nur eine Minute. Extrem kurze Anfahrdauern bei großen Leistungen besitzen auch Speicherwasserkraftwerke und Pumpspeicherkraftwerke. So kann das Pumpspeicherkraftwerk Herdecke in nur 75 Sekunden aus dem Stillstand auf volle Leistung hochgefahren werden.[49]

Kraftwerkstyp	Kohle	Gas	Atomkraft
Mindestbetriebszeit	6 bis 15 Stunden	1 bis 6 Stunden	15 bis 24 Stunden
Mindeststillstandszeit	6 bis 15 Stunden	1 bis 6 Stunden	15 bis 24 Stunden
Anfahrdauer	3 bis 60 Stunden	0,3 bis 4 Stunden	24 bis 48 Stunden

Quellen: TU Dortmund, Hohmeyer 2010

Den AKW-Betreibern entgehen Milliardengewinne

Den Atomkraftwerksbetreibern entgehen durch die erzwungenen Abschaltungen erhebliche Gewinne. Diese Verluste könnten sich nach Hohmeyers Berechnungen bis zum Ende der Laufzeiten auf bis zu 80 Milliarden Euro summieren. Die Laufzeitverlängerungen schafften deshalb einen massiven ökonomischen Anreiz für die Atomkraftwerksbetreiber, den notwendigen Ausbau der Erneuerbaren Energien massiv zu behindern, warnt der Flensburger Ökonom. Gelinge es den Stromkonzernen, mit Hilfe ihres großen politischen und ökonomischen Einflusses den Ausbau der Erneuerbaren Energien zu verlangsamen oder zu verhindern, könnten diese Verluste deutlich verringert werden. Doch nicht nur wenn Atomkraftwerke wegen einer Unterschreitung ihrer Minimallast abgeschaltet werden müssen, sondern auch im Lastfolgebetrieb sind Atom- und Kohlekraftwerke weniger wirtschaftlich. Denn die Wirtschaftlichkeit von Grundlastkraftwerken berechnet sich nach der Anzahl der Stunden, in denen sie ihre volle Leistung erbringen (Volllaststunden). Und je höher der Anteil der Erneuerbaren Energien steigt, desto niedriger ist die Auslastung der Grundlastkraftwerke.

Technologie	Nennleistung MWel	Leistungs-gradient** Prozent pro Minute	Anfahrdauer in Stunden
Braunkohle-kraftwerk	1000	2 bis 3	5
Steinkohle-Dampfturbinen-kraftwerk	600	4 bis 8	4
Gas- und Dampf-kraftwerk (GuD)	300	4 bis 10	3
Gasturbinen-kraftwerk	150	10 bis 25	0,3
Atomkraftwerk	1000	5 bis 10	50 Stunden
Blockheiz-kraftwerk	0,01 bis 1	50 bis 65	0,025 (90 Sekunden)
LichtBlick-ZuhauseKraftwerk	0,02	100	0,017 (60 Sekunden)*

*Angaben der LichtBlick AG; **Leistungsgradient: Prozentsatz, zu dem Kraftwerke innerhalb einer Minute ihre Leistung verändern können
Quelle: Grimm, 2007, S. 9 und Krost und Matics, 2008, S. 2 und Angabe der LichtBlick AG.

Die E.ON-Auftragsstudie sieht solche Probleme zumindest bis zum Jahr 2030 nicht. Doch der Studie liegen falsche Rahmenannahmen zugrunde: Die Autoren gehen nämlich für das Jahr 2020 nur von einem Ökostromanteil von rund 31 Prozent aus, während selbst die Bundesregierung in ihrem Nationalen Aktionsplan für das Jahr 2020 schon mit einem Ökostromanteil von 38,5 Prozent rechnet. Laut der Branchenprognose des

Bundesverbandes für Erneuerbare Energien (BEE) wird der Ökostromanteil dann sogar schon bei 47 Prozent liegen. Für 2030 geht die E.ON-Studie nur von 42 Prozent aus, während die Bundesregierung für 2030 bereits einen Ökostromanteil von 50 Prozent anstrebt. Nach einer Studie des Umweltrates wären bis 2030 sogar schon eine Stromversorgung aus 100 Prozent Erneuerbaren Energien möglich; nur aufgrund der Rücksichtnahme auf die noch bestehenden konventionellen Kraftwerke wird dieses Ziel im SRU-Szenario erst 2050 erreicht.[50] Nähert sich der Anteil der Erneuerbaren Energien im Jahresmittel 50 Prozent, kommt laut IWES jedoch auch nur noch die Hälfte der heutigen Grundlastkraftwerke zum Zuge.

In der E.ON-Studie wird noch ein weiterer Trick angewandt, um die Atomkraftwerke besser aussehen zu lassen: Anders als üblich wurde die Nettostromerzeugung und nicht der Bruttostromverbrauch den Berechnungen zugrunde gelegt. Selbst wenn man den Pumpstrom- und Kraftwerkseigenverbrauch sehr vorsichtig schätzt, ergibt sich, nach Auffassung der Agentur für Erneuerbare Energien, in der E.ON-Studie ein Ökostromanteil von lediglich 28 Prozent – also 3 Prozent weniger als angegeben und 10,5 Prozent weniger als selbst die Bundesregierung für 2020 prognostiziert.[51] Das E.ON-Gutachten geht also von zu niedrigen Ökostromanteilen aus, dadurch sind auch die Einspeiseschwankungen im Netz geringer – und damit der Regelbedarf der Atomkraftwerke, also genau das Problem, welches die Studie eigentlich untersuchen sollte.[52]

Unflexible Atomkraftwerke und negative Strompreise

Seit Herbst 2008 stellen sich an der Strombörse EEX in Leipzig immer öfter negative Strompreise ein. Das heißt, die Betreiber der Stromnetze müssen dafür bezahlen, damit ihnen jemand den überschüssigen Strom abnimmt. Diese absurde Situation tritt immer dann auf, wenn über Deutschland der Wind kräftig bläst und gleichzeitig der Strombedarf niedrig ist, wie das an Wochenenden, Feiertagen und in stürmischen Nächten meist der Fall ist. So war es zum Beispiel an Weihnachten 2009. Volle elf Stunden lag der sogenannte Spotmarktpreis unter der Nulllinie, zeitweise bei minus 120 Euro pro Megawattstunde. Am gesamten 26. Dezember betrug der Strompreis unter minus 35 Euro pro Megawattstunde. Das Bundeswirtschaftsministerium hat die Ursachen durch das Energiewirtschaftliche Institut Köln (EWI) untersuchen lassen. Zu negativen Preisen ist es immer dann gekommen, wenn zu Zeiten einer schwachen Nachfrage eine hohe Windstromeinspeisung stattgefunden hat. Da Ökostrom Vorfahrt hat, musste der restliche Kraftwerkspark sich anpassen. In der EWI-Studie wird auch die Marktsituation am 4. Oktober 2009 analysiert: An diesem Tag bezahlten die Netzbetreiber zeitweilig 500 Euro pro Megawattstunde dafür, dass ihnen jemand ihren überschüssigen Strom abgenommen hat. Während Gas- und Steinkohlekraftwerke auf die geringere Nachfrage reagierten, blieb die Stromproduktion der Atomkraftwerke nahezu konstant.

Die negativen Strompreise sind ein weiteres Indiz dafür, dass Kernkraftwerke nicht flexibel genug gesteuert werden können, um die schwankende Stromproduktion aus Wind und Sonne auszugleichen. Doch selbst wenn sie es könnten, fehlt den Kohle- und Atomkraftwerksbetreibern der wirtschaftliche Anreiz, ihre Anlagen bei einem Überangebot entsprechend herunterzufahren. Denn sie verkaufen 80 Prozent ihres Stromes gar nicht an der Strombörse, sondern in sogenannten »Over-the-counter«-Verträgen. Und von den restlichen 20 Prozent haben sie zu diesem Zeitpunkt den größten Teil ihres Stromes bereits am Terminmarkt verkauft, wo Händler Strommengen für die nächsten Jahre im Voraus kaufen. Den überschüssigen Strom am Spotmarkt müssen sie nicht selbst verkaufen, sondern die Netzbetreiber. In Deutschland sind EnBW und RWE auch gleichzeitig Netzbetreiber, während E.ON und Vattenfall ihre Stromnetze verkauft haben. Zusätzliche Kosten negativer Börsenstrompreise werden von den Netzbetreibern über die EEG-Umlage an die Endverbraucher weitergegeben. Je geringer der Börsenstrompreis, desto höher ist die EEG-Umlage im Folgejahr. (Die zusätzlichen Kosten werden erst verzögert einberechnet.) Durch die längeren Laufzeiten für die Atomkraftwerke und den Neubau von Kohlekraftwerken wird diese Situation verschärft – zu Lasten der Stromverbraucher.

Eigentlich müssten die Stromkunden auf der anderen Seite aber auch von niedrigeren Preisen an der Strombörse profitieren. Doch aufgrund des mangelhaften Wettbewerbes auf dem deutschen Strommarkt werden die niedrigeren Handelspreise nicht an die Stromkunden weitergegeben. Und durch die Laufzeitverlängerungen wurde die Marktmacht der vier Oligopolisten gestärkt, die zusammen über 80 Prozent der Kraftwerkskapazitäten in Deutschland besitzen. Die Verlängerung der Laufzeiten für Atomkraftwerke »zementiert die Marktstärke der vier großen Erzeuger«, heißt es in einer Untersuchung des Bundeskartellamtes. Wäre es beim Atomausstieg der früheren rot-grünen Regierung geblieben, hätte mittelfristig knapp ein Viertel der Anteile am deutschen Strommarkt neu vergeben werden können, erklärte das Kartellamt im Januar 2011. Nun habe sich die Belebung des Wettbewerbs »zumindest deutlich verzögert«. Dies biete für die Konzerne den Anreiz, die Preise zu erhöhen, analysieren die Wettbewerbshüter.

Das Unfallrisiko steigt durch häufiges Rauf- und Runterfahren

Die Autoren der E.ON-Auftragsstudie schreiben selbst, dass die Atomkraftwerke nur bei einer »anlagenschonenden« Betriebsweise ihre Leistung in der angegebenen Geschwindigkeit drosseln oder erhöhen können. Wie Atomkraftwerke schonend betrieben werden können, wird allerdings nicht weiter ausgeführt. Es ist jedoch unbestritten, dass die einzelnen Komponenten von Atomkraftwerken stärker beansprucht werden, wenn sie ihre Leistung ständig erhöhen und wieder drosseln müssen, ähnlich wie ständiges Bremsen und Beschleunigen ein Auto stärker beansprucht. Mit anderen Worten: Ein Atomkraftwerk im Lastfolgebetrieb altert schneller. »Lastwechsel in einem Atomkraftwerk erhöhen das Risiko schwerer Unfälle, insbesondere wenn sie häufig große Leistungsbereiche durchfahren müssen«, erklärte Rainer Baake, Bundesgeschäftsführer der Deutschen Umwelthilfe, auf einer Expertenanhörung des Deutschen Bundestages.

Risiken könnten auch zum Beispiel mit dem Spaltprodukt Xenon 135 verbunden sein, dies war auch eine der Ursachen für die Reaktorkatastrophe in Tschernobyl 1986. Xenon 135 kann bei der nuklearen Kettenreaktion entstehen und arbeitet als Neutronenfänger, wenn die Anlage heruntergefahren wird. Es kann dazu führen, dass der Atomreaktor längere Zeit nicht wieder hochgefahren werden kann. Durch ungleiche Temperaturen wird bei Xenon-Vergiftungen das Material extrem belastet. Wolfgang Renneberg, der frühere Chef der deutschen Atomaufsicht, sieht dadurch aber kein akutes Sicherheitsproblem. »Aber die Regelbarkeit wird schlechter.« Am gefährlichsten sei die Materialermüdung. »Die Sicherheitsreserve der Anlagen nimmt durch diese Belastungen dramatisch ab.« Es gebe zu diesem flexiblen Betrieb bisher keine Simulationen. Renneberg ist deshalb schleierhaft, wie Bundesumweltminister Norbert Röttgen (CDU) zu der Aussage kommen könne, das Rauf- und Runterregeln stelle kein Sicherheitsproblem dar.

Renneberg befürchtet zudem, dass die Konzerne den häufigeren Materialaustausch künftig als Nachrüstungen verbuchen können. Dadurch würde der Bund das Nachsehen haben. Denn die Regierung hatte mit den Energiekonzernen im Atomdeal vereinbart, dass die Nachrüstkosten pro Atomkraftwerk bei 500 Millionen Euro gedeckelt werden. Was darüber hinausgeht, wird von den Zahlungen für den Fonds der Regierung zum Ausbau der Erneuerbaren Energien abgezogen.

Während der Atomkraftwerksbetreiber E.ON in Deutschland aufwendige Studien in Auftrag gibt, um diese Probleme zu verschleiern, warnt er in Großbritannien offen vor einem starken Ausbau des Ökostroms. 2008 veranstaltete die britische Regierung eine Anhörung zu ihren Plänen, den Anteil der Erneuerbaren Energien an der Stromversorgung Großbritanniens von damals 5,5 Prozent bis auf mehr als 30 Prozent im Jahr 2020 zu erhöhen. Dieser Anteil soll dann noch weiter wachsen.[53] Damit will die britische Regierung EU-Vorgaben erfüllen. In dem Anhörungsverfahren meldeten sich auch der deutsche Atomkonzern E.ON und die Électricité de France (EDF) zu Wort. Beide wandten sich gegen die ihrer Ansicht nach zu ehrgeizigen Ausbaupläne für die Erneuerbaren Energien, und E.ON warnte davor, die Erneuerbaren Energien »ohne Ende« zu fördern. Ansonsten sehe sich der Konzern nicht in der Lage, seine AKW-Neubaupläne auf der Insel umzusetzen. Der seinerzeit von Wulf Bernotat geführte Konzern empfahl der britischen Regierung in seiner Stellungnahme, den Ökostromanteil auf höchstens ein Drittel zu begrenzen.[54] Und die EDF legte detailliert dar, warum schon ein Ökostromanteil von 25 Prozent den Neubau von Kernkraftwerken in Frage stellen würde. Dies wird ausdrücklich auch mit der begrenzten Fähigkeit der Atomkraftwerke begründet, sich einem stark schwankenden Strombedarf anzupassen.[55] Bei ihrer Argumentation bezog sich die EDF auf den Europäischen Druckwasserreaktor (EPR), dessen Prototypen zurzeit in Finnland und in Frankreich gebaut werden. Dieser Reaktortyp gilt als das modernste Atomkraftwerk der Welt. Merkwürdig: In Deutschland allerdings sollen Atomkraftwerke, die zum Teil in den sechziger Jahren entwickelt wurden, etwas können, was nach Angaben von EDF nicht einmal dem modernsten Atomkraftwerk der Welt möglich ist.

In der Praxis gefährdet die Trägheit der Atomkraftwerke den Einspeisevorrang der Erneuerbaren Energien. Dem Bundesverband WindEnergie (BWE) zufolge werden ganze Windparks abgeschaltet, wenn zu viel Atom- und Kohlestrom die Netze verstopft. Die Windanlagenbetreiber werden dafür zwar teilweise von den Netzbetreibern entschädigt; die Kosten dafür bezahlen aber die Verbraucher. Atomkraft ist deshalb keine Brücken-, sondern eine Blockadetechnologie. »Die Laufzeitverlängerungen von Kernkraftwerken und geplante Neubauten von Kohlemeilern gefährden den notwendigen Ausbau der Windenergie«, warnt der Präsident des Windverbandes, Hermann Albers.

Atomkraft und Erneuerbare Energien passen nicht zusammen, weder technisch noch wirtschaftlich. Die Umweltweisen schreiben dazu: »Das dauerhafte Nebeneinander von konventioneller und wachsender erneuerbarer Stromerzeugung würde das System ineffizient und unnötig teuer machen.«

Die längeren Laufzeiten der Atomkraftwerke führen zu einer technisch schwierigen Situation sowohl für den Ausbau der Erneuerbaren Energien als auch für den Betrieb der Atomkraftwerke. Vor allem aber schaffen sie massive ökonomische Anreize für die Atomkraftwerksbetreiber, ihren gesamten Einfluss einzusetzen, um den weiteren Ausbau der Erneuerbaren Energien zu behindern oder möglichst lange hinauszuzögern. Anderenfalls entgehen ihnen Milliardengewinne. Hohmeyer hält es vor diesem Hintergrund für sehr bedenklich, dass die vier großen Atomkraftwerksbetreiber einen zunehmend größer werdenden Teil der genehmigten Planungen für deutsche Windparks in der Nord- und Ostsee kontrollieren. »Die Laufzeitverlängerung für Kernkraftwerke macht aus diesen Planungen Malefizsteine zur Behinderung des Ausbaus der regenerativen Energieversorgung in Deutschland«, so Hohmeyer. Atomkraftwerksbetreiber könnten genehmigte Planungen für Offshore-Windparks aufkaufen, diese dann aber nicht oder nur extrem verzögert umsetzen und so den wichtigen Ausbau der Windenergie behindern.

Für eine vollständige Stromversorgung aus erneuerbaren Energiequellen in Deutschland ist nach Ansicht des Umweltrates ein Ausbau der Hochspannungsnetze in zwei Bereichen nötig: Zum einen wird ein Ausbau der Nord-Süd-Verbindungen gebraucht, um Windstrom von der Küste in die Verbrauchszentren zu transportieren. Zum anderen ist ein Ausbau der Verbindungen zwischen Deutschland und Norwegen erforderlich, um die extrem kostengünstigen norwegischen

Pumpspeicherpotentiale für die Speicherung von in Deutschland erzeugter regenerativer Energie nutzen zu können. Dass dieser Netzausbau bislang kaum vorankommt, liegt weniger an vereinzelten Protesten von Bürgerinitiativen, sondern an einer Blockade der Stromkonzerne. Wenn mehr Windstrom aus dem Norden in den Süden gelangt, führt dies zwangsläufig zu einem Verlust von Marktanteilen für Atom- und Kohlestrom. Und daran haben die Betreiber dieser Kraftwerke natürlich kein Interesse. RWE und EnBW betreiben über die Tochterfirmen Ampiron (RWE) und EnBW Transportnetz selbst Übertragungsnetze und können den Ausbau der Nord-Süd-Verbindungen weiterhin verschleppen. E.ON hat sein Übertragungsnetz im Jahr 2009 an die niederländische Tennet verkauft, die sich über ihre Dachholding in hundertprozentigem Besitz des niederländischen Staates befindet. Vattenfall verkaufte seine Tochterfirma 50Hertz Transmission an den belgischen Netzbetreiber Elia und den Infrastrukturfonds IFM. Ob Tennet und Elia als neue Eigentümer der Netze von E.ON und Vattenfall den Netzausbau endlich anpacken werden, bleibt zu beobachten. Doch zum größten Teil liegt der Ausbau der Übertragungsnetze von Nord nach Süd bei RWE und EnBW – und damit in den Händen zweier Atomkraftwerksbetreiber. Und ein weiter verschleppter Netzausbau wird sich auch negativ auf die Investitionsbereitschaft unabhängiger Akteure im Bereich der Windenergie auswirken, befürchtet Hohmeyer. Die Laufzeitverlängerungen für die Atomkraftwerke gefährden außerdem die gesellschaftliche Zustimmung für den nötigen Ausbau der Stromnetze. Die Forschungsgruppe Umweltpsychologie der Otto-von-Guericke-Universität Magdeburg hat im Auftrag der Deutschen Umwelthilfe die Akzeptanz von Maßnahmen zur Netzintegration Erneuerbarer Energien untersucht. Demnach werden neue Stromtrassen insbesondere dann befürwortet, wenn regenerativ erzeugter Strom durch die Leitungen fließt und kein Kohle- oder Atomstrom.

Die Brückensperre

»Wir haben heute 16 Prozent[56] Anteil erneuerbarer Energie in der Stromerzeugung, 23 Prozent Kernenergie. In dem Augenblick, in dem die Erneuerbaren 40 Prozent ausmachen, also 23 plus 16, ist die Kernenergie abgelöst«, erklärte Röttgen am 6. Februar 2010 in einem Interview mit der *Süddeutschen Zeitung*. Abgesehen davon, dass 23 plus 16 nicht 40 ergeben, sondern 39, stellt sich die Frage, warum dann die Laufzeiten für die Atomkraftwerke überhaupt verlängert wurden. Denn der vom Bundeskabinett im August 2010 beschlossene Nationale Aktionsplan für Erneuerbare Energien prognostiziert für das Jahr 2020 schon einen Ökostromanteil von 38,6 Prozent.[57] Die restlichen 1,4 Prozent würde man doch wohl bis 2022 auch noch schaffen, wenn nach dem rot-grünen Ausstiegsgesetz frühestens das letzte Atomkraftwerk vom Netz gegangen wäre. Als Röttgen das Interview gab, ging sein Ministerium noch davon aus, der Ökostromanteil werde 2020 erst 30 Prozent betragen. Doch dann haben Röttgens Experten neu nachgerechnet und die Zahlen nach oben korrigiert.

»Wenn Norbert Röttgen seine eigenen Prognosen ernst nimmt, hätte er die Laufzeitverlängerungen eigentlich komplett ablehnen – oder sich sogar für Laufzeitverkürzungen einsetzen müssen«, sagt Susanne Jacoby von Campact. Denn die Prognosen von Röttgens Ministerium sind noch sehr konservativ. Der Bundesverband der Erneuerbaren Energien (BEE) geht in seiner Branchenprognose davon aus, dass der Anteil der Erneuerbaren Energien 2020 bereits 47 Prozent betragen wird. Hermann Scheer rechnete in seinem Buch *Der energethische Imperativ* vor, dass der Anteil der Erneuerbaren Energien an der Stromversorgung bis 2020 sogar auf 70 Prozent gesteigert werden könnte, wenn man die Energiewende nur richtig anpacken würde. Bis 2030 könne man dann unschwer 100 Prozent Erneuerbare beim Strom erreichen.

Auch der Umweltsachverständigenrat der Bundesregierung hält die Laufzeitverlängerungen für unnötig: »Für die Übergangszeit sind weder Laufzeitverlängerungen für Atomkraftwerke noch neue Kohlekraftwerke erforderlich. Die Brücke zu den Erneuerbaren Energien steht bereits.«

Die von der Umweltschutzorganisation WWF in Auftrag gegebene Studie von Öko-Institut und Prognos »Modell Deutschland – Klimaschutz bis 2050«, die Greenpeace-Studie »Plan B«, eine Studie des Forschungsverbundes Erneuerbare Energien und die Studie »Energieziel 2050: 100 % Strom aus Erneuerbaren Quellen« des Umweltbundesamtes kommen zu dem gleichen Ergebnis: Die von Schwarz-Gelb beschlossenen Laufzeitverlängerungen für Atomkraftwerke sind nicht nur unnötig, sie behindern auch eine ambitionierte Klimaschutzpolitik.

Nachdem klar war, dass die 40-Prozent-Argumentation nicht als Begründung für Laufzeitverlängerungen taugt, änderte Röttgen seine Argumentation. Er behauptete nun, die Laufzeitverlängerungen seien nötig, weil Rot-Grün den Ausbau der Stromnetze und von Stromspeichern vernachlässigt habe. Doch längere Laufzeiten für die unflexibelsten aller Großkraftwerke verringern den Bedarf an neuen Stromtrassen und Stromspeichern nicht, sondern erhöhen ihn – Röttgens Argumentation entbehrt daher jeglicher Logik. Aufgrund der Laufzeitverlängerungen verstopft zu viel Atomstrom die Stromnetze. Würden die Kernkraftwerke nach und nach abgeschaltet, könnten die bereits vorhandenen Stromspeicher und Pumpspeicherkraftwerke für überschüssigen Windstrom verwendet werden statt für überschüssigen Atomstrom. Zwar bliebe auch dann der Netzausbau, die Verstärkung der Netzkuppelstellen mit unseren europäischen Nachbarn, die Entwicklung intelligenter Stromnetze und der Aufbau von dezentralen Stromspeichern eine dringliche Aufgabe, aber es wären weniger neue Stromtrassen und weniger Stromspeicher nötig. Und mit Hilfe von »Schwarmstrom« aus Hunderttausenden kleiner, flexibler Blockheizkraftwerke mit Kraft-Wärme-Kopplung könnte der Bedarf an Stromspeichern verringert und auf diese Weise viel Geld gespart werden. Und während Großkraftwerke Planungs- und Bauzeiten von fünf bis zehn Jahren und länger haben, lassen sich Blockheizkraftwerke innerhalb weniger Wochen oder Monate realisieren. Investitionen in kleine dezentrale Anlagen amortisieren sich wesentlich schneller als Großkraftwerke und legen einen nicht für Jahrzehnte auf bestimmte Kapazitäten fest.

Auch die vom Sachverständigenrat für Umweltfragen angeregte Zusammenarbeit mit Norwegen könnte die Energiewende deutlich verbilligen: Das atomstromfreie Norwegen verfügt über riesige Pumpspeicherpotentiale, die das Land selbst gar nicht ausschöpfen kann. In die bereits vorhandenen riesigen Speicherseen müssten lediglich zusätzliche Pumpen und Steigleitungen eingebaut und die Stromtrassen nach Norwegen ausgebaut werden. Der Investitionsaufwand wäre vergleichsweise gering und dafür stünden uns dann kostengünstig gigantische Speicherpotentiale für unseren Windstrom von derzeit 84 Terrawattstunden zur Verfügung – theoretisch würde damit der gesamte Speicherbedarf bei einer vollständig regenerativen Stromversorgung in Deutschland abgedeckt werden. Wohlgemerkt: Es geht hier nicht darum, die Stromproduktion nach Norwegen zu verlagern, sondern lediglich einen Teil der Stromspeicherung.

Es gibt also überhaupt keinen Grund länger unter dem Damokles-Schwert einer drohenden Reaktorkatastrophe sitzen zu bleiben. Längere Laufzeiten für die alternden Reaktoren machen den Klimaschutz nicht billiger, wie die Atomlobby behauptet, sondern die Energieversorgung ineffizienter und teurer. Die »Brückentechnologie« Atomkraft führt nicht ins Solarzeitalter, sondern auf eine Atommülldeponie. Das renommierte britische Wissenschaftsmagazin *Nature* schrieb bereits im Jahr 2007: »Die Atomwirtschaft braucht den Klimawandel mehr als der Klimawandel die Atomwirtschaft. Wenn wir eine katastrophale Erderwärmung noch abwehren wollen, warum sollten wir dafür die langsamste, teuerste, unwirksamste, unflexibelste und riskanteste Option wählen? 1957 war es richtig, es mit der Atomenergie zu versuchen. Heute ist Atomenergie nur noch ein Hindernis beim Übergang zu einer nachhaltigen Elektrizitätsversorgung.«

4. Wohin mit dem Atommüll?

4.1 Die bundesweite Endlagersuche von Campact

»Achtung Atommüll«, stand auf dem Castor-Transporter, der durch die Berliner Innenstadt rollte. Begleitet wurde der Lastwagen von Spezialisten in weißen Schutzanzügen, sie trugen Atemschutzmasken und Geigerzähler. Einige von ihnen rollten gelbe Atommüllfässer durch die Straßen. Unter anderem vor dem Brandenburger Tor in Berlin, dem Hamburger Rathaus und auf dem Münchner Marienplatz wurden Probebohrungen durchgeführt. »Wir suchen ein Endlager für Atommüll in ihrer Stadt«, rief eine mit einem Strahlenschutzanzug bekleidete Frau in ein Megaphon. Dazu müsse der Untergrund erkundet werden. Dieses Bild bot sich Passanten im Sommer 2009 in zwölf deutschen Großstädten.

Bei den Menschen in den Strahlenschutzanzügen handelte es sich um Campact-Aktive und Mitglieder von Umweltverbänden, Anti-Atom-Initiativen und lokalen Gruppen. Natürlich hatten sie keinen echten Atommüll dabei, obwohl unser Castor-Transporter täuschend echt aussah. So echt, dass er auf einer Autobahn in Niedersachsen von der Polizei angehalten wurde. »Sie können hier doch nicht mit Atommüll herumfahren«, meinten die Polizeibeamten.

Mehr als ein halbes Jahrhundert, nachdem 1954 im sowjetischen Obninsk das erste Kernkraftwerk ans Netz ging, gibt es auf der ganzen Welt immer noch kein genehmigtes und betriebsbereites Endlager für hochradioaktiven Atommüll. Mittlerweile sind in Deutschland bereits 19 Atomreaktoren wieder stillgelegt worden – doch ein sicheres Endlager für die gefährlichen Abfälle aus den Atomkraftwerken ist immer noch nicht in Sicht, nirgends. Die Situation erinnert an ein Flugzeug, das gestartet ist, ohne dass man sich zuvor Gedanken über den Bau einer Landebahn gemacht hat.

Im August 2009 befragte das Meinungsforschungsinstitut TNS Emnid im Auftrag von Campact 1001 repräsentativ ausgewählte Menschen aus ganz Deutschland. Eine der Fragen lautete: »Würden Sie den Bau und Betrieb eines atomaren Endlagers für hoch-radioaktive Abfälle in Ihrer Nachbarschaft, also im Umkreis von 10 Kilometern zu Ihrer Wohnung, eher befürworten oder eher ablehnen?« 89 Prozent der Bundesbürger würden den Bau oder Betrieb eines Atommüll-Endlagers in ihrer Nachbarschaft »eher ablehnen«, lediglich 10 Prozent dies »eher befürworten«. Sogar 90 Prozent der FDP-Wähler würden ein Endlager in ihrer Nachbarschaft eher ablehnen, bei den Anhängern von CDU/CSU waren 83 Prozent gegen ein Atommülllager in ihrer Nachbarschaft. »Der Gedanke an Atommüll in der eigenen Nachbarschaft entsetzt offenbar selbst Atomkraftbefürworter«, sagt Christoph Bautz von Campact. »Da niemand den strahlenden Müll haben will, müssen wir endlich aufhören, immer mehr davon zu produzieren.«

Wer Atomkraftwerke betreibt, produziert Atommüll. Schon beim Uranbergbau und bei der Aufbereitung des Uranerzes sowie bei der Herstellung der Brennelemente entstehen strahlende Abfälle. In den Atomanlagen fällt fester, flüssiger und gasförmiger Atomabfall an. Auch Teile der Anlagen selbst werden radioaktiv kontaminiert und damit zu Atommüll. Man unterscheidet zwischen schwachaktiven (low active waste,

LAW), mittelaktiven (MAW) und hochaktiven Abfällen (HAW).

Von diesem Atommüll geht eine tödliche Gefahr aus. Radioaktive Strahlung verändert das Erbgut und kann bereits in geringsten Dosen Krebs erzeugen. In sehr hoher Dosis ist sie direkt tödlich. Gelangen radioaktive Teilchen in die Biosphäre, reichern sie sich im Nahrungskreislauf an. Sie können vom Körper aufgenommen und zum Teil sogar in die Zellen eingebaut werden. Viele radioaktive Stoffe sind zudem auch chemisch giftig. Atommüll muss deshalb für mehrere hunderttausend Jahre von der Biosphäre ferngehalten werden. Während uns frühere Kulturen Höhlenmalereien und imposante Bauwerke hinterlassen haben, ist giftiger Atommüll das, was unsere Kultur am längsten überdauern wird. Gut möglich, dass man in der Zukunft das atomar-fossile Zeitalter als eine Epoche der Dummheit und der Verantwortungslosigkeit gegenüber nachfolgenden Generationen beschreiben wird.

Atommüll strahlt für unvorstellbar lange Zeit

Es dauert unvorstellbar lange, bis von dem Atommüll keine Gefahr mehr ausgeht. Plutonium-239 zum Beispiel, das am häufigsten produzierte Plutoniumisotop, ist erst nach 24 110 Jahren zur Hälfte zerfallen. Das heißt, nach dieser Zeit sind von einem Kilogramm Plutonium immer noch 500 Gramm und nach 100 000 Jahren immer noch 56 Gramm übrig. Der Bau der großen ägyptischen Pyramiden liegt gerade einmal 5000 Jahre zurück. Plutonium ist ein hochgiftiges, radioaktives Element, das in der Natur nicht vorkommt. Wer auch nur ein Millionstel Gramm von der gefährlichen Substanz einatmet, kann an tödlichem Lungenkrebs erkranken.

Die bundesweite Endlagersuche von Campact

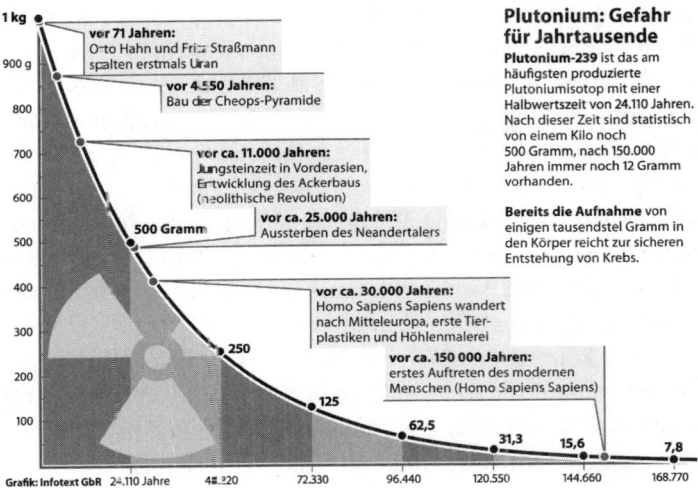

Etwa fünf Kilogramm Plutonium genügen für den Bau einer Atombombe. Nicht ohne Grund wurde die radioaktive Substanz nach dem römischen Gott Pluto benannt, dem Herrscher über das Totenreich.

Plutonium ist ein unvermeidliches Nebenprodukt der Energieerzeugung in Atomkraftwerken. Während das als Brennstoff verwendete Uran mit Neutronen beschossen wird, verwandelt sich ein Teil des Urans in Plutonium. Ein abgebranntes Brennelement enthält etwa 1 Prozent Plutonium.

Von der Inbetriebnahme des ersten deutschen Atomreaktors 1957 bis zum Jahr 2007 waren in Deutschland nach Angaben des Bundesamtes für Strahlenschutz (BfS) rund 12 500 Tonnen hochradioaktives Schwermetall aus abgebrannten Brennelementen und gut 120 000 Kubikmeter schwach- und mittelaktiver Müll angefallen.[58] Dazu kommen noch gut 60 Kubikmeter hochradioaktive Atomsuppe aus der Wiederaufarbeitungsanlage Karlsruhe (WAK) sowie die verstrahlten Bauteile der Atomanlagen. Ebenfalls dazurechnen muss man die bei der Wiederaufarbeitung deutschen Atommülls im Ausland angefallenen Abfälle sowie die strahlenden Halden der Uranbergwerke und der Erzaufbereitungsanlagen. Große Mengen radioaktiver Gase und Abwässer hat die Atomindustrie in den vergangenen 50 Jahren zudem durch den Schornstein abgelassen oder in Flüsse geleitet. 99,9 Prozent der Radioaktivität allen Atommülls stecken in der hochradioaktiven Fraktion, also vor allem den abgebrannten Brennelementen. Pro Jahr kommen derzeit um die 5000 Kubikmeter schwach- und mittelradioaktive Abfälle sowie etwa 370 Tonnen hochradioaktiver Müll hinzu, das sind 20 bis 30 Tonnen pro Reaktor.

Von den schwach- und mittelaktiven Abfällen kommen 95 Prozent aus Atomindustrie und Atomforschung, knapp 5 Prozent von industriellen Anwendern radioaktiver Isotope. Aus medizinischen Anwendungen stammen nur 0,4 Prozent der radioaktiven Abfälle.

Der Mythos vom atomaren »Brennstoffkreislauf«

»Der beruhigende Begriff des atomaren ›Brennstoffkreislaufs‹ gehört zu den erstaunlichen Wortschöpfungen der Atomwirtschaft, die sich über Jahrzehnte umfassend durchgesetzt haben, obwohl sie andauernd von der Realität widerlegt werden«, schreibt Gerd Rosenkranz von der Deutschen Umwelthilfe. »Der Mythos vom Brennstoffkreislauf entsprang dem frühen Traum der Kerntechniker, man könne nach dem Start mit kommerziellen Uranmeilern das in ihrem Inneren erzeugte spaltbare Element Plutonium in Wiederaufbereitungsanlagen abtrennen und dann in Schnellen Brutreaktoren –

einem Perpetuum Mobile gleich – aus nicht spaltbarem Uran (U-238) immer wieder aufs Neue Plutonium (Pu-239) für weitere Brüterkraftwerke erzeugen.«

Der Energiewissenschaftler Klaus Traube, einst Leiter des deutschen Brüterprojekts, nannte den Plutoniumpfad der Atomtechnik später die »Erlösungsutopie der 1950er Jahre«.[59] Doch die Brütertechnologie setzte sich nirgendwo auf der Welt durch. Sie war zu teuer, technologisch unausgereift, noch riskanter als konventionelle Atomkraftwerke und noch anfälliger für militärische Zweckentfremdung.

In Kalkar am Niederrhein wurde ab 1973 ein Brutreaktorkraftwerk mit einer Leistung von 300 Megawatt gebaut. Der Schnelle Brüter von Kalkar ging jedoch nie ans Netz, die Bauarbeiten wurden 1991 eingestellt – ein Erfolg der Anti-AKW-Bewegung. Während der ersten Anhörung zur Erteilung der ersten Inbetriebnahmegenehmigung hatte es in Kalkar peinlicherweise einen Brand gegeben. Es habe sich um einen »Dachpappenbrand« gehandelt, log der Betreiber damals. Doch wie sich herausstellte, hatte tatsächlich Natrium gebrannt. Der Schnelle Brüter wird nämlich nicht mit Wasser, sondern mit Natrium gekühlt, das anfängt zu brennen, wenn es in Kontakt mit der Atmosphäre kommt. In Japan lag der Demonstrationsbrüter in Monju nach einem Natriumunfall im Jahr 1995 fast 15 Jahre still. Erst im Mai 2010 wurde der Testbetrieb wieder aufgenommen.

Noch problematischer als das Kühlmittel Natrium ist der Umstand, dass Brutreaktoren nur mit aufwändigen Maßnahmen in einen unterkritischen Zustand gebracht werden können, indem Abschaltstäbe in den Reaktorkern hineingeschossen werden. Ausgelöst wird eine solche Reaktorschnellabschaltung (SCRAM) durch äußerst störanfällige Systeme zur Feststellung von Übertemperaturen und von Siedevorgängen. Doch das größte Problem von Brutreaktoren ist sein Brennstoff: der Bombenstoff Plutonium.

Ohne Brutreaktoren ergeben atomare Wiederaufbereitungsanlagen (WAA) eigentlich keinen Sinn. Im großindustriellen Maßstab wurden nur im britischen Sellafield und im französischen La Hague Wiederaufbereitungsanlagen realisiert, einige weitere Länder betreiben kleinere Anlagen. Dort werden abgebrannte Brennelemente mechanisch zerkleinert und in Salpetersäure aufgelöst, um dann durch chemische Prozesse Plutonium vom übrigen Atommüll abzutrennen. Aufgrund der extrem hohen Strahlungsbelastung müssen diese Prozesse teilweise vollautomatisch hinter meterdicken Betonwänden ablaufen. Das abgetrennte Plutonium wird entweder für Atomwaffen verwendet oder in Form sogenannter Uran-Plutonium-Mischoxid-Brennelemente (MOX) erneut in konventionellen Leichtwasserreaktoren eingesetzt. Diese MOX-Brennelemente sind aber wesentlich teurer als »normale« Brennelemente. Die Wiederaufbereitung erfordert außerdem zahlreiche gefährliche Transporte von hochradioaktiven und teilweise für militärische oder terroristische Zweckentfremdung geeigneten Materialien.

Der Begriff »Wiederaufarbeitung« suggeriert, dass es sich dabei um eine Art »Recycling« abgebrannter Brennelemente handelt. Doch der Name trügt: Lediglich wenige Prozent des ursprünglichen Atommülls findet eine Wiederverwendung in neuen Brennstäben. Die Menge des Atommülls nimmt durch die Wiederaufarbeitung nicht ab, sondern das Volumen des Atommülls wird sogar noch vergrößert! Obendrein ist der Müll nach der Wiederaufarbeitung schwerer zu handhaben: Der größte Teil der radioaktiven Stoffe fällt nach der »Wiederaufarbeitung« als Flüssigkeit an, als sogenannte Atomsuppe. Selbst nach ihrer Verglasung ist die hochradioaktive, sich selbst erhitzende und explosionsgefährdete Atomsuppe weniger geeignet für eine Endlagerung als die ursprünglichen Brennelemente. »Plutoniumfabriken« oder »Atommüllvermehrungsanlagen« wären deshalb treffendere Bezeichnungen für die beschönigend »Wiederaufbereitungsanlagen« genannten nuklearen Dreckschleudern. Sie leiten jede Menge Radionuklide in Luft und Wasser. Die Strahlenbelastung in der Umgebung von Wiederaufbereitungsanlagen übertrifft die von Leichtwasserreaktoren im Normalbetrieb mehrere zehntausend Mal.

In der Wiederaufbereitungsanlage Sellafied an der Westküste Großbritanniens sorgen immer wieder Pannen für Schlagzeilen. Hunderte mehr oder weniger gravierende Zwischenfälle sind bekannt geworden. Im November 1983 gerieten beispielsweise aufgrund eines »Irrtums« radioaktive Lösungsmittel und Chemikalien in die Irische See, weite Strandabschnitte mussten gesperrt werden. Zehn Jahre später lief bei einer Unfallserie plutoniumverseuchte Flüssigkeit aus. Sellafield setzt auf die »Verdünnungsentsorgung«, das heißt, radioaktive Stoffe werden ins Meer und in die Luft abgelassen. Eine Untersuchung stellte 1984 fest, dass die Zahl der Leukämieerkrankungen in der Umgebung des Atomkomplexes um etwa das Zehnfache über dem Landesdurchschnitt liegt. 1997 fanden britische Forscher Plutonium in den Zähnen von Kindern und Jugendlichen.

Mehr als die Hälfte der in deutschen Atomkraftwerken abgebrannten Brennelemente wurden lange ins französische La Hague mit seinen zwei Wiederaufbereitungsanlagen geliefert. Greenpeace stellte bei Messungen dort mehrfach massive Überschreitungen der gesetzlichen Grenzwerte fest. Wie in Sellafield werden Teile der radioaktiven Substanzen in La Hague in die Luft und ins Gewässer abgeführt. In Studien wurde auch dort eine überdurchschnittliche Häufung von Leukämiefällen im Umland der Anlage festgestellt.

Die erste Wiederaufbereitungsanlage der Bundesrepublik ging im September 1971 in Betrieb. Die kleine Versuchsanlage in Karlsruhe sollte als Pilotanlage für die großtechnische Wiederaufbereitung dienen. Ursprünglich sollte in Gorleben neben einem Endlager auch eine WAA gebaut werden, doch die Pläne scheiterten am Widerstand der Menschen im Wendland. Später wurde der Taxöldener Forst bei Wackersdorf in Bayern als Standort ausgewählt. Neben der eigentlichen Wiederaufbereitungsanlage waren eine MOX-Brennelementefabrik sowie große Lagerhallen für den Atommüll aus neun bis zwanzig Betriebsjahren geplant. Auch dieses Projekt scheiterte letztlich am Widerstand der Bevölkerung. Am 31. Mai 1989 stellte man die Bauarbeiten an der Anlage ein. Stattdessen schlossen die deutschen Atomkraftwerksbetreiber Verträge mit den Wiederaufbereitungsanlagen in Sellafield und La Hague.

Die Wiederaufarbeitungsanlagen produzieren neben radioaktivem Müll und Emissionen vor allem horrende Kosten. Allein die Verglasung der 60 bis 70 Kubikmeter Atommüll, die in der – im Vergleich zu La Hague oder Sellafield winzigen – Wiederaufarbeitungsanlage Karlsruhe (WAK) angefallen sind, kostet nach derzeitiger Prognose rund 2,6 Milliarden Euro, größtenteils Steuergelder.

Aufgrund der Risiken und Gefahren der Wiederaufbereitung hat die damalige rot-grüne Bundesregierung ab Juli 2005 den Transport von abgebrannten Brennstäben zur Wiederaufbereitung gesetzlich verboten. Daran zu rütteln, traute sich Schwarz-Gelb bisher nicht.

Zwischenlagerung des Atommülls

Bislang ist noch kein Gramm des Atommülls »schadlos verwertet« oder »geordnet beseitigt«, wie es Paragraph 9a des Atomgesetzes (AtG) eigentlich vorschreibt. Dieser Paragraph wurde übrigens erst 1976 in das Atomgesetz aufgenommen, denn als das Atomgesetz in den Jahren 1956 bis 1959 geschaffen wurde, kam das Thema Entsorgung darin gar nicht vor. »Im Meer verklappen, vergraben oder bis auf weiteres einfach liegen lassen – das waren die gängigen Methoden des Umgangs mit radioaktiven Abfällen, als die Alliierten der Bundesrepublik Deutschland 1954 das Recht zugestanden, sich an der friedlichen Entwicklung der Kernenergie zu beteiligen«, schreibt die *Frankfurter Allgemeine Zeitung*.[60] Fast zwanzig Jahre lang war die Endlagerdebatte lediglich ein Fachgespräch zwischen den Beamten der zuständigen Bundesministerien und Wissenschaftlern.

Im Bundestag kam das Thema Atommüll damals praktisch nicht vor. In den 1950er Jahren waren alle im Bundestag vertretenen Parteien für die Atomkraft. Und wo alle das Gleiche denken, wird nicht viel gedacht. Damals erschien die Atomtechnik vielen als neues prometheisches Geschenk, als saubere und billige Alternative zu den versiegenden fossilen Energien. Kritische Stimmen wurden überhört. Eine dieser Stimmen war der SPD-Bundestagsabgeordnete Karl Bechert. Der renommierte Professor für Physik wusste, wovon er redet. Er stimmte 1957 als einziger Abgeordneter gegen das Atomgesetz und warnte ebenso eindringlich wie hellsichtig vor den unlösbaren Gefahren der Atomtechnik. Doch selbst in seiner eigenen Partei fand er damals kein Gehör, vielmehr empfanden seinen Widerspruch viele in der SPD als ärgerlich.

Der Atommüll würde dereinst zur Frischhaltung von Lebensmittel verwendet, hieß es damals. Wie unbekümmert man lange mit dem Atommüllproblem umging und wie sehr sich selbst kluge Menschen irrten, zeigt auch eine Äußerung von Carl Friedrich von Weizsäcker aus dem Jahr 1969. Der Physiker und Philosoph, der später von einem Atomkraftbefürworter zu einem Atomkraftkritiker wurde, meinte: »Das ist überhaupt kein Problem. (…) Ich habe mir sagen lassen, dass der gesamte Atommüll, der in der Bundesrepublik im Jahr 2000 vorhanden sein wird, in einen Kasten hineinginge, der ein Kubus von 20 Meter Seitenlänge ist. Wenn man das gut versiegelt und verschließt und in ein Bergwerk steckt, dann wird man hoffen können, dass man damit dieses Problem gelöst hat.«[61]

Schwach- und mittelradioaktiver Müll wird derzeit oberirdisch in Fässern und Containern vor allem im Kernforschungszentrum Karlsruhe (KFK), in über einem Dutzend Landessammelstellen, in Zwischenlagern bei den einzelnen Atomanlagen (teilweise auch im Ausland) sowie in den zentralen »Zwischenlagern« in Gorleben, Lubmin und Ahaus, im »Versuchsendlager« Asse und im von der DDR gebauten und nach der Wiedervereinigung jahrelang weiter befüllten Endlager Morsleben aufbewahrt. In Lubmin ist zudem radioaktiver Schrott aus stillgelegten Atomkraftwerken deponiert.

Die hochradioaktiven abgebrannten Brennelemente aus den Atomreaktoren liegen in Abklingbecken innerhalb der Anlage oder in sogenannten Castor-Behältern. Diese stehen in mit Luftschlitzen versehenen Hallen (»Zwischenlager«). Etliche abgebrannte Brennelemente aus deutschen Kernkraftwerken liegen noch in den französischen und britischen Wiederaufarbeitungsanlagen La Hague und Sellafield auf Halde. Dort lagert auch der größte Teil des bei der Wiederaufarbei-

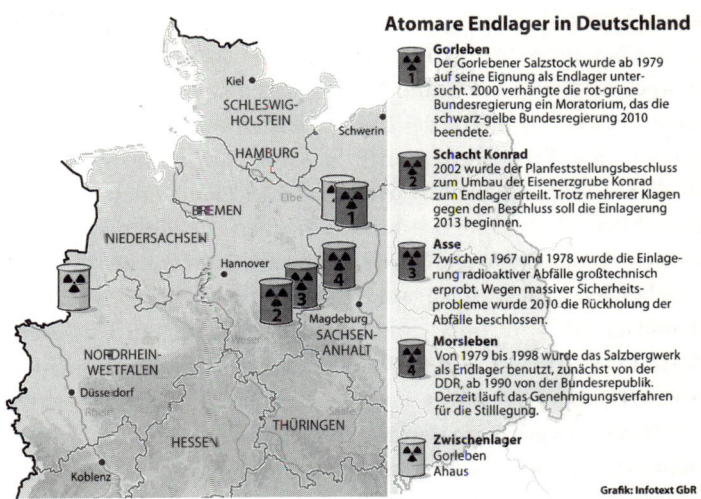

tung angefallenen Atommülls; nur ein kleiner Teil (in Glaskokillen eingeschmolzene hochradioaktive Atomsuppe) wurde mit Hilfe massiver Polizeieinsätze in die Zwischenlagerhalle gegenüber des Erkundungsbergwerkes in Gorleben verfrachtet. Die hochradioaktive Atomsuppe aus der WAK Karlsruhe wurde jahrzehntelang in Tanks dort aufbewahrt. Seit September 2009 wurde sie in einer eigens gebauten Anlage verglast und in Castor-Behältern ins Zwischenlager Lubmin gebracht.

4.2 Atommülllager Weltmeere

Am 3. März 1994 erstattete die italienische Umweltschutzorganisation Legambiente Anzeige bei der Polizei der Region Kalabrien: Giftmüll aus Norditalien, Deutschland und anderen europäischen Ländern werde nach Kalabrien befördert, in den Höhlen des Aspromonte versteckt und später im Mittelmeer versenkt. Aufgrund der Anzeige leitete Staatsanwalt Francesco Neri Ermittlungen ein. Dass der Verdacht der Umweltschützer nicht aus der Luft gegriffen war, zeigte schon zu Beginn der Ermittlungen der Fall des Schiffes Koraby. Der Frachter war aus ungeklärten Gründen von einem Kriegsschiff der US-Marine beschossen worden und lief danach den Hafen von Palermo an. Dort stellte die Küstenwache fest, dass die Fracht radioaktiv war und verwies die Koraby des Hafens. Kurz darauf wurde das nun vor der kalabrischen Küste ankernde Schiff erneut von der Küstenwache untersucht – merkwürdigerweise war die Fracht nun nicht mehr radioaktiv.

Neri und sein Team verfolgten die Spuren von 70 auf rätselhafte Weise verschwundenen Schiffen. Besonders verdächtig kam ihnen dabei eine Reihe von Frachtern vor, die untergegangen sind, ohne SOS zu funken. Bei ihren Nachforschungen stießen sie auf Giorgio Comerio, einen dubiosen Geschäftsmann und Ingenieur. Comerios Firma Oceanic Disposal Management (ODM) hatte einen Plan zur Entsorgung radioaktiver Abfälle entwickelt: Sie sollten in Unterwasserraketen eingeschlossen und in den Meeresgrund geschossen werden. Laut Zeugenaussagen soll das Projekt zwar nie verwirklicht worden sein. Aber die Ermittlungen ergaben, dass Comerio mit diversen Staaten über andere Formen der Entsorgung von Atommüll verhandelte und Schiffe an- und verkaufte. Hat Comerio seine ursprünglichen Pläne aufgegeben und stattdessen einfach mit Atommüll beladene Frachter im Meer versenkt? Bei einer Hausdurchsuchung in der Villa des Geschäftsmannes fanden Kriminalpolizisten einen Kalendereintrag vom 21. September 1987, darin heißt es: »Lost the ship!« Das einzige Schiff das an diesem Tag gesunken ist, war die Rigel.

»Ausgerechnet dieses Schiff war vor Capo Spartivento bei Reggio Calabria 25 Meilen von der Küste entfernt auf kuriose Weise ›verschwunden‹. In einem Prozess wurde Versicherungsbetrug festgestellt – das Schiff war absichtlich versenkt worden«, berichtet die Journalistin Aurelia Sorrento. Anders als offiziell deklariert, hatte die Rigel 1700 Tonnen Marmorpulver und 60 Container mit Zementblöcken geladen – Materialien, die sich dazu eignen, ein Schiff schnell zu versenken. Aber auch dazu, Radioaktivität abzuschirmen.

Wie Sorrento im Deutschlandradio Kultur berichtete, geriet ein weiteres Schiff ins Visier von Neris Team: die Jolly Rosso. In den 1980er Jahren war dies eines der Schiffe, die im Auftrag der italienischen Regierung Giftmüll aus dem Libanon zurückgeholt haben. Einige Drittweltstaaten hatten eine Zeitlang Gift- und Atommüll aus den reichen Industrieländern aufgenommen, verlangten später aber deren Rücktransport. Am 14. Dezember 1990 wurde die Jolly Rosso an den Strand von Amantea getrieben.[62]

Der Lokalreporter Francesco Cirillo fühlte sich an einen Fellini-Film erinnert: Ein riesiges rotes Schiff lag da am Strand. Das Schiff gehörte der Gesellschaft Ignazio Messina, die beauftragte das niederländische Unternehmen Smit Tac mit der Bergung des Wracks. »Indessen kursierten in Amantea Gerüchte, nach der Strandung seien Lastwagen gesichtet worden, die nachts vom Schiff zum Tal des Flusses Oliva fuhren. Da man um die Rosso Firmen gesehen hatte, die der 'Ndrangheta nahestanden, wagte niemand, vor Staatsanwälten auszusagen«, so Sorrento. Zeugen erklärten, sie hätten an dem Fluss blaue Fässer liegen sehen, die von einem Tag auf den anderen wieder verschwunden seien. Doch bis auf Teresa Bruno, die als Kind oft an dem Fluss gespielt hatte, wollte keiner der Zeugen seinen Namen nennen. Im Flusstal wurden giftige Schwermetalle und Cäsium-137 entdeckt. Da das Cäsium in vier Metern Tiefe gefunden wurde, kann es kaum auf den Unfall von Tschernobyl zurückzuführen sein. Die Staatsanwaltschaft glaubt deshalb, kontaminierter Boden sei von seinem ursprünglichen Herkunftsort an den Oliva gebracht worden. Die verunreinigte Gegend am Oliva liegt nicht weit von der Stelle, an der die Jolly Rosso 1990 gestrandet ist. Wenn man dem Flussverlauf folgt, kommt man bis zum Strand.

Francesco Neri musste den Fall im Juni 1997 an die Anti-Mafia-Staatsanwaltschaft von Reggio Calabria übergeben. Im November 2000 wurden die Ermittlungen über die Giftschiffe offiziell eingestellt. Neri darf sich aus »institutionellen Gründen« nicht mehr zu dem Fall äußern. »Ein ähnliches Schweigegebot ist allen Mitgliedern seines damaligen Ermittlungsteams auferlegt worden – jedenfalls jenen, die noch am Leben sind«, erläutert Sorrento. Der Marinekapitän Natale De Grazia starb während der Ermittlungen am 13. Dezember 1995. Als er mit zwei Kollegen zu einer Zeugenvernehmung fahren wollte, brach er auf dem Rücksitz des Autos zusammen. Zuvor hatten sie zu Abend gegessen, De Grazia trank als einziger einen Limoncello. Herzstillstand ergab die Autopsie, Spuren eines Infarkts wurden jedoch nicht gefunden. Da ein Herzstillstand immer eintritt, wenn jemand stirbt, ist die wahre Todesursache ungeklärt.

Bereits März 1994 waren die Journalistin Ilaria Alpi und der Kameramann Miran Hrovatin in Somalia ermordet worden. Sie hatten zu Geschäften mit Waffen und Giftmüll zwischen Italien und Somalia recherchiert und waren Hinweisen nachgegangen, nach denen auch der italienische Geheimdienst in die Sache verstrickt sei. Als sie gerade einen somalischen Informanten in Mogadischu interviewten, wurden sie von einer Maschinengewehrsalve getötet. Der Mord an den Journalisten sorgte für großes Aufsehen in Italien, sogar ein Untersuchungsausschuss des italienischen Parlaments befasste sich damit. Doch aufgeklärt wurde das Verbrechen bisher nicht.

Das Dorf Cetraro an der Westküste Kalabriens wurde in Italien bekannt, weil in seinen Gewässern mit Cäsium kontaminierte Fische gefunden wurden. Nach der Aussage des Ex-Mafioso Francesco Fonti liegt vor der Küste von Cetraro ein Wrack, in dem sich 120 Container voller radioaktiver Schlacken befinden sollen. Fonti verfasste im Jahr 2005 eine Erinnerungsschrift, in der er von seiner Tätigkeit als Mittelsmann im internationalen Giftmüllhandel berichtet. Italienische Politiker hätten Anfang der 1980er Jahre die Mafia kontaktiert, um toxischen und radioaktiven Müll illegal zu entsorgen. Vermittelt worden sei das Geschäft durch Geheimdienstagenten. Ein Leiter der staatlichen Atomenergiebehörde Enea hätte sogar direkt mit der 'Ndrangheta verhandelt, um 600 Container giftigen und radioaktiven Mülls loszuwerden, der aus Italien, der Schweiz, Frankreich, Deutschland und den USA stammte. Auch zu dem dubiosen Geschäftsmann Giorgio Comerio habe er Kontakt gehabt.

Fonti will sogar selbst Schiffe im Mittelmeer versenkt haben, darunter auch die Cunsky – jenes Schiff, von dem er behauptet, es liege vor Cetraro auf dem Meeresgrund und enthalte 120 Container mit radioaktivem Müll. Eine 'Ndrangheta-Familie soll ihm dabei geholfen haben, die Cunsky mit Dynamit zu sprengen. Die Erinnerungsschrift sandte Francesco Fonti 2005 an die Redaktion der Zeitschrift *L'espresso* und zugleich an die Direzione Nazionale Antimafia. Doch die Staatsanwälte, die Fonti befragten, hielten seine Aussagen für nicht glaubwürdig. Inzwischen spricht Francesco Fonti nicht mehr, weil er um sein Leben fürchte, wie er erklärte.

Im September 2009 fanden die italienischen Behörden tatsächlich das Wrack eines Schiffes 28 Kilometer vor Cetraro in 472 Metern Tiefe. Es handele sich um die 110 Meter lange Cunsky, erklärte Staatsanwalt Bruno Giordano.[63] Durch einen Riss im Bug des Schiffes wurden später mit Hilfe eines Tiefseeroboters mehrere Container gesichtet. Weitere zerplatzte Container lagen in der Nähe des Schiffes verstreut auf dem Meeresboden. Doch Giordano wurde schon bald widersprochen: Im Oktober 2009 hatte die Regierung Berlusconi das Forschungsschiff Mare Oceano nach Cetraro beordert. Nach zwei Tagen behauptete die Besatzung, das verdächtige Wrack sei ein Schiff namens Cagliari – was sie allerdings wieder zurücknahm, da bekannt wurde, dass die Cagliari an einer ganz anderen Stelle untergegangen war. Vier Tage später hieß es, das Wrack sei die Catania, ein Passagierschiff aus dem Ersten Weltkrieg – was die italienische Umweltministerin Stefania Prestigiacomo allerdings bereits zu einem Zeitpunkt verlauten ließ, als der Tiefseeroboter der Mare Oceano noch gar nicht zum Einsatz gekommen war. Wenn es sich aber wirklich nicht um die Cunsky handelte, warum hat man dann nicht weitergesucht?

Wie Neri musste auch sein Kollege Giordano die Ermittlungen an die Anti-Mafia-Staatsanwaltschaft abgeben. Der nun zuständige Staatsanwalt Giuseppe Borrelli hat die Ermittlungen eingestellt. Er hält Fonti für einen Lügner, außerdem sei mittlerweile erwiesen, dass es sich bei dem Wrack nicht um die Cunsky handele. Giordano, der überzeugt war, die Cunsky gefunden zu haben, darf sich zu dem Fall weder äußern noch weitere Ermittlungen über die Giftschiffe anstellen. Aurelia Sorrento fragte Giordano, warum die Ermittlungen eingestellt wurden und warum jedem Staatsanwalt, der weiter ermitteln wolle, der Fall entzogen werde. »Ich darf auf solche Fragen nicht antworten«, sagte Giordano. »Soll man daraus seine eigenen Schlüsse ziehen?« »Ja, das dürfen Sie.«[64]

Nicht nur die Mafia versenkte Atommüll im Meer

Doch nicht nur die italienische Mafia, sondern auch viele Regierungen versenkten lange Zeit Atommüll im Meer. Nach einem Bericht der Internationalen Atomenergiebehörde (IAEO) liegt auf dem Meeresgrund Müll mit einer Radioaktivität von 85 Billiarden (85 000 000 000 000 000) Becquerel. Das ist etwa so viel, wie bei der Tschernobyl-Katastrophe durch Cäsium und Strontium verstrahlt wurde. »Die Abfälle wurden zwar in Behältern versiegelt«, erklärt der Atomexperte Helmut Hirsch, »aber schon durch den Aufschlag auf den Boden platzten Fässer.«

Allein im Atlantischen Ozean liegen rund 250 000 Fässer in 65 bis 4750 Metern Tiefe. Zumeist handelt es sich um leicht- und mittelradioaktive Abfälle, zum Teil aber auch um komplette Atomreaktoren. Bei der Insel Nowaja Semlja versenkten die Russen laut IAEO 17 U-Boot- oder Schiffsreaktoren. Sieben von ihnen enthielten noch Brennstäbe. Drei russische und zwei amerikanische Atom-U-Boote, die bei Manövern sanken, sind in dem Bericht der Agentur nicht erwähnt. Das *Greenpeace Magazin* schrieb dazu: »Welche Gefahr von den strahlenden Altlasten ausgeht, ist umstritten. Der Greenpeacer Veit Bürger hält den Müll für eine Zeitbombe: ›Es kann durchaus sein, dass die U-Boot-Reaktoren irgendwann durchrosten und schlagartig viel Radioaktivität freisetzen.‹ Das Bundesamt für Seeschifffahrt und Hydrographie (BSH) untersuchte 1995 die radioaktive Belastung des Nordostatlantiks und wiegelt ab: ›In der Umgebung des 1989 gesunkenen russischen U-Boots ›Komsomolez‹ konnten wir keine erhöhte Radioaktivität feststellen‹, erklärt der Projektleiter Hartmut Nies. Die weiträumig messbare Verseuchung des Nordmeers lasse sich nach Meinung der Forscher eher auf Atombombentests und die Tschernobyl-Katastrophe zurückführen – vor allem aber, und da sind sich Chemiker Nies und Greenpeacer Bürger einig, auf die Wiederaufarbeitungsanlagen.«[65]

Zwischen 1946 und 1993 haben 13 Staaten an rund 80 Plätzen ihren Atommüll im Meer versenkt. 1967 versenkte auch die deutsche Bundesregierung 180 Tonnen Atommüll vor Madeira im Atlantischen Ozean.

Nach jahrelangen Protesten von Umweltschützern wurde 1994 die Versenkung von Atommüll im Meer offiziell verboten. Doch vor allem die atomaren Wiederaufbereitungsanlagen verseuchen die Meere weiterhin mit ihren radioaktiven Abwässern. Allein aus La Hague gelangen jedes Jahr 230 Millionen Liter radioaktiven Abwassers in den Ärmelkanal und von dort in die Nordsee.

4.3 Asse: Was ewig halten sollte, ist schon nach 40 Jahren undicht

In den 1960er Jahren wollten die Länder der Europäischen Atomgemeinschaft (Euratom) ihren Atommüll möglichst schnell loswerden; für Anstrengungen in diesem Bereich standen Fördergelder zur Verfügung. Die Bundesrepublik reichte das Projekt »Endlagerung in Salzformationen« ein. Während die Wissenschaftler in anderen Ländern der Meinung waren, Granit oder Ton seien als »Wirtsgestein« besser geeignet, hielt die Bundesanstalt für Bodenforschung (BfB) das in

Norddeutschland weitverbreitete Salz für das ideale Endlagergestein und das Atommüllproblem damit für gelöst: »(Es) steht heute bereits fest, dass auch Abfälle hoher Aktivität – fest, flüssig, gasförmig – in großen Mengen säkular [dauerhaft] sicher im Untergrund untergebracht werden können.«

Zunächst plante man eine Kaverne im Emsland anzulegen, den Abfall wollte man einfach durch einen Schacht von oben hineinbefördern. Das Projekt scheiterte jedoch am Widerstand der Bevölkerung. Ab Mitte der 1960er Jahre drohten die Atommüllsammelstellen der Kernforschungsanlagen in Jülich und Karlsruhe überzulaufen. Zugleich liefen die ersten kommerziellen Atomkraftwerke an, daher meldeten auch die Stromkonzerne erhöhten Entsorgungsbedarf an. Auf einmal musste es schnell gehen. Die maroden Stollen von Asse II kamen da gerade recht. Der Bund erwarb das ehemalige Kali- und Salzbergwerk bei Wolfenbüttel 1964 für 600 000 D-Mark und überließ sie dem Kernforschungszentrum Karlsruhe (KFK) und der Gesellschaft für Strahlenforschung (GSF), Vorläuferin des heutigen Helmholtz Zentrums, als Atommülllager und Experimentierfeld.

Asse II wurde als »Versuchsendlager« lediglich nach Bergrecht und nicht nach Atomrecht genehmigt; anders als das Atomrecht sieht das Bergrecht keine Beteiligung der Öffentlichkeit vor. Wirklich belastbare Sicherheitsstudien über die möglichen Auswirkungen der Atommüllendlagerung auf die Umwelt gab es nicht. »Allen Beteiligten war klar, dass es sich hier nicht primär um eine Versuchseinlagerung handelte«, schreibt Detlev Möller in seinem Buch *Endlagerung radioaktiver Abfälle in der Bundesrepublik Deutschland*, einem Kompendium zur Geschichte des Salzstocks Asse II. Wissenschaftler und Behörden dachten nie daran, den Atommüll wieder aus dem Salzstock herauszuholen. Sie wollten ihn loswerden, und das möglichst billig. Die Kosten der Einlagerung in der Asse wurden mit anfangs 100 D-Mark für ein 200-Liter-Fass bewusst niedrig angesetzt, um die industrielle Nutzung der Atomkraft zu fördern. Den Stromkonzernen, die sich anfangs gegen den Einstieg in die Atomkraft gesträubt hatten, sollte damit signalisiert werden: Die Entsorgung ist kein Problem.

Von 1967 bis 1978 landeten laut den Betriebsbüchern insgesamt 124 494 Fässer mit »schwachradioaktiven« und 1293 Fässer mit mittelradioaktiven Abfällen aus Atomkraftwerken, Kernforschungszentren, Atommüllsammelstellen und der WAA Karlsruhe im Salzstock. Darunter waren auch flüssige Abfälle, obwohl diese eigentlich nicht hätten angenommen werden dürfen; außerdem rund 28 Kilogramm Plutonium sowie mindestens 94 Fässer mit kugelförmigen Brennelementen aus dem Versuchsreaktor AVR im Kernforschungszentrum Jülich. »Entsorgt« wurden in der Asse auch Gifte wie Arsen, verstrahlte Tierkadaver und sogar die radioaktive Asche von Leichenteilen zweier Techniker, die 1975 bei einem Unfall im Atomkraftwerk Gundremmingen ums Leben gekommen waren.

Im September 2010 stellte sich heraus, dass in der Asse mehr als zehnmal so viele Fässer mit mittelradioaktivem Atommüll liegen, als man bis dahin angenommen hatte: Knapp 15 000 Fässer mit vermeintlich »schwachradioaktivem« Atommüll waren falsch deklariert worden und enthielten in Wahrheit mittelradioaktiven Atommüll in einem Betonmantel. Kritische Experten hatten das schon lange vermutet. Durch die zusätzlichen Betonabschirmungen sollten offenbar die Transportkosten bei mittelradioaktivem Müll gesenkt werden. »Um für den Transport eine wirtschaftliche Lösung zu finden, entwickelte man einen ›billigen Wegwerfbehälter‹«, stellt ein 2010 vom Helmholtz Zentrum im Auftrag des Bundesamtes für Strahlenschutz (BfS) erstellter Inventarbericht fest. Die falsch deklarierten Fässer mit mittelradioaktivem Müll lagern in der Asse zwischen Fässern mit schwachradioaktivem Atommüll, was die Bergung nicht einfacher macht. Insgesamt wurden in dem ehemaligen Salzbergwerk laut dem Inventarbericht rund 126 000 Atommüllfässer deponiert.[66]

Wassereinbruch

Schon 1963 fiel den Behörden bei der ersten Besichtigung der Stollen 1963 auf, dass Wasser in das ehemalige Bergwerk eindrang. Die Bergbehörde sah darin jedoch »keine akute Gefahr«. Dabei waren die beiden benachbarten Schächte (Asse I und Asse III) bereits abgesoffen. Sicherheitsbedenken des Forschungsministeriums wischte die Bundesanstalt für Bodenforschung vom Tisch. In dem Bergwerk »stehen mindestens 20 - 30 000 Kubikmeter Hohlraum zur Verfügung, der ohne Bedenken zur Einlagerung radioaktiver Abfallprodukte benutzt werden kann«, schrieb sie. Die Einlagerung von Atommüll in Salzstöcken sei »säkular sicher«, in Asse II seien »ausreichende Sicherheitsvorkehrungen getroffen worden, so dass die Bevölkerung nicht gefährdet ist«. Insbesondere ein Eindringen radioaktiver Stoffe in die Biosphäre sei ausgeschlossen, beteuerten Geologen. Und die Gesellschaft für Strahlenforschung (GSF) versicherte noch 1985 in einer Broschüre, dass »ein Wasserzutritt in das Salzbergwerk Asse im höchsten Maße unwahrscheinlich ist«.

Doch schon drei Jahre später kam es zu dem angeblich

so Unwahrscheinlichen: Seit 1988 dringen aus unbekannter Quelle täglich 12 Kubikmeter Wasser in die Stollen ein. Die Lauge sammelt sich im Bergwerk und ist unter anderem mit radioaktivem Cäsium, Plutonium und Americium kontaminiert. Damit steht zweifelsfrei fest, dass das Wasser bereits in direktem Kontakt mit Atommüll sein muss. Die GSF beziehungsweise das Helmholtz Zentrum pumpte die strahlende Flüssigkeit jahrelang ohne Genehmigung in andere Bergwerke und andere Stollen von Asse II.

Einsturzgefahr

Auch die Standfestigkeit des Bergwerks war von Anfang an umstritten. Geologen und Behörden registrierten ständige »Verschiebungen im Schacht«, das Bergamt hielt nur den kleinsten Teil der Anlage für gefahrlos begehbar. Gegen ein Atommülllager hatte es trotzdem nichts einzuwenden. 1977, nach zehn Jahren »Entsorgung«, hielt schließlich die GSF selbst »zusätzliche Arbeiten zum Nachweis der langfristigen Standfestigkeit des Grubengebäudes« für nötig. Wenig später sprach das Bergamt von akuter Einsturzgefahr. Ende 1978 wurde ein Einlagerungsstopp erzwungen. Um den Einlagerungsstopp wieder aufzuheben, wäre ein ordentliches Planfeststellungsverfahren erforderlich gewesen. Weil Asse II die Anforderungen niemals hätte erfüllen können, kam das Verfahren schnell zum Erliegen. 2009 legalisierte der Bundestag die Atommüllkippe, deren Sicherheit niemals nachgewiesen wurde, nachträglich als Endlager. Ob man dort überhaupt Atommüll lagern durfte und darf, muss nun nicht mehr geprüft werden.

Das Helmholtz Zentrum füllte 80 alte Abbaukammern mit Salz, um ihren Einsturz zu verhindern. Mittlerweile sind die

Kammern aber zusammengesackt. Ein Statusbericht des niedersächsischen Umweltministeriums vom Sommer 2008[67] stellte erneut fest: Das Bergwerk ist einsturzgefährdet, und die radioaktive Flüssigkeit droht das Grundwasser zu verseuchen. Genau vor diesem Szenario hatten die Kritiker des »Versuchsendlagers« seit langem gewarnt. Eindringendes Wasser könnte chemische Reaktionen bis hin zu Chlorgasexplosionen auslösen. Der damalige Bundesumweltminister Sigmar Gabriel (SPD) entzog dem Helmholtz Zentrum die Verantwortung für das marode Atommülllager, das in Gabriels eigenem Bundestagswahlkreis liegt. Angesichts des schlampigen und grob fahrlässigen Umgangs des bisherigen Betreibers mit dem gefährlichen Atommüll war das ein längst überfälliger Schritt. Fortan sollte sich das Bundesamt für Strahlenschutz (BfS) um die Grube kümmern, um das Schlimmste zu verhindern: eine Verseuchung des Grundwassers der Region mit radioaktivem Uran, Plutonium und Strontium. Die Grundwasserschichten über dem Atommülllager reichen von Hildesheim bis Magdeburg und vom Harz bis Lüneburg.

Im Dezember 2010 stellte das Bundesamt für Strahlenschutz fest, die strahlende Flüssigkeit in der Asse habe sich innerhalb nur eines Jahres verdoppelt. Die Menge der kontaminierten Flüssigkeit, die vor der Einlagerungskammer 8 in 750 Metern Tiefe aufgefangen werde, habe sich gegenüber dem Stand des letzten Halbjahres von vier auf acht Liter pro Tag erhöht, hieß es.[68] Die radiologischen Analysen der Lösung zeigten außerdem, dass die Konzentration an radioaktivem Cäsium im selben Zeitraum von 2,4 auf etwa 4,3 Kilobecquerel pro Liter angestiegen sei. Die aus der Auffangstelle abgepumpte Flüssigkeit werde vorläufig in Behältern unter Tage gelagert, so das Bundesamt. Die Lösung tritt der Behörde zufolge wahrscheinlich aus dem Deckgebirge ein und nimmt auf ihrem Weg durch die Kammer 8 radioaktive Stoffe auf. In dieser Kammer lagern 11 278 Fässer mit schwachradioaktiven Abfällen. Vermutlich stehe der erhöhte Zufluss durch die Kammer 8 in Zusammenhang mit der Füllung der daneben liegenden Kammer 9 durch den früheren Betreiber. Vor Kammer 9, in der keine Abfälle lagern, sei bereits im Herbst 2009 eine veränderte Menge und chemische Zusammensetzung der Zutrittswässer beobachtet worden. Die aggressive Salzlösung könnte die Fässer binnen weniger Jahrzehnte angreifen und Löcher in sie hineinfressen. Radioaktive Partikel könnten dann mit dem Wasser durch den Gebirgsdruck nach oben dringen und das Grundwasser verseuchen.

Die Fachleute des Bundesamtes für Strahlenschutz prüften drei Optionen, wie mit dem Atommüll in der Asse weiter umgegangen werden soll: die Fässer dort lassen, wo sie sind, und das Bergwerk fluten; sie innerhalb der Grube 450 Meter tiefer lagern; den Atommüll nach oben holen und woanders lagern. Eine vierte Möglichkeit wurde ausdrücklich ausgeschlossen: nichts zu tun. Dazu ist der Zustand des Atommülllagers zu gefährlich. Sollte sich der Wassereinbruch verstärken, könnte die Grube innerhalb weniger Tagen absaufen. Die Experten favorisierten die dritte Option. Um eine Kontamination des Grundwassers dauerhaft zu vermeiden, müsse der ganze Müll wieder aus dem Bergwerk herausgeholt werden. Ob das praktisch funktioniert, ist offen. Bundesumweltminister Norbert Röttgen (CDU) schloss sich im Jahr 2010 der Empfehlung des ihm unterstellten Bundesamtes an. Die Bergung des Atommülls sei die beste Lösung, verkündete er. Vor einer endgültigen Entscheidung seien aber zunächst alle Fakten über den genauen Zustand des Atommülls zu sammeln. Dazu müssen die Kammern des Bergwerkes angebohrt werden.

Nicht wenige glauben, Röttgen wolle die Bergung des Atommülls möglichst lange hinauszögern. »Die neuen Erkenntnisse über den Müll liegen wohl frühestens in drei Jahren vor. Für den CDU-Mann ist das eine gute Nachricht. Dann ist die Legislaturperiode vorbei. Er muss fürchten, dass die Zustimmung zur Atompolitik der schwarz-gelben Regierung weiter sinkt, wenn der strahlende Müll vor laufenden Kameras ans Tageslicht geholt wird«, schreibt der *Spiegel*. Die Testbohrungen in der Asse müssen von der schwarz-gelben Landesregierung in Niedersachsen genehmigt werden, doch auch die scheint es damit nicht sehr eilig zu haben. Röttgens Vorgänger Gabriel hatte es versäumt, die Arbeiten in Asse II als Gefahrenabwehr zu deklarieren, was das Genehmigungsverfahren erheblich beschleunigt hätte. Röttgen entschied, es solle bei dem normalen Genehmigungsverfahren bleiben. Es sei »nicht sachgerecht, die Behörden zur Eile zu drängen«.

Dabei hätten die Kammern schon im Sommer 2010 angebohrt werden können, meint Michael Sailer, Geschäftsführer des Öko-Instituts und Vorsitzender der Entsorgungskommission, eines wissenschaftlichen Beratungsgremiums der Bundesregierung. »Wir wundern uns, dass in der Asse so wenig geschieht«, sagte er Anfang 2011 dem *Spiegel*. Auch der Vorsitzende der Bürgerinitiativen vor Ort, Udo Dettmann, forderte: »Wir brauchen endlich einen klaren Zeit- und Maßnahmenplan.« Faktisch scheint mit der Verzögerungstaktik der Regierungen in Berlin und Hannover Option vier eingetreten zu sein: Nichts passiert.

Die Kosten der Rückholung des Atommülls, bis zu 4 Milliarden Euro, müssen die Steuerzahler tragen. Das haben CDU/CSU, SPD und FDP eigens ins Atomgesetz geschrieben. Und das, obwohl die vier Atomkonzerne EnBW, E.ON, RWE und Vattenfall für 86 Prozent der gesamten Strahlungsmenge in der Asse verantwortlich sind. Eine Beteiligung an den Sanierungskosten in der Asse lehnen die Konzerne jedoch strikt ab.

4.4 Der Kampf um Gorleben

Lange Zeit galt das »Forschungsendlager« Asse II als eine Art Pilotprojekt für ein Endlager in Gorleben. Davon wollen die Gorleben-Befürworter heute jedoch nichts mehr wissen. »Die Asse ist mit Gorleben nicht – aber auch gar nicht – vergleichbar. Wer hier Parallelen zieht, will keine Probleme lösen, sondern will Angst schüren«, behauptete EnBW-Chef Hans-Peter Villis in einem Interview mit dem *Südkurier*.[69] Dabei drängen sich zahlreiche Parallelen zwischen dem »Forschungsendlager« Asse II und dem »Erkundungsbergwerk« in Gorleben geradezu auf: Bei der Auswahl der beiden Standorte spielten geologische Kriterien nicht die entscheidende Rolle, wissenschaftliche Einwände wurden weggewischt, Kritiker unter Druck gesetzt. Wie bei Asse II gab es in Gorleben nie ein atomrechtliches Genehmigungsverfahren und damit auch keine Beteiligung der Öffentlichkeit.

Asse II sollte angeblich nur ein »Versuchsendlager« sein, tatsächlich aber wollte man den strahlenden Müll für immer in der Grube lassen. Auch in Gorleben wurde die Bevölkerung belogen und betrogen: Während offiziell lediglich von einer »ergebnisoffenen« Erkundung die Rede war, begann man bereits Mitte der 1980er Jahre damit, den Salzstock illegal zu einem Endlager auszubauen. Der frühere Bundesumweltminister Jürgen Trittin (Grüne) bezeichnete Gorleben deshalb wiederholt als einen »Schwarzbau«. Ein internes Behördenpapier, das im Mai 2009 von der *Frankfurter Rundschau* veröffentlicht wurde, bestätigte diesen alten Verdacht. Gorleben-Gegner hatten bereits in den 1990er Jahren kritisiert, das große »Erkundungsbergwerk« komme einem verdeckten Endlagerausbau gleich. In dem Papier des Bundesamtes für Strahlenschutz (BfS) heißt es, die »bisherigen Erkundungskosten« seien mit 1,5 Milliarden Euro außerordentlich hoch gewesen, »was jedoch darin begründet liegt, dass hier parallel zur Erkundung bereits der Ausbau zum Endlager begonnen wurde«. Ein reines Erkundungsbergwerk hätte höchstens 500 Millionen Euro gekostet, sagt BfS-Präsident Wolfram König.

Die Bürgerinitiative Umweltschutz Lüchow-Dannenberg sieht sich durch das interne BfS-Papier bestätigt. »Die Erkundungslüge ist aufgeflogen«, sagte BI-Sprecher Wolfgang Ehmke der *Frankfurter Rundschau*. »Endlich kommt ans Licht, dass nach Abschluss der Tiefbohrungen, also Mitte der 1980er Jahre, der Bau des Endlagers begonnen wurde – und zwar unter Ausschluss der Öffentlichkeit.« Die Errichtung eines Endlagers ohne Eignungsaussage und ohne Planfeststellungsbeschluss sei eindeutig rechtswidrig.

Die offensichtlichste Gemeinsamkeit zwischen Asse und Gorleben aber ist: Bei beiden Anlagen handelt es sich um Salzstöcke mit Wasserkontakt. Ob sich Salz überhaupt als »Wirtsgestein« für ein Atommüllendlager eignet, ist unter Wissenschaftlern international höchst umstritten. Denn das plastische Gestein
- drückt die Lagerkammern im Lauf der Zeit zusammen und bringt die Atommüllbehälter zum Platzen,
- steigt durch den Druck der umgebenden Gesteine stetig nach oben,
- ist extrem wasserlöslich und
- zersetzt sich durch radioaktive Strahlung.[70]

In Gorleben fehlt außerdem ein schützendes Deckgebirge. Die »Gorlebener Rinne«, ein mindestens 300 Meter tiefer, mit Geröll gefüllter Graben, der in einer Eiszeit vor 500 000 Jahren entstanden ist, hat die tonhaltige Schicht über dem Salzstock auf rund acht Quadratkilometern komplett erodieren lassen. Durch die Rinne fließt Grundwasser, das jedes Jahr bis zu 12 000 Kubikmeter Salz ablaugt. Der permanente Zufluss von Süßwasser ist ebenso nachgewiesen wie der Eintrag von salzhaltigem Wasser in höher gelegene Grundwasserschichten. Der Salzstock Gorleben ist alles andere als homogen, er weist jede Menge mit Salzlösung und Gasen gefüllte Hohlräume und Spalten auf. Kaliflöze und ebenfalls sehr leicht wasserlöslicher, durch Brüche zerrütteter Anhydrit ziehen sich von oben bis unten – ähnlich wie in der Asse. Schon heute lassen sich Grundwassereinflüsse bis 170 Meter tief ins Salz nachweisen. Auch ein Endlager Gorleben wäre also vom Absaufen bedroht. »Es besteht die Gefahr, dass Lauge, die im Fall einer Atommüll-Einlagerung radioaktiv belastet sein könnte, nach oben gedrückt wird und ins Grundwasser gelangt«, sagt der Hydrogeologe Professor Dr. Dieter Ortlam, der die Böden in Gorleben bereits Ende der 1960er Jahre genau untersucht hatte.

Rache für Morsleben

Bereits für die in den 1970er Jahren mit der Vorauswahl möglicher Endlagerstandorte beauftragten Geologen war Gorleben nur »dritte Wahl«, andere Standorte hielten sie für wesentlich besser geeignet. Doch als sich der niedersächsische Ministerpräsident Ernst Albrecht (der Vater der CDU-Politikerin Ursula von der Leyen) 1977 für Gorleben als Endlagerstandort entschied, gaben nicht geologische Gründe den Ausschlag, sondern politische. Die DDR bestimmte 1969 das ehemalige Kali- und Salzbergwerk in Sachsen-Anhalt zum »Endlager für Radioaktive Abfälle Morsleben« (ERAM). Von 1971 bis 1991 stapelten, verstürzten, deponierten und versprühten die DDR-Atomtechniker dort rund 14 000 Tonnen festen und flüssigen radioaktiven Müll. Einen Langzeitsicherheitsnachweis verlangten die Behörden nicht.

Wie Asse II in Westdeutschland ist Morsleben einsturzgefährdet, der Salzstock löchrig und von porösen und sehr wasserlöslichen Gesteinsschichten durchzogen. Nach der Wiedervereinigung füllten die westdeutschen Stromkonzerne während der Amtszeit von Bundesumweltministerin Angela Merkel (CDU) weitere 23 000 Kubikmeter Atommüll ein. Erst 1998 verhängte das Oberverwaltungsgericht Magdeburg einen Einlagerungsstopp. Seither ist das Bundesamt für Strahlenschutz (BfS) damit beschäftigt, den Einsturz der Grube zu verhindern. Die Kosten von etwa 2,2 Milliarden Euro tragen wie bei der Asse die Steuerzahler.

Wissenschaftler befürchteten bereits in den 1970er Jahren, Morsleben könnte absaufen und radioaktiv kontaminiertes Grundwasser in den Westen fließen, Richtung Helmstedt. Albrecht brachte das auf die Palme, wohl auch deshalb wählte er das im damaligen Zonenrandgebiet gelegene, nur zwei Kilometer von der DDR-Grenze entfernte Gorleben als Endlagerstandort aus – als Rache für Morsleben: »Jetzt werden wir's denen mal zeigen!« Nach dem Motto: Wenn die uns Atommüll vor die Füße kippen, machen wir es mit denen genauso.

Doch auch noch andere Überlegungen waren für die Wahl entscheidend. Die Gegend um Gorleben war dünn besiedelt und strukturschwach, der Landkreis Lüchow-Dannenberg einer der ärmsten in der ganzen Bundesrepublik. Später wurde erzählt, CDU-Politiker aus dem Landkreis hätten ihren Parteifreund in Hannover sogar darum gebeten, er solle doch »da mal etwas machen«. Albrecht betrachtete das Endlager als eine Art Konjunkturprogramm für die Region. Ursprünglich sollte in Gorleben nicht nur ein Endlager gebaut werden, sondern ein »Nukleares Entsorgungszentrum« (NEZ) inklusive einer atomaren Wiederaufbereitungsanlage. Außerdem glaubte er, die Bevölkerung im Wendland sei eher konservativ und obrigkeitshörig; er rechnete dort nicht mit viel Widerstand gegen ein Atommüllendlager.

Das war eine Fehleinschätzung, wie sich schnell zeigte: Die Bürgerinitiative Umweltschutz Lüchow-Dannenberg gründete sich, bereits einen Monat später fand die erste Demonstration statt, der bekannte Zukunftsforscher Robert Jungk, Autor des Buches *Der Atomstaat*, trat als Redner auf. Es folgten Informationsveranstaltungen, Protestaktionen und eine Unterschriftensammlung. Im März 1979 kam es dann zum berühmten »Treck nach Hannover«. Bauern fuhren mit ihren Traktoren in die niedersächsische Landeshauptstadt, begleitet von 100 000 Atomkraftgegnern. Es war die größte Anti-Atom-Demo in der Geschichte der Bundesrepublik, erst im April 2010 bei der 120 Kilometer langen Menschenkette zwischen den Kernkraftwerken Krümmel und Brunsbüttel demonstrierten mit rund 120 000 Teilnehmern noch mehr Menschen gegen die Atomkraft.

Der Protest blieb nicht ohne Wirkung: Im Mai 1979 erklärte Albrecht in einer Regierungserklärung das Aus für die geplante Wiederaufbereitungsanlage in Gorleben. Die Baumaßnahmen für das Nukleare Entsorgungszentrum könnten »mit vertretbaren polizeilichen Mitteln« nicht geschützt werden, »solange die überwiegend feindselige Einstellung der Bevölkerung vor Ort und das starke Engagement weiter Bevölkerungskreise gegen das NEZ gegeben sind«, schrieb Albrecht in einem Brief an Bundeskanzler Helmut Schmidt (SPD). Es müsse »in Sachen Wiederaufarbeitung Ballast abgeworfen werden«, empfahl der Ministerpräsident. Dann, so glaubte er, bestehe die Chance, immerhin die Erkundung des Salzstocks für das Endlager durchzusetzen.

»Albrecht hat große Verantwortung auf sich geladen«

Ernst Albrecht hatte sich bei seiner Entscheidung, Gorleben zum Standort für ein Endlager für hochradioaktiven Atommüll zu machen, über den Rat der Wissenschaftler und seine eigenen Fachbehörden hinweggesetzt. Die Experten im Landesamt für Geologie fielen aus allen Wolken, als sie von der Entscheidung hörten. »Alle waren entsetzt«, berichtet Ortlam. Eigentlich sei er damals ein Anhänger des CDU-Politikers gewesen. Doch dessen Gorleben-Votum habe ihn persönlich »enttäuscht und empört«. Er sagt: »Ich möchte die Verantwortung, die Albrecht auf sich geladen hat, nicht tragen.«[71]

Auch die damalige Bundesregierung in Bonn war skeptisch. Der parlamentarische Staatssekretär im Bundesforschungsministerium, Volker Hauff (SPD), seit 1978 selbst Forschungsminister, erklärte rund sechs Wochen nach Albrechts Verkündung: Es gebe »Argumente, die dem niedersächsischen Ministerpräsidenten vor der Entscheidung des niedersächsischen Kabinetts übermittelt worden sind und die die Meinung der Bundesregierung wiedergaben, dass Gorleben kein optimaler Standort ist«

Gutachten wurden manipuliert

Die Erkundung des Salzstockes in Gorleben begann 1979. Die Federführung lag bei der Physikalisch-Technischen Bundesanstalt (PTB) mit Sitz in Braunschweig, der Vorläuferin des Bundesamtes für Strahlenschutz (BfS). Sie wertete die vorhandenen Bodendaten aus, führte seismische Messungen und Tiefbohrungen durch, die erste im Jahr 1980. Atomgegner besetzten einen der geplanten Bohrplätze und errichteten ein Hüttendorf. Auch der damalige Juso-Vorsitzende Gerhard Schröder kam zu einem Solidaritätsbesuch vorbei. Die »Freie Republik Wendland« bestand vier Wochen, dann räumte die Polizei das Gelände.

Nach der Auswertung der Tiefbohrungen legte die PTB 1983 einen Zwischenbericht vor. Darin hieß es, die Abdeckung des Salzstocks sei nicht in der Lage, »Kontaminationen auf Dauer von der Biosphäre zurückzuhalten«. Radioaktive Stoffe könnten bereits nach »600 beziehungsweise 1100 Jahren« das Grundwasser verseuchen. Die Experten forderten deshalb, weitere Standorte zu erkunden. Das Papier wurde an Fachkollegen verschickt und sollte bei einem Treffen im Gebäude der Bundesanstalt für Geowissenschaften und Rohstoffe (BGR) in Hannover mit Vertretern der anderen beteiligten Behörden besprochen werden. Bei dem Gespräch tauchten überraschend und uneingeladen auch leitende Beamte aus dem Bundeskanzleramt sowie dem Forschungs- und dem Innenministerium der neuen Regierung unter Helmut Kohl (CDU) auf. Sie forderten die PTB auf, das Gutachten zu ändern. Der für die Atom-Endlagerung zuständige Abteilungsleiter Professor Helmut Röthemeyer erinnerte sich Anfang 2009 in einem Interview mit der *taz*: »Es gab nichts Schriftliches, keine schriftliche Weisung, aber wir mussten das Gespräch klar als Weisung auffassen.« Noch heute ist der inzwischen pensionierte Wissenschaftler empört: »Ich habe in meinem ganzen Leben nie wieder ein solches Gespräch geführt.« Röthemeyer legt Wert darauf, kein grundsätzlicher Gorleben-Gegner zu sein.

Die Vertreter der Bundesregierung verlangten, die Zusammenfassung des Berichts solle die »berechtigte Hoffnung« betonen, »dass im Salzstock Gorleben ein Endlager für alle Arten von radioaktiven Abfällen« eingerichtet werden könne. Die Warnung, dass Wasser und Lauge eindringen könnten, baten sie »etwas weiter vom Zentrum der Betrachtung wegzurücken«. Außerdem solle ganz vorne ein positives Votum stehen. Das Bundeskanzleramt wurde in der Runde von einem jungen Oberregierungsrat vertreten, der später auf der Karriereleiter noch weiter nach oben klettern sollte: August Hanning wurde später Chef des Bundesnachrichtendienstes (BND) und war unter Wolfgang Schäuble Staatssekretär im Bundesinnenministerium. Der heute 65-Jährige kann sich jedoch an das Gespräch in Hannover nicht mehr genau erinnern. Röthemeyer erinnert sich dagegen noch gut daran. Er ist stolz darauf, viele Änderungswünsche abgelehnt zu haben. »Da sollte noch einiges mehr umgeschrieben werden«, sagt er.

Erst 26 Jahre später kamen die Manipulationen ans Licht. Anhand von verschiedenen Fassungen von Akten aus dem Jahre 1983, die der Journalist Joachim Wille in der *Frankfurter Rundschau* veröffentlichte, konnte aufgezeigt werden, wie das PTB-Gutachten aufgrund der Intervention der Bundesregierung umformuliert wurde. Die Endversion des Papiers beginnt wie von der Regierung gewünscht: »Die bisherigen Erkenntnisse über den Salzstock haben die Aussagen über seine Eignungshöffigkeit für die Endlagerung (…) bestätigt.« Von der Forderung der Experten, alternative Standorte zu erkunden, ist nichts mehr zu lesen. Der Begriff der »Eignungshöffigkeit« war den Experten von den Ministerialbeamten dringend nahegelegt worden. Er bedeutet in der Bergbaufachsprache: Es spricht nichts dagegen, dass das Bergwerk und die Einlagerung sicher durchgeführt werden können.

Die Enthüllungen über die manipulierten Gutachten schlugen im Sommer 2009 hohe Wellen, Gorleben wurde Wahlkampfthema. Nach der Bundestagswahl setzte der Bundestag auf Antrag der Oppositionsfraktionen einen parlamentarischen Untersuchungsausschuss dazu ein. Greenpeace stellte 2010 zahlreiche Gorlebenakten ins Internet (www.gorlebenakten.de). Aus den Akten geht hervor, dass der Salzstock in Gorleben auf politischen Druck hin ausgewählt wurde – und die Entscheidung wissenschaftlich nicht fundiert war.

Doch trotz der Manipulationen an dem PTB-Gutachten riss die Kritik an Gorleben auch später nicht ab. In einer Anhörung des Innenausschusses des Bundestages am 20. Juni 1984 sprachen sich fünf von neun Experten aus geologischen Gründen dafür aus, die Erkundung abzubrechen. Die PTB plädierte 1985 offen für die Erkundung weiterer Standorte – dies wurde ihr per Weisung untersagt. 1995 untersuchte die Bundesanstalt für Geowissenschaften und Rohstoffe (BGR) dann 41 Salzstöcke in Niedersachsen auf ihre Eignung als Endlager. Der in Gorleben war nicht darunter – weil er nach den Kriterien der BGR sowieso ausgeschieden wäre.

Nach dem Regierungswechsel 1998 stimmten die Atomkraftwerksbetreiber im sogenannten Atomkonsens einem Moratorium zu, einer zehnjährigen Unterbrechung der Erkundung des Salzstockes in Gorleben. In der Zwischenzeit solle der vom damaligen Bundesumweltminister Jürgen Trittin (Grüne) eingesetzte »Arbeitskreis Endlagerung« (AK End) wissenschaftliche Kriterien für eine neue Endlagersuche entwickeln. Dem Gremium gehörten sowohl Atomkraftbefürworter als auch atomkritische Wissenschaftler an. Grund für das Moratorium waren die massiven geologischen Zweifel an Gorleben. Im Dezember 2002 legte der AK End seine Empfehlungen vor. Auch in diesem Abschlussbericht schnitt Gorleben sehr schlecht ab. Auf dieser Grundlage wollte die rot-grüne Koalition ein Gesetz für ein transparentes, ergebnisoffenes Endlagersuchverfahren erarbeiten. Anhand der vom AK End aufgestellten Kriterien sollten verschiedene Standorte miteinander verglichen werden, um so den nach heutigem Wissen bestmöglichen Standort für ein Endlager zu finden.

Doch die rot-grüne Bundesregierung ließ sich viel Zeit mit dem Gesetz. Die Atomkraftwerksbetreiber und die von CDU/CSU regierten Bundesländer waren strikt gegen eine neue Endlagersuche. Ihr Argument: In Gorleben seien schon 1,5 Milliarden Euro investiert worden, jetzt solle man das Endlager dort auch fertig »erkunden«. Besonders Baden-Württemberg und Bayern, die beiden Bundesländer mit dem höchsten Atomstromanteil, lehnten eine Endlagersuche in ihren Bundesländern kategorisch ab. »Alle bisherigen Erkenntnisse hätten die Eignung des Salzstocks in Gorleben gezeigt«, behaupteten sie wahrheitswidrig. Aber auch Abgeordnete von SPD und Grünen waren nicht gerade begeistert von der Vorstellung, womöglich auch in ihrem Wahlkreis könnte nach einem Endlager für hochradioaktiven Atommüll gesucht werden. Daher verschleppten sie das unangenehme Thema über mehrere Jahre.

Erst 2005 legte das von Trittin geführte Bundesumweltministerium endlich einen Entwurf für ein Endlagersuchgesetz vor. Doch da Bundeskanzler Gerhard Schröder (SPD) nach der rot-grünen Wahlniederlage in Nordrhein-Westfalen vorgezogene Neuwahlen durchsetzte, konnte im Bundestag nicht mehr über den Gesetzentwurf beraten werden. Bei der Bundestagswahl im September 2005 gewannen weder Schwarz-Gelb noch Rot-Grün eine Mehrheit im Bundestag, es kam zu einer großen Koalition. CDU-Chefin Angela Merkel wurde Kanzlerin.

Trittins Nachfolger Sigmar Gabriel (SPD) plädierte zwar ebenfalls für einen »Standortvergleich« und eine Endlagersuche mit Öffentlichkeitsbeteiligung. Vorab allerdings veröffentlichte er Sicherheitskriterien, in denen keine Rede mehr von einem »Mehrbarrierensystem« war: Auch Salzstöcke wie Gorleben, die über kein schützendes Deckgebirge verfügen, wären so wieder im Boot gewesen. Doch selbst dieser Vorschlag scheiterte am Widerstand der Unionsparteien.

Nach dem schwarz-gelben Wahlsieg im September 2009 wurde die »Erkundung« des Salzstockes in Gorleben wiederaufgenommen. Alternative Standorte und andere Gesteinsformationen sollen nicht untersucht werden. Bundesumweltminister Norbert Röttgen (CDU) will den Ausbau der Stollen auf Basis des Uralt-Rahmenbetriebsplans von 1983 fortsetzen – um eine öffentliche Erörterung des Vorhabens zu verhindern. Außerdem führte die schwarz-gelbe Koalition einen Paragraphen wieder ein, der es ermöglichen soll, die Eigentümer der Grundstücke um das geplante Endlager zu enteignen. Zu den Menschen ins Wendland reiste Röttgen erst, nachdem er alle diese Entscheidungen getroffen hatte und einen Castor-Transport mit einem riesigen Polizeieinsatz hatte durchsetzen lassen. Bürgernahe Politik sieht anders aus.

Die Kosten für Betrieb und Offenhaltung der geplanten Endlager in Gorleben und Schacht Konrad tragen die Müllverursacher im Rahmen der sogenannten Endlagervorausleistungen, der Bund trägt nur die Kosten für den Müll bundeseigner Forschungseinrichtungen. Das ist auch der Grund dafür, dass die Energiekonzerne trotz aller geologischer Zweifel so vehement für eine schnelle Entscheidung zugunsten von Gorleben als Endlager plädieren. Andernfalls wären die von ihnen bisher aufgebrachten Erkundungs- und Erschließungsanteile verloren. Doch nicht nur das fehlende schützende Deckgebirge über dem Salzstock macht Gorleben als Endlager untauglich. Unter ihm lauert eine weitere Gefahr: Erdgas.

Es ist ein düsteres Szenario, das *Spiegel Online* im September 2010 entwarf: Erdgas strömt durch Risse im Salzgestein nach oben ins Endlager, wo ein Funke das Gas entzünden könnte. Eine Explosion erschüttert das Endlager, der Salzstock bricht zusammen, Radioaktivität gelangt an die Erdoberfläche und verstrahlt Menschen und Umwelt. Doch das Katastrophenszenario ist gar nicht so weit hergeholt. Der Salzstock in Gorleben liegt über dem größten zusammenhängenden Erdgasvorkommen Deutschlands, das sich von Rambow im Nordosten über Wustrow bis nach Peckensen (Sachsen-Anhalt) im Südwesten erstreckt. In Lenzen, nur fünf Kilometer nördöstlich von Gorleben, hatte die DDR nach Erdgas gebohrt. Dabei kam es 1969 zu einer Explosion mit einem Toten und mehreren Schwerverletzten.

Für den Geologen und Endlagerexperten Professor Dr. Klaus Duphorn ist das »Gas-Problem« mittlerweile »vorrangig geworden«. Bei Bohrungen sei explosives Erdgas gefunden worden. Gasausbrüche »könnten passieren«, sie seien »ein ganz großes Gefahrenmoment«, sagte Duphorn bei einer Expertenanhörung des Bundestages im Juli 2010. Der für die Endlagerung hochradioaktiven Atommülls vorgesehene Bereich im Salzstock Gorleben ist offenbar komplett von Gaseinschlüssen durchzogen. Dies geht aus Untersuchungsberichten der Bundesanstalt für Geowissenschaften und Rohstoffe (BGR) hervor, die der Diplom-Geologe Ulrich Schneider im Auftrag von Greenpeace ausgewertet hat. So hat die BGR Gas und flüssige Kohlenwasserstoffe in sämtlichen Gesteinsproben des Erkundungsbereiches 1 gefunden. Sie wies dabei auch Gasanteile (bis zu 45 Prozent) nach, die von außen in den Salzstock eingedrungen sind. Die Physikalisch-Technische Bundesanstalt (PTB) hatte 1983 in ihrem Zwischenbericht behauptet, es handele sich bei den Gasfunden um isolierte Gase aus organischen Prozessen innerhalb des Salzes. Schneider kommt in seiner Studie zu dem Schluss, dass eine sichere Lagerung hochradioaktiven Atommülls in Gorleben unmöglich sei, da der Salzstock seine notwendige Barrierefunktion gegenüber der Umwelt nicht erfülle.

Schneider führt in seiner Studie aus, dass sich bei der Einlagerung wärmeentwickelnden hochradioaktiven Mülls das Salzgestein auf bis zu 200 Grad aufheizt. Dadurch dehnen sich Gase, aber auch an das Salz gebundenes Wasser aus. Im scheinbar dichten Salz führen die Spannungen zu Aufsprengungen des Gesteins, sogenannten Mikrorissen (*microcracks*). »Die weit verbreitete Behauptung, dass es im Salz wegen dessen plastischer Eigenschaften nicht zu offenen Klüften und Spalten kommen kann, kann heute als widerlegt gelten«, erklärt Geologe Schneider.

»Welche Beweise braucht Röttgen noch, um zu erkennen, dass er Gorleben als Endlager aufgeben muss?«, fragt Mathias Edler, Atomexperte von Greenpeace. »Die internen Analysen belegen: Es gab in der Vergangenheit Wege für das Gas in den Salzstock und damit kann es auch in Zukunft über diese Risse und Klüfte zu Wanderungen von Gas, Wasser oder Radionukliden kommen.«

4.5 »Wenn die Wanne überläuft, dreht man auch zuerst den Hahn zu«

Alle Atommülltransporte nach Gorleben enden im dortigen Zwischenlager, einer oberirdischen Leichtbauhalle auf einem Grundstück gegenüber dem Erkundungsbergwerk. Das Bergwerk selbst ist noch leer. Nach dem Willen der Atomlobby soll sich dies baldmöglichst ändern. Bundesumweltminister Röttgen beteuert zwar, Gorleben werde »ergebnisoffen erkundet«, doch das glauben die meisten Menschen im Wendland schon lange nicht mehr.

Denn wenn noch gar nicht feststeht, ob Gorleben ein Endlager wird: Warum schafft man dann schon jetzt den ganzen hochradioaktiven deutschen Atommüll aus den Wiederaufbereitungsanlagen La Hague und Sellafield ins Zwischenlager nach Gorleben? Man könnte den Müll doch genauso gut entsprechend dem Verursacherprinzip in die Zwischenlager bei den Atomkraftwerken bringen, wo der Atommüll produziert wurde. Wo der Müll später einmal endgelagert wird, steht ja angeblich noch nicht fest. Die oberirdische Leichtbauhalle in Gorleben ist auch nicht sicherer als die anderen Zwischenlager in Deutschland. Und warum hat man schon damit begonnen, das Bergwerk unterirdisch zu einem Endlager auszubauen, wenn es sich doch nur um eine »Erkundung« handelt? Es ist daher kein Wunder, dass die Castor-Proteste nach Gorleben auf so massiven Widerstand stoßen. Erst recht, nachdem die schwarz-gelbe Bundesregierung im Herbst 2010 den Atomausstieg aufgekündigt hat.

Am 6. November 2010 demonstrierten über 50 000 Menschen friedlich auf einem Acker bei Dannenberg gegen den bevorstehenden Castor-Transport und die von der Bundesregierung durch den Bundestag gepeitschten Laufzeitverlängerungen für die Atomkraftwerke. Bela B und viele andere Künstler traten dort auf. Es war die bis dahin größte Anti-Atom-Demonstration, die es jemals im Wendland gab. Als dann der Castor rollte, beteiligten sich mehr Menschen als je zuvor an den gewaltfreien Sitzblockaden gegen den Atomtransport. Trotz der eisigen Kälte harrten sie auf den Gleisen und der Straße zum Zwischenlager nächtelang aus. Es wurde der längste und teuerste Atomtransport in der Geschichte der Bundesrepublik. Erst nach 45 Stunden gelang es der Polizei, die Straße zum Endlager zu räumen. »Die schwarz-gelbe Energiepolitik ist unverantwortlich und nicht durchsetzbar. Die Polizei konnte die Straße räumen, doch die Regierung kann den Konflikt nicht ausräumen«, sagte Luise Neumann-Cosel, die Sprecherin von x-tausend-mal-quer. Jochen Stay von .ausgestrahlt sprach danach von einer »Sternstunde des zivilen Ungehorsams«.

Die Bundesregierung hat es ihrer eigenen Atompolitik zuzuschreiben, dass so viele Bürgerinnen und Bürger im Wendland gewaltfreien zivilen Ungehorsam gegen die Castor-Transporte leisten. Mit der Aufkündigung des Atomausstieges und dem brachialen Versuch, Gorleben als Endlager durchzusetzen, haben CDU/CSU und FDP den Fundamentalkonflikt um die Atomenergie wiederaufleben lassen.

Akzeptanz vor Sicherheit?

Der allergrößte Teil des bisher produzierten Atommülls weltweit liegt noch immer in sogenannten Zwischenlagern. Für die hochradioaktiven Abfälle, die über 99 Prozent der Radioaktivität enthalten, gibt es auf der ganzen Welt noch kein einziges genehmigtes und betriebsbereites Endlager. Wohin mit dem Strahlenmüll? Das weiß die Menschheit auch nach 50 Jahren Atomkraftnutzung nicht. Der Atommüll muss für eine Million Jahre von der Biosphäre ferngehalten werden. Doch alle bisherigen Versuche scheiterten schon nach Jahrzehnten.

Die Niederlande haben die Endlagersuche um 100 Jahre vertagt. Im Jahre 2003 weihte Königin Beatrix ein Zwischenlager ein. Um das Abkühlen der Brennelemente zu symbolisieren, wird das Zwischenlager alle 20 Jahre neu angestrichen, von rot 2003 bis weiß 2103. Allerdings strahlt der Müll dann immer noch für Hunderttausende von Jahren.

In den USA hat Präsident Barack Obama Anfang 2009 die Pläne für ein Endlager in Yucca Mountain gestoppt. Nachdem das Tuffsteinmassiv in der Wüste von Nevada 20 Jahre lang erkundet wurde, sagte er, der Standort sei »keine Option mehr«. Der Berg liegt mitten in einem Erdbeben- und Vulkangebiet. Außerdem ist Yucca Mountain zu klein für den gesamten amerikanischen Atommüll. Wie bei Gorleben war auch die Auswahl von Yucca Mountain 1987 als Standort für ein Atommüllendlager politisch motiviert, und nicht wissenschaftlich begründet.

Die Auswahl von Gorleben und Yucca Mountain folgte einem veralteten, obrigkeitsstaatlichen Politikstil. Nur Politiker, die Atomindustrie und ein paar handverlesene Gutachter wurden dabei einbezogen. Wenn die Entscheidung erst einmal gefallen ist, werden das die Leute schon hinnehmen, glaubte man. Der alte Politikstil hat bisher überall dazu geführt, dass die Endlagerpläne aufgrund des Widerstandes der Bevölkerung aufgegeben werden mussten. Doch mittlerweile haben die Politiker in vielen Ländern begriffen, dass man wirkliche Zustimmung in der Bevölkerung nur erreichen kann, wenn man sie schon vor einer wichtigen Entscheidung einbezieht.

Großbritannien, Kanada und Japan werben darum nun aktiv um die Gunst der Gemeinden an möglichen Endlager-Standorten.

Als Vorbild dabei gelten Schweden und Finnland. Dort wurden die Bürgerinnen und Bürger früh einbezogen, Vetorechte eingeräumt und Standorte verglichen. Schweden und Finnland wollen um das Jahr 2020 herum als erste Länder der Welt ihre Endlager für hochradioaktive Abfälle einweihen. Allerdings drängt sich der Eindruck auf, dass dort Akzeptanz vor Sicherheit ging. In Finnland sollen 7 Millionen Euro geflossen sein, um die zögernde Gemeinde Olkiluoto umzustimmen. »Die Leute wurden von den Atomfirmen praktisch gekauft«, zitiert das *Greenpeace Magazin* den Politikwissenschaftler Matti Kojo.[72]

Da der Atommüll in den Granitfelsen in Kontakt mit Grundwasser kommen wird, wollen die Skandinavier den Atommüll in Kupferbehältern verpacken. Aber Experten befürchten, dass sich diese Behälter schneller auflösen als angenommen. »Die Wände der Fässer müssten einen Meter dick sein, um 100 000 Jahre zu halten«, schreibt die Physikerin Helen Wallace in einer 2010 veröffentlichten Greenpeace-Studie. Geplant sind aber nur fünf Zentimeter. Sie drohen schon nach 1000 Jahren durchzurosten. Die Endlagerung in Hunderten Meter Tiefe hält Wallace für zu wenig erforscht. Und zwar unabhängig davon, ob es sich um Granit, Ton oder Salz handele. Hitze, Gasbildung, Mikroorganismen, Erdbeben und Eiszeiten könnten irgendwann zur »erheblichen Freisetzung von Radioaktivität« führen, warnt sie. Greenpeace fordert deshalb, auch Alternativen dazu zu prüfen. Zum Beispiel extreme Tiefbohrungen von mehreren 1000 Meter Tiefe oder eine oberflächennahe langfristig überwachte Lagerung.

In Schweden fanden Geologen im angeblich seit 1,6 Millionen Jahren stabilen Urgestein Spuren von mindestens 58 Erdbeben allein in den zurückliegenden 10 000 Jahren – bis zu Stärke acht auf der Richterskala.

Alles richtig gemacht haben nur die Länder, die niemals in die Atomkraft eingestiegen sind. In der EU sind das immerhin 11 der 27 Mitgliedsländer, ein weiteres (Italien) hat seine Reaktoren nach Tschernobyl aufgrund eines Volksentscheids stillgelegt. In Dänemark stimmte das Parlament gegen den Bau von Atomkraftwerken, nachdem bei einer vorherigen Endlagersuche kein Endlager gefunden wurde. Die Österreicher verhinderten schon 1980 mit einer Volksabstimmung die Inbetriebnahme des Atomkraftwerkes in Zwentendorf.

Ein sicheres Endlager müsste geologisch über sehr lange Zeiträume stabil sein, die Umgebung dürfte chemisch möglichst nicht mit dem eingelagerten Müll und den Behältern reagieren. Es müsste sich weit weg von der Biosphäre und von potentiellen Rohstoffquellen befinden und zudem in einem Gebiet, das nicht ins Meer entwässert. Und es müsste für Jahrtausende vor menschlichen Einflüssen sicher sein und sich selbst überlassen werden können, wenn der Staat oder die Gesellschaft, die das Endlager einst errichtete, vielleicht gar nicht mehr existiert. Vor 100 000 Jahren lebten noch Neandertaler. Die Menschen, die in 100 000 Jahren auf der Erde leben werden, haben mit uns möglicherweise genauso wenig gemeinsam wie wir mit den Neandertalern. Sie werden eine andere Sprache sprechen als wir und vielleicht wissen sie genauso wenig über Radioaktivität wie die Neandertaler oder der erste Homo sapiens. Wissenschaftler streiten darüber, ob wir der Nähe der Atommüllendlager symbolische Warnhinweise für künftige Generationen hinterlassen sollten, damit sie nicht versehentlich in sie eindringen. Andere meinen es sei besser, wenn die Atommülllager in Vergessenheit geraten. Warnhinweise in Form von Markern würden die Menschen in der Zukunft vielleicht erst recht neugierig machen, während eine zufällige Entdeckung des Atommülls unwahrscheinlicher sei.

Ein weiteres Problem: Bevor der Atommüll aus den Zwischenlagern in die Endlager verfrachtet werden kann, muss er abkühlen. Dann soll er aus den Castor-Behältern in sogenannte Pollux-Behälter umgeladen werden. Die Namensgeber Castor und Pollux aus der griechischen Mythologie sind Zwillinge, haben aber verschiedene Väter. Pollux ist ein Sohn des Zeus, daher ist er im Gegensatz zu seinem Bruder unsterblich. Doch das technische Verfahren, mit dem der Müll aus den Castoren in Pollux-Behälter umgeladen werden soll, muss erst noch entwickelt werden.

Trotz der vielen offenen Fragen will EU-Energiekommissar Günther Oettinger (CDU) die EU-Staaten mit einer Endlagerrichtlinie zur Eile drängen. Dabei geht es ihm nicht darum, die nach heutigem Wissen beste Lösung zu finden, sondern um die weitere Akzeptanz der Atomenergie. Ein Eurobarometer kam 2008 zu dem Ergebnis, dass ein Drittel der Atomkraftgegner seine Meinung ändern würde, wenn es ein Endlager gäbe.

Erst wenn es einen echten und dauerhaften Atomausstieg gibt, kann man ernsthaft nach einer möglichst sicheren Lösung für dessen »Entsorgung« suchen. Die Vergangenheit zeigt: Solange weiter Atommüll produziert wird, ist der Druck, ein Endlager zu finden, so groß, dass nicht der bestmögliche, sondern irgendein Standort zum Endlager erklärt wird. Nur um den Eindruck zu erwecken, das Problem sei gelöst. Morsleben und Asse II haben gezeigt, was dabei herauskommt. »Wenn eine Badewanne überläuft, dreht man ja auch als erstes den Hahn ab, bevor man sich ans Aufwischen macht. Gleiches sollte für Atommüll gelten«, meint Jochen Stay.

5. Die Lüge vom sauberen Atomstrom

5.1 Uran: Der schmutzige Atombrennstoff

»Bei uns fließt Blut – für das Licht anderer Leute. Ein Volk stirbt, damit Menschen am anderen Ende der Welt Strom haben«, sagt Aghali Mahiya. In seiner Heimat Niger wird seit über 40 Jahren Uran abgebaut, dennoch ist die ehemalige französische Kolonie in Westafrika eines der ärmsten Länder der Erde. Zwar führte der Uranabbau in der nigerischen Stadt Arlit in den 1970er Jahren zu einem kleinen Wirtschaftsboom. Doch die Menschen mussten einen hohen Preis für die neuen Arbeitsplätze bezahlen: Gesundheitsprobleme, Krebs, radioaktiver Staub. Darüber hinaus verschärft der extreme Wasserverbrauch der Uranminen Wassermangel und Dürren in dem Wüstenstaat. Der sinkende Grundwasserspiegel zerstört die traditionelle Lebensweise.

Ein Fernsehteam der britischen BBC traute in den frühen 1980er Jahren seinen Augen kaum, als es die Minenarbeiter in Arlit am Ende der Schicht wieder ans Tageslicht kommen sah. Sie waren von oben bis unten mit radioaktivem Staub bedeckt, keiner trug eine Schutzmaske. Fast alle Minenarbeiter waren Angehörige des Tuareg-Stammes, darunter auch viele Kinder. Niemand hatte sie je über die Gefahren ihrer Arbeit aufgeklärt. Betrieben wird die Mine von dem französischen Konzern Areva.[73] Der BBC-Journalist Chris Olgiati war entsetzt: »Wenn man an die schreckliche Sterblichkeitsrate unter den Bergleuten von Kerr McGee (ein US-Konzern, der vornehmlich Navajo-Indianer als Arbeiter in seinen Uranminen beschäftigte) in den Jahren 1950-60 denkt – und deren Arbeitsbedingungen waren wahrscheinlich besser als die hier –, dann bedeutet das, dass die Franzosen für Tausende Nigerer für die nächsten Jahre das Todesurteil unterzeichnet haben.«[74]

Die im Abbaugebiet lebenden Tuareg haben außer Krankheit und Tod nicht viel von der Uranförderung. Ein 200 Kilometer entferntes Kohlekraftwerk liefert zwar Strom, unter anderem für die Minen. Doch 90 Prozent der Tuareg haben kein elektrisches Licht. Wasser gibt es, aber das verbrauchen zum größten Teil die Minen. Die beiden Krankenhäuser gehören Areva. In vierzig Jahren wurde hier noch kein einziger Fall einer Berufserkrankung diagnostiziert. Auch von den steigenden Uranpreisen profitierte Niger kaum. Während Areva mit dem Uran Milliardenumsätze macht, brachte die Uranproduktion dem armen Land im Jahr 2006 gerade einmal 20 Millionen Dollar ein. Für die Tuareg fiel davon fast nichts ab. Immer wieder kam es deshalb in den letzten Jahren zu bewaffneten Tuareg-Aufständen gegen die Zentralregierung, bei denen viele Menschen starben.

Mahiya ist einer der Betroffenen aus verschiedenen Uranabbaugebieten, die von der ehemaligen Anti-Atom-Campaignerin von Campact, Kerstin Schnatz, für den Kurzfilm *Auf Augenhöhe* interviewt wurden. Der Film ist Teil des Dokumentarfilmprojektes »Nuking the Climate – Strahlendes Klima« über Uranabbau und Kernkraft, zu dem auch die sehenswerte Dokumentation *Uranium – is it a country? Eine Spurensuche nach der Herkunft von Atomstrom* gehört, die im Internet kostenlos angesehen werden kann. Der Film führt in die Wüste Australiens, wo der Bergbauriese BHP Billiton das größte Uranvorkommen der Welt abbaut und dabei die Lebensgrundlagen der Aborigines zerstört.[75]

Uran ist ein radioaktives, giftiges und erbgutveränderndes Schwermetall. Es ist die einzige bekannte natürlich vorkommende Substanz, die zu einer Kernspaltungs-Kettenreaktion fähig ist. Alle Atomreaktoren und alle Atomwaffen benötigen deshalb Uran oder mit Hilfe von Uran erbrütete Elemente als Brenn- bzw. Explosivstoff. Die überwiegende Mehrheit der Atomkraftwerke nutzt niedrig angereichertes Uran (»Lowly Enriched Uranium«, LEU), das zwei bis fünf Prozent U-235 enthält. Einige Anlagen, wie zum Beispiel etliche Schwerwasserreaktoren, können mit Natur-Uran betrieben werden. Für die Kettenreaktion muss allerdings mit großem Energieaufwand der Anteil des Isotops U-235 erhöht werden. Bei diesem als »Anreicherung« bezeichneten Vorgang, der zur Energieerzeugung durch Uran notwendig ist, entsteht Uran-238 als Abfallstoff. Dieses »abgereicherte Uran« wird aufgrund seiner hohen Dichte von der Rüstungsindustrie für Panzerungen wie auch panzerbrechende Geschosse verwendet.

Die größten Abbaugebiete liegen derzeit in Kanada, Australien, Kasachstan, Russland, Niger, Namibia und Usbekistan. In geringerem Umfang wird auch in den USA, der Ukraine, China, Südafrika und einigen anderen Ländern Uran gefördert. Weltweit existieren etwa 50 aktive Uranminen in 16 Staaten.

Die DDR war bis Ende 1990 die drittgrößte Uranproduzentin der Welt. Uran wurde in der Sächsischen Schweiz (Königstein) zuerst konventionell und später durch Laugung, in Dresden (Coschütz/Gittersee) und im Erzgebirge (Schlema, Schneeberg, Johanngeorgenstadt, Pöhla) sowie in Ostthüringen (Ronneburg) meist untertage durch die Sowjetisch-Deutsche Aktiengesellschaft Wismut gefördert. Nach der Wiedervereinigung wurde der Uranbergbau eingestellt. Nicht etwa weil es dort kein Uran mehr gegeben hätte, sondern aus Wirtschaftlichkeitsgründen. Aber auch weil man der Bevölkerung die enormen Gesundheitsrisiken und die Umweltbelastungen in einer Demokratie nicht mehr zumuten konnte.

Eine Zeitlang wurde auch in Menzenschwand im Schwarzwald Uran abgebaut; im internationalen Vergleich war diese Grube winzig. Sie wurde ebenfalls Anfang der 1990er Jahre nach massiven Protesten von Bürgern und Umweltverbänden stillgelegt. Auch in der übrigen EU findet mit Ausnahme von Tschechien und Rumänien, wo lediglich kleinere Mengen Uran gefördert werden, kein Uranabbau mehr statt. Frankreich legte das letzte seiner 210 Uranbergwerke im Jahr 2001 still.

Laut der Menschenrechtsorganisation Gesellschaft für bedrohte Völker (GfbV) befinden sich rund 70 Prozent der Uranminen weltweit im Siedlungsgebiet indigener Völker: der Ureinwohner Kanadas und der USA (*native Americans*), der Aborigines Australiens, der Tuareg, Nuba, Herero und Zulu in Afrika, der Adivasi in Indien, der Uiguren in China, der Jakuten in Sibirien, der Shuar in Ecuador, der Yanomami in Venezuela und Brasilien, der Samen in Lappland und vieler anderer. Der »Indianer« Manuel F. Pino nennt dies »Umweltrassismus«: Die indigenen Völker müssen in den verseuchten Gebieten leben, damit andere Atomstrom produzieren können.

Zwei Drittel der Welt-Uranproduktion liegen in der Hand von vier großen Bergbaukonzernen, an denen wiederum viele Atomkonzerne und Staatsfirmen direkt oder indirekt Anteile halten. Dazu gehört das kanadische Unternehmen Cameco, die britisch-australische Rio-Tinto-Gruppe, der französische Industriekonzern Areva und der australisch-britische Bergbaukonzern BHP Billiton. Allein Areva etwa ist in Argentinien, Australien, Frankreich, Gabun, Guinea, Kanada, Kasachstan, Kolumbien, Mauretanien, der Mongolei, Namibia, Niger, Paraguay, dem Senegal, Südafrika, der Ukraine und den USA im Uranbergbau aktiv. Die Zustände in den Areva-Minen sind von westeuropäischen Standards beim Arbeits- und Umweltschutz jedoch weit entfernt. Schweizer Nichtregierungsorganisationen kürten Areva deswegen Anfang 2008 zum »übelsten Unternehmen des Jahres«.

Uran kommt in der Natur nicht als reines Metall vor, sondern ist in verschiedenen Uranmineralen wie zum Beispiel Uraninit (Uranpecherz) enthalten. Die seit dem 12. Jahrhundert im Silberbergbau im Erzgebirge tätigen Bergleute bezeichneten Uraninit als Pechblende. Sie hatten keine Verwendung für die pechschwarzen, fettig glänzenden Steine. Der Urangehalt des Erzes liegt zumeist zwischen 0,1 und 1 Prozent, bisweilen sogar nur bei 0,01 Prozent. Lediglich an einigen wenigen Orten in Kanada stieß man auf Erzkonzentrationen von bis zu 20 Prozent. Um eine Tonne Uran zu gewinnen, müssen also zumeist zwischen 100 und 10 000 Tonnen Erz gelöst, gefördert und aufbereitet werden. Je nach Lagerstätte wird das Uranerz entweder unterirdisch in Bergwerken und oberirdisch in Tagebauen abgebaut oder es werden mit Chemikalien versetzte Säuren und Laugen in den Untergrund gepresst, die dort das Metall lösen und mit diesem wieder nach oben gepumpt werden (»In-situ-Laugung«). Der Abbau des strahlenden Erzes bringt die giftigen und radioaktiven Elemente und ihre Zerfallsprodukte in großen Mengen aus den Tiefen der Erdkruste in die Biosphäre, wo sie Boden, Wasser und Luft kontaminieren – oft weit über das eigentliche Abbaugebiet hinaus:[76]

- Bagger und Sprengungen zerklüften und zerbröckeln das

Gestein. Damit ist es der Witterung ausgesetzt, Wasser kann eindringen und radioaktive sowie giftige Stoffe lösen.
- In den Tagebauen und Gruben fallen große Mengen Abraum an, nicht nutzbares Gestein mit zu geringem Urangehalt, das auf großen Halden landet. Der Abraum enthält neben den radioaktiven Bestandteilen auch giftige Stoffe wie Arsen und giftige Schwermetalle (Quecksilber, Blei usw.), die aus dem aufgebrochenen Material mit ausgewaschen werden oder als Staub in die Umwelt gelangen. Bekanntestes Abraumbeispiel in Deutschland waren die vier kegelförmigen Halden der Wismut AG bei Gera, die wegen Gefahren für Gesundheit und Umwelt inzwischen abgetragen wurden. In Frankreich deckte die Umweltorganisation CRIIRAD mehrere hundert ungesicherte radioaktive Deponien auf. Der Atomkonzern Areva hatte rund 166 Millionen Tonnen radioaktiven Abraum aus seinen Uranminen als Füllmaterial für Bauarbeiten auf Fußballfeldern, Parkplätzen, Grünanlagen und Bauplätzen verteilt. Die Umweltorganisation maß bis zu 500-fach erhöhte Strahlenwerte.[77]
- Aus den Gruben, Halden, Schlamm- und Verdunstungsteichen gelangen radioaktive Zerfallsprodukte in die Umwelt, vor allem Radon und radioaktiver Staub. Um die Gruben und Tagebaue trocken zu halten, pumpen die Minenbetreiber große Mengen an radioaktivem und giftigem Wasser in Flüsse und Seen ab. Im Umfeld der Gruben sinkt der Grundwasserspiegel, dadurch vertrocknen angrenzende Gebiete. Nach Ende des Bergbaus laufen die Gruben wieder voll Wasser. Radioaktive und giftige Stoffe gelangen so ins Grundwasser.

Bei der In-situ-Laugung mit Hilfe von Brunnen ist kein Grubenbauwerk nötig, daher braucht man auch keine großen Abraumhalden. Das reduziert zwar die Belastung der Umwelt mit radioaktivem Staub deutlich, aber dafür verursacht das Einpressen der Chemikalien andere Umweltschäden:
- Die aggressive Lösung, meist handelt es sich um Schwefelsäure, löst nicht nur das Uran aus dem Gestein, sondern auch andere radioaktive und giftige Stoffe. Sie verseucht die Lagerstätte und verändert deren chemische Struktur.
- Durch undichte Sperrschichten, Brunnen oder Rohre gelangt die strahlende Brühe auch in andere Bodenschichten und kontaminiert Grundwasser und Trinkwasserleiter.
- Nach dem Ende des Uranabbaus bleiben gelöste Gifte und zugesetzte Chemikalien im Boden. Wenn die Förderbrunnen abgestellt werden, können sich diese Stoffe ausbreiten, besonders falls die Abbauzone von Grundwasser durchströmt wird oder die Sperrschichten undicht sind. In den USA konnten bisher noch bei keiner einzigen »Sanierung« von In-situ-Laugungsgebieten die vorher festgelegten Grenzwerte für die Schadstoffbelastung des Bodens und des Grundwassers eingehalten werden.[78]

Bei der Uranerz-Aufbereitung bleiben bis zu 99,9 Prozent giftiger Schlamm übrig

Das geförderte Erz wird fein zermahlen und mit Säure oder Lauge unter Zugabe eines Oxidationsmittels getränkt. In dieser Flüssigkeit löst sich das Uran, mit verschiedenen Chemikalien und Verarbeitungsschritten wird es anschließend wieder ausgefällt. Die Masse wird dann eingedickt, gefiltert, gewaschen und getrocknet. Dieser Aufbereitungsprozess ist sehr wasserintensiv. In Ländern, die ohnehin unter Wassermangel leiden, konkurriert der enorme Wasserbedarf der Uranminen daher mit dem der Bevölkerung. Der namibische Wasserversorger NamWater hat vorgerechnet, dass bei Inbetriebnahme der geplanten neuen Uranminen im Land jährlich 54 Millionen Kubikmeter Wasser fehlen werden – elfmal so viel, wie sich im gesamten Omaruru-Omdel-Delta gewinnen lassen.[79] Und in Niger verbraucht Areva für seine Uranminen fossile, nicht regenerierbare Wasservorräte.[80]

Vorläufiges Endprodukt der Erzaufbereitung ist ein »Yellow Cake« genanntes gelbes Puder, eine Uranoxid-Verbindung. Dabei bleibt – neben radioaktiv und chemisch kontaminierten Abwässern – von Chemikalien durchtränktes, zermahlenes und ausgelaugtes Gestein übrig, das eine schlammartige Konsistenz hat. Diese »Tailings« genannten giftigen und radioaktiven Schlämme landen in riesigen Absetzbecken. Bei einem Urangehalt des Erzes von 0,1 Prozent machen sie 99,9 Prozent des Uranerzes aus. Wird das Uran im In-situ-Laugungsverfahren abgebaut, so muss es in der Aufbereitungsanlage aus dem strahlenden und toxischen Cocktail extrahiert und zu »Yellow Cake« verarbeitet werden. Dabei bleibt eine mit diversen radioaktiven Zerfallsprodukten und Giften angereicherte Lösung übrig, die einige Minenbetreiber in sogenannte Verdunstungsteiche leiten. Dort entweichen radioaktive Stoffe in die Atmosphäre. Manche Minenbetreiber, wie zum Beispiel die Smith Ranch Uranmine in Wyoming/USA, pumpen den Giftcocktail über sogenannte Schluckbrunnen einfach irgendwo in den Boden, wo er eine dauernde Gefahr für das Grundwasser darstellt.[81]

Die »Tailings« enthalten noch immer 5 bis 10 Prozent des Urans sowie viele andere Radionuklide, darunter extrem langlebige wie Thorium-230 und Radium-226 mit Halbwertszeiten von bis zu 245 000 Jahren. Insgesamt finden sich rund 85 Prozent der Radioaktivität des Erzes in den Tailings wieder, daneben alle weiteren giftigen Bestandteile des Gesteins wie Schwermetalle und Arsen sowie die bei der Erzaufbereitung eingesetzten Chemikalien. Gasförmige Zerfallsprodukte wie Radon steigen an die Oberfläche und verseuchen die Luft. Trocknen die Tailings aus, verteilt der Wind giftige und radioaktive Stäube. Die 150 000-Einwohner-Stadt Aktau in Kasachstan zum Beispiel wird durch den Staub aus dem austrocknenden Koskar-Ata-See gefährdet. In dieser Senke lagern etwa 50 Millionen Tonnen radioaktive Tailings.[82]

Eine weitere andauernde Gefahr stellen die Dämme um die Tailings dar, die oft nur aus lockerem Abraum aufgeschüttet wurden. Brechen die Dämme, verseucht die giftige und radioaktive Schlammlawine Umgebung, Grund- und Oberflächengewässer. Genau das ist am 16. Juli 1979 in der Churchrock-Mine im US-Bundesstat New Mexico passiert. Nach einem Dammbruch verseuchten 370 000 Kubikmeter radioaktives Wasser und 1000 Tonnen kontaminiertes Sediment großräumig die Weidegründe um den Rio Puerco. Für die vor allem von der Schafzucht lebenden Navajo-Indianer war das eine Katastrophe, Fleisch und Wolle waren radioaktiv verseucht und damit unverkäuflich, viele der Tiere verendeten und auch viele Menschen erkrankten.[83]

Zwischen den Bergen Kirgisiens lagern in steilen und engen Flusstälern insgesamt 254 Millionen Kubikmeter Uranerz-Tailings und strahlender Abraum, der lediglich von etwas Kies und Erde bedeckt ist. Bei Erdrutschen und Erdbeben drohen die Altlasten den großen Strom Syr Darja zu verseuchen, der durch Tadschikistan, Usbekistan und Kasachstan bis zum Aralsee führt. Die Vereinten Nationen sehen darin ein »Potential für eine internationale Katastrophe«. Schon einmal, im April

1958, brach nach einem Erdbeben und starkem Regen einer der Dämme nahe der kirgisischen Kleinstadt Mailuu-Suu. Rund 600 000 Kubikmeter Tailings wälzten sich 40 Kilometer den Fluss hinunter und vergifteten dessen Überschwemmungsflächen. Eine Studie des New Yorker Blacksmith-Instituts zählt Mailuu-Suu heute zu den am meisten verseuchten Gegenden der Welt.[84]

In Sachsen lagern in der »Industrieabsetzanlage Helmsdorf« 50 Millionen Tonnen giftige und radioaktive Uranerzschlämme (Trockengewicht). Bis zu den ersten Häusern von Zwickau sind es gerade einmal hundert Meter. Die Vorwarnzeit bei einem Dammbruch würde nur wenige Sekunden betragen.

»Selbst intakte Dämme garantieren nicht unbedingt Schutz für Grundwasser und Flüsse«, betont Armin Simon von der Anti-Atom-Organisation .ausgestrahlt. »Die älteren der gefährlichen Schlamm-Lagerbecken sind so gut wie nie nach unten hin abgedichtet. So sickern aus dem mit 16 Millionen Tonnen Tailings (Gewicht der Trockenmasse) gefüllten Becken der Atlas Mine in Moab (Utah/USA) seit Jahrzehnten giftige und radioaktive Substanzen ins Grundwasser und von dort in den nahe gelegenen Colorado River, der 18 Millionen Menschen im südlichen Kalifornien mit Trinkwasser versorgt. In einer über eine Milliarde Dollar teuren Sanierungsaktion sollen die giftigen Hinterlassenschaften der Uranmine nun an einen anderen Ort umgelagert werden. Bei neueren Tailings-Anlagen besteht die Abdichtung nach unten oftmals aus einer simplen Plastikfolie. Wie viele hunderttausend Jahre die wohl dichthält?«[85]

5.2 Die gesundheitlichen Folgen des Uranabbaus

Wo sich Uran im Boden befindet, treten radioaktive Substanzen aus, vor allem das Zerfallsprodukt Radongas. Es kann in Keller eindringen und dort gefährlich hohe Konzentrationen erreichen. Radon gilt als Ursache für 5 bis 10 Prozent der Lungenkrebsfälle in Deutschland, so das Bundesamt für Strahlenschutz (BfS).[86]

Auch Mineral- und Grundwasser kann hohe Uran- und Radiumkonzentrationen enthalten. Erst am 26. November 2010 beschloss der Bundesrat mit der neuen Trinkwasserverordnung einen Grenzwert für Uran im Trinkwasser. Nach einer wissenschaftlichen Analyse der europäischen Lebensmittelsicherheitsbehörde EPSA ist der beschlossene Grenzwert von 10 Mikrogramm pro Liter jedoch zu hoch angesetzt. Wie die EPSA-Analyse ergab, können schon bei Urankonzentrationen von unter 10 Mikrogramm die Nieren von Säuglingen und Kleinkindern massiv geschädigt werden. Babys nehmen im Verhältnis zu ihrem Körpergewicht mehr Wasser auf als Erwachsene und resorbieren Uran stärker. Die Verbraucherschutzorganisation Foodwatch fordert deshalb in einem an Bundesgesundheitsminister Philipp Rösler (FDP) gerichteten Online-Appell einen Grenzwert von nur 2 Mikrogramm pro Liter für Trink- und Mineralwasser. Für Mineralwasser existiert derzeit noch überhaupt kein Uran-Grenzwert. Der damalige Verbraucherschutzminister Horst Seehofer (CSU) hatte zwar 2008 erklärt, er wolle sich in der EU für einen solchen Grenzwert einsetzen, aber passiert ist bisher nichts. Allerdings dürfen seit November 2006 Mineralwässer mit dem Vermerk »Geeignet für die Zubereitung von Säuglingsnahrung« einen Wert von zwei Mikrogramm Uran pro Liter nicht mehr überschreiten.[87]

Schon die geringen natürlichen Urankonzentrationen im Boden können also Gesundheitsrisiken verursachen. Wird das giftige Schwermetall jedoch aus den Tiefen der Erdkruste nach oben geholt, vervielfachen sich die Gefahren für Menschen und Umwelt. Uranminen, Uranaufbereitungsanlagen, Abraumhalden und Tailings schädigen durch ihre radioaktiven und giftigen Stäube und Gase sowie das kontaminierte Wasser die Gesundheit der Beschäftigten in den Minen und der Bevölkerung in den Uranabbaugebieten. Laxe Arbeitschutzmaßnahmen und unzureichende Absperrungen der kontaminierten Gebiete verschärfen vielerorts die Probleme noch.

Uran ist nicht nur radioaktiv, sondern auch chemisch giftig. Bereits die Aufnahme geringster Mengen kann schwere Nierenschäden hervorrufen. Beim Uranabbau werden viel größere Mengen Radongas freigesetzt, als auf natürliche Weise austritt. Dass Radongas Lungenkrebs verursachen kann, ist heute offiziell anerkannt. Atmet man Partikel unlöslichen Urans ein, werden etwa 60 Prozent davon verschluckt, etwa 5 Prozent gelangen jedoch in die Lunge, wo sie mehrere Jahre bleiben. Ein Teil wandert in die Lymphknoten, bevor das Uran nach und nach an den Blutkreislauf abgegeben wird; ein kleiner Teil bleibt ständig in den Lymphknoten. Während sich das Uran in der Lunge oder den Lymphknoten befindet, erhöht es das Krebsrisiko. Gelangt es in den Blutkreislauf, werden etwa 25 Prozent des Urans in den Knochen abgelagert, erhöhen dort ebenfalls das Krebsrisiko und gelangen von dort abermals nach und nach wieder in den Blutkreislauf. Uran verursacht nicht nur Nierenschäden und alle möglichen Krebsarten und Tumore, sondern auch Blutkrankheiten, Lymphknotenerkrankungen, mental-psychische Störungen und Fehlbildungen, wie zahlreiche Studien über Arbeiter in den Uranminen zeigen.[88]

Uranhaltige Munition gilt als Ursache des sogenannten »Golfkriegssyndroms«, das bei US-Soldaten nach dem Golfkrieg im Jahre 1991 beobachtet wurde. Es zeigten sich bei ihnen unter anderem Gelenk- und Muskelschmerzen, ungewöhnliche Müdigkeit und Erschöpfungszustände, Gedächtnisprobleme, Depressionen, Störungen der kognitiven und emotionalen Funktionen, außerdem Schwindel, Erbrechen und Diarrhoe, Lähmungen, Haar- und Zahnausfall, Drüsenschwellungen, Sehstörungen und Gedächtnisschwund. Auch kam es zu Missbildungen bei nach dem Krieg gezeugten irakischen und amerikanischen Kindern.[89]

Das Lungenkrebsrisiko ehemaliger Bergarbeiter aus den Uranminen der DDR ist bis heute deutlich erhöht. Das hat die weltweit größte Studie zu diesem Thema mit rund 59 000 ehemaligen Uran-Kumpeln der Wismut AG ergeben, die das BfS durchführte. Von den Studienteilnehmern, die zwischen 1946 und 1998 im Erzgebirge und in Thüringen beschäftigt waren, starben während der Untersuchungsdauer 2388 an Lungenkrebs. Das höchste Lungenkrebsrisiko stellten die BfS-Forscher in der Zeit zwischen 15 und 24 Jahren nach der Belastung fest. Insgesamt rechnen sie mit rund 7000 Lungenkrebstoten unter den 59 000 Studienteilnehmern. Deren Lungenkrebsrisiko sei gegenüber Menschen, die unter vergleichbaren Arbeitsbedingungen, aber ohne Strahlenbelastung gearbeitet haben, um durchschnittlich 50 Prozent erhöht. Bei ausschließlich unter Tage beschäftigten Arbeitern erhöhte sich das Risiko sogar um etwa 70 Prozent. Die Ergebnisse bestätigen frühere Studien, die ein zunehmendes Krebsrisiko mit steigender Strahlenbelastung zeigen. Allerdings bleibt dieses Risiko länger als bislang angenommen bestehen. »Die bisherige Annahme, dass das Risiko mit zunehmender Zeit nach der Exposition deutlich abnimmt, muss korrigiert werden«, betonte BfS-Präsident Wolfram König.

In Deutschland wurden bis 2009 rund 10 000 ehemalige Bergleute, die an Lungenkrebs erkrankt sind, als Strahlenopfer anerkannt. Untersuchungen wiesen bei ihnen auch ein erhöhtes Risiko für andere Tumorarten nach. Hinzu kommen zahlreiche andere Erkrankungen und Todesfälle aufgrund nicht strahlenspezifischer Belastungen mit Staub, Silikose und Giften wie Arsen beim Uranabbau.[90] In anderen Uranabbaugebieten stellt sich die Situation nicht besser dar. Die Einwohner der bereits erwähnten kirgisischen Bergbaustadt Mailuu-Suu erkranken doppelt so häufig an Krebs wie die Menschen im Rest des Landes. Krebs und Lungenkrankheiten häufen sich auch bei den Navajos, die im US-Bundesstaat New Mexico in Uranminen arbeiten.

Auch Menschen, die selbst nicht in den Minen arbeiten, sondern nur in deren Nähe leben, haben mit gesundheitlichen Folgen aufgrund der Emissionen des Uranabbaus zu kämpfen. Nach Messungen der französischen Umweltorganisation CRIIRAD liegt die radioaktive Belastung des Trinkwassers in der Umgebung der Uranbergwerke von Arlit um den Faktor sieben bis 110 über dem Grenzwert der Weltgesundheitsorganisation. Oft sind die Tailings und radioaktiv kontaminierten Gebiete noch nicht einmal richtig eingezäunt. Tiere weiden dort und trinken das radioaktive Wasser, Kinder spielen auf verstrahltem Boden. Und nicht nur in Frankreich gaben und geben die Minenbetreiber strahlenden Abraum gerne als Bau- und Auffüllmaterial ab. Hauptsache, sie waren das Zeug los.

5.3 Wismut und die Sanierung der Urangruben

1988 veröffentlichte in der DDR ein junger Friedens- und Umweltaktivist namens Michael Beleites unter dem Dach der evangelischen Kirche eine Studie mit dem Titel »Die Pechblende – Der Uranbergbau in der DDR und die Folgen«. Auf 65 Seiten wurden der Ablauf und die Schäden des Uranbergbaus detailliert aufgeführt. Beleites berichtete vom uranhaltigen Staub, dem die Bergleute in den Schächten ausgesetzt sind, vom radioaktiv verunreinigten Grubenwasser, das in die Flüsse geleitet wird, von radonhaltiger Luft, die über Wohngebieten steht. Und er zeigte Fotos von Uranerzhalden, die unmittelbar an Häuser heranreichen, von giftigen Schlämmen und Staubwolken und listete Strahlenschäden auf. Die Studie verbreitete sich in der DDR wie ein Lauffeuer.[91]

Beleites hatte seit 1986 heimlich recherchiert und versucht, sich ein Bild vom Uranbergbau der Sowjetisch-Deutschen Wismut AG zu machen. Deren Aktivitäten waren in der DDR weitgehend geheim gehalten worden. Für seine Recherchen war er kreuz und quer im Wismut-Gebiet unterwegs, oft wurde er dabei von dem Ostberliner Physiker Sebastian Pflugbeil begleitet. Dabei gerieten sie in das Visier der Stasi, die sie auffällig beobachtete.

Was Beleites und Pflugbeil sahen, war erschreckend. Die Abraumhalden gingen zum Teil bis in die Gärten hinein. »Zum Teil wurde das Erz auf einen Haufen geschüttet und Säure oder Lauge drüber rieseln gelassen mit dem Ziel, das Uran da rauszulösen. Und unten wurde dann auf so Küchenfußbodenbahnen versucht, diese giftige Brühe wieder aufzufangen, in der Uran gelöst war«, erzählte Pflugbeil Jahre später im Deutschlandfunk. Aber ein großer Teil der giftigen

Brühe sei eben nicht auf dem »Küchenfußboden« gelandet, der ringsum ausgelegt war. »Ich habe zum Beispiel gesehen, dass aus dem Boden der Felder so richtige gelb-giftige Fontänen raus kamen von dem Zeug. Also absolut haarsträubend. Und direkt daneben waren landwirtschaftliche Nutzflächen, Felder und weidende Kühe.«[92]

Joachim Tschirners Dokumentarfilm *Yellow Cake – Das Märchen von der sauberen Energie* zeigt eindrucksvoll, mit welch großem Aufwand die ehemaligen Urangruben der Wismut AG saniert werden müssen. Dennoch ist höchst zweifelhaft, ob damit die Gefahren, die von den Urangruben und dem bei Uranbergbau angefallenen radioaktiven Müll ausgehen, auf Dauer gebannt sind.[93]

Selbst die nur notdürftige Sanierung der ehemaligen Urangruben kostet Unsummen. Bezahlen dafür muss am Ende immer der Staat – und damit wir alle. Die sogenannte »Renaturierung« der Uranhalden und Bergwerke der Wismut AG in Sachsen und Thüringen kostet die Steuerzahler mindestens 6,5 Milliarden Euro. Um die Kosten der Sanierung zu drücken, gelten im Wismut-Gebiet nach wie vor die alten DDR-Strahlenschutzgrenzwerte, die wesentlich großzügiger angesetzt sind als die bundesdeutschen. Auch für die Sanierung der Menzenschwander Urangrube und die »Entsorgung« der Tailings der Uranerzaufbereitungsanlage in Ellweiler musste der Staat aufkommen. Die zuvor jahrelang vom Staat unterstützten Unternehmen hatten rechtzeitig Konkurs angemeldet.

Eine echte Renaturierung der Urangruben ist praktisch unmöglich, es handelt sich bei den Maßnahmen lediglich um eine Schadensbegrenzung. Man kann versuchen, die radioaktiven und toxischen Rückstände so zu lagern, dass sie nicht so leicht das Grundwasser, Bäche, Flüsse oder Seen vergiften können, der Wind sie nicht über die ganze Region verteilt und Schlammlawinen oder Erosion vermieden werden. Bestenfalls wird man diese Gefahren für die nächsten Jahre oder Jahrzehnte halbwegs bannen können. Aber für die nächsten hundert, tausend oder gar mehrere hunderttausend Jahre? Wohl kaum. Die ehemaligen Urangruben bleiben auch nach einer Sanierung tickende Zeitbomben, die Mensch und Umwelt bedrohen.

5.4 Wie lange reicht das Uran?

Die Produktion der Uranminen kann schon seit Mitte der 1980er Jahre den weltweiten Bedarf nicht mehr decken. Alle Minen zusammen fördern derzeit nur etwa 40 000 bis 50 000 Tonnen Natur-Uran im Jahr. Die 442 Atomkraftwerke, die Anfang 2011 laut Internationaler Atomenergie-Organisation weltweit in Betrieb waren, verbrauchen jährlich aber rund 65 000 Tonnen Uran. Dass den Atomkraftwerken trotzdem der Brennstoff nicht ausgeht, liegt zum einen an vor 1985 aufgebauten zivilen Lagerbeständen und zum anderen an den Abrüstungsverträgen zwischen den USA und Russland. Das hoch angereicherte Uran (HEU) aus den Sprengköpfen der Atomwaffen wurde dazu mit abgereichertem oder leicht angereichertem Uran verdünnt. Durch die Abrüstungsverträge ist nach dem Ende des Kalten Krieges der Weltmarktpreis für Reaktor-Uran eingebrochen, nur noch Uranminen mit relativ hohen Urankonzentrationen überlebten. Doch mittlerweile versiegen langsam die sogenannten »Sekundärquellen« – nukleare Abrüstung und zivile Lagerbestände –, die Uranpreise steigen stark. Die Atomindustrie fordert deshalb, den Uranbergbau massiv auszuweiten.

Die IAEO und die OECD erwarten, dass der Bedarf an Uran durch die bekannten Lagerstätten bei heutiger Verbrauchsrate noch 83 Jahre gedeckt werden kann. Das stimmt ungefähr mit den Schätzungen des Weltverbandes der Reaktorbetreiber überein, der von Vorräten von knapp 5,5 Millionen Tonnen ausgeht. Doch schon lange bevor die Vorräte aufgebraucht sind, werden die Uranpreise massiv steigen. Die besten, reichhaltigsten Lagerstätten werden als erste ausgebeutet sein. Bei den verbleibenden Vorkommen mit immer geringerem Urangehalt lässt sich der radioaktive Brennstoff nur mit immer größerem Aufwand und immer schlimmeren Umweltschäden aus dem Uranerz extrahieren. Würde es tatsächlich eine »Renaissance der Atomkraft« geben – und die Zahl der Atomkraftwerke weltweit steigen –, gingen die Uranvorräte entsprechend schneller zurück. »Vor allem aber wäre binnen weniger Jahre mit Versorgungsengpässen zu rechnen, weil die Uranminen mit der Produktion nicht hinterherkommen«, stellt Armin Simon von .ausgestrahlt fest.

Kanada, Australien und Kasachstan lieferten 2007 zusammen knapp 60 Prozent des neu geförderten Urans. Weitere große Lieferanten sind Niger, Russland, Namibia und Usbekistan. Kanada und Südafrika sind die beiden einzigen Länder, die Atomstrom produzieren und nicht auf Uranimporte angewiesen sind. Die meisten Länder mit Atomkraftwerken besitzen entweder so gut wie gar keine eigene Uranförderung oder fördern weit weniger Uran, als sie benötigen (USA, Russland). Atomkraft ist also für die meisten Staaten keine einheimische Energiequelle. »Insbesondere Russland könnte schon bald in eine ernste Uranversorgungskrise geraten. Ein Umstand, der sich auf die Betreiber von Kernkraftwerken in der EU ausweiten könnte, die rund ein Drittel ihres Brennstoffes aus Russland beziehen. Neben Russland könnten auch China und

Indien in einen Versorgungsengpass geraten, wenn sie ihr Reaktorarsenal wie angekündigt ausbauen«, meint Gerd Rosenkranz von der Deutschen Umwelthilfe.

Bundesregierung verschleiert die Herkunft des deutschen Urans

Als Campact im Sommer 2010 dazu aufrief, vor Wahlkreisbüros von Bundestagsabgeordneten der schwarz-gelben Koalition »Atomalarm« zu schlagen, erstellte die FDP-Zentrale in Berlin eigens ein Flugblatt für ihre Abgeordneten. Ohne diese Argumentationshilfe wären die FDP-Politiker wohl sonst aufgeschmissen gewesen. Zum Thema Uran heißt es in dem Flugblatt: »Deutschland bezieht sein Uran zu einem großen Teil aus politisch stabilen Ländern wie Australien (23 Prozent) oder Kanada (28 Prozent).«[94] Abgesehen davon, dass laut dieser Zahlen immer noch 49 Prozent aus politisch weniger stabilen Ländern kommen könnten, ist es gar nicht so einfach herauszufinden, woher das Uran für die deutschen Atomkraftwerke wirklich stammt.

Die Bundesanstalt für Geowissenschaften und Rohstoffe nennt vor allem Großbritannien und Frankreich als Uran-Zuliefererländer. Demnach kamen im Jahr 2009 rund 45 Prozent des Natur-Urans aus Frankreich, 41 Prozent aus Großbritannien, 11 Prozent aus den USA und nur 3 Prozent aus Kanada. Doch die Lieferländer sagen noch nichts darüber aus, woher das Uran ursprünglich stammt. »Die Bundesregierung verschleiert die Herkunft des Urans für die deutschen Atomkraftwerke«, kritisiert Benjamin Paaßen in einer Studie für die Ärzteorganisation IPPNW.[95] In den beiden Hauptlieferländern Großbritannien und Frankreich gibt es nämlich gar keine Uranminen.

Laut den Statistiken von Eurostat importierte unser Zulieferer Frankreich im Jahr 2009 sein Natur-Uran aus folgenden Ländern: Australien (27 %), Niger (23 %), Kanada (18 %), Kasachstan (9 %), Usbekistan (7 %), USA (5 %), Russland (4 %), sonstige Länder (7 %). Woher Großbritannien als zweitgrößtes Lieferland sein Uran bezieht, geht aus den Eurostat-Statistiken, auf die sich Paaßen für seine Studie stützte, leider nicht hervor. Laut Ulrich Schwarz-Schampera von der Bundesanstalt für Geowissenschaften und Rohstoffe erhält Großbritannien das Natur-Uran zum größten Teil aus Namibia.[96]

Woher das Uran für die deutschen Atomkraftwerke stammt, lässt sich aufgrund der Verschleierungspolitik der Bundesregierung und der fehlenden Daten aus Großbritannien nicht detailliert ermitteln. Zudem ist die Uranproduktion in den USA, Kanada und Australien rückläufig. In Zukunft wird deshalb wahrscheinlich unsere Abhängigkeit von Uran aus Afrika oder Kasachstan zunehmen. »In der Konsequenz erscheint folglich die Versorgung Deutschlands mit Uran als mindestens ebenso unsicher und als ebenso abhängig von internationalen Partnern außerhalb der OECD, wie das schon bei anderen, konventionellen, fossilen Energieträgern der Fall ist«, lautet das Fazit der IPPNW-Studie. Würde die Atomenergie weltweit massiv ausgebaut, müsste man ganz massiv in die Plutoniumwirtschaft einsteigen, mit einer flächendeckenden Wiederaufarbeitung und den besonders gefährlichen Schnellen Brütern als Standardreaktor. Gleichzeitig würde sich auch die Menge des Atommülls massiv erhöhen, auch weil die Wiederaufbereitung das Volumen des Abfalls vergrößert. In der Folge wären noch mehr Endlager nötig.

Vor allem aber: Kanada und Australien sind zwar politisch stabile Länder. Doch die Uranminen, Uranaufbereitungsanlagen sowie die Abraumhalden und Tailings schädigen auch dort Menschen und Umwelt durch ihre Strahlung, ihre radioaktiven und giftigen Stäube und Gase und das von ihnen kontaminierte Wasser. Einen »sauberen« Uranabbau gibt es nicht. Das Schicksal der Ureinwohner Kanadas und Australiens, deren Lebensgrundlagen durch den Uranabbau zerstört werden, scheint der FDP jedoch nicht der Rede wert zu sein.

Die angeblich so saubere Atomkraft häuft nicht nur am Ende, sondern auch ganz am Anfang der Brennstoffkette einen gigantischen Berg aus radioaktivem und giftigem Müll auf, der das Grundwasser bedroht, die Luft verseucht und die Bevölkerung verstrahlt. »Die angeblich ›umweltfreundliche‹ Atomenergie hinterlässt schon vor der Produktion der ersten Kilowattstunde ›National Sacrifice Area‹ – Opferzonen, die Mondlandschaften gleichen. Die angeblich ›ungefährliche‹ Atomkraft fordert gleich zu Beginn Zehntausende von Opfern – Arbeiterinnen und Arbeiter, die im radioaktiven Staub von Minen und Gruben ihre Gesundheit oder gar ihr Leben verlieren. Der Grund für all dies heißt: Uran«, sagt Armin Simon. Doch die Atomkraftbefürworter ignorieren die katastrophalen Folgen des Uranabbaus. »Für die CDU ist Kernenergie Ökoenergie«, meinte der damalige CDU-Generalsekretär und spätere Kanzleramtschef Ronald Pofalla.

6. Siamesische Zwillinge

Die Geschichte der Atomtechnik beginnt mit der Atombombe. Schon bald, nachdem Otto Hahn, Fritz Straßmann und Lise Meitner[97] 1938 die Kernspaltung entdeckt hatten, begannen intensive Bemühungen, sie militärisch nutzbar zu machen. Getrieben von der Furcht, Hitler könne als Erster in den Besitz von Atomwaffen kommen, starteten die USA im Jahr 1942 das »Manhattan-Projekt«. Unter der Leitung von Robert Oppenheimer arbeiteten ab 1943 im Forschungslaboratorium Los Alamos im US-Bundesstaat New Mexico mehrere tausend Menschen unter strengster Geheimhaltung an der Entwicklung der neuen Massenvernichtungswaffen. Man wollte damit Nazi-Deutschland zuvorkommen. Auch die Sowjetunion begann 1942 mit der Entwicklung von Atomwaffen.

Am 6. August 1945 um 8.15 Uhr warf der B-29-Bomber »Enola Gay« in 9600 Meter Höhe die Atombombe »Little Boy« ab. Sie explodierte 580 Meter über Hiroshima. Eine einzige Bombe machte über 80 Prozent der Stadt dem Erdboden gleich, im Umkreis eines halben Kilometers waren 90 Prozent der Einwohner sofort tot, ebenso 59 Prozent der Menschen im Umkreis von einem Kilometer. Bei Menschen, die sich im Stadtkern aufgehalten hatten, verdampften die obersten Hautschichten. In stehen gebliebene Hauswände brannte der gleißende Blitz Schattenrisse von Menschen, ehe die Druckwelle sie fortriss. Die bei der Explosion freigesetzte radioaktive Strahlung tötete noch Wochen, Monate oder Jahre später Menschen, die nicht unmittelbar der Druck- und Hitzewelle zum Opfer gefallen waren. Menschen, die vor der unerträglichen Hitze an den Fluss geflohen waren und von dem radioaktiv verseuchten Wasser tranken, fielen die Haare aus, sie bekamen rote Flecken am ganzen Körper und starben schließlich qualvoll an inneren Blutungen. Am 9. August folgte der Abwurf der Atombombe »Fat Man« über Nagasaki, die mindestens 40 000 weitere Menschen sofort tötete. In den folgenden fünf Jahren stieg die Zahl der Todesopfer auf mehr als 250 000. In den Jahren und Jahrzehnten danach – bis heute – starben zahlreiche weitere Menschen an den Spätfolgen der Atombombenabwürfe.

Sieben Jahre später verkündete Präsident Dwigtht D. Eisenhower 1953 sein Programm »Atoms for Peace«. Es war der Startschuss für die sogenannte »friedliche Nutzung der Atomenergie«. Eisenhower bot allen interessierten Staaten einen einfachen Deal an: Die USA würden ihnen ihr damals noch weitgehend geheimes Wissen über die Kernspaltung offenbaren, damit diese auch von den angeblichen Segnungen der Atomenergie profitieren könnten. Im Gegenzug sollten diese Länder sich verpflichten, auf Nuklearwaffen zu verzichten. Selbst Länder wie Schweden und die Schweiz hegten damals Ambitionen, sich Kernwaffen zu verschaffen. Mit seiner Initiative wollte der US-Präsident deshalb verhindern, dass noch mehr Staaten eigene Atomwaffenprogramme auflegen. Innerhalb weniger Jahre nach dem Zweiten Weltkrieg waren nach den Vereinigten Staaten auch die Sowjetunion, Großbritannien, Frankreich und China zu Atommächten geworden.

In der Bundesrepublik wurde Franz Josef Strauß 1955 zum ersten »Bundesminister für Atomfragen«. Dem CSU-Politiker ging es von Anfang an nicht nur um die »friedliche Nutzung«

der Atomenergie. 1957 wurde Strauß Verteidigungsminister und wollte die Bundeswehr mit taktischen Atomsprengköpfen und Abschussbasen für Kurzstreckenraketen ausrüsten. Bundeskanzler Adenauer (CDU) verharmloste solche »taktischen Atomwaffen« in einem Interview als »Weiterentwicklung der Artillerie« und forderte, die Bundeswehr müsse mit solchen »fast normalen« Waffen ausgestattet werden. Daraufhin veröffentlichten 18 Naturwissenschaftler am 12. April 1957 die sogenannte »Göttinger Erklärung«. Zu den Unterzeichnern gehörten nicht nur die Entdecker der Kernspaltung, Otto Hahn und Fritz Straßmann, sondern auch weitere berühmte Wissenschaftler, beispielsweise Werner Heisenberg und Carl Friedrich von Weizsäcker. Einige der Wissenschaftler hatten bereits im Dritten Reich am »Uranprojekt« mitgewirkt. Die Atomforscher widersprachen dem Bundeskanzler deutlich. Der Text der »Göttinger Achtzehn« ist so bedeutend, dass er hier ungekürzt dokumentiert werden soll:

> Die Pläne einer atomaren Bewaffnung der Bundeswehr erfüllen die unterzeichnenden Atomforscher mit tiefer Sorge. Einige von ihnen haben den zuständigen Bundesministern ihre Bedenken schon vor mehreren Monaten mitgeteilt. Heute ist eine Debatte über diese Frage allgemein geworden. Die Unterzeichnenden fühlen sich daher verpflichtet, öffentlich auf einige Tatsachen hinzuweisen, die alle Fachleute wissen, die aber der Öffentlichkeit noch nicht hinreichend bekannt zu sein scheinen.
>
> 1. Taktische Atomwaffen haben die zerstörende Wirkung normaler Atombomben. Als »taktisch« bezeichnet man sie, um auszudrücken, daß sie nicht nur gegen menschliche Siedlungen, sondern auch gegen Truppen im Erdkampf eingesetzt werden sollen. Jede einzelne taktische Atombombe oder -granate hat eine ähn-

liche Wirkung wie die erste Atombombe, die Hiroshima zerstört hat. Da die taktischen Atomwaffen heute in großer Zahl vorhanden sind, würde ihre zerstörende Wirkung im Ganzen sehr viel größer sein. Als »klein« bezeichnet man diese Bomben nur im Vergleich zur Wirkung der inzwischen entwickelten »strategischen« Bomben, vor allem der Wasserstoffbomben.

2. Für die Entwicklungsmöglichkeit der lebensausrottenden Wirkung der strategischen Atomwaffen ist keine natürliche Grenze bekannt. Heute kann eine taktische Atombombe eine kleinere Stadt zerstören, eine Wasserstoffbombe aber einen Landstrich von der Größe des Ruhrgebietes zeitweilig unbewohnbar machen. Durch Verbreitung von Radioaktivität könnte man mit Wasserstoffbomben die Bevölkerung der Bundesrepublik wahrscheinlich schon heute ausrotten. Wir kennen keine technische Möglichkeit, große Bevölkerungsmengen vor dieser Gefahr sicher zu schützen.

Wir wissen, wie schwer es ist, aus diesen Tatsachen die politischen Konsequenzen zu ziehen. Uns als Nichtpolitikern wird man die Berechtigung dazu abstreiten wollen; unsere Tätigkeit, die der reinen Wissenschaft und ihrer Anwendung gilt und bei der wir viele junge Menschen unserem Gebiet zuführen, belädt uns aber mit einer Verantwortung für die möglichen Folgen dieser Tätigkeit. Deshalb können wir nicht zu allen politischen Fragen schweigen. Wir bekennen uns zur Freiheit, wie sie heute die westliche Welt gegen den Kommunismus vertritt. Wir leugnen nicht, daß die gegenseitige Angst vor den Wasserstoffbomben heute einen wesentlichen Beitrag zur Erhaltung des Friedens in der ganzen Welt und der Freiheit in einem Teil der Welt leistet. Wir halten aber diese Art, den Frieden und die Freiheit zu sichern, auf die Dauer für unzuverlässig, und wir halten die Gefahr im Falle des Versagens für tödlich. Wir fühlen keine Kompetenz, konkrete Vorschläge für die Politik der Großmächte zu machen. Für ein kleines Land wie die Bundesrepublik glauben wir, daß es sich heute noch am besten schützt und den Weltfrieden noch am ehesten fördert, wenn es ausdrücklich und freiwillig auf den Besitz von Atomwaffen jeder Art verzichtet. Jedenfalls wäre keiner der Unterzeichnenden bereit, sich an der Herstellung, der Erprobung oder dem Einsatz von Atomwaffen in irgendeiner Weise zu beteiligen. Gleichzeitig betonen wir, daß es äußerst wichtig ist, die friedliche Verwendung der Atomenergie mit allen Mitteln zu fördern, und wir wollen an dieser Aufgabe wie bisher mitwirken.

Fritz Bopp, Max Born, Rudolf Fleischmann, Walther Gerlach, Otto Hahn, Otto Haxel, Werner Heisenberg, Hans Kopfermann, Max v. Laue, Heinz Maier-Leibnitz, Josef Mattauch, Friedrich-Adolf Paneth, Wolfgang Paul, Wolfgang Riezler, Fritz Straßmann, Wilhelm Walcher, Carl Friedrich Frhr. v. Weizsäcker, Karl Wirtz

Die »Göttinger Erklärung« stieß auf ein unerwartet großes Echo. Es bildete sich die »Kampf dem Atomtod«-Bewegung, eine der ersten großen Protestbewegungen in der Bundesrepublik. In den westdeutschen Großstädten nahmen im Frühjahr 1958 insgesamt rund 1,5 Millionen Menschen an Großkundgebungen teil. Die Bundeswehr bekam letztlich keine eigenen Atomsprengköpfe, aber sie wurde mit Trägersystemen für amerikanische Atomsprengköpfe ausgestattet. Im Rahmen der »nuklearen Teilhabe« liegen in Deutschland, Belgien, den Niederlanden, Italien und der Türkei US-Atomwaffen für die einheimischen Streitkräfte bereit. Auch Bundeswehrpiloten trainieren bis heute deren Abwurf. Die Bundesregierung lagerte zudem über Jahrzehnte mehrere Tonnen bombentaugliches Plutonium in einem Bunker bei Hanau. Damit wollte man sich demonstrativ die Möglichkeit offenhalten, innerhalb kurzer Zeit eigene Atomwaffen bauen zu können. Auch wenn das natürlich nie so deutlich gesagt wurde. Erst die rot-grüne Koalition unter Bundeskanzler Schröder veranlasste den Abtransport des Bombenmaterials in die französische Wiederaufbereitungsanlage La Hague.

6.1 Zivile und militärische Atomtechnik lassen sich nicht trennen

Wie Eisenhowers »Atoms for peace«-Initiative befürworteten auch die »Göttinger Achtzehn« die »friedliche Nutzung« der Atomkraft. Doch die Vorstellung, man könne einerseits die Verbreitung der zivilen Nukleartechnik fördern, gleichzeitig aber die Weiterverbreitung von Kernwaffen verhindern, sollte sich schon bald als Illusion erweisen. Atombomben und Atomkraftwerke nutzen beide die Energie, die bei der Spaltung von Atomkernen freigesetzt wird. In einer Atombombe läuft die Kettenreaktion unkontrolliert ab, die Kernenergie aus den Spaltstoffen soll explosionsartig freigesetzt werden. In einem Kraftwerk dagegen wird die nukleare Kettenreaktion durch verschiedene Maßnahmen unter Kontrolle gebracht, so dass es zu keiner Explosion kommt. Mit der Energie, die bei der Kernspaltung entsteht, wird Wasserdampf erzeugt, der Turbinen antreibt, die über einen Generator Strom produzieren. Doch auch wenn es sich dabei um unterschiedliche technische Konstruktionen handelt, haben Atomwaffen und Atomkraftwerke zwei Dinge gemeinsam: Sie benötigen erstens beide angereichertes Uran oder Plutonium als Spaltstoffe und zweitens Technologien, um diese herzustellen und zu verarbeiten. Daher kann man Stoffe und Technologien, die für den Betrieb von Atomkraftwerken benötigt werden, auch für den Bau von Atombomben verwenden. Die Nukleartechnik ist eine klassische »Dual-use«-Technologie, die sowohl zivil als auch militärisch genutzt werden kann.

Kernwaffen können entweder auf Basis von Plutonium oder auf Basis von Uran hergestellt werden. Laut der internationalen Atomenergiebehörde IAEO sind mindestens 25 Kilogramm hoch angereichertes Uran oder mindestens 8 Kilogramm Plutonium-239 nötig, um eine einfache, aber funktionierende Atomwaffe zu bauen. Wenn allerdings ein Akteur Zugang zu moderner Technologie für den Bau eines hochentwickelten nuklearen Sprengkörpers hat, genügen auch schon geringere Mengen. Bei Plutonium werden dann 4 Kilogramm für ausreichend gehalten, sagt Otfried Nassauer. Der Friedensforscher ist Leiter des Berliner Informationszentrums für Transatlantische Sicherheit (BITS). Die USA, Russland, Großbritannien, Frankreich, China und Pakistan haben beide Arten von Nuklearwaffen gefertigt. »Israel, Indien und möglicherweise Nordkorea haben auf dem Plutoniumpfad ihre ersten Atomwaffen gebaut. Das einzige Land, das ausschließlich und erfolgreich Uran nutzte, um seine erste Atomwaffe zu bauen, war Südafrika. Dem Iran wird vorgeworfen, es erneut versuchen zu wollen«, so Nassauer. Südafrika vernichtete seine Atomwaffen nach dem Ende der Apartheid.[98]

Die Weiterverbreitung von Wissen, Technologien, Material oder Bauplänen für Massenvernichtungswaffen bezeichnet man als Proliferation. Das Wort stammt aus dem Lateinischen, *proles* bedeutet »Nachwuchs« oder »Sprössling«, *ferre* heißt »tragen«. Als besonders proliferationsgefährdet gelten die folgenden Elemente der nuklearen Brennstoffkette:
- Technologien und Anlagen zur Anreicherung von Uran,
- Brennstoff aus hoch angereichertem Uran (highly enriched uranium, HEU) für Forschungs- und Schiffsreaktoren,

- Forschungsreaktoren und Atomkraftwerke, die Plutonium herstellen können,
- die Separierung von Plutonium aus abgebrannten Brennelementen in Wiederaufbereitungsanlagen und die Technologien, die in diesen Anlagen eingesetzt werden,
- Lager für separiertes militärisches Plutonium und Reaktorplutonium sowie für hoch angereichertes Uran,
- Forschungs- und Produktionsanlagen für die Herstellung anderer Materialien, die sich für Atomwaffen eignen, wie Tritium oder Polonium-210.

Proliferationsrisiko Urananreicherung

Natürliches Uran besteht nur zu 0,7 Prozent aus dem spaltbaren Isotop Uran-235. Für die meisten Reaktortypen ist das zu wenig. In den Anreicherungsanlagen wird das Uran in eine angereicherte Fraktion mit einem höheren Gehalt an leichterem Uran-235 und eine abgereicherte Fraktion mit einem niedrigeren Gehalt an Uran-235 getrennt. Bis zu einem Anteil von 20 Prozent Uran-235 spricht man von niedrig angereichertem Uran (low enriched uranium, LEU), ist der Anteil höher, spricht man von hoch angereichertem Uran (highly enriched uranium, HEU). Die meisten Atomkraftwerke verwenden niedrig angereichertes Uran (LEU), das drei bis fünf Prozent Uran-235 enthält. LEU ist nicht waffenfähig. Für die Herstellung von Nuklearwaffen wird hoch angereichertes Uran benötigt.

Praktisch jede Urananreicherungsanlage kann auch dafür genutzt werden, um hoch angereichertes Uran (HEU) herzustellen. Besonders einfach und effektiv ist das bei Anlagen möglich, die das Uran mit Hilfe von Zentrifugen anreichern.

Im nordrhein-westfälischen Städtchen Gronau nahe der niederländischen Grenze steht eine solche Anlage. Sie erstreckt sich über mehrere Quadratkilometer und wird Tag und Nacht von Polizei und Geheimdiensten überwacht sowie durch hohe Sicherheitszäune gesichert. Betreiber der Anlage ist die britisch-niederländisch-deutsche Firma Urenco (Uranium Enrichment Company). Sowohl Urenco als auch die Bundesregierung sind vertraglich verpflichtet, die Anlage ausschließlich für zivile Zwecke zu nutzen. In einer Urenco-Anlage in den Niederlanden hat Abdul Kadir Khan 1974 Zentrifugentechnologie zur Urananreicherung gestohlen. Khan wurde in den 1990er Jahren nicht nur in seinem Heimatland als Vater der pakistanischen Atombombe gefeiert, sondern auch, wie der *Spiegel* schrieb, zum »gefährlichsten Schwarzmarktdealer für den Bau der Bombe in aller Welt«. Das »Khan-Netzwerk« verkaufte nukleares Wissen, Technologie und Ausrüstung an den Iran, Libyen und Nordkorea.

Der Iran betreibt bei der Kleinstadt Natanz eine Anlage mit genau der gleichen Technologie, wie sie in Gronau eingesetzt wird. Auch das Mullahregime hat sich vertraglich verpflichtet, die Anlage nur zivil zu nutzen. Doch fast die ganze Welt zweifelt an diesem Versprechen. Zum einen, weil Irans Präsident Ahmadinedschad Israel mit der Vernichtung gedroht hat. Und zum anderen, weil der Iran über die zweitgrößten Erdgasreserven der Welt verfügt und moderne, hocheffiziente Gaskraftwerke dort kostengünstiger und vor allem auf weniger riskante Weise Strom produzieren könnten als Atomkraftwerke. Das einzige Atomkraftwerk sollte eigentlich im Februar 2011 ans Netz gehen, aber die Inbetriebnahme verzögerte sich weiter. Offenbar hat der Computervirus Stuxxnet größere Schäden verursacht, als der Iran zugibt.

Doch es gibt außer den Urananreicherungsanlagen auch

andere Möglichkeiten, an hoch angereichertes Uran zu kommen. Im Jahr 2010 wurde HEU-Brennstoff noch in rund 130 Forschungsreaktoren genutzt, außerdem in den Reaktoren von atomgetriebenen U-Booten und Schiffen. Insgesamt wird noch in fast 40 Ländern mit HEU hantiert, wenn auch mit abnehmender Tendenz. Während auf der ganzen Welt versucht wird, Forschungsreaktoren auf niedrig angereicherte, nicht waffentaugliche Brennstoffe umzurüsten, macht die Bayerische Staatsregierung das genaue Gegenteil. Gemeinsam mit der TU München setzte sie vor wenigen Jahren gegen massive Proteste den Bau eines neuen Forschungsreaktors durch, der mit HEU betrieben wird, des FRM-II in Garching. Jedes Jahr benötigt der umstrittene Reaktor 40 Kilogramm zu 93 Prozent angereichertes HEU, das aus Russland importiert wird. Unbestrahlte Brennelemente werden in der Nähe des Forschungsreaktors mitten auf dem Uni-Campus gelagert. Die bestrahlten Brennelemente werden ins Atommüllzwischenlager in Ahaus transportiert. Selbst sie enthalten noch waffentaugliches HEU.

»Die Verwendung von HEU-Brennstoffen in solchen Reaktoren ruft schon lange Sicherheits- und Proliferationsbefürchtungen hervor, weil HEU bei vergleichsweise geringem Risiko relativ leicht zu handhaben ist und viele Forschungsreaktoren keine elaborierten Sicherheitssysteme haben. Erhebliche Mengen gebrauchten HEU-Brennstoffs lagern zudem noch immer in oder bei stillgelegten Forschungsreaktoren. Mehr als die Hälfte der bis 2004 außer Dienst gestellten etwa 380 Reaktoren wurden bis 2010 nicht vollständig rückgebaut«, führt der Friedensforscher Otfried Nassauer aus.[99]

Experten befürchten, dass andere Forschungsreaktorbetreiber nun die Umrüstung auf niedrig angereichertes Uran verweigern und dabei auf den Garchinger Reaktor verweisen oder sogar neue Forschungsreaktoren bauen, die mit waffenfähigem Uran betrieben werden. »Für die internationalen Bemühungen, HEU aus allen Anwendungen zu verbannen, ist der Garchinger Forschungsreaktor daher ein schwerer Rückschlag«, schreiben der Physiker Wolfgang Liebert vom International Network of Enegineers and Scientists Aigainst Proliferation (INESAP) und Armin Simon von .ausgestrahlt. Sogar die US-Regierung hatte deshalb Bayern gebeten, auf HEU als Brennstoff zu verzichten. Eigentlich sollte der Reaktor 2010 auf einen anderen Brennstoff umgerüstet werden, da jedoch bislang kein alternativer Brennstoff zur Verfügung steht, der den Betrieb einer vergleichbar starken Neutronenquelle ermöglichen würde, wird die Anlage weiterhin mit HEU betrieben – wahrscheinlich noch bis Ende des Jahrzehnts.

Plutonium aus Wiederaufbereitungsanlagen und Atomkraftwerken

Das radioaktive Schwermetall Plutonium entsteht in jedem Atomreaktor als Nebenprodukt bei der Bestrahlung von Uran. Je nach Reaktortyp und der Bestrahlungszeit des Brennstoffes können unterschiedliche Mengen waffenfähigen Plutoniums oder Reaktorplutoniums produziert werden. Waffenfähiges Plutonium enthält mehr als 95 Prozent der spaltbaren Isotope Pu 239 und P241, während Reaktorplutonium »nur« rund 67 Prozent dieser Isotope enthält. Entgegen anderslautender Behauptungen können beide Plutoniumarten für den Bau von Atomwaffen verwendet werden. »Im Jahr 1977 wurde bekannt, dass das US-Energieministerium bereits 1962 erfolgreich einen unterirdischen Test mit einer aus Reaktorplutonium hergestellten Atomwaffe durchgeführt hatte. Damit wurde klar, dass es prinzipiell möglich ist, Atomwaffen aus

»zivilem«, sprich: Reaktorplutonium zu fertigen. Eine Untersuchung, die in den Los Alamos National Laboratories durchgeführt wurde, kam 1990 zu dem Schluss, dass Staaten oder terroristische Gruppen, die versuchen würden, eine Nuklearwaffe aus Reaktorplutonium zu bauen, mit nur graduell, aber nicht prinzipiell anderen Schwierigkeiten zu kämpfen hätten als Akteure, die Zugang zu Waffenplutonium haben, so Nassauer.

Die abgebrannten Brennelemente aus deutschen Atommeilern enthalten etwa ein Prozent Plutonium. Pro Atomreaktor entstehen jedes Jahr etwa 250 Kilogramm der hochgiftigen Substanz, die schon in geringsten Mikrogrammdosen Krebs auslöst. In den sogenannten Wiederaufbereitungsanlagen wird das Plutonium aus den stark verstrahlten, abgebrannten Brennelementen extrahiert. Allein in der französischen Wiederaufbereitungsanlage La Hague werden jedes Jahr mehr als 10 Tonnen reines Plutonium abgetrennt. Insgesamt liegen weltweit mittlerweile 250 Tonnen des gefährlichen Stoffes auf Halde. Das ist etwa genauso viel, wie die Atomwaffenstaaten für ihre Bomben produziert haben.[100] In den Wiederaufbereitungsanlagen kann sowohl Reaktor- als auch Waffenplutonium abgespalten werden. In La Hague, Sellafield und der kleinen Versuchsanlage in Karlsruhe wurden um die 50 Tonnen Plutonium aus abgebrannten Brennelementen deutscher Atomreaktoren abgetrennt. Da die AKW-Betreiber verpflichtet sind, das Plutonium wieder abzunehmen, kommen daher in einigen deutschen Atomkraftwerken sogenannte Mischoxid-Brennelemente (MOX) zum Einsatz. Diese bestehen anders als herkömmliche Brennelemente nicht nur aus Uran, sondern aus einem Mix aus Uranoxid und Plutoniumoxid. Damit sind zusätzliche Risiken verbunden, weil große Mengen Plutonium von den Wiederaufbereitungsanlagen zu den

Brennelementefabriken und von dort zu den Atomkraftwerken verfrachtet werden müssen, wo sie zunächst gelagert werden. Das erhöht die Unfallgefahren, aber auch das Risiko, dass atomwaffenfähiges Material gestohlen werden könnte.

Auch beim Betrieb von Atomkraftwerken mit den MOX-Brennelementen erhöhen sich aus physikalischen Gründen die Risiken. Dort sind daher zusätzliche Maßnahmen nötig, um die Reaktivität kontrollieren zu können. Da MOX-Brennelemente mehr langlebige radioaktive Stoffe enthalten, wären bei einem Reaktorunfall die Schäden noch größer als bei einem Unfall in einem mit normalen Brennelementen betriebenen Meiler. Außerdem sind abgebrannte MOX-Brennelemente heißer als Uranbrennelemente und benötigen deshalb bei der Endlagerung mehr Platz. »Eigentlich ist der Einsatz von MOX-Brennelementen aber ökonomisch unattraktiv, denn zu den enormen Kosten der Wiederaufbereitung kommen erhebliche Zusatzkosten für die MOX-Fertigung hinzu. Nur der Druck auf die AKW-Betreiber, bis zum Ende der vereinbarten Laufzeiten auch die Plutoniumbestände beiseite zu schaffen, motivierte diese zur verstärkten MOX-Nutzung. Eine Alternative zu MOX wäre eine Verglasung zusammen mit anderem radioaktiven Müll aus der Wiederaufarbeitung. Dies würde das waffenfähige Material zumindest vor weiterem Zugriff schützen und die oben genannten Risiken vermeiden.«[101]

Zivile Atomkraftnutzung als Tarnung für ein Atomwaffenprogramm

Die zivile Atomkraftnutzung ist immer mit dem Risiko verbunden, dass Technologien, Wissen oder nukleares Material, das für den Bau von Atomwaffen verwendet werden kann, weitergegeben werden. Otfried Nassauer unterscheidet zwischen zwei Arten von Risiken, die zur Weiterverbreitung von Atomwaffen führen können: Zum ersten gehören Risiken, die sich aus einem Kontrollverlust innerhalb eines zivilen Atomprogramms ergeben. Atomtechnik, Spaltstoffe oder Knowhow können gestohlen und ins Ausland geschleust werden, um das Atomwaffenprogramm eines anderen Staates zu unterstützen. Aber auch gut ausgebildetes Fachpersonal kann reisen oder auswandern. Der Zentrifugen-Diebstahl Abdul Khans bei Urenco in den Niederlanden, aber auch eine ganze Reihe ähnlicher Fälle beweisen, dass selbst in den westlichen Industrienationen atomwaffenfähiges Material, Technik oder Wissen abgezweigt werden kann. Um wie viel größer ist dann das Risiko in Ländern, in denen Korruption viel verbreiteter ist und die Kontrollen noch schlechter sind? Noch größer wäre das Risiko, wenn ein ganzer Staat zerfällt oder ein Regime, das über zivile Atomanlagen und/oder Atomwaffen verfügt. Ein Zusammenbruch von Pakistan beispielsweise bereitet Proliferationsexperten Alpträume. Die zweite Art von Proliferationsrisiken ist damit verbunden, dass ein Staat unter dem Deckmantel eines zivilen Atomprogramms heimlich ein Atomwaffenprogramm aufbauen kann. Genau das wird dem Iran vorgeworfen. »In der Frühphase ziviler Atomprogramme ist es oft schwer zu beurteilen, ob sie militärischen oder zivilen Zielen dienen. Zu den Ländern die ihre Atomprogramme scheinbar zivil begannen, gehören Frankreich, Indien, Israel, Nordkorea und Südafrika«, so Nassauer. Zivile Atomprogramme spielten bei der Proliferation sowohl als Deckmantel als auch zur Unterstützung militärischer Programme wiederholt eine Rolle. Sie machen es auch schwerer, die realen Absichten eines Landes zu beurteilen.

6.2 Die Vision einer Welt ohne Atomwaffen

Barack Obama hat am 5. April 2009 in einer spektakulären Rede im Hof der Prager Burg die Vision einer Welt ohne Atomwaffen entworfen. »Die Existenz Tausender von Atomwaffen ist das gefährlichste Erbe des Kalten Krieges. Es gab keinen Atomkrieg zwischen den Vereinigten Staaten und der Sowjetunion, aber Generationen mussten mit dem Wissen leben, dass ihre Welt ausgelöscht werden konnte. In einem einzigen Lichtblitz. Städte wie Prag, die seit Jahrhunderten existieren, die Schönheit und das Talent von einem Großteil der Menschen verkörpern, würden ausgelöscht. Der Kalte Krieg ist zu Ende gegangen. Und Tausende von diesen Waffen existieren weiter. Es ist eine seltsame Wendung der Geschichte: Die Gefahr eines weltweiten Atomkriegs hat sich verringert, das Risiko eines atomaren Angriffs ist gestiegen. Mehrere Nationen haben solche Waffen entwickelt, die Tests gehen weiter, der Handel auf dem Schwarzmarkt mit spaltbarem Material blüht. Die Technologie zum Bau einer Bombe wurde verbreitet. Die Terroristen sind entschlossen, eine solche Waffe zu kaufen, zu bauen oder zu stehlen. Und deswegen brauchen wir weltweit ein Nichtverbreitungssystem. Denn immer mehr Menschen und auch Nationen können sonst die Regeln brechen, und dann könnten wir einen Punkt ohne Wiederkehr erreichen.« Eine Atombombe die in einer Stadt explodiere, New York oder Moskau, Islamabad oder Mumbai, Tokio oder Tel Aviv, Paris oder Prag könne Hunderttausenden Menschen das Leben kosten.

Obama warnte vor der fatalistischen Haltung, die Weiterverbreitung von Nuklearwaffen als unvermeidlich anzusehen. »Wenn wir glauben, dass die Verbreitung von Nuklearwaffen nicht vermeidbar ist, dann geben wir vor uns selber zu, dass der Einsatz von Nuklearwaffen unvermeidbar ist. (...) Als Nuklearmacht, als einzige Atommacht, die diese Nuklearwaffe eingesetzt hat, haben die Vereinigten Staaten eine moralische Verpflichtung, hier zu handeln. Wir können das nicht alleine leisten, aber wir können führend dabei sein. Wir können das einleiten. Ich möchte heute also ganz deutlich und mit Überzeugung Amerikas Bereitschaft erklären, den Frieden und die Sicherheit in einer Welt ohne Atomwaffen anzustreben. Ich bin nicht naiv. Das Ziel wird sich nicht rasch erreichen lassen. Vielleicht auch nicht in der Zeit meines Lebens. Es wird Geduld und Beharrlichkeit erfordern. Aber jetzt müssen wir die Stimmen jener ignorieren, die sagen, dass die Welt sich nicht ändern kann. Wir müssen darauf bestehen und sagen: Yes, we can.« Dann kündigte der Präsident an, die Vereinigten Staaten wollten

- »die Rolle nuklearer Waffen in der nationalen Sicherheitsstrategie reduzieren und andere drängen, dasselbe zu tun«;
- »einen neuen START-Vertrag mit den Russen verhandeln, der die Begrenzung und Reduzierung der strategischen Atomwaffen in beiden Ländern festschreibe«;
- »die Ratifizierung des Teststoppvertrags (CTBT) durch die USA sofort und aggressiv verfolgen«;
- einen »neuen Vertrag anstreben, der die Produktion von Spaltmaterial für den Einsatz in Waffen nachprüfbar beende«;
- den nuklearen »Nichtverbreitungsvertrag als Basis für Kooperation stärken«; es bedürfe dazu mehr »Ressourcen und Autorität«, um internationale Inspektionen zu stärken, »sofortiger Konsequenzen, wenn ein Staat beim Regelbruch ertappt« werde, und man brauche »einen neuen Rahmen für die zivilnukleare Zusammenarbeit« einschließlich

eines internationalen Brennstoffvorrats für Atomkraftwerke, auf den Staaten zurückgreifen könnten, ohne die Proliferationsrisiken zu vergrößern.

Obama betonte zugleich ausdrücklich, jeder nichtnukleare Staat, der sich an seine Verpflichtungen aus dem Atomwaffensperrvertrag und gegenüber der Internationalen Atomenergiebehörde IAEO halte, habe selbstverständlich das Recht zur uneingeschränkten zivilen Nutzung der Nukleartechnik.

Die Reaktionen der anderen Atommächte auf Obamas Rede fielen sehr verhalten aus, keine von ihnen scheint derzeit ernsthaft bereit zu sein, auf Nuklearwaffen zu verzichten. Für sie sind Kernwaffen immer noch ein weltpolitisches Erste-Klasse-Ticket. Aufgrund ihrer enormen konventionellen Überlegenheit blieben die USA auch ohne Atomwaffen die unangefochtene Supermacht, da fiele ein solcher Verzicht natürlich leichter. Aber solange die anderen Atommächte nicht ebenfalls auf ihre Atomwaffen verzichten, will das auch Obama nicht tun. Die US-Regierung plant sogar die Modernisierung ihres Nuklearwaffenarsenals.

In seiner Rede sprach der US-Präsident nur aus, wozu nach dem Nuklearen Nichtverbreitungsvertrag (NVV), auch Atomwaffensperrvertrag genannt, eigentlich alle Atommächte verpflichtet wären. Dieser 1970 in Kraft getretene Vertrag enthält drei Kernpunkte: In Artikel IV verpflichten sich alle Unterzeichner zu einem »weitestmöglichen Austausch wissenschaftlicher und technologischer Informationen zur friedlichen Nutzung der Kernenergie«. In Artikel II verpflichten sich alle Staaten, die über keine Atomwaffen verfügen, auch zukünftig keine Atombewaffnung anzustreben und Atomwaffen »weder herzustellen noch sonst wie zu erwerben und keine Unterstützung zur Herstellung von Atomwaffen oder sonstigen

Atomsprengköpfen zu suchen oder anzunehmen«. Umgekehrt verpflichten sich die Atomwaffenstaaten in Artikel I, niemals Nichtatomwaffenstaaten dabei zu helfen, diese Verpflichtung zu umgehen.

Der Vertrag unterscheidet also zwischen Atomwaffenstaaten (»haves«) und Nicht-Atomwaffenstaaten (»have nots«). Eine solche Unterscheidung ist im internationalen Recht, das normalerweise souveräne Staaten gleichstellt, einmalig. Damit dieser Zustand nicht von Dauer ist, setzte die Konferenz der »Nichtkernwaffenstaaten« einen weiteren Artikel durch: In Artikel VI verpflichten sich die Staaten, die bereits Atomwaffen besitzen, zu Verhandlungen über eine vollständige und kontrollierte atomare Abrüstung. Ohne diesen Artikel wäre der Atomwaffensperrvertrag nicht zustande gekommen. Während des Kalten Krieges schaute man lange nachsichtig darüber hinweg, dass diese Verpflichtung nicht wirklich beachtet wurde. Und nach dem Ende des Kalten Krieges schlossen die USA und Russland zwar Abrüstungsverträge und verringerten die Zahl ihrer Kernwaffen, doch die Chance zu einer vollständigen nuklearen Abrüstung wurde vertan. Die Bilanz des Vertrages ist durchwachsen: Einerseits konnte er nicht verhindern, dass weitere Staaten in den Besitz von Atomwaffen gelangen. Andererseits besäßen ohne den Nichtverbreitungsvertrag heute bestimmt noch wesentlich mehr Staaten Atomwaffen.

Im Jahr 2008 sorgten die ehemaligen US-Außenminister George Shultz und Henry Kissinger gemeinsam mit dem ehemaligen Verteidigungsminister William Perry und dem ehemaligen Vorsitzenden des Verteidigungsausschusses des US-Senats, Sam Nunn, mit einem Artikel im *Wall Street Journal* für weltweites Aufsehen: Sie forderten mit Blick auf den Iran eine weltweite vollständige Atomwaffenabrüstung. Dieser

Aufruf war umso bemerkenswerter, weil die vier Ex-Politiker in ihrer aktiven Zeit nicht gerade als »Friedenstauben«, sondern eher als »Falken« galten. Doch sie hatten erkannt, dass scharfe Regeln zur Nichtverbreitung für viele nichtnukleare Staaten nur akzeptabel sind, wenn zugleich die nukleare Abrüstung mit dem Ziel der endgültigen Abschaffung aller Atomwaffen Fortschritte macht.

Der Atomwaffensperrvertrag beruht wie die »Atoms for Peace«-Initiative Eisenhowers und Barack Obamas Vorstoß auf einem Tauschgeschäft: zivile Atomtechnik gegen Atomwaffenverzicht. Doch angesichts des »Dual-use«-Charakters der Atomtechnik lässt sich die Vision einer Welt ohne Atomwaffen kaum verwirklichen, solange die Atomtechnik noch zivil genutzt wird. Denn das stärkste Argument gegen eine atomwaffenfreie Welt ist, dass niemand garantieren und überprüfen kann, ob nicht ein Akteur doch heimlich wieder Atomwaffen baut. Zivile Atomprogramme sind die einfachste Art, militärische Atomprogramme zu tarnen.

»Man kann die zivile und die militärische Nutzung der Atomtechnik als siamesische Zwillinge betrachten. Die eine ist letztlich nicht ohne die andere zu haben und beide bergen ihre je eigenen, großen Risiken. Nur wenn auf beide verzichtet würde, gäbe es eine realistische Perspektive, dass die Vision einer Welt ohne Atomwaffen auch Realität werden könnte und von Dauer wäre. Die beste und proliferationsresistenteste Lösung wäre eine ›doppelte Null-Lösung‹ – der Verzicht auf Atomwaffen und Atomenergie. Ein Verzicht auf Atomwaffen und Atomenergie ist viel leichter und effizienter zu überwachen als der ausschließliche Verzicht auf atomare Waffen«, so der Rüstungsexperte Otfried Nassauer.

Der Physiker und Philosoph Carl Friedrich von Weizsäcker, einer der Initiatoren der Göttinger Erklärung, begründete seine Wandlung vom Atomkraftbefürworter zum Atomkraftgegner 1985 so: »Die weltweite Durchsetzung der Atomenergie fordert als Konsequenz eine weltweite radikale Veränderung der politischen Struktur aller heutigen Kulturen. Sie fordert die Überwindung der wenigstens seit dem Beginn der Hochkulturen bestehenden politischen Institution des Kriegs.« Ein politisch und kulturell abgesicherter Weltfriede sei jedoch nicht in Sicht, so Weizsäckers Fazit. Daher sei auch die friedliche Nutzung der Kernenergie nicht zu verantworten. Angesichts der »neuen«, asymmetrischen Kriege gilt das heute noch viel mehr als 1985.

Doch mit dem Betrieb von Atomkraftwerken ist nicht nur immer das Risiko verbunden, dass atomwaffenfähiges Material in falsche Hände gelangt; in Kriegen können auch Atomkraftwerke selbst zu Zielen werden. Man braucht gar keine Atomwaffen, um in einem Land, das Kernkraftwerke besitzt, ein nukleares Inferno anzurichten. Im Balkankrieg in den 1990er Jahren drohte der slowenische Atommeiler Krško mehrfach zum Ziel von Angriffen zu werden. Jugoslawische Kampfbomber überflogen den Meiler mehrfach – zum Glück handelte es sich nur um eine Drohgebärde. Im Golfkrieg von 1991 richtete Saddam Hussein seine Scud-Raketen auf die israelische Atomzentrale von Dimona. Und im Atomkonflikt mit dem Iran wird immer wieder über mögliche israelische Luftschläge gegen iranische Nuklearanlagen spekuliert.

7. Der Mythos vom Comeback der Atomenergie

7.1 Trotz Neubauten sinken die Marktanteile

»Atomkraft im Vormarsch« verkündete 1997 eine Anzeige des »Informationskreises Kernenergie« im Nachrichtenmagazin *Der Spiegel*.[102] Die Atomstromproduktion in den Mitgliedsländern der OECD werde »bis zum Jahr 2010 voraussichtlich weiter um rund 13 Prozent zunehmen«. Laut der Annonce waren 1997 in den OECD-Ländern 357 Reaktoren mit einer Kapazität von »rund 300 000 Megawatt« am Netz. Weitere 14 seien im Bau, vier fest bestellt und 31 Anlagen in Planung. Im Oktober 2010 überprüfte der »Klimalügendetektor«, ein gemeinsamer Blog des *Greenpeace Magazins* und des Nachrichtenportals klimaretter.info, die Zahlen aus der Anzeige anhand der OECD-Statistiken. Die Atomagentur der Organisation, die Nuclear Energy Agency (NEA), hatte gerade ihre Jahresstatistik für 2010 zu den Nuklearkapazitäten der 28 Mitgliedsstaaten veröffentlicht. Darin heißt es: Zu Jahresbeginn 2010 waren in der OECD 340 Reaktoren am Netz – also 17 weniger als 1997! Die Kapazität der 340 Atomkraftwerke betrug zusammen 308 800 Megawatt. Der Leistungszuwachs betrug nicht 13 Prozent, sondern nur knapp drei Prozent. Selbst wenn man die Kraftwerke mitbetrachtet, die in Bau oder Planung sind, ändert sich nichts an diesem Bild: Ende 2009 waren laut NEA 14 Kernkraftwerke im Bau (exakt so viele wie 1997) und 24 Reaktoren wurden als »fest vereinbart« angeführt (und damit sogar weniger als 13 Jahre zuvor). »Diese Bilanz wäre übrigens noch peinlicher ausgefallen, hätten nicht osteuropäische Atomstromländer wie die Slowakei durch ihre OECD-Beitritte zusätzliche Reaktoren in die Statistik eingebracht«, schreiben die Autoren des Blogs.[103]

Die Atomlobby spricht jedoch immer noch von einem Comeback der Atomkraft. Im August 2010 gaben die Chefs der vier deutschen Atomkraftwerksbetreiber der *Bild-Zeitung* gemeinsam ein Interview. »Alle großen Industrienationen setzen auf die Kernkraft. Ob USA, Japan, Europa, China oder Indien: Überall werden neue Kernkraftwerke gebaut«, behauptete RWE-Chef Jürgen Großmann in dem Interview.[104] Die Atomenergie sei »international im Aufwind«, sagt auch Ralf Güldner, der Präsident des Atomforums. »Wenn ich sehe, wie viele Kernkraftwerke weltweit gebaut werden, wäre es jammerschade, wenn Deutschland aussteigen würde«, so Bundeskanzlerin Angela Merkel. Wird man in zehn Jahren auf diese Worte mit demselben Ergebnis zurückblicken wie auf die *Spiegel*-Anzeige aus dem Jahr 1997?

Betrachtet man nicht nur die OECD, sondern alle Länder, waren laut der Datenbank der Internationalen Atomenergiebehörde IAEO Anfang 2011 weltweit 442 Atomkraftwerke mit einer Nennleistung von zusammen 375 000 Megawatt in Betrieb, 2002 waren es noch 444 Reaktoren. Das Durchschnittsalter der Reaktoren lag 2011 bei 25 Jahren. Altersbedingt werden bis 2020 etwa 135 Reaktoren stillgelegt werden. Laut IAEO-Statistik sind derzeit weltweit 65 Atomkraftwerke »in Bau« – 13 davon aber schon seit mehr als 20 Jahren. »In anderen Zusammenhängen nennt man so etwas Bauruinen«, sagt Gerd Rosenkranz. Und bei 24 der Reaktoren ist laut dem »Weltstatusreport Atomindustrie« noch nicht einmal theoretisch klar, wann sie hochgefahren werden können.

Längere Laufzeiten für abgeschriebene Altreaktoren kommen einer Lizenz zum Gelddrucken gleich, zumindest so lange, wie keine teuren Reparaturen oder Nachrüstungen fällig sind und es zu keinem schweren Reaktorunfall kommt. Nach Berechnungen des Öko-Instituts können die Betreiber mit einem alten, abgeschriebenen Atommeiler zwischen 800 000 und 2,2 Millionen Euro verdienen – jeden Tag. Der Neubau von Atomkraftwerken dagegen stellt sich auf einem liberalisierten Strommarkt schnell als Fass ohne Boden heraus, dauert es doch 15 bis 20 Jahre bis der Betreiber die Investitionskosten in Milliardenhöhe wieder hereingeholt hat. »Alle Modelle, bei denen ein privater Betreiber das komplette Risiko des Kernkraftprojektes übernimmt, sind zum Scheitern verurteilt«, mit diesen Worten zitierte die *Frankfurter Allgemeine Zeitung* einen nicht namentlich genannten hohen E.ON-Manager, der flapsig ergänzte: »Ohne Staatskohle keine Kernkraft.« Das konservative Leitmedium schreibt weiter: »Für die Atomindustrie sind die Erkenntnisse so neu nicht, weil noch nie in der Geschichte der Branche ein privates Unternehmen das komplette kommerzielle Risiko für Bau und Betrieb eines Atommeilers übernommen hat.«[105] Daher ist es auch kein Wunder, dass die meisten neuen Atomkraftwerke dort gebaut werden, wo die Strommärkte nicht liberalisiert sind und Staatsunternehmen das Monopol über die Stromversorgung haben. Von den 65 AKW-Baustellen befinden sich rund zwei Drittel in Asien. Allein in China werden der IAEO zufolge derzeit 27 neue Reaktoren gebaut. »Jenseits asiatischer – namentlich chinesischer – Staatsbaustellen bleibt die Auftragslage für die Hersteller von Nuklearanlagen weiter ernüchternd«, stellt Rosenkranz fest.

EPR: Der Europäische Problem-Reaktor

Von Frankreich einmal abgesehen warteten die Reaktorbauer in Westeuropa 25 Jahre vergeblich auf Bauaufträge für neue Atomkraftwerke. 2011 waren in der ganzen westlichen Welt nur zwei Reaktoren in Bau: im finnischen Olkiluoto und im französischen Flamanville in der Normandie. Dort sollen die beiden ersten Exemplare des Europäischen Druckwasserreaktors (European Pressurized Water Reactor, EPR) entstehen. Angeblich soll der neue Reaktortyp zehnmal sicherer sein als herkömmliche Kernkraftwerke. Doch auch der EPR ist nicht ausreichend gegen Flugzeugabstürze gesichert, wie der britische Atomwissenschaftler John Large in einer Studie im Auftrag von Greenpeace feststellte. Die Reaktoren sind mit einer Leistung von 1600 Megawatt deutlich leistungsstärker als andere Atommeiler und enthalten damit auch mehr radioaktives Material, das bei einem Reaktorunfall oder einem Terroranschlag freigesetzt werden könnte.

Weil das französische Unternehmen Areva und der deutsche Siemens-Konzern ihren neuen Reaktor unbedingt der Welt vorführen wollten, boten sie dem finnischen Stromkonzern TVO (Teollisuuden Voima) den Bau des EPR-Prototypen zu einem Dumpingpreis an: schlüsselfertig zu einem Festpreis von drei Milliarden Euro. In den Wirtschaftlichkeitsberechnungen wurde der Reaktor schöngerechnet: So ging man darin von einer Verfügbarkeit von 90 Prozent über eine Laufzeit von 60 Jahren aus. Einen solchen Wert hat eine Pilotanlage noch nie auch nur ansatzweise erreicht. Der Stromversorger TVO setzt sich aus 16 Industrie- und Stromunternehmen zusammen, die sich verbindlich auf abzunehmende Strommengen zu festgesetzten Preisen einigten, um das Risiko schwankender Marktpreise zu umgehen. Außerdem gewährte ein Konsortium aus fünf Banken TVO einen Kredit über 1,95 Milliarden Euro. Zu dem Bankenkonsortium gehörte neben BNP Paribas, JP Morgan, Nordea und Svenska Handelsbanken auch die Bayern LB, vermutlich weil sich der Stammsitz von Siemens in München befindet. Die Bayern LB gehört über die Bayern LB Holding AG indirekt zu 94 Prozent dem Freistaat Bayern und zu sechs Prozent den bayerischen Sparkassen. Die Teilnahme der Bayern LB als öffentlicher Bank verringert das Risiko für die anderen Teilnehmer, was sich auch in einem Zinssatz von »deutlich unter 2,6 Prozent« für den Kredit ausdrückt. Ein mittelständischer Unternehmer kann von solchen Kreditkonditionen nur träumen. Auch die französische Regierung unterstützte den Reaktorbau in Finnland: Areva erhielt über die Agentur Coface eine Exportkreditgarantie in Höhe von 610 Millionen Euro. Ohne den Festpreis, die Stromabsatzgarantien zu festgelegten Preisen und die staatliche Unterstützung wäre der Reaktorbau auf einem liberalisierten Strommarkt niemals verwirklicht worden. Auch die EPR-Baustelle an der französischen Kanalküste bestätigt diese These. Dort errichtet der französische Nuklearkonzern Areva für den Staatskonzern Électricité de France (EDF) den Druckwasserreaktor.

Areva übernahm den nuklearen Teil und die Leittechnik, während Siemens vor allem die Dampfturbinen und Transformatoren für das Atomkraftwerk liefern sollte. Doch das vermeintliche Vorzeigeprojekt entwickelte sich schnell zum »Vorzeige-Desaster«, sagt der Atomexperte und alternative Nobelpreisträger Mycle Schneider. Von Anfang an häuften sich bei Olkiluoto 3 (OL3) die Probleme. Rohre des Hauptkühlkreislaufes wurden falsch verarbeitet und ließen sich deshalb nicht mit Ultraschall testen. Nach Auswechslung der Rohre konnte man sie zwar testen, aber dafür war nun ihre

Oberfläche rissig. Für das Fundament des Reaktors wurde ein anderer Beton verwendet als vorgeschrieben. Da die verwendete Betonsorte poröser ist, musste sie zusätzlich versiegelt werden. Der die Betonhülle innen verstärkende Stahl wies Schweißmängel auf. Eine Firma schnitt Löcher an den falschen Stellen, die sie anschließend wieder zuschweißen musste. Im November 2009 forderten die französische und die finnische Atomaufsicht in einer gemeinsamen Erklärung umfangreiche Nachbesserungen am Sicherheitsdesign des Reaktors. Schwere Sicherheitsmängel machten die Aufsichtsbehörden vor allem am automatischen Leitsystem aus. Ursprünglich sollte das Atomkraftwerk schon 2009 ans Netz gehen, doch jetzt wird nach Angaben von Areva frühestens 2012 mit einer Inbetriebnahme gerechnet. Die Kosten explodierten von anfangs 3 Milliarden Euro auf 5,4 Milliarden Euro. Und bis zum Ende der Bauzeit ist noch mit erheblichen weiteren Kostensteigerungen zu rechnen. Angesichts der Probleme in Finnland ist es umso besorgniserregender, dass die meisten neuen Atomkraftwerke in weitaus weniger sicherheitsbewussten Ländern gebaut werden.»Mir wird schwarz vor Augen, wenn ich daran denke, dass in China 16 Kraftwerke gleichzeitig gebaut werden, und man hört nur, da gebe es keine Probleme«, sagte Atomkritiker Schneider dem *Spiegel*.[106]

Areva und TVO streiten sich öffentlich darüber, wer für das Chaos verantwortlich ist. Areva verklagte TVO auf eine Milliarde Euro Schadenersatz, weil das Stromunternehmen viel zu lange gebraucht habe, um Blaupausen zu bearbeiten. TVO verklagte seinerseits Areva und verlangt 2,4 Milliarden Euro Schadenersatz als Ausgleich für die entgangenen Gewinne wegen der verspäteten Fertigstellung. Die Bauverzögerungen verderben Areva und Siemens die Bilanzen, allein der Münchner Konzern musste eine halbe Milliarde Euro für den

Reaktor in Finnland zurückstellen. In Flamanville hat man mit ähnlichen Problemen zu kämpfen wie in Olkiluoto. Die Bauverzögerungen und die Kostenexplosion in der Normandie und in Finnland ließen die wirtschaftsliberale französische Tageszeitung *Le Figaro* bereits folgern, der EPR sei möglicherweise »zu komplex, zu teuer und ganz einfach nicht exportfähig«.[107] Spötter übersetzen die Abkürzung EPR angesichts der vielen Schwierigkeiten bereits mit »Europäischer Problem-Reaktor«.

Als das finnische Parlament 2001 mit knapper Mehrheit für den Bau von Olkiluoto 3 stimmte, glaubte man, der Neubau würde helfen, Finnlands Klimaschutzziele zu erfüllen. Doch das erwies sich als teurer Irrtum. Rund 85 Prozent der finnischen Energieinvestitionen fließen in Olkiluoto 3, Investitionen in Erneuerbare Energien und Energiesparmaßnahmen wurden deshalb vernachlässigt. Der Pro-Kopf-Stromverbrauch liegt in Finnland mehr als doppelt so hoch als im EU-Durchschnitt. Bei der Erfüllung der Kyoto-Verpflichtungen stellt der Reaktorbau keine Hilfe dar, weil sich seine Fertigstellung um Jahre verzögert. Bis dahin muss Finnland teure Energie importieren und wahrscheinlich Hunderte Millionen Euro für Emissionszertifikate ausgeben.

USA: Trotz Milliardensubventionen rechnen sich AKW-Neubauten nicht

In den Vereinigten Staaten waren im März 2011 noch 104 Atomkraftwerke am Netz. Seit 1974 ging bei den dortigen Reaktorbauern keine Bestellung für ein neues Atomkraftwerk mehr ein, die später nicht wieder storniert worden wäre. Derzeit befindet sich in den USA gerade einmal ein Atomkraftwerk im Bau: 2007 wurden die Bauarbeiten an Block 2 des Atomkraftwerkes Watts Bar wieder aufgenommen. Der Reaktor soll 2012 ans Netz gehen – 40 Jahre nach Beginn der Bauarbeiten. Watts Bar ist damit die älteste Reaktorbaustelle der Welt. Um die zögernden Stromkonzerne zum Neubau von Atomkraftwerken zu animieren, hatte der damalige US-Präsident George W. Bush einen umfangreichen Geschenkkorb zusammengestellt. Wichtigster Bestandteil des Paketes waren Staatsbürgschaften über 80 Prozent der gesamten Projektkosten für die neu errichteten Reaktoren. Damit wird das enorme Kostenrisiko von den Stromversorgern und Reaktorbauern auf die Steuerzahler verlagert. Ferner wollte Bush den Strompreis aus den neuen Kraftwerken durch Steuernachlässe subventionieren. Die Haftung der Kraftwerksbetreiber bei Unfällen wurde weiter beschränkt, das Genehmigungsverfahren für neue Kernkraftwerke vereinfacht, und der Staat übernahm auch noch den größten Teil der Genehmigungskosten. Frankreich und Japan stellten sogar noch eigene Subventionen in Aussicht, falls sich Investoren aus den beiden Ländern am Bau von Atomkraftwerken in den USA beteiligten. Und dieses Subventionspaket wurde von einem Präsidenten geschnürt, dessen Partei ansonsten Staatshilfen verteufelt und Barack Obama als Kommunisten beschimpft, weil er eine Krankenversicherung für alle durchgesetzt hat.

Trotz dieser üppigen Subventionszusagen wollte die amerikanische Atomindustrie weiterhin nicht in den Neubau von Atommeilern investieren. Sie erklärte die umfangreichen Staatshilfen postwendend für nicht ausreichend. Damit Strom aus neuen, noch nicht abgeschriebenen Atommeilern wettbewerbsfähig wird, müssten Kohle- und Gaskraftwerke zusätzlich mit einer CO_2-Steuer oder durch ein Emissionshandelssystem belastet werden. Das Massachusetts Institute of Technology (MIT) errechnete bereits 2003, erst ab einem

CO_2-Preis von 100 Dollar pro Tonne würden neue Atomkraftwerke gegenüber den fossilen Kraftwerken wettbewerbsfähig. Der wissenschaftliche Dienst des US-Kongresses kam 2008 zu dem Ergebnis, dass Strom aus neuen Atomreaktoren teurer wäre als alle anderen emissionsarmen Technologien. Selbst bei Einführung eines Emissionshandels wäre nach den Analysen der Wissenschaftler der Strom aus modernen Gaskraftwerken immer noch günstiger als der aus neuen Atomkraftwerken. Nur die Solarenergie war nach ihren Berechnungen 2008 noch teurer als die Elektrizität aus neuen Reaktoren. Doch das hat sich mittlerweile geändert. Am 26. Juli 2010 berichtete die *New York Times*: »Nuclear energy loses cost advantage« (Kernenergie verliert Kostenvorteil). In dem Artikel heißt es: »An einem ›historischen Wendepunkt‹ (*historic crossover*) sind die Kosten für Photovoltaikanlagen so weit gesunken, dass sie niedriger liegen als die steigenden projizierten Kosten neuer Atomkraftwerke.« Laut der Berechnungen von Professor John O. Blackburn von der Duke-Universität in Kalifornien liegt der Scheitelpunkt bei 16 US-Cent pro Kilowattstunde. Der Ökonom geht dabei von einem Baupreis von 10 Milliarden US-Dollar für ein neues Atomkraftwerk aus. »Während die Kosten für Solarstrom sinken, sind die Kosten für Atomkraft in den letzten Jahren stark gestiegen«, sagt Blackburn.

US-Präsident Barack Obama und sein Energieminister Steven Chu haben dennoch im Haushalt für das Jahr 2011 Kreditgarantien in Höhe von 54 Milliarden Dollar für den Bau neuer Atomkraftwerke bereitgestellt. Obama hoffte mit diesem Zugeständnis, Stimmen republikanischer Abgeordneter und rechter Demokraten für sein Klimaschutzgesetz zu gewinnen. Doch diese Hoffnung trog – das Klimagesetz scheiterte vorerst trotzdem. »Doch niemand, auch nicht die amerikanische Atomindustrie selbst, glaubt, dass mehr als eine Handvoll Reaktoren verwirklicht werden, wenn überhaupt«, meint Rosenkranz. »Die Verunsicherung potentieller Investoren ist gewaltig, wofür auch Analysen der Wall Street und anderer unabhängiger Experten verantwortlich sind. Sie warten mit immer höheren Kostenschätzungen auf.« Bereits 2007 schrieben sechs große Investmentbanken an das US-Energieministerium: Geld für AKW-Neubauten stellten sie nur zur Verfügung, wenn der Staat »zu 100 Prozent ohne Bedingungen« für diese Kredite bürge. Die New Yorker Ratingagentur Moody's erwartet, dass Stromversorger, die neue Atomkraftwerke bauen wollen, wegen der damit verbundenen finanziellen Risiken regelmäßig herabgestuft werden. »Eine Reihe amerikanischer Firmen habe sich die Situation in Finnland und die Größe der Investition dort erschüttert angesehen«, zitierte *Der Spiegel* 2009 den US-Ökonom Paul Joskow vom Massachusetts Institute of Technology.

Marc Cooper von der Vermont Law Shool kommt in einer Wirtschaftlichkeitsanalyse zu dem Fazit, dass die Atomkraft die mit Abstand teuerste Option sei. Strom aus neuen Atomkraftwerken würde demnach 12 bis 20 Cent pro Kilowattstunde kosten, während sein Preis durch Investitionen in Energieeffizienz und Erneuerbare Energien auf durchschnittlich sechs Cent sinken würde. Würden bis 2050 hundert neue Atommeiler gebaut – und so viele bräuchte man, um die alternden bereits bestehenden Reaktoren zu ersetzen –, würde das die US-Amerikaner über die Lebenszeit der Meiler zwischen 1,9 und 4,4 Billionen Dollar mehr kosten als eine Strategie, die auf Energieeffizienz und Erneuerbare Energien setzt.

Großbritannien: Keine Subventionen für neue Atomkraftwerke

Bis zur Unterhauswahl im Mai 2010 war Großbritannien der neue Sehnsuchtsort der Atomlobby: Zehn neue Kernkraftwerke sollten dort gebaut werden, zwei davon von deutschen Konzernen. Die Konservativen wie die Labour Party befürworteten die Neubaupläne, auch von dem erwarteten Wahlsieg von Tory-Chef David Cameron hatte die Atomindustrie nichts zu befürchten. Die Liberaldemokraten (LibDem) und die britischen Grünen lehnten die Atompläne zwar ab, doch aufgrund des Mehrheitswahlrechtes spielten beide Parteien bisher keine große Rolle in der Politik des Vereinigten Königreichs. Doch bei den Parlamentswahlen verfehlten sowohl Tories als auch Labour die absolute Mehrheit der Sitze. Die Liberaldemokraten, deren linksliberales Programm eher dem der deutschen Grünen als dem der FDP ähnelt, waren plötzlich das Zünglein an der Waage und Grünen-Chefin Caroline Lucas, eine überzeugte Atomkraftgegnerin, gewann erstmals einen Wahlkreis für ihre Partei. Im Koalitionsvertrag mit den Tories setzten die Liberaldemokraten durch, dass keine Subventionen für den Neubau von Atomkraftwerken fließen sollen. Alle Kosten für Bau, Betrieb und Entsorgung sollen die Kraftwerksbetreiber selbst tragen. Neuer Minister für Energie und Klimaschutz wurde der Liberaldemokrat Chris Huhne, der die Atomkraft in der Vergangenheit mehrfach als Sackgasse bezeichnet hatte. Wenn Huhne und seine Partei dem massiven Druck der Atomlobby trotzen, wäre das wohl das Aus für die AKW-Neubaupläne.

Die Atomkonzerne verbreiten nun Horrorszenarien und behaupten, ohne neue Atomkraftwerke würden in Großbritannien die Lichter ausgehen. Gleichzeitig suchen sie nach Möglichkeiten, wie der Koalitionsvertrag weniger streng ausgelegt werden könnte. Der deutsche RWE-Konzern will gemeinsam mit E.ON zwei Atomkraftwerke in Wales bauen. Da sich das Projekt aber ohne Subventionen nicht rechnet, fordert RWE nun allen Ernstes, die Förderung für die Erneuerbaren Energien auch auf die Atomenergie auszudehnen, da diese ebenfalls eine CO_2-arme Technologie darstelle. Die Risikotechnologie Atomkraft mit den schadstofffreien Erneuerbaren Energien auf eine Stufe zu stellen wäre aber sowohl in ökologischer wie in ökonomischer Hinsicht absurd. Atomkraft ist zwar CO_2-arm, aber alles andere als schadstofffrei: angefangen von der Verseuchung der Uranabbaugebiete mit radioaktiven und toxischen Stoffen, der radioaktiven Verseuchung des Meeres durch die Wiederaufbereitungsanlage in Sellafield, den radioaktiven Emissionen der Atomkraftwerke im »Normalbetrieb« bis hin zu der Produktion von hochgiftigem, strahlendem Atommüll, von dem für eine Million Jahre eine tödliche Gefahr ausgeht. Vom Risiko eines Super-GAUs ganz zu schweigen. Hinzu kommen die ökologisch schädlichen Folgen der Aufheizung der Flüsse und der enorme Wasserverbrauch der Kraftwerke sowie des Uranabbaus – Atomkraft ist alles andere als eine Ökoenergie. Der menschengemachte Klimawandel ist zwar ohne Zweifel das größte ökologische Problem, vor dem die Menschheit derzeit steht, aber bei weitem nicht das einzige. Statt den Blick allein auf die Kohlendioxidemissionen einer Technologie zu verengen, ist deshalb »vernetztes Denken« (Frederic Vester) nötig: Es hilft nichts, ein Treibhausgas durch andere Schadstoffe (z.B. Cäsium, Strontium oder Plutonium) zu ersetzen. Die unerschöpflichen Erneuerbaren Energien vermeiden nicht nur Klima-, Umwelt- und Gesundheitsschäden, sondern sie machen ein Land auch von Energieimporten unabhängiger und führen zu mehr lokaler Wertschöpfung.

Neue Technologien bewegen sich normalerweise auf einer »Lernkurve« recht vorhersagbar zu immer niedrigeren Preisen. So ist es auch bei den Erneuerbaren Energien, sie werden immer billiger und leistungsstärker (mehr dazu im nächsten Kapitel). Ihre Förderung wurde deshalb im deutschen Erneuerbare-Energien-Gesetz von Anfang an als zeitlich befristete Anschubfinanzierung konzipiert und die Fördersätze degressiv gestaltet. Bei der Atomtechnik ist das jedoch anders, die Reaktorhersteller fangen immer wieder von vorne an. »Üblicherweise gelingt es den meisten Industriebranchen, nach Überwindung einer Lernkurve ihre spezifischen Kosten zu senken – nicht so bei der Atomindustrie. Hier klettern die Kosten der aktuellen Bauprojekte bzw. Kostenvoranschläge stetig weiter. Im Mai 2009 hat das Massachusetts Institute of Technology (MIT) eine frühere Kostenschätzung (ohne Finanzierungskosten) schlicht von 2000 $ auf 4000 $ pro installierter Kilowatt verdoppelt«, schreibt Mycle Schneider. Was taugt eine Technologie, die rund 60 Jahre nach ihrer Markteinführung immer noch auf Subventionen angewiesen ist?

Als die (meist staatlichen oder teil-staatlichen) Energieversorger noch ein Monopol besaßen, konnten Atomkraftwerksbetreiber sicher sein, dass die enormen Bau- und Kapitalkosten ihrer Meiler von den Stromverbrauchern refinanziert wurden, selbst bei einer schlechten Performance ihres Reaktors – die Stromkunden hatten gar keine andere Wahl. Doch auf liberalisierten Strommärkten ist das nicht mehr so. Die hohen Anfangsinvestitionen und die jahrzehntelangen Kapitalrücklaufzeiten machen deshalb den Neubau von Atommeilern zu einem sehr riskanten Geschäft.

Die Citibank veröffentlichte im November 2009 ihren Bericht »New Nuclear – The Economics says No« (Neue Kernkraft – Die Ökonomie sagt nein). Das amerikanische Geldinstitut rangiert in der Top Ten der radioaktivsten Banken der Welt auf Platz 3, eine besondere Nähe zur Anti-Atom-Bewegung kann man ihr gewiss nicht unterstellen. »Wenn bei Investitionssummen in dieser Höhe ein Bauprojekt aufs Schlimmste falsch läuft, kann es die Finanzkraft selbst der größten Energieversorger beschädigen«, stellen die Banker fest. Das finnische Desaster ist für sie dabei ein mahnendes Beispiel.

Zwei finanzielle Risiken lasten besonders auf den geplanten neuen Reaktoren: die Baukosten und der Strompreis. Die Baukosten sind abhängig von den Materialpreisen und der Bauzeit. »Auf der Baustelle in Olkiluoto sind 4000 bis 5000 Leute beschäftigt, die rund 400 Euro pro Kopf und Tag kosten. So kostet jeder verlorene Tag zwischen 1,5 und 2 Millionen Euro, rechnet ein deutscher Energiemanager vor. Zeitverzögerungen sind Standard, selbst in Ländern mit weniger Auflagen und weniger sensibilisierter Öffentlichkeit«, so die *Frankfurter Allgemeine Zeitung*. Und auf Märkten mit freier Preisbildung können die Betreiber nur schwer kalkulieren, wie viel sie mit ihren Reaktoren verdienen werden. Auch die Entwicklung der CO_2-Preise und der Preise für Erneuerbare Energien haben großen Einfluss darauf, ob sich Investitionen in neue Atomreaktoren noch rentieren. Es ist schon schwierig genug, die Preise im nächsten Jahr vorherzusagen. Prognosen für die nächsten zwanzig bis dreißig Jahre sind mit noch viel größeren Unwägbarkeiten belastet. Ohne Hilfe vom Staat werde deshalb kaum ein Privatunternehmen in den Neubau von Atomkraftwerken investieren, so das Fazit der Citibank. Denkbar seien etwa staatliche Strompreisgarantien, außerdem müssten die Steuerzahler die Baurisiken übernehmen. Mit anderen Worten: Ein weltweites Comeback der Atomenergie setzt eine Renaissance der Planwirtschaft voraus. Allerdings eine Form der Planwirtschaft, in der die Verluste sozialisiert und die Gewinne privatisiert werden.

»Bis 2030 sinkt die Zahl der Atomkraftwerke weltweit um 29 Prozent«

Unter marktwirtschaftlichen Bedingungen rechnet sich der Neubau von Atomkraftwerken nicht. Doch längst nicht überall sind die Strommärkte liberalisiert. Ist vielleicht doch etwas dran am Mythos vom globalen AKW-Boom? Die Prognos AG ist dieser Frage im Auftrag des Bundesamtes für Strahlenschutz nachgegangen. Das Basler Forschungsinstitut stellte fest, dass in den nächsten zwanzig Jahren weltweit weitaus mehr alte Atomkraftwerke stillgelegt werden, als neue gebaut werden. Die detaillierte Studie aus dem Jahr 2010 gelangt zu folgendem Fazit: »Wir erwarten bis zum Jahr 2030 keine Renaissance der Kernenergienutzung. Vielmehr werden die altersbedingten Abschaltungen dazu führen, dass die Zahl der Reaktoren, die installierte Leistung und die Stromerzeugung in Kernkraftwerken deutlich zurückgehen. Bis zum Jahr 2020 reduziert sich die Zahl der weltweit betriebenen Kernkraftwerke voraussichtlich um 22 Prozent, bis zum Jahr 2030 um ca. 29 Prozent gegenüber dem Ausgangsniveau im März 2009.«

Es gebe zwar eine Zunahme der Ankündigungen von Kernkraftwerken. »Allerdings existierten in der Vergangenheit vor allem in den USA, aber auch in anderen Ländern bereits ambitionierte Ausbaupläne, die nicht realisiert wurden«, so das Prognos-Institut. Die Forscher glauben, dass bis 2020 nur rund ein Viertel der Ankündigungen auch tatsächlich verwirklicht werden und bis 2030 etwa ein Drittel. Einen AKW-Boom wie Anfang der 1970er Jahre hält Prognos »in hohem

Maße« für unrealistisch. Das Prognos-Institut kann wohl kaum als Teil der Anti-AKW-Bewegung angesehen werden, es war eines der Institute, von denen sich die Bundesregierung die umstrittenen Szenarien für ihr Energiekonzept errechnen ließ.

Weiter heißt es in der Studie: »Auch im Vergleich mit dem starken erwarteten Wachstum des weltweiten Strombedarfs verliert die Kernenergie bis 2030 deutlich an Bedeutung. Der Anteil der Kernenergie an der weltweiten Stromerzeugung sinkt von 14,8 Prozent im Jahr 2006 voraussichtlich auf 9,1 Prozent im Jahr 2020 bzw. 7,1 Prozent im Jahr 2030. Aus anderen Szenarien, z. B. dem ›low‹-Szenario der OECD/Nuclear Energy Agency und dem Referenzszenario des World Energy Outlook 2008 der Internationalen Energieagentur lassen sich ebenfalls rückläufige Anteile der Kernenergie an der weltweiten Stromerzeugung ableiten.«

Bis 2030 würde der weltweite Atomstromanteil also auf weniger als die Hälfte des Standes von 2006 schrumpfen. Wenn Atomforum-Präsident Güldner angesichts kontinuierlich sinkender Marktanteile davon spricht, die Atomenergie sei im »Aufwind«, dann leidet er offensichtlich unter Realitätsverlust. Auch die Laufzeitverlängerungen für alte Atomkraftwerke in Deutschland sind kein Indiz für ein Comeback der Atomkraft, eher im Gegenteil. »Die Forderungen nach einer ›Nachspielzeit‹ belegen, dass die Stromversorger aus ökonomischer Einsicht vor Investitionen in neue Atomkraftwerke zurückschrecken und lieber schnelles Geld mit alten Anlagen machen wollen. Sie tun das ohne Rücksicht auf die mit dem Alter wachsende Störanfälligkeit ihrer Reaktoren«, so Gerd Rosenkranz von der Deutschen Umwelthilfe.

In Deutschland ist der Neubau von Atomkraftwerken seit 2002 gesetzlich verboten. »Für die Errichtung und den Betrieb von Anlagen zur gewerblichen Erzeugung von Elektrizität (...) werden keine Genehmigungen erteilt«, heißt es in Paragraph 7, Absatz 1 des rot-grünen Atomausstiegsgesetzes. Daran zu rütteln, traute sich Schwarz-Gelb bisher nicht. Denn offiziell betrachtet die Merkel-Regierung die Atomkraft ja nur als »Brückentechnologie«. Im Jahr 2009 kam jedoch ans Licht, dass sowohl Bundesforschungsministerin Schavan (CDU) als auch der damalige Bundeswirtschaftsminister Karl-Theodor zu Guttenberg (CSU) Studien zum Neubau von Atomkraftwerken in Auftrag gegeben haben. Da man sich gerade im Bundestagswahlkampf befand, wurden konkrete Neubaupläne natürlich prompt dementiert. Denn solche Pläne stießen bereits vor Fukushima selbst bei Teilen der CDU-Basis auf Ablehnung, wie sich auf dem CDU-Bundesparteitag im Dezember 2008 gezeigt hatte. Gegen den Willen von Parteiführung und Antragskommission lehnte die Mehrheit der Delegierten den Bau neuer Atomkraftwerke ab.

7.2 Das Märchen vom »billigen« Atomstrom

Im Sommer 2010 »drohten« die Atomkonzerne damit, ihre Kraftwerke stillzulegen, wenn die Bundesregierung an der Brennelementesteuer festhalte und sie zugleich teure Sicherheitsnachrüstungen in den alten Atomkraftwerken verlangen sollte, wie dies Bundesumweltminister Röttgen angekündigt hatte. Damit gaben sie erstmals zu, was Atomkraftgegner schon lange sagen: Atomkraft ist ohne Subventionen, Steuervorteile und Privilegien unrentabel. Dabei hatten die Propagandisten der Atomenergie einst versprochen, Strom werde so billig, dass man gar keinen Stromzähler mehr brauche (»to cheap to meter«). Die Realität sah anders aus: In den USA kostete Kohlestrom aus vergleichbaren Anlagen damals 2 bis 3,5 Pfennig pro Kilowattstunde, Atomstrom dagegen 21,8 Pfennig pro Kilowattstunde. Doch diese Zahlen kannten nur Experten, die meisten Leute glaubten die Mär vom billigen Atomstrom.

Beim Einstieg in die Atomkraft waren in vielen Ländern militärische Motive ausschlaggebend. So stellte beispielsweise bei den ersten britischen Kernkraftwerken der erzeugte Strom nur ein Abfallprodukt der Bombenherstellung dar. Die Energieversorger in Deutschland hatten kein Interesse an der Atomkraft. Kohlestrom, insbesondere aus Braunkohle, war viel billiger als Atomstrom. So meinte Hermann Josef Abs, Chef der Deutschen Bank und Aufsichtsratsvorsitzender von RWE, es bestehe kein Bedarf an Atomstrom, solange es Kohle, Öl und Gas im Überfluss gebe. Der Bau des ersten deutschen Versuchsatomkraftwerkes in Kahl, nur 20 Kilometer von Frankfurt am Main entfernt, kam nur zustande, weil die Bundesregierung das Projekt massiv unterstützte. Besonders das Bayernwerk hatte sich lange gegen eine Beteiligung gesträubt, musste sich aber schließlich dem politischen Druck beugen. 1961 speiste das Versuchskraftwerk den ersten Atomstrom in das deutsche Netz. Als in Gundremmingen dann ein Siedewasserreaktor (Block A) mit einer Leistung von 240 Megawatt gebaut wurde, kostete es RWE und Bayernwerk knapp 100 Millionen D-Mark, über 200 Millionen wurden von der öffentlichen Hand getragen. Das nächste Atomprojekt war der Schwerwasserreaktor in Niederaichbach. Die Staatskasse steuerte 215,9 Millionen D-Mark zu dem Projekt bei, Siemens beteiligte sich lediglich mit 10 Millionen D-Mark. Die Elektrizitätsversorger waren nicht bereit, auch nur einen eigenen Pfennig in das Projekt zu stecken. Das war durchaus klug von ihnen: Der Reaktor wurde ein Riesenflop, er erzeugte nur ein

Viertel der bestellten Leistung. Zur Abnahme kam es nie, Siemens schaltete den Meiler nach nur einem Jahr endgültig ab. »Es waren also nicht die Stromkonzerne, die den Ausbau der Kernkraft forcierten. Es war vielmehr der Staat, der Bau und Betrieb derart massiv subventioniert hat«, schreibt Peter Becker[108]. In der DDR wurde der kostspielige Bau der fünf »volkseigenen« Reaktoren ohnehin komplett vom Staat finanziert. Gundremmingen A erwies sich wegen der hohen Anlagenkosten als unwirtschaftlich. Man setzte nun auf die *economy of scale* und baute größere Reaktoren. Die beiden Blöcke in Biblis sollten jeweils 1200 Megawatt erzeugen. Am 29. Mai 1969 wurde ein Auftrag für einen 1150-Megawatt-Reaktor erteilt, von dem in diesem Buch schon öfter die Rede war: Biblis A.

Seit Jahren wird darüber gestritten, wie hoch die tatsächlichen Kosten der Nuklearenergie sind. Die vielfältigen staatlichen Fördergelder für die Atomindustrie wurden nie umfassend bilanziert, sondern systematisch verschleiert. Das Forum Ökologisch-Soziale Marktwirtschaft (FÖS) hat im Auftrag von Greenpeace versucht, eine Bilanz aller staatlichen Förderungen zugunsten der Atomenergie zusammenzustellen. Demnach hat die Atomkraft in Deutschland von 1950 bis 2010 mindestens 204 Milliarden Euro an staatlicher Förderung erhalten. In den nächsten Jahren kommen noch mindestens weitere 100 Milliarden Euro dazu – und dabei sind die von Schwarz-Gelb beschlossenen Laufzeitverlängerungen in der Studie noch gar nicht berücksichtigt. Die 204 Milliarden Euro Fördermittel setzen sich zusammen aus direkten Finanzhilfen des Bundes wie der Forschungsförderung, Kosten für die Atommüllendlager Asse II und Morsleben oder die Stilllegung der ostdeutschen Atommeiler. Dazu kommen Steuervergünstigungen in der Energiebesteuerung und durch die Regelungen bei den Entsorgungsrückstellungen sowie Zusatzeinnahmen der AKW-Betreiber durch den Emissionshandel. Jede Kilowattstunde Atomstrom wird laut der Greenpeace-Studie durch staatliche Regelungen mit 4,3 Cent subventioniert. Demgegenüber betrug die Umlage zur Förderung der Erneuerbaren Energien über das Erneuerbare-Energien-Gesetz im Jahr 2010 nur 2 Cent und 3,5 Cent je Kilowattstunde im Jahr 2011.

Die öffentlichen Ausgaben für Forschungsreaktoren und nukleare Pilotprojekte betrugen von 1950 bis 2010 rund 55,2 Milliarden Euro. »Während es beim Einstieg in die Atomenergieproduktion vorwiegend um den Aufbau von Forschungsreaktoren ging, bei denen einige Technologien nie bis zur Marktreife gelangten (z. B. die Brüter-Technologie), fallen in jüngerer Zeit vor allem Kosten für Stilllegung, Rückbau und Endlagerung an«, heißt es in der Greenpeace-Studie. Kostenschätzungen hinsichtlich der Höhe der künftigen Aufwendungen seien schwierig, weil beim Rückbau der radioaktiv kontaminierten Atomanlagen und der Endlagerung immer wieder neue Probleme auftauchen. Wie die Beispiele der Kernforschungsanlagen in Karlsruhe und Jülich zeigten, können sich die ursprünglich dafür veranschlagten Kosten in kurzer Zeit vervielfachen.

Durch den Rückbau der ostdeutschen Atomkraftwerke sind dem Staat bisher Kosten in Höhe von 3,1 Milliarden Euro entstanden. Die westdeutschen Energiekonzerne wurden zwar nach der Wiedervereinigung Rechtsnachfolger der ehemals staatlichen DDR-Energieversorger und übernahmen deren Bestandskunden, doch für die Sanierung der Altlasten müssen die Steuerzahler aufkommen. »Hier wurde nach dem alten Prinzip ›Gewinne privatisieren, Verluste sozialisieren‹ verfahren«, stellen die Autoren der Studie fest. Für die Sanierung des Uranerzbergbaus in Sachsen und Thüringen wurden Bundesmittel in Höhe von 6,5 Milliarden Euro veranschlagt, die durch Verpflichtungsermächtigungen im Bundeshaushalt abgesichert sind. Eigentlich sollte die Sanierung in den Wismut-Regionen bereits 2010, spätestens aber 2012 abgeschlossen sein. Doch erwies sie sich als weitaus schwieriger als gedacht, mit einem Abschluss der Arbeiten wird nicht vor 2020 gerechnet. Ob die von der Bundesregierung dafür veranschlagten 6,5 Milliarden Euro ausreichen, muss bezweifelt werden.

Für die Sanierung und Schließung des maroden Atommüllendlagers in Morsleben rechnet das Bundesamt für Strahlenschutz mit Kosten von 2,3 Milliarden Euro. Obwohl nach der Wiedervereinigung auf Geheiß der damaligen Bundesumweltministerin Angela Merkel in dem maroden Endlager auch westdeutscher Atommüll eingelagert wurde, übernehmen die Stromkonzerne mit 138 Millionen Euro nur rund sechs Prozent der Kosten, während der Bund 94 Prozent der Kosten trägt. Auch für die Sanierung der Asse müssen vor allem die Steuerzahler aufkommen. Erkundung und Betrieb kosteten bis 2010 rund 527 Millionen Euro, Schließung und Stilllegung der maroden Grube werden nach Schätzungen der Bundesregierung mit weiteren 3,7 Milliarden Euro zu Buche schlagen. Die Gebühren der Atommülllieferer summieren sich dagegen nur auf 16,5 Millionen Euro – das sind nicht einmal 0,3 Prozent der Gesamtkosten, den Rest tragen die Steuerzahler. Auch wenn die Gesellschaft für Strahlenforschung (GSF) als früherer Betreiber der Asse die Misere durch Managementfehler verschlimmert und damit die Kosten für die Sanierung zusätzlich in die Höhe getrieben hat, ist es ein Skandal, dass die Verursacher und Produzenten des Atommülls hier so billig davonkommen.

Weiterhin fallen die deutschen Beiträge für die Europäische Atomgemeinschaft (Euratom), die Internationale Atomenergie-Organisation (IAEO) und zur European Organization for Nuclear Research (CERN) an. Da der deutsche Anteil am EU-Gesamtbudget zwischen 1984 und 2008 von rund 30 Prozent auf 20 Prozent gesunken ist (vor allem durch den Beitritt neuer Mitgliedsstaaten), betrug der deutsche Anteil an den Ausgaben von Euratom von 1984 bis 2010 rund 2,9 Milliarden Euro. Die Höhe der deutschen Euratombeiträge zwischen 1957 und 2010 konnten die Autoren der Studie bislang nicht ermitteln. Die Beiträge für IAEO und und CERN machten bis einschließlich 2010 7,3 Milliarden Euro aus (1,4 Milliarden für die IAEO, 5,9 Milliarden Euro für CERN).

Die Atomkraftwerksbetreiber sind gesetzlich verpflichtet, für Stilllegung, Rückbau und Entsorgung schon während der Betriebszeit der Kraftwerke Rückstellungen zu bilden. Das ist grundsätzlich auch sinnvoll. Doch aus der deutschen Rückstellungspraxis ergibt sich ein enormer wirtschaftlicher Vorteil für die Betreiber: Die Rückstellungen unterliegen nicht den Ertragssteuern und werden von ihnen selbst verwaltet. Die Atomkonzerne können die Mittel daher auch für Unternehmensaktivitäten in anderen Geschäftsbereichen zweckentfremden; auf diese Weise müssen sie sich weniger Geld von Banken leihen. Dadurch haben die Konzerne bis zum Jahr 2010 etwa 65,5 Milliarden Euro gespart, so die Greenpeace-Studie. Dazu kommt noch der Zinsvorteil aus der Verschiebung der Steuerzahlungen in die Zukunft. Das Deutsche Institut für Wirtschaftsforschung (DIW) schätzte ihn 2007 auf insgesamt 5,6 Milliarden Euro, wobei ein Teil davon erst noch anfällt. Bis zum Jahr 2010 schätzt das FÖS den Zinsvorteil auf 2,8 Milliarden Euro.

Bis 2011 unterlag zudem der Kernbrennstoff keiner Besteuerung, während andere Brennstoffe beim Einsatz in der Stromerzeugung versteuert werden mussten. Um den finanziellen Vorteil daraus zu bestimmen, berechnete das FÖS zunächst das Soll-Aufkommen bei einer umweltökonomisch sinnvollen Steuerstruktur. Von dem so definierten Soll-Aufkommen wurde der bis 1996 erhobene Kohlepfennig und die seit 1999 erhobene Stromsteuer (Ökosteuer) abgezogen. Ab 2011 wäre die Kernbrennstoffsteuer ebenfalls anzurechnen. Dabei kommen die Wissenschaftler inflationsbereinigt auf einen kumulierten Steuervorteil von 44,2 Milliarden Euro bis zum Jahr 2010.

Dazu treten noch weitere finanzielle Vorteile der Atomkraftwerksbetreiber aus budgetunabhängigen staatlichen Regelungen. Der EU-weite Emissionshandel bewirkt eine Strompreiserhöhung, die zu Gewinnmitnahmen durch die Betreiber von Atomkraftwerken führt. Wie hoch die Strompreiserhöhung ausfällt, ist davon abhängig, wie sich die Preise für die Emissionszertifikate entwickeln. Die Autoren der Greenpeace-Studie schätzen den Vorteil der Atomenergie aus dem Emissionshandel von 2005 bis 2010 vorsichtig auf 8,7 Milliarden Euro.

Ein weiterer Vorteil der vier großen Stromkonzerne besteht in dem unzureichenden Wettbewerb auf dem Strommarkt. Die unterlassene oder unzureichende wettbewerbsorientierte Regulierung des Strommarktes durch den Staat bescherte den Stromriesen bis 2010 einen inflationsbereinigten Vorteil in Höhe von etwa 35,7 Milliarden Euro. Da eine Unterlassung aber eine andere Qualität habe als eine explizite staatliche Regelung, wird der Vorteil aufgrund des unvollständigen Wettbewerbs in der Studie zwar ermittelt, fließt aber nicht in die Gesamtsumme der staatlichen Förderungen ein. Würde man die Vorteile aus der Oligopolstruktur des

Strommarktes hinzurechnen, käme man statt auf 203,7 Milliarden Euro auf rund 239,4 Milliarden Euro an staatlichen Förderungen für die Atomenergie bis 2010.

Die sogenannten externen Kosten der Atomenergie sind in diesen Berechnungen noch gar nicht berücksichtigt. Als externe Kosten bezeichnen Wirtschaftswissenschaftler Kosten, die nicht die Nutznießer einer Leistung, sondern Dritte tragen – also zum Beispiel die Allgemeinheit, zukünftige Generationen oder Menschen irgendwo anders auf der Welt. Bei der Nutzung der Atomenergie entstehen auf jeder Stufe der Prozesskette externe Kosten: beim Uranbergbau, der Uranverarbeitung und -anreicherung, dem Transport der Brennelemente, dem Betrieb der Atomkraftwerke, der Zwischenlagerung, dem Atommülltransport und bei der Endlagerung sowie durch sonstige kontaminierte Stoffe. Doch die externen Kosten der Atomenergie exakt zu ermitteln ist sehr schwierig und wissenschaftlich umstritten. Daher verzichteten die Autoren der Studie darauf, die externen Kosten in ihre Rechnung einzubeziehen.

Gigantisch wären die externen Kosten im jederzeit möglichen Fall eines nuklearen Super-GAUs in einem Atomkraftwerk. Würde man für Kernkraftwerke eine Art »Vollkaskoversicherung« gegen Atomunfälle zur Pflicht machen, dann wären die Versicherungsprämien so hoch, das selbst der Strom aus alten, abgeschriebenen Reaktoren nicht mehr konkurrenzfähig wäre. Eine solche Haftpflichtversicherung wäre jedoch am Markt nicht zu bekommen, weil kein Versicherer der Welt die im Schadensfall fällige Summe aufbringen könnte. Das Risiko eines Super-GAUs ist daher unversicherbar. Die Autoren der Greenpeace-Studie stellen dennoch ein paar Rechenbeispiele an, die zeigen, was eine volle Haftpflichtversicherung für ein Atomkraftwerk mindestens kosten würde.

»Bei der von Ewers/Rennings 1992 zugrunde gelegten Schadenssumme von 5500 Milliarden Euro müsste eine Haftpflichtversicherungsprämie von gut 287 Milliarden Euro gezahlt werden, Atomstrom würde um 179,5 Cent je Kilowattstunde teurer«, so die Studie.

Ebenso wenig wie die externen Kosten der Atomenergie sind auch die Förderungen der Atomenergie aus den Haushalten der Bundesländer (z. B. für die Atomforschung oder die Kosten der Atomaufsicht) nicht in die Gesamtsumme von 204 Milliarden Euro eingeflossen, da diese im Rahmen der Studie nicht ermittelt werden konnten. Auch die Kosten der Polizeieinsätze bei Castor-Transporten wurden nicht eingerechnet. Dafür konnten bisher Kosten in Höhe von etwa 345 Millionen Euro belegt werden. Dieser Betrag deckt jedoch offensichtlich nicht alle bei Bund und Ländern angefallenen Kosten ab. Da die Kosten von Polizeieinsätzen in Deutschland jedoch generell nicht von den Verursachern getragen werden müssen, wurde dieser Posten bei der Summierung der öffentlichen Förderungen nicht berücksichtigt. Die tatsächlichen Kosten der Atomenergie sind also noch weitaus höher als von der Greenpeace-Studie beziffert.

»Es ist kurzsichtig und dreist, sich über Kosten der Erneuerbaren Energien zu beklagen, wenn gleichzeitig Atomkraft und Kohle hoch subventioniert werden«, sagt Andree Böhling, Energieexperte von Greenpeace. »Gäbe es eine faire Berechnung der Strompreise, wären viele Anlagen der Erneuerbaren Energien heute bereits ohne Förderung konkurrenzfähig. Atomkraft ist nicht nur die gefährlichste, sondern auch die teuerste Form der Stromerzeugung. Die Bundesbürger werden von den Betreibern der Atomkraftwerke gleich doppelt abkassiert, über die Stromrechnung und ihre gezahlten Steuern.«

Teil II

Zukunft statt Atom und Kohle

8. Der Weg ins Solarzeitalter

8.1 Der Atomausstieg 2.0

»Japan verändert alles«, sagte Bayerns Umweltminister Markus Söder. Der CSU-Politiker hatte bis dahin eine Abschaltung des Atomkraftwerkes Isar 1 strikt abgelehnt. Doch jetzt sollte das älteste bayerische Atomkraftwerk plötzlich abgeschaltet werden. »Ich glaube, es sollte dann abgeschaltet bleiben, weil nach Einschätzung von Experten eine bautechnische Nachrüstung gegen den Absturz eines Verkehrsflugzeuges kaum möglich ist«, so Söder nun, als ob das nicht schon seit Jahren bekannt gewesen und von Atomkraftgegnern immer wieder kritisiert worden wäre. Der Minister war nicht der Einzige, der unter dem Eindruck der erschreckenden Bilder aus Japan eine Kehrtwende vollzog. Am 14. März 2011 traten Bundeskanzlerin Merkel und Vizekanzler Guido Westerwelle vor die Presse und verkündeten ein »Moratorium«, mit dem die AKW-Laufzeitverlängerungen für drei Monate ausgesetzt wurden. Die sieben ältesten Atomkraftwerke und der Problemreaktor in Krümmel wurden abgeschaltet oder sollten es für die drei Monate bleiben, falls sie ohnehin schon stillstanden. In der Zwischenzeit werde eine Risikoanalyse durchgeführt, kündigten Merkel und Westerwelle an. Erst wenige Monate zuvor hatte die schwarz-gelbe Bundesregierung den Atomdeal am Bundesrat vorbei durchgeboxt. Jetzt waren es sicherlich auch die kurz bevorstehenden Landtagswahlen in Sachsen-Anhalt, Rheinland-Pfalz und vor allem Baden-Württemberg und nicht nur Zweifel an der eigenen Atompolitik, die die Regierung zu dem Moratorium bewogen haben.

Man könne jetzt nicht einfach zur Tagesordnung übergehen, sagte Merkel. Die Katastrophe in Japan »lehrt uns, dass Risiken, die für absolut unwahrscheinlich gehalten wurden, doch nicht vollends unwahrscheinlich sind«. Alles müsse nun auf den Prüfstand. Die Kanzlerin fügte hinzu:»Die Lage nach dem Moratorium wird eine andere sein als die Lage vor dem Moratorium.« Das Atomgesetz wurde jedoch nicht geändert, die Laufzeitverlängerungen behielten Gesetzeskraft. Daher war selbst innerhalb der Koalition umstritten, ob das Atom-Moratorium überhaupt rechtens sei. Gleichzeitig betonte Merkel jedoch zunächst, die Atomkraft werde als »Brückentechnologie« weiter benötigt. Auf die Frage eines Journalisten, ob es denn noch genug Strom gebe, wenn acht Atomkraftwerke auf einmal abgeschaltet würden, antwortete Merkel: »Es ist absehbar, dass die Folgen daraus nicht dazu führen werden, dass wir unsere eigene Versorgungssicherheit nicht mehr sicherstellen können, denn wir sind zurzeit Stromexporteur. Ich mache mir da keine Sorgen.« Dabei hatten Merkel und Westerwelle noch vor nicht allzu langer Zeit das Gegenteil behauptet. »Man muss jedenfalls diesen irrsinnigen Ausstiegsbeschluss aus der Kernenergie sofort rückgängig machen. Die Tatsache, dass wir hier in Deutschland die weltweit sichersten Atomkraftwerke aus ideologischen Gründen abschalten, heißt ja nur, dass am Tag danach der Strom aus wesentlich unsichereren Atomkraftwerken aus dem Ausland kommt«, so Westerwelle damals. Nun schaltete er zusammen mit der Bundeskanzlerin selbst acht Atomkraftwerke vorübergehend ab, und trotzdem war man nicht auf Atomstrom aus dem Ausland angewiesen. Dabei war die angeblich drohende Stromlücke eines der Hauptargumente für die Aufkündigung des Atomausstiegs. Mit dem Moratorium widerlegte die Regierung sich selbst.

Öko-Institut: Zehn AKW könnten kurzfristig abgeschaltet werden

Doch wie schnell ist der Atomausstieg ohne Stromlücke und Abstriche beim Klimaschutz möglich? Dass es ohne Probleme möglich wäre, die deutschen Atomkraftwerke nach und nach bis etwa zum Jahr 2022 durch Erneuerbare Energien und Energieeinsparungen zu ersetzen, zeigen zahlreiche Studien. Doch die Frage, wie man schneller als noch im rot-grünen Atomkonsens vorgesehen aussteigen könnte, bildete in den letzten Jahren kaum Gegenstand energiewirtschaftlicher Analysen. Durch Fukushima steht die Frage nach einem sehr schnellen Atomausstieg nun wieder auf der Tagesordnung. Eine Woche nach dem Erdbeben in Japan veröffentlichten die Umweltstiftung WWF Deutschland und das Öko-Institut eine Kurzstudie unter dem Titel »Schneller Ausstieg aus der Kernenergie in Deutschland. Kurzfristige Ersatzoptionen, Strom- und CO_2-Preiseffekte«.[109]

Die Analyse kommt zu dem Ergebnis, dass ein zügiger Atomausstieg Chancen für den Klimaschutz bietet, ohne die Versorgungssicherheit zu gefährden oder die Portemonnaies der Bürger übermäßig zu strapazieren. Durch den Ausbau der Erneuerbaren Energien ist die installierte Kraftwerksleistung in Deutschland in den letzten Jahren zwar erheblich gestiegen, doch über die Versorgungssicherheit sagt dies alleine noch nicht viel aus. Einen besseren Anhaltspunkt stellt die Leistungsbilanz zum Zeitpunkt der Jahreshöchstlast dar, also der Stunde des Jahres, in der die Stromnachfrage am höchsten war. Um herauszufinden, welche Leistung für die Deckung dieser Last tatsächlich gesichert zur Verfügung steht, muss man von der installierten Kraftwerksleistung jene Kapazitäten abziehen, die nicht zur Deckung zur Verfügung standen. Diese setzen sich zusammen aus der »nicht einsetzbaren Leistung« – dazu gehören zum Beispiel Windenergieanlagen, wenn gerade kein Wind weht –, der »nicht verfügbaren Leistung« durch Kraftwerksausfälle und Revisionen sowie der Leistung, die für sogenannte Systemdienstleistungen (Primär- und Sekundärregelleistung, Minutenreserve) benötigt wird. Aus dieser Rechnung ergibt sich die »gesicherte Leistung«. Die Leistungsbilanz zum Zeitpunkt der Jahreshöchstlast zeigt, dass der Abstand zwischen der gesicherten Leistung und der Last in den letzten Jahren kontinuierlich gestiegen ist. Diese »verbleibende Leistung« war verfügbar, wurde aber zur Deckung der Stromnachfrage gar nicht benötigt. 2007 betrug sie 10,8 Gigawatt, 2008 sogar 13,7 Gigawatt.

Ein Teil dieser verbleibenden Leistung ist als Reserve für unvorhergesehene Kapazitätsengpässe anzusehen, die nicht von der kurzfristigen Reserve für Systemdienstleistungen abgedeckt werden können. Der Verband der Europäischen Übertragungsnetzbetreiber Entso-E empfiehlt dafür als Richtwert eine Marge von 5 Prozent der installierten Nettoleistung. Im Jahr 2008 wären das 6,6 Gigawatt als zusätzliche Langfristreserve. Für 2011 schätzte das Öko-Institut die verbleibende Leistung vorsichtig auf 12 Gigawatt, zieht man davon 6,6 GW als Reserve ab, sind mindestens 5,4 Gigawatt frei verfügbar. Und da zum Zeitpunkt der jeweiligen Jahreshöchstlast sowohl im Dezember 2007 und im Januar 2008 die Atomkraftwerke Biblis A, Brunsbüttel und Krümmel mit einer Nettoleistung von zusammen 3,3 Gigawatt nicht in Betrieb waren, käme diese Leistung noch hinzu. Daraus ergibt sich aus dem bestehenden Kraftwerkspark eine freie gesicherte Reserveleistung von 8,7 Gigawatt. Das ist aber konservativ geschätzt, das Öko-Institut legte beispielsweise eine Jahreshöchstlast von 80 Gigawatt zugrunde – so hoch war die Jahreshöchstlast zuletzt im Jahr 2002. Darüber hinaus könnte man noch fossile Kraftwerke aus der sogenannten Kaltreserve vorübergehend wieder aktivieren. Als Anlagen in der Kaltreserve werden Kraftwerke eingestuft, die nicht mehr zur Stromerzeugung eingesetzt werden, aber konserviert sind und bei Bedarf relativ schnell wieder angefahren werden können. Diese Kraftwerke wurden in die Kaltreserve gestellt, weil sie angesichts der Überkapazitäten bei der Stromerzeugung auf nicht genügend rentable Betriebsstunden kamen. Da sich die Betreiber dieser Kraftwerke aber Chancen ausrechneten, dass in Zukunft ein rentabler Betrieb wieder möglich sein könnte, etwa weil andere Kapazitäten vom Netz gehen, verzichteten sie darauf, die Anlagen endgültig stillzulegen. Nach den Recherchen des Öko-Instituts waren Anfang 2011 Kraftwerke mit einer Kapazität von etwa 2,5 Gigawatt in Kaltreserve, es handelt sich dabei vor allem um Gas- und Ölkraftwerke. Aus klimapolitischer Sicht ist es vernünftiger, fossile Kraftwerke aus der Kaltreserve vorübergehend wieder zu aktivieren, bis sie durch Erneuerbare Energien ersetzt werden können, als neue Kohlekraftwerke zu bauen, die dann noch Jahrzehnte betrieben werden müssen, damit sich die gewaltigen Investitionen in solche Kraftwerksklosse auch rechnen.

Rechnet man die Kaltreserve und die verbleibende Reserveleistung im bestehenden Kraftwerkspark zusammen, kommt man auf eine freie Reserveleistung von 11,2 Gigawatt. Die 17 deutschen Atomkraftwerke, die Anfang 2011 noch betrieben wurden, haben zusammen eine Leistung von etwa 20 500 Megawatt oder 20,5 Gigawatt. Acht Atomkraftwerke könnten ohne Problem sofort abgeschaltet werden, ohne dass deshalb irgendwo auch nur ein Lämpchen flackern würde. Der deutsche Strommarkt sei auf die kurzfristige Stilllegung der sieben ältesten Reaktoren weitgehend vorbereitet, Versorgungsprobleme oder Preisverwerfungen seien deshalb nicht zu erwarten, heißt es in der Analyse. Die sieben Museumsmeiler sind mittlerweile alle älter als 32 Jahre und hatten ihre Reststrommengen aus dem rot-grünen Atomgesetz nur deshalb nicht schon längst ausgeschöpft, weil die Betreiber sie zeitweise vom Netz nahmen oder nur mit gedrosselter Leistung fuhren, um sie – in der Hoffnung auf eine künftige schwarz-gelbe Bundesregierung – über die Zeit zu retten. Um solchen Tricks in Zukunft einen Riegel vorzuschieben, muss es beim Atomausstieg 2.0 ein Verfallsdatum für Strommengen geben.

	2002	2003	2004	2005	2006	2007	2008
Installierte Leistung	105,9	111,4	114,6	119,4	124,3	129,2	132,7
Nicht einsetzbare Leistung	12,2	16,5	17,9	22,8	23,8	24,8	27,3
Ausfälle	3,5	3,0	2,8	4,1	4,0	5,3	4,7
Revisionen	1,6	1,9	0,7	2,7	2,4	2,8	3,2
Reserve für Systemdienstleistungen	7,1	7,0	7,2	7,1	7,9	7,0	7,0
Gesicherte Leistung	81,4	83,0	86,0	82,7	86,2	89,3	90,5
Last	79,7	76,3	77,2	76,7	77,8	78,5	76,8
Verbleibende Leistung	1,7	6,7	8,8	6,0	8,4	10,8	13,7

Leistungsbilanz der allgemeinen Stromversorgung in Deutschland zum Zeitpunkt der Jahreshöchstlast
Quelle: Öko-Institut 2011, alle Leistungsangaben in Gigawatt

Die Überkapazitäten bei der Stromerzeugung sind so groß, dass auch der Pannenreaktor Krümmel abgeschaltet bleiben könnte – trotzdem bliebe die Reservekapazität noch groß genug und die Stromversorgung zu jeder Stunde des Jahres gesichert. Zwei weitere Atomkraftwerke könnten dann innerhalb weniger Wochen oder Monate durch Kraftwerke aus der Kaltreserve ersetzt werden. Doch wie könnte man die übrigen sieben Reaktoren schnell ersetzen?

Lastmanagement und kurzfristige Neuinvestitionen

Auch dazu machen WWF und Öko-Institut einige Vorschläge. Eine Möglichkeit, die helfen könnte, weitere Atomkraftwerke relativ kurzfristig zu ersetzen, wäre ein besseres Lastmanagement. Gelänge es, in der Höchstlaststunde anfallenden Stromverbrauch in andere Stunden zu verschieben, könnte der Spitzenlastbedarf erheblich verringert werden. Nach den Berechnungen des Öko-Instituts könnte man so den Spitzenlastbedarf um 2000 bis 5000 Megawatt reduzieren. In ein solches Lastmanagement sollten vor allem Großverbraucher wie die Chemische Industrie, Kühlhäuser oder Anlagen der Metallerzeugung einbezogen werden.

Darüber hinaus befindet sich derzeit eine Reihe von Kraftwerken im Bau, die zwischen 2011 und 2015 ans Netz gehen werden. Dabei handelt es sich vor allem um Kohle- und Gaskraftwerke sowie um Anlagen zur Biomasseverstromung und um Blockheizkraftwerke. Das Öko-Institut sieht dadurch eine bis 2015 zur Verfügung stehende zusätzliche Kapazität von 7,6 Gigawatt, die allerdings bis 2020 voraussichtlich auf 2,8 Gigawatt schrumpfen wird, weil bis dahin wahrscheinlich einige fossile Kraftwerke aus Altersgründen stillgelegt werden. Das Öko-Institut hat dabei nur solche Kohlekraftwerke in die Rechnung einbezogen, die nicht mehr juristisch umstritten sind und deren Inbetriebnahme als sicher gilt. Der Kohlekraftwerksschwarzbau in Datteln beispielsweise wurde bewusst nicht eingerechnet. Den Neubau von weiteren Kohlekraftwerken lehnen WWF und Öko-Institut genauso ab wie Campact und andere Organisationen.

Neben den Kapazitäten aus den bereits in Bau befindlichen Kraftwerken hält das Öko-Institut aber auch kurzfristige Neuinvestitionen für nötig; zusätzliche Kraftwerke mit einer Kapazität von etwa 5 Gigawatt müssten gebaut werden. Als mögliche Optionen werden zum Beispiel Biomasseanlagen, dezentrale Blockheizkraftwerke oder größere Gas- und Dampfanlagen (GuD) genannt. Sowohl Biogasanlagen als auch Blockheizkraftwerke lassen sich in kurzer Zeit realisieren. Selbst große GuD-Kraftwerke weisen relativ kurze Bauzeiten auf, wie man zum Beispiel in Spanien sehen konnte, wo innerhalb kurzer Zeit solche Anlagen förmlich aus dem Boden gestampft wurden. Darüber hinaus können diese Kraftwerke die wetterbedingt schwankende Stromerzeugung von Wind- und Sonnenenergie viel flexibler ausgleichen als Kohle- oder Atomkraftwerke (siehe Kapitel 3).

Durch die Nutzung von Reserven im Kraftwerksbestand, ein besseres Lastmanagement, die Kapazitäten aus den bereits im Bau befindlichen Neubauten und kurzfristige Neuinvestitionen könnten also acht Atomkraftwerke sofort abgeschaltet werden und zwei weitere innerhalb weniger Wochen und Monate. Die übrigen sieben Atomkraftwerke ließen sich dann innerhalb weniger Jahre ersetzen. Nach den Berechnungen des Öko-Instituts könnte das letzte AKW zwischen 2015 und 2020 abgeschaltet werden – nach dem rot-grünen Atomkonsens wäre das wahrscheinlich erst zwischen 2023 und 2027 der Fall (je nach Auslastung der Atomkraftwerke, bedingt zum Beispiel durch die künftige Windstromerzeugung). Durch den schwarz-gelben Atomdeal von 2010 würde die AKW-Abschaltung, so die Berechnungen des Öko-Instituts, vermutlich sogar erst zwischen 2038 und 2040 stattfinden. Und falls es zu Strommengenübertragungen von alten auf neuere Atomkraftwerke käme, müssten die Menschen in Deutschland sogar noch länger unter dem Damokles-Schwert eines jederzeit möglichen Super-GAUs ausharren.

Da bei einem schnellen Atomausstieg ein Teil des Atomstroms vorübergehend auch durch fossile Kraftwerke ersetzt würde, ergibt sich daraus bei isolierter Betrachtung ein Anstieg der Kohlendioxidemissionen. Doch da im Rahmen des europäischen Emissionshandels eine feste Obergrenze für den CO_2-Ausstoß besteht, müssten diese zusätzlichen Emissionen an anderer Stelle wieder eingespart werden. Kommen durch die Abschaltung von Atomkraftwerken klimaschädlichere Kraftwerke zum Zuge, steigen die Preise für die Verschmutzungsrechte, was Emissionsminderungen an anderer Stelle initiiert.

Die Greenpeace-Studie »Plan B«[110] zeigt kraftwerkgenau, wie Deutschland Schritt für Schritt schon bis 2015 vollständig aus der Atomkraft und bis 2040 auch aus der Kohle aussteigen könnte. Neun Atomkraftwerke könnten nach diesem Plan noch 2011 stillgelegt werden, in den darauf folgenden Jahren bis 2015 dann jeweils zwei weitere Reaktoren pro Jahr. Neuinvestitionen sollten ausschließlich in Energieeffizienz, Erneuerbare Energien, Kraft-Wärme-Kopplung und Erdgaskraftwerke gehen, so Greenpeace. Kohlekraftwerke dürften aus Gründen des Klimaschutzes nicht mehr gebaut werden. Dadurch könnten laut der Studie bis 2030 Brennstoffkosten und andere volkswirtschaftliche Kosten in Höhe von 300 Milliarden Euro eingespart werden und eine Million neue Jobs allein im Bereich Erneuerbare Energien bis Mitte des Jahrhunderts geschaffen werden. Bis 2020 könnte Deutschland mit diesem Konzept seinen Kohlendioxidausstoß um 46 Prozent und bis 2050 um 90 Prozent reduzieren.

Der Deutsche Naturschutzring (DNR), der Dachverband der deutschen Umwelt- und Naturschutzverbände, hält einen Atomausstieg ebenfalls bis 2015 für machbar und fordert ein Sofortprogramm für die Energiewende. Bestandteile eines solchen Programms müssten die Beschleunigung des Ausbaus der Offshore-Windenergie, die verbindliche Ausweisung von ausreichenden Vorrangflächen für Windenergie durch die Bundesländer, ein Effizienzfonds und ein nationales Top-Runner-Programm zur schnellen Reduktion des Stromverbrauchs sein. Mit einem Verbot des Neubaus von Kohlekraftwerken sollte der Markt für neue Gaskraftwerke ausgeweitet werden. Sechs Atomkraftwerke könnten allein durch Energiesparmaßnahmen überflüssig gemacht werden.

Natürlich kann der Wechsel von den atomar-fossilen Energien zu einer vollständig erneuerbaren Energieversorgung nicht über Nacht passieren. Doch als Brücken eignen sich Atomkraftwerke ebenso wenig wie der Neubau weiterer Kohlekraftwerke. Nun werden manche einwerden: Man kann doch nicht gleichzeitig aus der Atomkraft und aus der Kohle aussteigen. Richtig, darum soll der Ausstieg auch nicht gleichzeitig, sondern nacheinander erfolgen – erst aus der Atomkraft und dann nach und nach aus den fossilen Energien. Auf dem Weg ins Solarzeitalter muss eine Übergangsphase durchschritten werden, mit wachsenden Anteilen der Erneuerbaren Energien und sinkenden Anteilen der konventionellen Energien, bis diese komplett ersetzt sind. Scheer sprach von einer Hybridphase, analog zum Hybridauto, das mit zwei unterschiedlichen Antriebsenergien angetrieben wird.

Es gibt nur drei begehbare Brücken ins Solarzeitalter: Die erste Brücke besteht aus den bereits bestehenden fossilen Kraftwerken, die auch noch nach einem Atomausstieg weiterlaufen, bis die Erneuerbaren Energien auch sie vollständig ersetzt haben. Die zweite Brücke besteht aus vielen kleinen mit Erdgas betriebenen Blockheizkraftwerken, die elektronisch zu »virtuellen Großkraftwerken« zusammengeschaltet werden sowie in begrenztem Umfange auch aus modernen, hocheffizienten Gaskraftwerken. Die dritte Brücke ist die wichtigste Brückentechnologie: Energieeffizienz und Energieeinsparung beschleunigen und verbilligen den Energiewechsel, weil dadurch weniger Energie gebraucht wird.

8.2 Kleiner ist flexibler: Die Intelligenz des Schwarms

Statt Gas- oder Ölheizungen könnten in Zukunft in vielen Häusern Kraftwerke im Keller stehen, die nicht nur das Gebäude mit Wärme, sondern auch die Republik mit Strom versorgen. Die elektrische Leistung dieser Kraftwerke entspricht mit 19 Kilowatt etwa der »Power« eines kleinen Motorrads. Im Herbst 2010 installierte der Ökostromversorger LichtBlick in Hamburg die ersten »Zuhausekraftwerke«. Gebaut werden die Wärme- und Strommaschinen vom Autokonzern Volkswagen. Auch viele Stadtwerke und regionale Gasversorger bieten solche Kellerkraftwerke an. Doch die meisten dieser Anlagen produzieren immer nur dann Strom, wenn gerade Wärme benötigt wird. Anders die Zuhausekraftwerke von LichtBlick und Volkswagen: Sie sind über eine intelligente Steuerungseinheit mit der LichtBlickzentrale verbunden und können so auf die schwankende Stromerzeugung aus Wind und Sonne reagieren. Während der VW-Gasmotor Strom produziert, wird die dabei zugleich entstehende Wärme gespeichert. Der Wärmespeicher stellt sicher, dass im Gebäude Heizung und Warmwasser 365 Tage im Jahr rund um die Uhr verfügbar sind. Durch die Kommunikationseinheit am Zuhausekraftwerk werden die vielen kleinen Anlagen zu einem leistungsfähigen Großkraftwerk vernetzt. 100 000 solcher Zuhausekraftwerke wollen LichtBlick und Volkswagen bundesweit im Auftrag von Hausbesitzern und Wohnungsbaugesellschaften aufbauen. Zusammen können sie eine Leistung von 2000 Megawatt erreichen – ungefähr so viel wie zwei Atomkraftwerke. »Schwarmstrom« nennt LichtBlick dieses Konzept: Wie ein Fisch- oder Vogelschwarm steht Schwarmstrom für viele kleine Einheiten, die sich in eine Richtung bewegen und gemeinsam eine starke Einheit bilden.

Bei der Erzeugung von Schwarmstrom orientiert sich LichtBlick am Strompreis. Je schneller Windkraft und Sonnenenergie ausgebaut werden, desto stärker richtet sich das Stromangebot nach den Wind- und Sonnenverhältnissen. Ist das Angebot knapp, weil gerade kein Wind weht und die Nachfrage groß ist, steigt der Strompreis an der Strombörse. Und genau dann, wenn der Strompreis am höchsten ist, will LichtBlick Schwarmstrom produzieren. Das rechnet sich für den Ökostromanbieter wirtschaftlich und entlastet gleichzeitig die Umwelt. Jedes einzelne Zuhausekraftwerk ist über Mobilfunk oder einen DSL-Anschluss mit der LichtBlickzentrale verbunden, wo die Strompreise, der Wärmebedarf des Kunden sowie Wetterprognosen ausgewertet werden, um die Wärme- und Stromerzeugung zu optimieren und so Kosten zu sparen. Sollte die Kommunikation einmal gestört sein, schaltet die Anlage auf Eigenbetrieb. »Die Heizung läuft auch dann zuverlässig«, versichert LichtBlick-Pressesprecher Ralph Kampwirth. Die Zuhausekraftwerke sollen im ersten Schritt mit Erdgas betrieben werden, später dann mit Biogas. Gegenüber der herkömmlichen Strom- und Wärmeerzeugung erzeugt das Zuhausekraftwerk mit Erdgas nach Angaben von LichtBlick bis zu 60 Prozent weniger Kohlendioxid, mit Biogas wäre es sogar völlig klimaneutral.

Ein ähnliches Konzept wie das Schwarmstromkonzept von LichtBlick verfolgen auch einzelne Stadtwerke: In Unna haben die Stadtwerke relativ früh erkannt, dass sich dezentrale Anlagen gut vermarkten lassen und sie gleichzeitig dazu beitragen können, die fluktuierende Stromerzeugung aus Wind und Sonne auszugleichen. Bockheizkraftwerke werden dort mit Wasserkraft- und Windanlagen zu einem »virtuellen« Großkraftwerk vernetzt und aufeinander abgestimmt. Durch die Vernetzung soll eine Leistung von 500 Megawatt erreicht werden. Ähnlich funktioniert auch das regenerative Kombikraftwerk, das Wissenschaftler von der Universität Kassel entwickelt haben.

Nach Ansicht des Umweltweisen Hohmeyer sind dezentrale Blockheizkraftwerke (BHKW) die ideale Ergänzung zu der schwankenden Stromerzeugung aus Wind und Sonne, da sie viel flexibler sind als die schwerfälligen Kraftwerkskolosse. Denn anders als Atommeiler und Kohlekraftwerke können Blockheizkraftwerke innerhalb einer Minute ihre Leistung um 50 bis 65 Prozent erhöhen oder drosseln, Miniblockheizkraftwerke wie das LichtBlick-Zuhausekraftwerk sogar um 100 Prozent. Und Blockheizkraftwerke benötigen nur zwischen einer Minute und 90 Sekunden, um aus dem Stillstand auf ihre volle Leistung zu kommen, während Kohlekraftwerke dazu bis zu sieben Stunden und Atomkraftwerke bis zu zwei Tage brauchen. Außerdem sind die einzelnen Einheiten bei Schwarmstrom so klein, dass eine fast stufenlose Anpassung der Stromerzeugung an die fluktuierende Stromerzeugung aus Wind und Sonne möglich sei, so Hohmeyer. Durch die

Kraft-Wärme-Kopplung wird der eingesetzte Brennstoff mit Wirkungsgraden von 80 bis 90 Prozent genutzt. Kohle- oder Atomkraftwerke erreichen dagegen nur einen Wirkungsrad von rund 35 Prozent, rund zwei Drittel der Energie gehen ungenutzt verloren. Das eingesetzte Erdgas könne in den nächsten Jahren vollständig durch Erdgasmengen gedeckt werden, die durch eine bessere Wärmedämmung an Gebäuden eingespart werden – wir müssten also kein zusätzliches Erdgas aus Russland importieren. Erdgas ist zwar ebenfalls ein fossiler Energieträger, erzeugt aber in der Verbrennung nur etwa halb so viel Kohlendioxid wie Kohle und deutlich weniger als Erdöl. Ein weiterer Vorteil von gasbefeuerten Blockheizkraftwerken liegt darin, dass das eingesetzte Erdgas auf Dauer durch Biogas ersetzt werden kann.

Das Ende der Großkraftwerke

»Großkraftwerke laufen ohne große Zukunft«. Mit dieser Schlagzeile berichtete die konservative Tageszeitung *Die Welt* am 28. Juli 2010 über eine bemerkenswerte Studie der international tätigen Managementberatung Boston Consulting Group (BCG). Demnach steht das auf Großkraftwerken basierende Geschäftsmodell der Stromkonzerne vor dem Aus. Schon bald würden dezentrale Kleinanlagen die Stromerzeugung stark beeinflussen oder sogar dominieren. »Es ist absehbar, dass sich in Europa eine dezentrale Energielandschaft herausbildet«, zitiert das Blatt Michael Kofluk, den Geschäftsführer und Leiter der deutschen Energie-Praxisgruppe bei BCG: »Wir prognostizieren in den EU-Mitgliedsstaaten bis zum Jahr 2020 einen Anstieg der dezentralen Stromerzeugung auf 40 Prozent an der installierten Kraftwerkskapazität.« Weil Wind- und Solarenergie sowie kleine Blockheizkraftwerke immer mehr Verbreitung finden, »könnten Erneuerbare Energien und Kraft-Wärme-Kopplung bis 2020 sogar mehr als die Hälfte der in der EU verbrauchten Elektrizität liefern«, heißt es in der BCG-Studie »Toward a Distributed-Power World«. Erneuerbare Energien und intelligente Stromnetze (*smart grid*) würden die Energieversorgung völlig umkrempeln.

Statt von wenigen Großkraftwerken werde die Stromversorgung in Zukunft von einer Vielzahl kleiner Einspeiser geleistet. Die Wandlung vom *consumer* (engl.: Verbraucher) zum *prosumer* (produzierender Verbraucher) sei kaum noch aufzuhalten: So werde sich die Kapazität der installierten Photovoltaikanlagen in Europa von derzeit gut 10 Gigawatt auf mindestens 90 Gigawatt bis zum Jahr 2020 vervielfachen. Um die Vielzahl kleiner Einspeisungen stabil mit der Nachfrage in Einklang bringen zu können, sei eine neue, computergestützte Energieinfrastruktur nötig. Die BCG-Experten prognostizieren deshalb, dass IT-Giganten wie IBM, SAP oder Google in den Strommarkt vordringen werden.

Wenn die Stromkonzerne nicht aus dem Markt gedrängt oder marginalisiert werden wollten, müssten sie neue Geschäftsmodelle entwickeln, heißt es in der Studie. So könnten sie beispielsweise Dienstleistungen anbieten, mit denen viele kleine Stromproduzenten zu »virtuellen Kraftwerken« gebündelt werden. Auch der Vertrieb und die Wartung kleiner Blockheizkraftwerke oder von Elektroautos könnten neue Geschäftsfelder sein. Doch die deutschen Stromriesen klammern sich an das lukrative Geschäftsmodell der Vergangenheit. Die Laufzeitverlängerungen für Atomkraftwerke und die Pläne für den Bau neuer klimaschädlicher Kohlekraftwerke sind ein verzweifelter Versuch, sich dem technischen Fortschritt entgegenzustemmen. Die Konzerne wollen nicht wahrhaben,

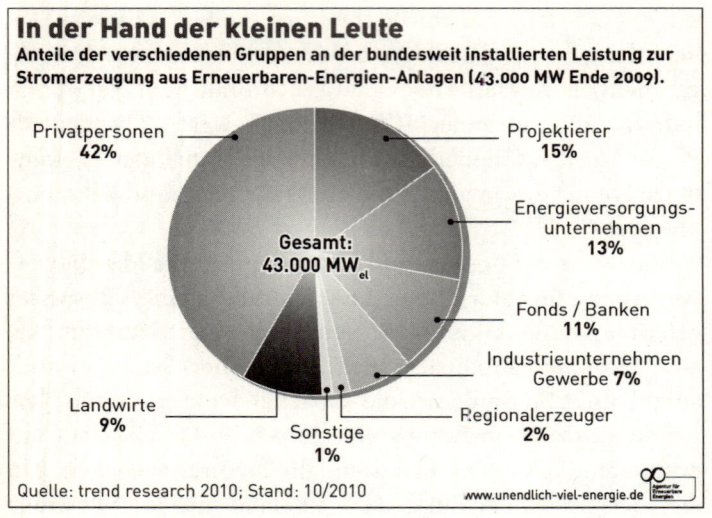

In der Hand der kleinen Leute
Anteile der verschiedenen Gruppen an der bundesweit installierten Leistung zur Stromerzeugung aus Erneuerbaren-Energien-Anlagen (43.000 MW Ende 2009).

Quelle: trend research 2010; Stand: 10/2010   www.unendlich-viel-energie.de

dass schwerfällige Kraftwerkskolosse keine Zukunft mehr haben.

»Der Wechsel zu Erneuerbaren Energien geht zu Lasten der bisherigen Energiewirtschaft und von deren Zulieferern, weil die herkömmlichen Systemelemente Zug um Zug unwirtschaftlich werden«, war Hermann Scheer überzeugt. »Einen Zeitpunkt, an dem ihre Anlagen gleichzeitig abgeschrieben sind, gibt es nicht einmal theoretisch. Bereits Abgeschriebenes oder Veraltetes steht neben Neuinvestitionen.« Die Energiekonzerne müssten deshalb alles tun, um den Wechsel vom atomar-fossilen zu einem erneuerbaren Energiemix aus Sonne, Wind, Wasser, nachhaltig angebauter Biomasse und Erdwärme zu verhindern oder wenigstens hinauszuzögern, wenn sie Kapitalvernichtung vermeiden wollen. Würden die Konzerne dem Rat von Boston Consulting folgen und ein neues Geschäftsmodell entwickeln, stiegen zwar ihre Chancen, langfristig zu überleben, doch nur unter Inkaufnahme schwerwiegender Verluste heute. Und dazu scheinen die deutschen Stromkonzerne nicht bereit zu sein. Sie versuchen lieber, die Energiewende zu verlangsamen oder wenigstens unter ihre Kontrolle zu bringen. Wenn sie überhaupt in Erneuerbare Energien investieren, dann in das Wüstenstromprojekt Desertec oder in große Windparks auf hoher See. Und am liebsten im Ausland, wo sie ihren bestehenden Großkraftwerken nicht in die Quere kommen. Es ist der Versuch, die Erneuerbaren Energien ebenso zu monopolisieren wie die Stromerzeugung aus Kohle oder Uran.

Angesichts der Milliardengewinne, die RWE, E.ON, Vattenfall und EnBW bei einem weiter forcierten Ausbau der Erneuerbaren Energien zu entgehen drohen, setzen sie ihre gesamte Lobbymacht ein, um das Erneuerbare-Energien-Gesetz (EEG) mit seinem Einspeisevorrang für die Erneuerbaren Energien und den garantierten Einspeisevergütungen in seiner bisherigen Form zu kippen. Ziel ist es, den Ausbau der Erneuerbaren Energien massiv zu bremsen. Dass dies das Erreichen der Klimaschutzziele unmöglich machen würde, interessiert die selbsternannten Klimaschützer wenig.

Zwar rede alle Welt neuerdings von den Erneuerbaren Energien mit Sympathie, wie für schönes Wetter. Doch hinter dem Scheinkonsens über die Erneuerbaren Energien verbergen sich höchst unterschiedliche Interessen, warnte Scheer. Er verleite dazu, die mit der Energiewende verbundenen Konflikte zu unterschätzen. »Wo der Wechsel zu den Erneuerbaren Energien praktisch eingeleitet wurde, geht es jetzt ans ›Eingemachte‹: Die praktische Ablösung atomarer und fossiler Energien betrifft unmittelbar die Struktur der etablierten Energiewirtschaft, die eng mit den herrschenden Produktions- und Konsumbedingungen, Wirtschaftsordnungen und politischen Institutionen verwoben ist. Sie rührt unmittelbar an die Existenzinteressen der etablierten Energiewirtschaft, die der größte und politisch einflussreichste Sektor der Weltwirtschaft ist.«

Laufzeitverlängerung für die Steinzeit

Nach der Wahl Barack Obamas zum Präsidenten der Vereinigten Staaten schickten die Verbände der amerikanischen Energiewirtschaft mehr als 2000 hochbezahlte Lobbyisten zusätzlich nach Washington, um Abgeordnete und Medien zu bearbeiten und so Obamas Pläne für eine Energiewende hin zu den Erneuerbaren Energien und mehr Energieeffizienz zu durchkreuzen. Nach dem Sieg der Republikaner bei den Kongresswahlen 2010 drohten die USA zum »High-Carbon-Museum« der Weltwirtschaft zu werden, schrieb der Soziologe Claus Leggewie in der Wochenzeitung *Die Zeit*.[111] Doch auch hierzulande ziehen die Vertreter der atomar-fossilen Energiewirtschaft alle Register, um ihren drohenden Untergang aufzuhalten. Im August 2010 veröffentlichte die Atomlobby als ganzseitige Anzeige in vielen deutschen Tageszeitungen einen »Energiepolitischen Appell«. Darin hieß es unter anderem: »Herausforderung annehmen: Die Zukunft gehört den Erneuerbaren«, doch dieser Satz wurde gleich wieder durch die Formulierung eingeschränkt »und CO_2-freien Energien«. Damit hatte man die Dinosaurier-Technologie Atomkraft und die umstrittene CCS-Technologie zur Abscheidung und Endlagerung von Kohlendioxid ins Lager der Zukunftsenergien eingeschmuggelt. Und weiter ist zu lesen: »Die regenerative Energiewende ist nicht von heute auf morgen zu bewerkstelligen. Erneuerbare brauchen starke und flexible Partner. Dazu gehören modernste Kohlekraftwerke. Dazu gehört auch die Kernenergie (...) Ein vorzeitiger Ausstieg würde Kapital in Milliardenhöhe vernichten – zulasten der Umwelt, der Volkswirtschaft und der Menschen in unserem Land.« Die sozialen und ökologischen Kosten der atomaren und fossilen Energien erwähnten die Verfasser des Appells mit keiner Silbe.

»Wer neue Technologien, die eine wirtschaftliche Erneuerung auslösen, aufs Wartegleis schieben will, solange die alten Technologien noch operationsfähig sind, verhindert eben diese wirtschaftliche Erneuerung«, konterte Scheer. »Joseph Schumpeter, einer der großen Wirtschaftsweisen des 20. Jahrhunderts, spricht von der Notwendigkeit ›schöpferischer Zerstörung‹, um wirtschaftlichen Innovationen den Weg zu bahnen.« Die Logik des »Energiepolitischen Appells« ist in der Tat abstrus. Der technische Fortschritt ist sehr oft mit Kapitalvernichtung verbunden, neue Technologien verdrängen ältere Technologien. Unternehmen, die zu lange auf veraltete Technologien gesetzt haben, verlieren Geld und Marktanteile, das passiert in einer Marktwirtschaft ständig. Nach der Logik des Appells müsste eine Regierung die Auslastung aller vorhandenen Produktionskapazitäten aller Unternehmen garantieren und Konkurrenten vom Markt fernhalten, damit kein Investitionskapital vernichtet wird. »Hier wird eine absurde Vorstellung aus einer planwirtschaftlichen Modelltheorie bemüht, um im Namen von Wirtschaft und Gesellschaft unabhängige Investitionen in erneuerbare Energien aufzuschieben und die Gesellschaft in ihrem Bedürfnis nach sauberer Energie auf die Zukunft zu vertrösten«, bringt es Scheer auf den Punkt. Das ist so, als hätten die Schreibmaschinenhersteller bei der Markteinführung der Personal Computer gefordert, die Laufzeiten der Schreibmaschinen müssten als Brückentechnologie verlängert werden.

Während die Vertreter der staatlich protektionierten Oligopole alles tun, um wirklichen Wettbewerb auf dem Strommarkt zu verhindern, plädierte Scheer dafür, den Ordoliberalismus energethisch zu definieren. Im Gegensatz zu den Neoliberalen wussten die alten Ordoliberalen, dass sich der Wettbewerb nicht selber erhält, sondern staatlicher Regulierung bedarf. »Die freie Wirtschaft braucht den starken Staat«, so formulierte es der Ökonom Walter Eucken, ein führender Vertreter der sogenannten »Freiburger Schule«. »Ein ordoliberaler Ansatz setzt Standards, die für alle Unternehmen gelten, vermeidet aber einzelwirtschaftliche politische Eingriffe, soweit dafür nicht ein zwingendes systemisches Interesse vorliegt«, erläutert Scheer. Er setzte auf die freie Entfaltung der Erneuerbaren Energie durch die Beseitigung von rechtlichen und bürokratischen Hindernissen. Dabei geht es um die Durchsetzung von vier ordnungspolitischen Grundsätzen:

- den bleibenden Vorrang für die Erneuerbaren Energien im Strommarkt;
- den Vorrang für Erneuerbare Energien in der Raumordnungspolitik und der öffentlichen Bauleitplanung;
- eine Umwandlung der Energiesteuern zu einer Schadstoffbesteuerung;
- die Verstaatlichung bzw. Rekommunalisierung der Stromnetze.

Dass natürliche Monopole in öffentliche Hände gehören, ist keine besonders linke, sondern eine klassische ordoliberale Position. Von einer Verstaatlichung der Energiekonzerne, wie sie in Baden-Württemberg ausgerechnet von einer schwarz-gelben Landesregierung praktiziert wurde, hielt Scheer gar nichts. »Die Verstaatlichung großer Stromkonzerne ist alles andere als ein progressiver Schritt zum Energiewechsel.« In anderen Ländern hätten sich Staatsunternehmen als genauso hemmend für den Ausbau der Erneuerbaren Energien erwiesen wie privatwirtschaftliche Konzerne. Zudem könnten die Regierungen kein Interesse daran haben, ihre Energiekonzerne durch einen schnell eingeleiteten Energiewechsel unwirtschaftlich werden zu lassen. »Die Stromkonzerne mit ihren Atom- und Kohlekraftwerken zu verstaatlichen wäre wie eine öffentliche ›bad bank‹, in der alle schlechten energiewirtschaftlichen Risiken gebündelt werden«, warnte Scheer. Eine Priorisierung der Erneuerbaren Energien bedeute nicht mehr Staat in der Energiewirtschaft. Der baden-württembergischen Landesregierung wird die »bad bank« EnBW noch viel Kopfzerbrechen bereiten.

8.3 Energieeffizienz – die wichtigste Brückentechnologie

In den letzten 200 Jahren war der Anstieg der Arbeitsproduktivität eines der wichtigsten Merkmale des technologischen Fortschritts. »Während des 19. Jahrhunderts und bis zur Hälfte des 20. Jahrhunderts stieg die Arbeitsproduktivität um bis zu ein Prozent pro Jahr an, nach dem Zweiten Weltkrieg sogar um zwei bis drei Prozent im Jahr. Insgesamt hat sich die Arbeitsproduktivität während der letzten 200 Jahre verzwanzigfacht«, schreiben Ernst Ulrich von Weizsäcker und Karlson Hargroves in ihrem Buch *Faktor Fünf*.[112] Heutzutage herrsche aber kein Mangel an Arbeitskräften. Darum müsse sich die Richtung des technischen Fortschritts ändern: Die Energie- und Ressourcenproduktivität müsse zum Leitmotiv unserer Zeit werden. Diejenigen Länder und Unternehmen, die die Produktivität der knappen Ressourcen erhöhen, werden bedeutende Konkurrenzvorteile gegenüber denen erwerben, die diese Knappheiten ignorieren, lautet die zentrale Botschaft in von Weizsäckers und Hargroves' Buch.

Dennoch denken viele Manager immer noch zuerst an die Personalkosten, wenn sie beabsichtigen, Einsparungen vorzunehmen. Dabei machen diese nach Angaben des Statistischen Bundesamtes durchschnittlich nur 17 Prozent der Kosten eines Betriebes des produzierenden Gewerbes aus. Die Kosten der Vorprodukte und Materialien in Höhe von durchschnittlich 40 Prozent werden als gegeben hingenommen. Laut der Unternehmensberatung Arthur D. Little findet man in den meisten Unternehmen Potentiale zur Senkung der Materialkosten um 20 Prozent. Die dafür notwendigen Investitionen rentieren sich in der Regel schon innerhalb von ein bis zwei Jahren. »Mit Instrumenten wie der Materialfluss- oder Ressourcenrechnung können rund 5 Prozent der Kosten eingespart werden«, erläutert der Wirtschaftswissenschaftler Götz von Stumpfeldt. »Bei der Neuentwicklung eines Produktes können noch höhere Einsparungen erzielt werden, denn die Funktionen eines Produktes können mit geringerem Materialeinsatz neu zusammengesetzt werden.« Aber nicht nur beim Material lässt sich viel Geld sparen, auch bei der Energie. Laut der Deutschen Energieagentur können die meisten Unternehmen mit einfachen Maßnahmen Energieeinsparungen von 5 bis 10 Prozent erreichen, bei Investitionen seien in der Regel sogar 30 bis 40 Prozent möglich.

Mit der ökonomischen Standardtheorie lässt es sich nicht erklären, wenn Unternehmen viel Geld sparen könnten, es aber nicht tun. Dennoch werden in vielen Betrieben schon relativ kurzfristig rentable Investitionen zur Senkung der Material- und Energiekosten nicht genutzt. »Viele Unternehmensleitungen sind sich der hohen wirtschaftlichen Verluste, die durch zu hohen Ausschuss, Energieverluste, Abwasser und Abfall bei Produktion und Produktnutzung entstehen, oft nicht bewusst. Managementsysteme sind nicht konsequent auf die Senkung der Material- und Energiekosten ausgerichtet. So bemisst sich der Erfolg von Einkäufern in den Unternehmen zumeist nach ihrer Fähigkeit, die Preise zu drücken, also günstig einzukaufen, nicht aber nach den Kosten, der Prozessierung einmal gekaufter Produkte im Unternehmen (Einkauf, Verarbeitung, Recycling/Entsorgung)«, führt Stumpfeldt aus. Als vor einigen Jahren der Berliner IHK-Präsident Eric Schweitzer bei einem Interview gefragt wurde, warum die IHK ihre Mitgliedsunternehmen nicht stärker auf solche Sparpotentiale aufmerksam mache, meinte er nur: »Um Rentabilität müssen sich die Unternehmen schon selber kümmern.«

Hartnäckig hält sich auch die Vorstellung, Klimaschutz sei ein Kostenfaktor. Dieser Denkfehler stammt noch aus einer Zeit, als die Umweltpolitik vor allem auf »End of pipe«-Technologien setzte: In Kraftwerke und Fabriken wurden Filter eingebaut und Kläranlagen zur Reinigung der Abwässer gebaut. Dadurch sind unsere Luft und unser Gewässer in den letzten Jahrzehnten viel sauberer geworden. Gleichzeitig stiegen aber auch die Produktionskosten dieser Unternehmen, denn »End-of-pipe«-Technologien sind teuer. Das Klima schützt man aber nicht durch solche Maßnahmen, sondern durch Energieeinsparungen, Energieeffizienz und Erneuerbare Energien. Wenn Unternehmen ihre Ressourcenproduktivität erhöhen, senken sie ihre Kosten und werden so wettbewerbsfähiger. Es ist deshalb grotesk, wenn sich der Bundeswirtschaftsminister gegen ambitioniertere Klimaschutzziele in der Europäischen Union ausspricht, weil dies die Wettbewerbsfähigkeit der Wirtschaft gefährde. Natürlich erfordert die Steigerung der Energie- und Ressourcenproduktivität Investitionen, genauso wie eine höhere Arbeitsproduktivität. Aber niemand würde auf die Idee kommen, dass eine höhere Arbeitsproduktivität Unternehmen weniger wettbewerbsfähig macht. Und die Gesellschaft würde davon profitieren, wenn statt Menschen künftig öfter Kilowattstunden arbeitslos würden.

Doch nicht nur Unternehmen sparen Geld bei einem geringeren Energieverbrauch, auch die Privathaushalte (siehe Kapitel 10). Besonders große Einsparpotentiale liegen im Gebäudebereich, besonders bei der besseren Wärmedämmung von Altbauten. Bei Neubauten könnten schon bald energieautonome Häuser zum Standard werden. Sogenannte Passivhäuser, manchmal werden sie auch als Nullenergiehäuser bezeichnet, benötigen weder im Winter noch im Sommer eine separate Heizung oder eine Klimaanlage, um eine behagliche Temperatur im Gebäudeinneren zu erreichen. Eine gut gedämmte Gebäudehülle sorgt dafür, dass die Wärme im Haus bleibt. Die Wärme gewinnt das Passivhaus durch Fenster und die Wärmeabgabe von Menschen und Elektrogeräten in dem Gebäude. Lediglich für das Warmwasser wird noch Energie benötigt. Noch einen Schritt weiter gehen sogenannte »Plus-Energiehäuser«, die mit Hilfe erneuerbarer Energiequellen mehr Energie produzieren, als sie verbrauchen. Nach einer Richtlinie der Europäischen Union müssen ab 2012 alle Neubauten von öffentlichen Gebäuden »Nullemissionshäuser« sein, ab 2020 auch alle neuen Privathäuser. Eine Gruppe um den Freiburger Solararchitekten Rolf Disch hat deshalb eine Online-Petition gestartet, mit der die Bundesregierung aufgefordert wird, bei der Umsetzung der EU-Richtlinie in deutsches Recht das Plus-Energiehaus zum Standard für Neubauten zu machen.

9. Unendlich viel Energie

9.1 Sonne und Wind schicken uns keine Rechnung

Tony Blair nannte es den wichtigsten Bericht, den er in seiner Amtszeit als Premierminister erhalten habe. Der Wirtschaftswissenschaftler Nicholas Stern hatte im Auftrag der britischen Regierung ausgerechnet, was volkswirtschaftlich betrachtet billiger ist: die Konzentration der Treibhausgase in der Atmosphäre auf maximal 5500 ppm zu begrenzen oder nichts tun und sich an den Klimawandel anpassen. Der ehemalige Chefökonom der Weltbank legte im Herbst 2006 einen 700-seitigen Bericht über die ökonomischen Auswirkungen des Klimawandels vor. Stern warnte, dass der globale Klimawandel die größte Rezession seit 1929 und der anschließenden Großen Depression auslösen könnte. Er rechnete vor, dass es – je nach Szenario – fünf- bis zwanzigmal so teuer käme, die Schäden durch immer mehr Überschwemmungen, Dürren und Stürme zu bezahlen, als den Klimawandel durch »beherztes und frühes Handeln« zu begrenzen. Die Kosten für die Reduzierung der Treibhausgasemissionen beziffert der Stern-Report auf jährlich rund ein Prozent der weltweiten Wirtschaftsleistung bis zum Jahr 2050. »Ein Niveau das erheblich, aber tragbar ist«, erklärt Stern.

Schon heute verursacht der Klimawandel beträchtliche wirtschaftliche Schäden. Und zwar nicht nur in den armen Ländern des Südens, sondern auch in den reichen Ländern des Nordens. In der Folge des Hurrikans Katrina schrumpften bei fast der Hälfte der amerikanischen Top-100-Unternehmen die Gewinne. Die Deutsche Bank analysierte nüchtern, die meisten Todesopfer werde der Klimawandel »voraussichtlich in Ländern wie Indien, Bangladesch, Süd- und Mittelamerika fordern«, die größten wirtschaftlichen Verluste entstünden aber in der entwickelten Welt. Die steigenden Kosten des Klimawandels bekamen als Erstes die Rückversicherer, wie die Swiss Re oder die Münchner Rück (Munich Re), zu spüren. Ihre Aufwendungen für den Schadensausgleich steigen durch die Zunahme extremer Wetterereignisse schon seit Jahren kontinuierlich an. Im Jahr 2010 verzeichnete die Münchner Rück 950 Naturkatastrophen, bei 90 Prozent davon handelte es sich um wetterbedingte Ereignisse wie Stürme, Unwetter oder Überschwemmungen. Die gesamtwirtschaftlichen Schäden betrugen weltweit etwa 100 Milliarden Euro. Claudia Kemfert, die Leiterin der Abteilung Energie, Verkehr und Umwelt beim Deutschen Institut für Wirtschaftsforschung (DIW), berechnete nur für Deutschland bis zum Jahr 2015 Kosten durch Klimaschäden in Höhe von 50 Milliarden Euro, 10 Milliarden Euro für beginnende Anpassungsinvestitionen und um 40 Milliarden steigende fossile Energiekosten. Bis zum Jahr 2025 würden sich diese Kosten auf 290 Milliarden erhöhen, so die Ökonomieprofessorin. »Effektiver Klimaschutz ist günstiger, als jedes Jahr die steigenden Kosten des Klimawandels zu tragen«, bestätigt auch Jochen Flasbarth, der Präsident des Umweltbundesamtes.

Im Jahr 2009 haben die regenerativen Energien bereits Umwelt- und Klimaschäden in Höhe von 8 Milliarden Euro vermieden. Die geringere Umweltbelastung erhöht auch die Lebensqualität – ein Effekt, der sich nicht in Zahlen ausdrücken lässt. Außerdem konnte die deutsche Volkswirtschaft dank der Nutzung der einheimischen Erneuerbaren Energien im selben Jahr Ausgaben für Energieimporte in Höhe von 5,1 Milliarden Euro einsparen. Das sind immerhin schon 9,4 Prozent der Gesamtausgaben für Rohstoffimporte. Gegenwärtig ist Deutschland noch zu 70 Prozent von Energieimporten abhängig. Die Kosten des Klimawandels und anderer von den atomar-fossilen Energien verursachten Umwelt- und Gesundheitsschäden werden jedoch meist genauso verschwiegen wie die offenen und verdeckten Subventionen für Kohle und Atomkraft, wenn behauptet wird, es sei zu teuer, zuerst die Atomkraft und dann nach und nach die fossilen Energien durch einen regenerativen Energiemix zu ersetzen. So auch in der *Spiegel*-Titelgeschichte »Der teure Traum von der sauberen Energie«, die sich auf Horrorzahlen von RWE stützte – und sonst auf nichts. Der Stern-Report zeigt jedoch, dass es eine teure Illusion ist, zu glauben, schmutzige Energie sei billig. Und viele Menschen in Japan, in Tschernobyl, in den Uranabbaugebieten und in der Umgebung von Atomkraftwerken bezahlen mit ihrer Gesundheit oder gar mit ihrem Leben für den angeblich billigen Atomstrom. Ein hoher Preis, den kein Geld der Welt aufwiegen kann.

Das Wuppertal Institut für Klima, Umwelt, Energie hat ausgerechnet, dass der volkswirtschaftliche Nutzen der Erneuerbarer Energien die Kosten bei weitem überwiegt. »Das Erneuerbare-Energien-Gesetz ist ein gut funktionierendes und kostengünstiges Förderinstrument, dass im internationalen Vergleich sehr gut abschneidet«, erklärt Dr. Stefan Lechtenböhmer, Leiter der Forschungsgruppe Zukünftige Energie- und Mobilitätsstrukturen am Wuppertal Institut. »Der Ausbau Erneuerbarer Energien ist nicht ohne Anfangsinvestitionen machbar, er verringert aber die mit fossilen und nu-

Kosten und Nutzen der Stromerzeugung aus Erneuerbaren Energien im Jahr 2009

⊕ vermiedene Umweltschäden (Strom) **5,7 Mrd. €**
⊕ Kommunale Wertschöpfung (Strom) **5,5 Mrd. €**
⊕ Merit-Order-Effekt (2008) **3,6 – 4 Mrd. €**
⊕ vermiedene Energieimporte (Strom) **2,2 Mrd. €**
⊖ EEG-Differenzkosten **5,3 Mrd. €**
⊖ Ausgleichs- und Regelenergiekosten **0,36 Mrd. €**
⊖ Netzausbaukosten **0,03 Mrd. €**

Daten nach ISI/GWS/IZES/DIW, IÖW
Stand: 9/2010
www.unendlich-viel-energie.de

klearen Kraftwerken verbundenen Umwelt- und Klimaschäden und senkt die Technologiekosten.«

Von 30 US-Dollar pro Barrel (159 Liter) im Jahr 2003 kletterte der Erdölpreis auf 90 US-Dollar Ende 2009, mit einem Zwischenhoch bei 145 US-Dollar im Jahr 2008. Die Internationale Energieagentur der OECD (IEA) rechnet mittelfristig mit einem Erdölpreis von über 200 US-Dollar. Bei den derzeitigen Preisen handele es sich nur um ein zwischenzeitliches Tief. Auch die Preise von Erdgas, Uran und Kohle haben sich in den letzten 25 Jahren mehr als verdoppelt. Die Erneuerbaren Energien werden dagegen immer besser und billiger. Sie besitzen einen unschlagbaren ökonomischen Vorteil: Die Primärenergie gibt es bei ihnen gratis (mit Ausnahme der Biomasse). Der Journalist Franz Alt brachte diese Tatsache auf eine einprägsame Formel: »Die Sonne schickt uns keine Rechnung.« Und der Wind auch nicht. Die Kosten der Erneuerbaren Energien sind Kosten für die Bereitstellung von Technik. Bei der Markteinführung sind neue Technologien meist teuer, doch dann sinken die Preise durch die Massenproduktion, technischen Fortschritt und zunehmenden Wettbewerb. So war es zum Beispiel bei Schreibtischrechnern und Laptops, Digitalkameras oder Flachbildschirmen. Und genauso ist es auch bei den Anlagen zur Erzeugung von Energie aus erneuerbaren Quellen.

Die durchschnittliche Anlagenleistung einer Windenergieanlage hat sich innerhalb der letzten 20 Jahre verzwölffacht – von 165 Kilowattstunden 1990 auf 2000 Kilowattstunden im Jahr 2009. Zugleich sank der Preis pro Kilowattstunde um mehr als die Hälfte. Die Preise für Solarstrom sind sogar noch stärker gesunken: Im Jahr 1990 lagen die Systemkosten für Photovoltaik noch bei 14 000 Euro pro Kilowattstunde, Ende 2009 wurden nur noch gut 3000 Euro für die gleiche Leistung bezahlt. Die Wirkungsgrade der Solarzellen steigen kontinuierlich, der Energieverbrauch für die Herstellung der Module sinkt. Moderne Windkraftanlagen sind zudem in der Lage, wichtige Systemdienstleistungen für die Spannungs- und Frequenzhaltung im Stromnetz zu erbringen. Auch diese Innovation wurde vor allem durch einen Bonus im Erneuerbare-Energien-Gesetz in Gang gesetzt. Auch die Photovoltaik ist mittlerweile technisch in der Lage, zur Spannungsstabilisierung im Netz beizutragen.

Ähnlich dynamisch entwickeln sich auch andere Erneuerbare Energien, beispielsweise Solarthermie, Biogas und feste Biomasse. Seit 1990 haben sich die Erzeugungskosten einer erneuerbaren Kilowattstunde durchschnittlich halbiert, und die Kosten sinken sogar weiter. Es gibt noch großes Entwicklungspotential. So ist etwa bei Offshore-Windkraftanlagen das Problem der Korrosion zu lösen. Für die Photovoltaik bleiben

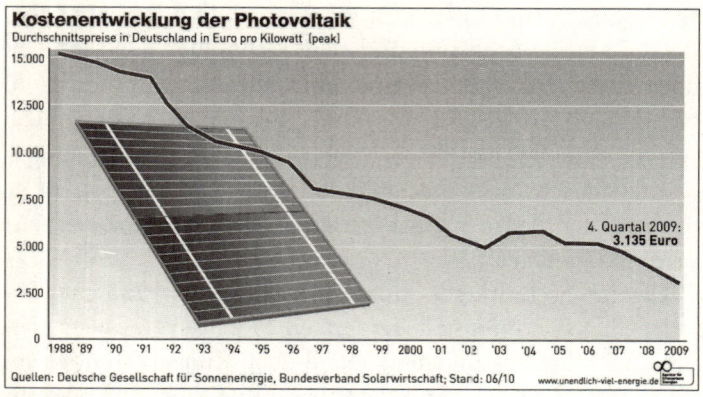

angesichts stark sinkender Fördersätze höhere Wirkungsgrade und geringere Produktionskosten eine ständige Herausforderung. Jörg Mayer von der Agentur für Erneuerbare Energien ist zuversichtlich: »Bei Fortschreibung der langfristigen Investitionsanreize für Erneuerbare Energien kann die Entwicklung künftig ebenso erfolgreich weitergehen, wie wir es in der Vergangenheit erlebt haben.«

Auslöser dieser erfolgreichen Entwicklung waren vor allem das von der rot-grünen Koalition im Jahr 2000 beschlossene Erneuerbare-Energien-Gesetz (EEG), aber zum Beispiel auch die Zuschüsse und zinsgünstigen Kredite für regenerative Heizanlagen aus dem Marktanreizprogramm. »Eine langfristig angelegte Förderpolitik hat die Technologien aus den Nischenmärkten herausgeholt und in Massenmärkte gebracht«, stellt Mayer fest. »Dadurch wurden beeindruckende technische Lernkurven und Kostensenkungen möglich, die durch reine Forschungsförderung wohl kaum erreicht worden wären.«

Die Förderung der Erneuerbaren bringt Steuereinnahmen und schafft Jobs

Der Ausbau der Erneuerbaren Energien beschert dem Staat auch Steuereinnahmen, was im Jahr 2010 im Wärmebereich besonders deutlich wurde. Der Wärmebedarf macht in Deutschland mehr als die Hälfte des Energieverbrauchs aus und wird noch zu über 90 Prozent mit fossilen Energien gedeckt, vor allem Erdöl und Erdgas. Neben der besseren Wärmedämmung von Gebäuden spielen auch hier die Erneuerbaren Energien eine Schlüsselrolle: Die Bundesregierung will deren Anteil an der Wärmeversorgung von 8,4 Prozent im Jahr 2009 auf 14 Prozent im Jahr 2020 beinahe verdoppeln. Der Bundesverband Erneuerbare Energie (BEE) hält es bei verbesserten und verlässlichen Rahmenbedingungen sogar für möglich, bis dahin bereits 25 Prozent des Wärmebedarfs mittels Erneuerbarer Energien zu decken.

Zum Jahresbeginn 2009 führte die damalige große Koalition das Erneuerbare-Energien-Wärmegesetz ein, das Bauherren verpflichtet, den Wärmebedarf von Neubauten anteilig aus Solarenergie, Biomasse oder Erdwärme zu decken. Alternativ ist auch eine bessere Wärmedämmung des Hauses, der Anschluss an ein Fernwärmenetz oder Kraft-Wärme-Kopplung möglich. Außerdem stellt das bereits von Rot-Grün eingeführte Marktanreizprogramm (MAP) Zuschüsse und zinsgünstige Darlehen für den Einbau von Erneuerbare-Energien-Anlagen zur Wärmeerzeugung bereit. Anders als die Förderung der erneuerbaren Stromerzeugung durch das EEG, die über den Strompreis finanziert wird, leidet die Wirksamkeit des MAP jedoch unter seiner Abhängigkeit von der Haushaltslage. Im April 2010 verhängte das Bundesfinanzministerium eine Haushaltssperre für die bereits eingeplanten Mittel für die Förderung von Ökoheizungen. Ein Schildbürgerstreich, denn diese Maßnahme führte nicht nur zu einer Verunsicherung am Markt, dem Fiskus wäre auch mehr Geld entgangen, als er dadurch eingespart hätte. Wie eine Studie des Münchner ifo-Instituts belegte, kann die gesperrte Fördersumme in Höhe von 115 Millionen Euro private Investitionen in Höhe von 844 Millionen Euro auslösen. Bei Fertigung, Vertrieb und Installation der Ökoheizungen können so Steuereinnahmen von insgesamt bis zu 300 Millionen Euro entstehen. Im Juli 2010 wurde die Haushaltssperre deshalb wieder aufgehoben.

Doch nicht nur der Staat, auch die privaten Haushalte profitieren von den Ökoheizungen. Eine solche Anlage ist zwar in der Anschaffung noch etwas teurer als eine Öl- oder Gasheizung, aber die Investition amortisiert sich bereits innerhalb weniger Jahre: So lagen die Heizkosten einer solchen Ökoheizung im Jahr 2009 durchschnittlich um etwa 550 Euro niedriger als bei einer Öl- oder Gasheizung. Und da mit langfristig weiter steigenden Öl- und Gaspreisen zu rechnen ist, wird sich der Kostenvorteil der Erneuerbaren Energien bei der Wärmeerzeugung in Zukunft noch weiter erhöhen.

Der Ausbau der Erneuerbaren Energien vermeidet nicht nur Umweltschäden und macht uns von Energieimporten unabhängiger, er schafft auch neue Arbeitsplätze. Wind- und Solaranlagen sind ein Exportschlager. 2009 arbeiteten bereits rund 340 000 Menschen in der Ökoenergiebranche – mehr als zehnmal so viele wie in der Atomindustrie (rund 30 000 Beschäftigte). Die Lobbyverbände der Erneuerbare-Energien-Branche rechnen mit 500 000 Arbeitsplätzen bis zum Jahr 2020. »Umwelttechnik ist die Leitindustrie des 21. Jahrhunderts«, erklärt die Unternehmensberatung Roland Berger.

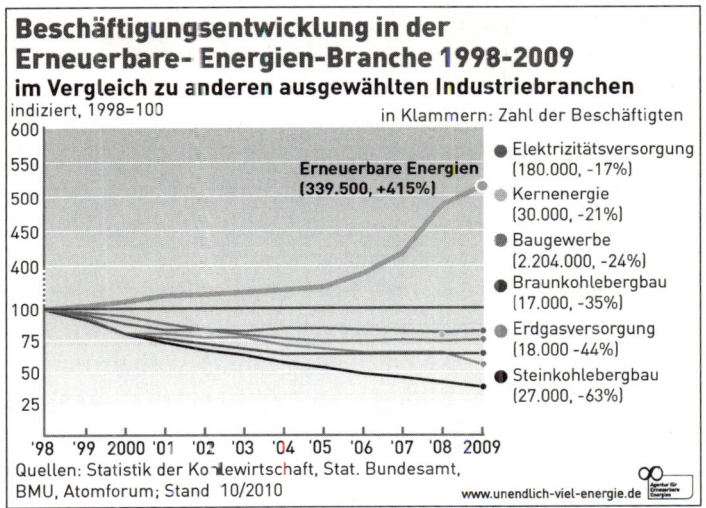

Die Stromkonzerne benutzen die Erneuerbaren Energien als Sündenbock

Durch den Ausbau der Erneuerbaren Energien steigt die sogenannte EEG-Umlage. Das ist der Betrag, den jeder Haushalt pro Kilowattstunde für die Förderung der Erneuerbaren Energien bezahlt. Die Stromkonzerne benutzen die Erneuerbaren Energien deshalb gerne als Rechtfertigung für ihre regelmäßigen Strompreiserhöhungen. Doch die Verteuerungen lassen sich allein dadurch nicht erklären. So hängt die Preisgestaltung einzelner Stromanbieter von der jeweiligen Beschaffungsstrategie ab. Der Strom für die privaten Haushalte wird meist schon ein bis zwei Jahre im Voraus am Terminmarkt eingekauft. So haben manche Anbieter den Haushaltsstrom für 2010 bereits 2008 zu den damals höheren Preisen beschafft, während andere Anbieter ihren Strom erst nach dem Preiseinbruch infolge der Finanzkrise gekauft haben. Wie bereits in Kapitel 3 geschildert führt die Einspeisung von Strom aus erneuerbaren Quellen zu niedrigeren Börsenstrompreisen. Das müsste sich eigentlich auch in niedrigeren Strompreisen für die Endkunden niederschlagen, doch aufgrund des fehlenden Wettbewerbs auf dem Strommarkt kommt es nicht dazu. Ein Gutachten der Bundestagsfraktion von Bündnis 90/Die Grünen, belegt, dass im Jahr 2010 durchschnittlich 0,8 Cent an gesunkenen Beschaffungskosten nicht an die Endkunden weitergegeben wurden. Die Endkunden zahlten deshalb im Jahr 2010 mindestens eine Milliarde Euro zu viel an die Stromkonzerne. Bei einem echten Wettbewerb auf dem Strommarkt lägen die Preise weit niedriger. Doch gegenwärtig kontrollieren die vier großen Energiekonzerne rund 80 Prozent der Stromerzeugungskapazitäten – und durch die Laufzeitverlängerungen wurde dieses Oligopol sogar noch gestärkt.

Zu Beginn des Jahres 2011 wurde die EEG-Umlage von 2 Cent pro Kilowattstunde auf 3,5 Cent angehoben. Doch wie sich im März 2011 herausstellte, wurde sie fehlerhaft berechnet: Die Netzbetreiber kalkulierten sie nach übereinstimmenden Berechnungen des Deutschen Instituts für Wirtschaftsforschung (DIW), des Verbraucherportals Verivox und des Bundesumweltministeriums um etwa 0,8 Cent zu hoch. Der Grund dafür liegt darin, dass im Jahr 2010 weitaus weniger Solaranlagen installiert wurden als angenommen. Die EEG-Umlage im Jahr 2011 müsste also eigentlich nur 2,7 Cent betragen. Allerdings haben die Stromkunden im Jahr 2010 wegen einer ebenfalls abweichenden Prognose etwa 0,3 Cent zu wenig bezahlt. Berücksichtigt man diesen Betrag, ergäbe sich daraus eine EEG-Umlage in Höhe von drei Cent pro Kilowattstunde im Jahr 2011. Auch das Bundesumweltministerium bestätigte diese Zahl in seiner Antwort auf eine parlamentarische Anfrage des Grünen-Abgeordneten Hans-Josef Fell. Da die Abweichungen zwischen der Prognose und den tatsächlichen Werten immer erst im Folgejahr ausgeglichen werden, haben die Stromkunden den Stromversorgern damit quasi ein zinsloses Darlehen in Höhe von 0,5 Cent pro Kilowattstunde gewährt – das entspricht pro Haushalt etwa einem Betrag von 22 Euro im Jahr. »Geht man von 40 Millionen Haushaltskunden mit einem durchschnittlichen Verbrauch von 3500 kWh aus, summieren sich die unnötig gezahlten 22 Euro auf mehr als 880 Millionen Euro«, erklärt Peter Reese, Leiter Energiewirtschaft bei Verivox.

Nach einer Modellrechnung des DIW Berlin wird sich der Preis an der Strombörse von 2010 bis 2020 inflationsbereinigt nur um 11 Prozent auf 4,9 Cent pro Kilowattstunde (kWh) erhöhen – trotz steigender Preise für Brennstoffe und CO_2-Zertifikate. Ohne den weiteren Ausbau Erneuerbarer Energien wäre hingegen ein deutlich stärkerer Anstieg um 20 Prozent zu erwarten. Obwohl sich die Stromerzeugung aus Erneuerbaren Energien bis 2020 mehr als verdopple, werde die EEG-Umlage dann mit 3,64 Cent pro Kilowattstunde nur wenig höher liegen als heute. Den Hauptgrund für diesen geringen Anstieg bildet das Absenken der Einspeisevergütung für neue Anlagen durch die sogenannte Degression. Da zudem für jede Anlage feste Beträge als Einspeisevergütung gezahlt werden, sinkt ihr realer Wert aufgrund der Inflation. Für die weitere Entwicklung der Erneuerbaren Energien sei es zudem wichtig, dass Stromnetze und Energiespeicher ausgebaut werden. Die Auswirkungen auf die Stromverbraucher hängen stark von den Marktbedingungen ab. »Die Strompreissteigerung kann deutlich vermindert werden, wenn der Wettbewerb funktioniert und somit die geringeren Börsenpreise auch an die Verbraucher weitergegeben werden«, so Claudia Kemfert. Auch das Wuppertal Institut rechnet nur noch mit einem moderaten Anstieg der EEG-Umlage. Nach den Berechnungen des Umweltsachverständigenrates der Bundesregierung lägen die Stromgestehungskosten in einer vollständig regenerativen Energieversorgung wahrscheinlich sogar niedriger als bei einem Mix aus Erneuerbaren und konventionellen Energieträgern. Sie könnten sich im Jahr 2050 zwischen sechs und sieben Cent pro Kilowattstunde bewegen, so die Umweltweisen. Also nicht höher als heute – im Jahr 2010 betrugen die Stromerzeugungskosten in Deutschland durchschnittlich 6,5 Cent pro Kilowattstunde.

9.2 100 Prozent Erneuerbare bis 2040

Kann ein so hochindustrialisiertes Land wie Deutschland seinen Energiebedarf zu 100 Prozent durch Erneuerbare Energien decken? Vielen Menschen fällt die Vorstellung noch schwer, dass wir unseren gesamten Energiebedarf schon in wenigen Jahrzehnten mit einem solaren Energiemix aus Wind, Sonne, Wasser, Erdwärme und Biomasse decken können. Dabei ist das Potential der Erneuerbaren Energien gigantisch.

Der Astrophysiker Klaus Fuhrmann hat ausgerechnet, dass die Sonne in jeder Sekunde vier Millionen Tonnen Materie in Energie umwandelt und abstrahlt. Das entspricht 386 000 000 000 000 000 000 000 (386 Trilliarden) Watt pro Sekunde. Ein halbes Milliardstel davon trifft die Erde. Das sind täglich immer noch 20 000-mal mehr als der derzeitige tägliche Energiebedarf aller heute lebenden Menschen. »Zweifel daran, dass dieses Potential für die Energieversorgung der Menschheit nicht ausreichen könnte, sind lächerlich«, stellte Hermann

Scheer fest. Anders als Kohle, Öl, Erdgas und Uran sind die Erneuerbaren Energien unerschöpflich, sie können nicht »verbraucht« werden, sondern sind als natürliche Umgebungsenergie immer und überall vorhanden – sie müssen nur richtig genutzt werden. In Dänemark werden die Erneuerbaren Energien darum treffender die »bleibende Energie« genannt. Das natürliche Potential von Wind- und Sonnenenergie, Wasserkraft, Bioenergie, Erdwärme und Meeresenergien übertrifft den gegenwärtigen Weltenergieverbrauch jeweils um ein Vielfaches. Laut der Leitstudie des Bundesumweltministeriums könnte allein die Sonnenenergie das 2850-Fache des weltweiten Energiebedarfs liefern und die Windenergie das 200-Fache. Das Angebot der Erdwärme übersteigt den gegenwärtigen Weltenergieverbrauch um das 5-Fache, die Wasserkraft um das 3-Fache und die Bioenergie um das 20-Fache.

Mehr Windstrom mit weniger Anlagen

In Deutschland wird gegenwärtig nur ein Bruchteil des natürlichen Potentials der Windenergie genutzt. So gibt es zum Beispiel in den Mittelgebirgen viele Standorte, deren Erträge mit guten Küstenstandorten vergleichbar sind. Es ist ein Irrtum, dass sich Windkraft nur an der Küste lohnen würde. Die durchschnittlichen Windgeschwindigkeiten sind an der Küste zwar etwas höher, doch beispielsweise wurde im Binnenland Sachsen-Anhalt im Jahr 2009 mit 5,2 Milliarden Kilowattstunden mehr Windstrom erzeugt als im Küstenland Schleswig-Holstein mit 4,6 Milliarden Kilowattstunden. Es reicht oft schon aus, die Nabenhöhe einer Windenergieanlage um 30 Meter zu erhöhen, um an einem durchschnittlichen Standort im Binnenland die Erträge eines guten Küstenstandortes zu erzielen. Da in den höheren Bereichen der Wind stärker und regelmäßiger bläst, bringt jeder zusätzliche Meter Nabenhöhe etwa 1 Prozent mehr Ertrag. Wind bläst überall und für fast jeden Standort existiert mittlerweile die passende Windenergieanlage. Dass es in einigen Bundesländern kaum Windkraft gibt, liegt einfach daran, dass dort Windenergieanlagen über das Bau- und Planungsrecht systematisch verhindert werden. Durch die industrielle Massenproduktion und technischen Fortschritt sind Windenergieanlagen in den letzten Jahren immer leistungsfähiger geworden, gleichzeitig sanken dadurch die Kosten für Windstrom um über 60 Prozent. Durch das sogenannte Repowering, das Ersetzen alter Windkraftwerke durch neue, leistungsfähige Anlagen, wird sich mit wesentlich weniger Anlagen als heute mehr und billiger Windstrom produzieren lassen. Während im Jahr 2009 rund 21 000 Windenergieanlagen 6,5 Prozent des deutschen Strombedarfs lieferten, könnten im Jahr 2030 rund 15 000 Windenergieanlagen an Land und 5000 Windräder auf See mindestens 45 Prozent des Strombedarfs decken. Deutschland muss also nicht in einem Wald aus Windrädern verschwinden, um 100 Prozent erneuerbar zu werden.

Windenergieanlagen im Meer, sogenannte Offshore-Windparks, sind derzeit noch wesentlich teurer als Windparks an Land. Sie stehen erst am Anfang ihrer Lernkurve. Natürlich bedeuten auch Windparks, egal ob an Land oder im Wasser, einen Eingriff in die Natur. Wenn die Windmasten in den Boden gerammt werden, entsteht ein höllischer Unterwasserlärm, der die geschützten Schweinswale gefährdet. Der Naturschutzbund (NABU) fordert deshalb strenge Lärmschutzmaßnahmen bei Bau von Windparks auf See. Andererseits stellen diese Windparks ein Hindernis für die industriellen Fischfangflotten dar. Im Schutz der Windräder könnten sich die Fischbestände deshalb von der Überfischung erholen, glaubt der Umweltsachverständigenrat der Bundesregierung.

Solarenergie lohnt sich auch in Deutschland

Bundeswirtschaftsminister Brüderle verglich die Nutzung der Sonnenenergie hierzulande mit einer Spezialisierung auf den Anbau von Orangen und Bananen im kaum sonnenverwöhnten Deutschland. Der scherzhafte Vergleich geht jedoch an der Sache vorbei. Die Sonneneinstrahlung, die auf Deutschland trifft, enthält etwa das 80-Fache unseres derzeitigen Energieverbrauchs. Das ist zwar weniger als in Spanien oder Afrika, aber immer noch mehr als genug. Schon 10 Quadratmeter Solarkollektoren decken in Mitteleuropa rund ein Fünftel des Wärmebedarfs eines durchschnittlichen Einfamilienhauses. Eine Photovoltaikanlage der gleichen Größe liefert ein Viertel des Strombedarfs – das lohnt sich auf fast jedem Dach in Mitteleuropa. Und mit steigenden Wirkungsgraden wird sich die Stromausbeute in den nächsten Jahren noch weiter verbessern. »Dank eines sehr frühzeitig entwickelten Heimatmarktes besitzen deutsche Solarunternehmen einen erheblichen Technologievorsprung und oft auch besseres Prozess-Know-how«, sagt Solarworld-Chef Frank Asbeck. Trotzdem geht er davon aus, dass aufgrund der verschärften Konkurrenz aus Asien nur die effizientesten und innovativsten deutschen Solarmodulhersteller überleben werden. Gegenwärtig ist die Photovoltaik unter den Erneuerbaren Energien noch die Technik mit den höchsten Erzeugungskosten, aber den niedrigsten Betriebskosten. Doch auch die Erzeugungskosten sinken beständig.

Das Erneuerbare-Energien-Gesetz wäre bei der Förderung der Photovoltaik beinahe am eigenen Erfolg gescheitert: Die über 20 Jahre garantierte Einspeisevergütung führte zu einer höheren Nachfrage nach Photovoltaikanlagen, durch die höheren Stückzahlen sanken die Preise weiter, was wiederum den Solarboom weiter ankurbelte. Da die Kosten für Solaranlagen weit schneller sanken als die Einspeisevergütungen, entwickelten sich Photovoltaikanlagen zu einer lukrativen Dachsparkasse mit der doppelten Verzinsung eines Bundesschatzbriefes. Doch es war eigentlich nicht Sinn der Sache, dass sich die Solaranlagenbesitzer auf Kosten der Stromverbraucher eine goldene Nase verdienen. Darum sind die starken Kürzungen der Einspeisevergütungen für Solarstrom, auf die sich der Bundesverband der Solarwirtschaft mit dem Bundesumweltminister verständigt hat, im Grundsatz vernünftig. Photovoltaikanlagen lohnen sich trotzdem noch – und das ist auch gut so. Spätestens im Jahr 2015 dürfte auch in Deutschland die sogenannte Netzparität erreicht sein, Solarstrom vom eigenen Dach wäre dann nicht mehr teurer als der Strom aus der Steckdose. Dann fangen Solarstromanlagen an, sich auch ohne Einspeisevergütungen zu rentieren. Im Jahr 2010 trug die Photovoltaik mit etwa zwei Prozent zur Stromversorgung in Deutschland bei, im Jahr 2020 könnten es nach der Prognose der Solarlobby rund zehn Prozent sein. Theoretisch würden zehn Prozent der Hausdächer und Fassaden sowie der versiegelten Siedlungsfläche in Deutschland ausreichen, um den gesamten Strombedarf von heute mit Solarstrom zu decken.

Biomasse

Biomasse stellt nur dann eine sinnvolle Erneuerbare Energie dar, wenn sie aus ökologisch nachhaltigem Anbau stammt. Wenn etwa für Palmöl Regenwälder abgeholzt werden, dann ist das alles andere als ökologisch. Das zeigte sich auch beim Debakel um die Einführung der Benzinsorte E10. Die damalige große Koalition aus CDU/CSU und SPD hatte nicht den Mumm, sich mit der deutschen Autoindustrie anzulegen und ihr einen niedrigeren Flottenverbrauch vorzuschreiben. Auch ein Tempolimit auf deutschen Autobahnen einzuführen, traute sich die Bundesregierung nicht. Um trotzdem die von Brüssel geforderte CO_2-Reduzierung im Autoverkehr zumindest scheinbar zu erfüllen, wurde E10 eingeführt. Dabei hatten die Umweltverbände von Anfang an auf den fragwürdigen ökologischen Nutzen von E10 hingewiesen.

Doch trotz dieser Probleme spielt die Biomasse im Energiemix der Zukunft eine Schlüsselrolle: Das Multitalent Biogas ist speicherbar, flexibel transportierbar und kontinuierlich verfügbar. Es ist viel billiger zu speichern als Strom. Statt auf den Anbau von Energiepflanzen und Maiswüsten zu setzen, sollten aber vor allem die sogenannten Restbiomassen energetisch verwertet werden: Gülle, Mist oder Biomüll. Und aus Effizienzgründen sollte Biomasse ausschließlich in Kraft-Wärme-Kopplungsanlagen eingesetzt werden. Gegenwärtig bekommen die Betreiber von Biogasanlagen rund um die Uhr die gleiche Einspeisevergütung, egal wann sie ihren Strom einspeisen. Das ist aus Sicht des Netzmanagements jedoch unsinnig. Um die Erneuerbaren Energien sinnvoll ins Stromnetz zu integrieren, sollte die Vergütung für Strom aus Biomasseanlagen zeitlich gestaffelt werden, damit die Betreiber einen Anreiz erhalten, ihren Strom immer nur dann ins Netz zu speisen, wenn die Nachfrage nach Strom besonders groß ist. Biogasanlagen sollten zukünftig im Lastfolgebetrieb die wetterbedingten Schwankungen von Wind- und Solarstrom ausgleichen.

100 Prozent erneuerbarer Strom bis 2030 sind möglich

Im Jahr 2000 strebte Rot-Grün für das Jahr 2010 einen Anteil der Erneuerbaren Energien an der Stromversorgung von 12,5 Prozent an. Und dieses Ziel galt schon als sehr ambitioniert, denn der Anteil der Erneuerbaren am Strommix betrug damals noch weniger als 5 Prozent. Doch im Jahr 2010 stammten bereits 17,5 Prozent des Stromes aus erneuerbaren Quellen. Betrachtet man nicht nur die Strom-, sondern die gesamte Energieversorgung (einschließlich Wärme und Verkehr), betrug der Anteil der regenerativen Energien 10,5 Prozent.

Es liegt mittlerweile eine große Zahl wissenschaftlicher Studien vor, die zeigen, dass eine vollständig regenerative Energieversorgung in Deutschland bis spätestens zum Jahr 2050 möglich ist. Das Deutsche Zentrum für Luft- und Raumfahrt (DLR) hat im Auftrag des Sachverständigenrates für Umweltfragen (SRU) mehrere Szenarien einer zu 100 Prozent erneuerbaren Stromversorgung durchgerechnet. Aus der SRU-Studie geht hervor, dass die Ausbaurate der Erneuerbaren Energien nur wenig höher sein müsste als zwischen 2005 und 2009, um bereits im Jahr 2030 nahezu 100 Prozent Erneuerbare in der Stromversorgung zu erreichen. Nur weil man in den Basisannahmen der Studie den konventionellen Kraftwerken eine durchschnittliche Lebensdauer von 35 Jahren zugestanden habe, werde dieses Ziel in der Studie erst 2050 erreicht, erläutert der Umweltweise Olav Hohmeyer. In der SRU-Studie führte dies dazu, dass ab 2020 eine niedrigere Ausbaurate der Erneuerbaren Energien unterstellt wurde als vorher. Plausibel ist das aber nicht. Denn wenn die Preise für die Erneuerbaren Energien weiter so stark sinken und der gesetzliche Einspeisevorrang im EEG erhalten bleibt, würde sich die Ausbaurate eher noch erhöhen und damit würden konventionelle

Kraftwerke schneller vom Markt verdrängt werden. Eine nahezu vollständig regenerative Stromversorgung bis 2030 stellt deshalb kein unrealistisches Ziel dar. Bis etwa 2040 könnten dann auch 100 Prozent der Wärme und der Antriebsenergien im Verkehr aus erneuerbaren Quellen stammen.

Der Wechsel von den atomar-fossilen Energien zu einem solaren Energiemix aus Sonne, Wind, Wasser, Erdwärme und nachhaltig angebauter Biomasse erfordert einen Um- und Ausbau der Stromnetze sowie neue Stromspeicher. Der Netzausbau wäre auch nötig, wenn es bei den schwarz-gelben Laufzeitverlängerungen bleiben würde – dann wäre sogar ein noch stärkerer Netz- und Speicherausbau nötig, weil sonst der Strom aus den unflexiblen Atom- und Kohlekraftwerken die Stromnetze verstopfen würde (siehe Kapitel 3). Eine überwiegend dezentrale Stromversorgung benötigt andere Stromnetze und Speichertechnologien als eine zentralistische, auf Großkraftwerke ausgerichtete Struktur der Energieversorgung. Die Deutsche Umwelthilfe hat im Forum Netzintegration Erneuerbare Energien Politik und Netzbetreiber, Naturschützer und Energieexperten, Wissenschaftler und Bürgerinitiativen zusammengebracht, um den Umbau der Stromnetze voranzutreiben. Nach fast zweijährigen Diskussionen verständigten sich die Forumsteilnehmer auf gemeinsame Handlungsempfehlungen zur Integration Erneuerbarer Energien – der »Plan N« beschreibt Wege zu einem konfliktärmeren Um- und Ausbau der Stromnetze.[113] Darin wird zum Beispiel vorgeschlagen, neue Stromnetze vor allen entlang bereits bestehender Stromtrassen sowie von Autobahnen und Bahnstrecken zu bauen, um die Eingriffe in die Natur gering zu halten. Doch während die Bürgerinitiativen mit dem Plan N konstruktive Vorschläge für eine naturverträglichen Ausbau der Stromnetze gemacht haben, waren es vor allem die Stromkonzerne, die den Ausbau der Stromnetze in den letzten Jahren blockierten. So hat zum Beispiel EnBW gar kein Interesse daran, dass mehr Windstrom aus Norden nach Süden gelangt – das würde nur die eigenen Kraftwerke unwirtschaftlicher machen.

An einer innovativen und kostengünstigen Lösung für die Speicherung von Windstrom arbeitet der Ökostromanbieter Greenpeace energy. Überschüssiger Windstrom soll mittels Elektrolyse in Wasserstoff umgewandelt werden und in das Erdgasnetz eingespeist werden. Damit könnte man das bereits vorhandene Erdgasnetz als Stromspeicher erschließen. Auf diese Weise könnten Haushalte mit »Windgas« versorgt werden aber auch dezentrale Blockheizkraftwerke mit Kraft-Wärme-Kopplung damit betrieben werden. Windenergie wird so kostengünstig speicherbar und Windgas zu einer umweltfreundlichen Alternative zu Biogas.

Einige meinen, man sollte Windenergie nur dort »ernten« wo besonders viel Wind weht (zum Beispiel auf hoher See) und Solarkraftwerke nur dort bauen, wo besonders viel Sonne scheint, etwa in Nordafrika. Aber ein solches Konzept verkennt, dass die Erneuerbaren Energien ihre Vorteile am besten ausspielen können, wenn wir sie dezentral nutzen. Nur dann machen sie uns unabhängig von Energieimporten und einigen wenigen Großkonzernen. Und nur dann schaffen sie Arbeitsplätze und Wertschöpfung in den Kommunen vor Ort.

Natürlich erfordert die Energiewende Investitionen, so wie auch die Einführung der Atomkraft viel Geld kostete. Aber anders als etwa die Milliarden für die Bankenrettung sind Investitionen in Energieeffizienz, Erneuerbare Energien, intelligente Stromnetze und Speichertechnologien nicht verloren, sondern bringen neue Arbeitsplätze und Steuereinnahmen. Und sie ersparen uns die Kosten von Umweltschäden und Brennstoffimporten.

Teil III

Was wir alle für die Energiewende tun können

10. Atomausstieg selber machen

10.1 Atomausstieg in fünf Minuten

Über 70 Prozent der Bevölkerung sind Meinungsumfragen zufolge für den Atomausstieg und lehnen den schwarz-gelben Deal mit den Atomkonzernen ab. Doch obwohl die meisten Menschen weder Atomkraft noch neue Kohlekraftwerke wollen, überweisen rund 95 Prozent aller Haushalte immer noch Monat für Monat jede Menge Geld an vier Konzerne, die ihre maroden Atomkraftwerke noch 30 Jahre in Betrieb lassen, neue Kohlekraftwerke bauen wollen und ständig die Strompreise erhöhen. 23 Milliarden Euro Gewinn machten E.ON, RWE, ENBW und Vattenfall im Jahr 2009. Und ein großer Teil davon stammt von den Bankkonten der Stromkunden. Der Strommarkt ist unübersichtlich, und viele Menschen, die eigentlich weg von den großen Stromkonzernen wollen, landen daher oftmals, ohne es zu wissen, bei deren Tochterfirmen: Eprimo (RWE), Yello Strom oder Naturenergie (EnBW), E wie Einfach (E.ON) oder Lekker-Strom (RWE hält Anteile).

Ökostrom gilt als teuer – doch das stimmt nicht! Wind-, Wasser- und Sonnenenergie sichern langfristig stabile Preise. In einigen Regionen Deutschlands kann man mit dem Wechsel zu echtem Ökostrom sogar Geld sparen. Denn anders als die Atomkonzerne haben die Ökostromversorger in den letzten Jahren ihre Preise nur selten erhöht. Die Tarife für Ökostrom sind oft sogar günstiger als die des lokalen Grundversorgers. Und selbst dort, wo der Ökostrom noch etwas mehr kostet als der »normale« Strom, kann man die Mehrkosten durch ein paar einfache Stromsparmaßnahmen schnell wieder hereinholen.

Campact hat sich mit 21 Umwelt- und Verbraucherverbänden sowie Bürgerinitiativen im Bündnis »Atomausstieg selber machen« zusammengeschlossen, um zu zeigen, dass es auch anders geht. Der Wechsel zu echtem Ökostrom ist eine einfache und sehr wirkungsvolle Möglichkeit, die Energiewende voranzutreiben und die Umwelt zu schonen. Der Stromwechsel ist einfach und unkompliziert, mehr als fünf Minuten sind dazu nicht nötig:

Schritt 1: Anbieter aussuchen
Campact empfiehlt gemeinsam mit den 21 Verbänden und Initiativen vier bundesweite Ökostromanbieter, die sich seit über zehn Jahren für den Atomausstieg und die Energiewende einsetzen: Die Elektrizitätswerke Schönau (EWS), Naturstrom, LichtBlick und Greenpeace energy. Egal für welchen der vier Anbieter Sie sich entscheiden, Sie treffen die richtige Entscheidung.

Schritt 2: Vertrag ausfüllen und abschicken
Füllen Sie den Vertrag Ihres neuen Ökostromversorgers aus. Sie können ein Online-Formular verwenden, den Vertrag ausdrucken oder die Broschüren der Ökostromanbieter bestellen. Für den Vertrag benötigen Sie die Nummer Ihres Stromzählers, die Sie auf dem Gerät oder in Ihrer Stromrechnung finden. Ihr Vermieter, Hausmeister, aber auch Ihr derzeitiger Stromversorger kann Ihnen gegebenenfalls weiterhelfen. Vertrag abschicken – fertig.

Schritt 3: Fertig!
Sie erhalten nach kurzer Zeit eine Bestätigung des neuen Versorgers. Er erledigt alles Weitere für Sie und kündigt auch beim alten Versorger. Aufgrund der Kündigungsfrist kann der Wechsel einige Wochen oder sogar Monate dauern. Sie werden in jedem Fall übergangslos Kunde des neuen Stromversorgers – Wechselgebühren oder gar Stromausfälle entstehen nicht.

Manche Stromversorger versuchen mit Tricks ihre Kunden zu behalten. Lassen Sie sich bitte nicht beirren, falls Sie ein neues Angebot von ihrem alten Versorger bekommen oder dieser den Wechsel über die Kündigungsfrist hinaus verzögern will. Im Zweifelsfall hilft Ihnen der neue Stromversorger gerne weiter. Sie sind schon Ökostromkunde? Dann erzählen Sie doch Ihren Freunden, Verwandten und Kollegen, wie einfach der private Atomausstieg zu machen ist.

Was ist überhaupt Ökostrom?

Ökostrom wird aus erneuerbaren Energiequellen erzeugt. Dazu gehören Sonne, Wind, Wasser, Erdwärme und nachhaltig erzeugte Biomasse. Höchstens 50 Prozent des Stromes dürfen aus Kraft-Wärme-Kopplung mit Erdgas stammen.

Ein guter Ökostromanbieter muss drei Kriterien erfüllen:
- Er muss unabhängig von der Atom- und Kohlewirtschaft sein.
- Er investiert in neue Ökostromanlagen, mindestens ein Drittel des Ökostromes sollte aus neuen Kraftwerken stammen.
- Er produziert keinen Atommüll und spart mindestens zwei Drittel CO_2 gegenüber einem konventionellen Anbieter ein.

Anbieter, die neben Ökostrom auch mit Kohle oder Atomkraft erzeugten Strom verkaufen, halten wir generell nicht für empfehlenswert. Unter den vielen Kraftwerken, die die Atomkonzerne betreiben, finden sich auch einige Ökokraftwerke. Es hilft der Umwelt aber nicht, wenn der Strom aus diesen Anlagen an einzelne Kunden teuer verkauft wird und die Kunden, denen es egal ist, woher ihr Strom kommt, dafür einfach mehr Atom- oder Kohlestrom bekommen. Dadurch wird kein Gramm Atommüll oder CO_2 vermieden. Allerdings gibt es auch Ökostromprodukte aus dem Hause der Stromkonzerne, bei denen immerhin durch seriöse und unabhängige Zertifikate (z. B. dem ok-Powerlabel) garantiert ist, dass mindestens ein Drittel des Ökostromes aus Anlagen stammt, die nicht älter als sechs Jahre sind. Auf diese Weise ist gewährleistet, dass der Bezug dieser Ökostromprodukte tatsächlich zum Ausbau der Erneuerbaren Energien oder der umweltfreundlichen Kraft-Wärme-Kopplung beiträgt. Empfehlen können wir Ökostrom aus dem Hause der Atomkonzerne aber trotzdem nicht. Denn die Gewinne aus dem Verkauf dieser Ökostromprodukte fließen in die Kassen von Konzernen, die immer noch den größten Teil ihres Geldes in Atom- und Kohlekraftwerke investieren. Für diese schmutzigen und riskanten Energien betreiben sie sogar aufwändige politische Lobbyarbeit. Darum empfehlen wir Ihnen, besser zu wirklich unabhängigen Ökostromanbietern zu wechseln. Die vier von uns empfohlenen bundesweiten Stromanbieter engagieren sich schon seit über zehn Jahren auch politisch für den Atomausstieg, so zum Beispiel die EWS mit 100-gute-gruende.de. Darüberhinaus treiben sie die Energiewende mit innovativen Konzepten voran, zum Beispiel »Schwarmstrom« (LichtBlick) oder »Windgas« (Greenpeace energy).

**Aber wenn man zu Ökostrom wechselt,
kommt dann wirklich grüner Strom aus der Steckdose?**

Nein, es gibt ja keine grünen Elektronen. Der Strom aus Ihren Steckdosen bleibt physikalisch der gleiche. Es gibt nur ein Stromnetz, durch das aller Strom geleitet wird. In jedem Ort gibt es nur einen Netzbetreiber, der durch den Verbrauchsort festgelegt und nicht frei wählbar ist. Der Strom kommt immer auf dem kürzesten Weg durchs Netz, also von den nächstgelegenen Kraftwerken. Das ändert sich auch nicht, wenn Sie den Stromanbieter wechseln. Daher kann es durch einen Anbieterwechsel auf keinen Fall zu Stromausfällen kommen! Wer keinen anderen Stromanbieter wählt, wird vom Netzbetreiber beliefert. Nach dem Wechsel zahlt der neue Anbieter Gebühren an den Netzbetreiber, die in Ihrer Stromrechnung schon enthalten sind. Der Netzbetreiber liest weiterhin Ihren Stromzähler ab und kümmert sich bei Störungen im Stromnetz.

**Aber wenn sich der Strom nicht ändert,
warum sollte man dann trotzdem zu Ökostrom wechseln?**

Man kann sich das Stromnetz als einen großen See vorstellen. Millionen Haushalte schöpfen aus diesem großen »Stromsee«, der von Kraftwerken mit Strom beliefert wird – mal aus Kohle, Erdgas oder Nuklearbrennstoffen erzeugt, mal aus Wind, Wasser, Sonne oder Biomasse. Dabei ist für den einzelnen Kunden nicht zu erkennen, aus welchen Quellen sein Strom stammt – am Ende fließt immer nur Strom aus der Steckdose. Das wird gerne als Argument benutzt, warum Ökostrom angeblich nichts bringe. Entscheidend ist in der Energiewirtschaft aber die Bilanz: Da der See immer den gleichen Wasserstand haben muss, hat der Anbieter von Ökostrom zu jeder Zeit dieselbe Menge Strom in den See einzuspeisen, die seine Kunden entnehmen (kurzfristige Schwankungen gleichen die Netzbetreiber aus). Den einzelnen Wassertropfen kann man zwar nicht einem Kunden zuordnen, doch der See ist »sauberer« geworden, weil Strom aus Erneuerbarer Energie in den See geflossen ist. Jeder Ökostromanbieter lässt seinen Strom durch unabhängige Institute ›zertifizieren« (zum Teil sogar mehrfach). Die Zertifizierung stellt sicher, dass die Ökostromversorger genauso viel sauberen Strom in den See einspeisen, wie Sie als Ökostromkunde entnehmen. Mit jedem Kunden, der zu einem Ökostromversorger wechselt, steigt die Nachfrage nach sauberer Stromerzeugung. Und das Geld des Stromkunden fließt nicht mehr zu den Atomkonzernen, sondern in den Ausbau der Erneuerbaren Energien und der umweltfreundlichen Kraft-Wärme-Kopplung.

Jeder Stromverbraucher fördert durch die Umlage
aus dem Erneuerbare-Energien-Gesetz (EEG) bereits Ökostrom,
warum soll man da auch noch zu Ökostrom wechseln?

Jeder Anbieter ist über die gesetzlichen Regelungen des EEG verpflichtet, zu einem gleichen Anteil EEG-Strom mit in sein Portfolio aufzunehmen. Der EEG-Anteil lag im Jahr 2010 bei rund 17,4 Prozent. Nur Ökostromanbieter füllen die verbleibenden 82,6 Prozent komplett mit umweltfreundlich erzeugtem Strom auf. Deshalb ist der Wechsel zu einem Ökostromanbieter immer sinnvoll.

Warum ist unter den Empfehlungen kein Ökostrom
von Stadtwerken?

Auch einige kommunale Energieversorger engagieren sich glaubwürdig und wirkungsvoll für den Atomausstieg. Alle 800 deutschen Stadtwerke unter die Lupe zu nehmen würde den Rahmen dieses Buches sprengen. Die meisten Stadtwerke tun leider viel zu wenig für die Energiewende, einige wollen sich sogar am Bau von neuen Kohlekraftwerken beteiligen. Außerdem beziehen viele Stadtwerke ihren Strom von den Großkonzernen. Bei rund einem Viertel der Stadtwerke sind die Atomkonzerne Anteilseigner, bei acht Stadtwerken sogar mit mehr als 50 Prozent. Die wichtigsten Tochterunternehmen, über welche die vier Atomkonzerne an Stadtwerken und regionalen Stromanbietern beteiligt sind, heißen: RWE: enviaM (Ostdeutschland), EWR AG (Rheinhessen), KEVAG (Koblenz), Lechwerke LEW (Bayern), Süwag (Baden-Württemberg, Hessen, Rheinland-Pfalz), energis (Saarland); EnBW: ZEAG (Heilbronn), Stadtwerke Düsseldorf; Vattenfall: ENSO (Sachsen), Städtische Werke Kassel.

Ökostrom macht glücklich!

Die vier empfohlenen Ökostromversorger engagieren sich auch politisch für den Atomausstieg, sind unabhängig von den Atomkonzernen und erfüllen die strengen Kriterien der Umweltverbände. Sowohl bei der Stiftung Warentest und der Zeitschrift *Ökotest* sowie dem Internetportal Verivox haben alle vier gut abgeschnitten, auch hinsichtlich der Kundenfreundlichkeit. Wir empfehlen nur Anbieter mit kurzen Kündigungsfristen (maximal drei Monate). Sollten Sie wider Erwarten nicht zufrieden sein, können sie also schnell wieder wechseln.

Laut Stiftung Warentest sind Ökostromkunden deutlich zufriedener. Den Spitzenwert erreichen Greenpeace energy und LichtBlick mit 98 Prozent von »zufriedenen« und »sehr zufriedenen« Kunden. Auf Platz drei und vier stehen EWS Schönau (97 %) und Naturstrom (96 %). Auf den letzten Plätzen landen die Atomkonzerne E.ON, RWE und EnBW und die Stromdiscounter TelDaFax und Flexstrom. Das Gesamturteil von Stiftung Warentest zu Ökostrom: »Wer mit der Wahl eines Stromtarifs ein Zeichen für Klimaschutz und Energiewende setzen will, sollte einen Anbieter wählen, der ausschließlich umweltschonend erzeugten Strom verkauft. Im Test sind das EWS Schönau, Greenpeace Energy, LichtBlick und Naturstrom.«

Die Elekrizitätswerke Schönau (EWS) sind aus einer Bürgerinitiative hervorgegangen, die nach Tschernobyl entstanden ist. 1997 übernahm sie aufgrund eines Bürgerentscheides das Stromnetz ihrer Gemeinde im Schwarzwald. LichtBlick wurde 1999 von Hamburger Geschäftsleuten gegründet und ist der größte unabhängige Stromanbieter in Deutschland. Naturstrom wurde 1998 von Mitgliedern verschiedener Umweltverbände gegründet. Greenpeace energy ist eine Genossenschaft, die aus einer Kampagne von Greenpeace hervorgegangen ist. Neben Strom kann man bei Naturstrom, LichtBlick und ab Mitte 2011 auch bei Greenpeace energy Gas beziehen. Weitere Informationen zum Thema Stromwechsel finden Sie unter http://www.atomausstiegselbermachen.de.

10.2 Atomkraft wegsparen

Je weniger Energie vergeudet wird, desto schneller und kostengünstiger kann der vollständige Wechsel zu den Erneuerbaren Energien gelingen. Der sparsame Umgang mit Energie schont nicht nur die Umwelt, sondern auch den eigenen Geldbeutel. Eine persönliche Energieberatung zu Hause ist oft sogar kostenlos und lohnt sich immer. Die Verbraucherzentralen und die Caritas unterhalten in allen Bundesländern Beratungsstellen, außerdem bestehen in vielen Städten Beratungsangebote von Umweltverbänden.

In mehr als 600 Orten bieten die Verbraucherzentralen eine kompetente und unabhängige Energieberatung für jeden an. Erfahrene Architekten, Ingenieure und Physiker beraten Sie zu allen Fragen des effizienten Energieeinsatzes, zum Beispiel: baulicher Wärmeschutz, Heizungs- und Regelungstechnik, Solarenergie, Stromsparen, Wärmepumpen, Förderprogramme und alle weiteren Themen des privaten Energieverbrauchs. Eine Beratung kostet nur fünf Euro. Bei Bedarf kann in der Beratungsstelle auch ein Hausbesuch vereinbart werden, dieser kostet Sie einen Eigenanteil von 45 Euro und wird zusätzlich vom Bundeswirtschaftsministerium bezuschusst (weitere Infos: http://www.verbraucherzentrale-energieberatung.de/).

Die Caritas bietet speziell für Menschen, die Arbeitslosengeld II, Sozialhilfe oder Wohngeld beziehen, an vielen Orten einen kostenlosen Stromsparcheck an. Damit können die Stromkosten deutlich gesenkt werden – um bis zu 100 Euro im Jahr! Ein Anruf genügt und geschulte Stromsparhelfer kommen ins Haus, überprüfen den Stromverbrauch und geben erste Tipps, mit denen man Strom und damit bares Geld sparen kann. Bei einem zweiten Besuch der Stromsparhelfer erhalten die einkommensschwachen Haushalte ein Paket im

Wert von durchschnittlich 70 Euro mit kostenlosen Soforthilfen wie zum Beispiel Energiesparlampen, schaltbaren Steckdosenleisten, TV-Stand-by-Abschalter, Zeitschaltuhren und Strahlregler für Wasserhähne, die nach Bedarf sofort montiert und in Betrieb genommen werden. Außerdem erstellen die Berater einen detaillierten Stromsparfahrplan, der individuell auf den jeweiligen Haushalt zugeschnitten ist, und geben qualifizierte Ratschläge, wie der Stromverbrauch mit einfachen Mitteln weiter reduziert werden kann. Bei Bedarf erhalten die Haushalte einen Gutschein im Wert von 5 Euro für eine weiterführende Beratung durch Energieberater der Verbraucherzentrale (weitere Infos dazu unter www.stromsparcheck.de).

Hier noch ein paar einfache Tipps zum Energiesparen:
- Achten Sie beim Kauf von Elektrogeräten auf den Energieverbrauch und das Energiesparlabel. Die Geräte sollten durch einen Schalter vom Netz getrennt werden können oder im Stand-by-Modus nicht mehr als ein Watt verbrauchen. Wenn Sie wissen wollen, wie viel Strom ihr Kühlschrank verbraucht, welche neuen Fernseher am sparsamsten sind oder ob sich eine neue Waschmaschine lohnt, finden Sie konkrete Zahlen, Tipps und Ratgeber auf der Webseite http://www.co2online.de. Orientierungshilfen bieten auch das Öko-Institut www.ecotopten.de und die Stiftung Warentest www.test.de.
- Lassen Sie Ihren Computer schlummern, wenn Sie nicht daran arbeiten. Im Ruhemodus verbraucht der Rechner kaum Strom. Laptops sind übrigens wesentlich energieeffizienter als Schreibtischrechner.
- Fernseher, DVD-Player, Computer samt Zubehör wie etwa Drucker und viele andere Geräte ziehen auch im Stand-by-Modus jede Menge Strom – das kann sich übers Jahr auf bis

zu 100 Euro summieren. Also: Stecker raus oder mehrere Geräte an eine Steckdosenleiste mit Schalter anschließen.
- Energiesparlampen sparen gegenüber herkömmlichen Glühlampen etwa 80 Prozent Strom. Das UNO-Umweltprogramm Unep rechnet vor, das allein Indonesien durch den konsequenten Einsatz von Energiesparlampen dreieinhalb Kohlekraftwerke einsparen könnte. Allerdings enthalten Energiesparlampen Quecksilber, das entweichen kann, wenn Lampen zerbrechen. Das Umweltbundesamt (UBA) empfiehlt deshalb, dass vor allem in Kinderzimmern nur Energiesparlampen mit Kunststoffummantelung eingesetzt werden sollten. Außerdem gehören Energiesparlampen nicht in den Hausmüll, sie können bei den Händlern oder Wertstoffhöfen abgegeben werden. »Mittelfristig brauchen wir eine Lampentechnik, von der keine Quecksilberbelastung ausgeht«, sagt UBA-Präsident Jochen Flasbarth. Eine sparsame quecksilberfreie Alternative sind LED-Leuchten, sie sind allerdings noch etwas teurer als Energiesparlampen. Außerdem: Licht aus in ungenutzten Räumen!
- Ladegeräte und Netzteile verbrauchen auch dann Strom, wenn sie gar nicht benutzt werden. Das gilt für Ladegeräte von Handys, MP3-Playern, Digitalkameras, Rasierapparaten, für Netzteile von Halogenlampen, Unterhaltungselektronik und vieles andere. Daher: Stecker raus!
- Erhitzen Sie Wasser nicht auf der Herdplatte. Wasserkocher, Tauchsieder oder ein Kessel auf dem Gasherd sind wesentlich effizienter.
- Lassen Sie beim Kochen den Deckel auf dem Topf. Stellen Sie Herdplatten und Ofen früher aus und nutzen Sie die Nachwärme.
- Waschen Sie bei niedrigen Temperaturen und verzichten

Sie auf den Vorwaschgang: So wird normal verschmutzte Wäsche sauber, und der Stromverbrauch sinkt um bis zu 80 Prozent. Machen Sie die Trommel immer voll. Wenn möglich: Schließen Sie Ihre Maschine an die Warmwasserleitung an.
- Wäschetrockner sind Stromfresser. Hängen Sie Ihre Wäsche lieber auf!
- Tauen Sie Ihren Kühlschrank ab und zu ab! Wenn sich eine Eisschicht gebildet hat, ziehen Kühl- und Gefrierschränke viel mehr Strom.
- Ersetzen Sie Stromfresser. Besonders ineffizient sind alte Kühlschränke, und sie laufen rund um die Uhr. Kaufen Sie nur Geräte der höchsten Effizienzklasse! (In Europa: A+ oder A++.)
- Heizen Sie nicht mehr als nötig. Für ein gesundes Raumklima reichen 18 bis 20 Grad meist aus. Programmierbare Thermostate regeln die Temperatur automatisch, zum Beispiel tagsüber (oder abends) rauf, nachts runter. Mit jedem Grad niedrigerer Raumtemperatur sparen Sie bis zu sechs Prozent Heizenergie.
- Lüften Sie kurz und kräftig. Wenn Sie die Fenster (bei abgedrehter Heizung) weit öffnen, wird die Luft schnell ausgetauscht und die Wände bleiben warm. Nie bei laufender Heizung Fenster kippen!
- Bauen Sie moderne Wärmeschutzfenster ein oder überzeugen Sie Ihren Vermieter davon.
- Mit einer guten Wärmedämmung von Außenwänden, Dachböden und Kellerdecke können Sie Ihre Heizkosten um 50 Prozent reduzieren. Erkundigen Sie sich nach Förderprogrammen.
- Lassen Sie Ihre Heizung checken! Neue Anlagen sind viel effizienter – oft zahlt sich die Modernisierung schon nach

wenigen Jahren finanziell aus. Und jede Heizungsanlage muss regelmäßig gewartet werden. Noch effizienter sind Mini-Blockheizkraftwerke mit Kraft-Wärme-Kopplung.

10.3 Ökoenergie selber machen

Die Solarenergie zum Beispiel lohnt sich auf fast jedem Dach in Deutschland. So können sich auch Privathaushalte von den steigenden Energiepreisen unabhängig machen. Und dazu muss man noch nicht einmal ein eigenes Haus besitzen: An vielen Bürgersolaranlagen kann man sich schon mit nur 250 oder 500 Euro beteiligen. Für die Beteiligung an einem Bürgerwindpark benötigt man schon etwas mehr Kapital, aber auch das kann eine lohnende Geldanlage sein, die zugleich der Umwelt nutzt. Eine 10 Quadratmeter große Photovoltaikanlage liefern in unseren Breiten derzeit etwa 25 Prozent des Strombedarfs eines durchschnittlichen Einfamilienhauses. Zwar wurden die Einspeisevergütungen für Solarstrom in den letzten Jahren gleich mehrfach gekürzt, doch da ebenfalls die Modulpreise gesunken sind, lohnen sich Photovoltaikanlagen weiterhin. Wenn Sie Solarstrom ins Stromnetz einspeisen, ist die Einspeisevergütung für zwanzig Jahre gesetzlich garantiert. Und ist die Anlage einmal installiert, können die Betriebskosten nicht mehr nachträglich steigen.

Eine andere Möglichkeit stellen Sonnenkollektoren dar, mit denen Sie nicht nur das Brauchwasser erwärmen können. In gut gedämmten Häusern versorgen diese Solarheizungen in Frühjahr und Herbst das Haus mit Wärme und unterstützen im Winter den Heizkessel. Schon rund 10 Quadratmeter Sonnenkollektoren decken ein Fünftel des Wärmebedarfs eines durchschnittlichen Einfamilienhauses. Mit Sonnenkollekto-

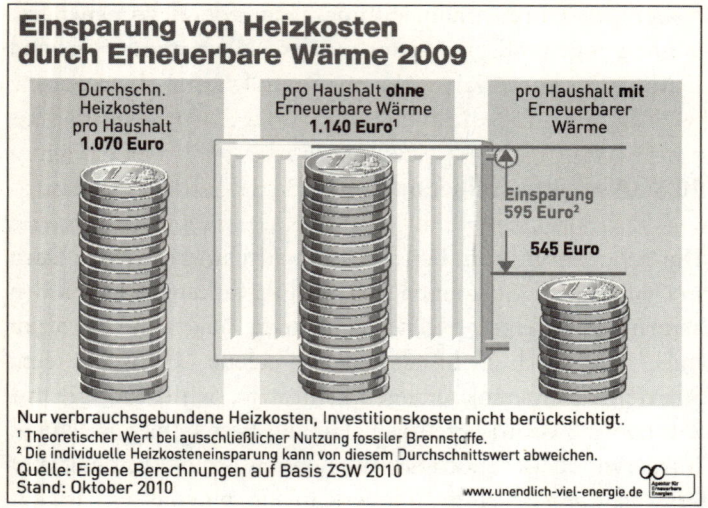

ren auf dem Dach treffen Sie künftige Öl- oder Gaspreissteigerungen nicht mehr ganz so hart. Die Sonne schickt Ihnen keine Heizkostenabrechnung. Und über das Marktanreizprogramm (MAP) gibt es auch dafür eine Förderung vom Staat. Erkundigen Sie sich beim Heizungsfachmann.

Sie können aber auch »energieautonomer« werden, wenn Sie mit Holz heizen. Moderne Holzheizungen verbrennen Holzpellets oder Hackschnitzel vollautomatisch und beheizen über einen Wasserkreislauf das ganze Haus. Das ist aber nur dann klimaneutral, wenn das Holz aus nachhaltiger Waldwirtschaft stammt. Auch Erdwärme ist eine Möglichkeit, Ihr Haus umweltfreundlich mit Energie zu versorgen. Schon Hunderttausende Häuser verfügen über oberflächennahe Erdwärmesonden oder -kollektoren. Die dafür nötigen Wärmepumpen sollten aber nur mit Ökostrom betrieben werden.

Wenn Sie ohnehin bald Ihre Heizungsanlage erneuern müssen, sollten Sie sich überlegen, ob Sie statt einer Heizung nicht lieber ein Mini-Blockheizkraftwerk, das zugleich Strom und Wärme produziert, bestellen. Die Zuhausekraftwerke von LichtBlick und Volkswagen wurden ja bereits erwähnt, aber auch viele lokale Gasversorger bieten solche Kellerkraftwerke zu teilweise sehr attraktiven Konditionen an. Sonnenlicht und Körperwärme reichen in sogenannten Passivhäusern (Nullenergiehäuser) aus, um einen Großteil der Wärme zu gewinnen. Damit dies klappt, müssen die Häuser sehr gut isoliert und die großen Fenster nach Süden ausgerichtet sein. Noch besser sind Plus-Energiehäuser, die mehr Energie erzeugen, als sie verbrauchen. Es gibt noch viele weitere Möglichkeiten, selbst zum Energieproduzenten zu werden, von Biogasanlagen bis zu Windrädern.

Weitere Informationen zum Heizen mit Erneuerbarer Energie finden Sie unter http://www.waermewechsel.de/ oder im Informationsportal des Bundesverbandes der Solarwirtschaft und der KfW: http://www.solarfoerderung.de.

10.4 Atombanken? Nein, danke!

Anfangs produzierten die kleinen Berliner Kraftwerke von Emil Rathenau (siehe Kapitel 1) außerordentlich teuren Strom; die Kilowattstunde kostete eine Goldmark. Die Banken, die Rathenau finanziert hatten, wurden langsam nervös, denn die Aktien seines Unternehmens waren praktisch unverkäuflich. Das erste Kraftwerk konnte zwar 800 Lampen mit Strom versorgen, tatsächlich waren aber nur rund 300 Lampen am Netz, und zwar fast ausschließlich in Theatern, Hotels und Banken. Selbst Kaiser Wilhelm hatte kein elektrisches

Licht. Daher lehnten die Banken die Finanzierung zweier weiterer Kraftwerke ab, die der Berliner Magistrat forderte. Rathenau wollte jedoch expandieren und größere Dynamos einsetzen. Doch die Bankiers hielten ihm entgegen: »Wenn Sie schon mit kleinen Kraftwerken keinen Profit machen können, wie viel weniger dann mit großen!« Die Berliner Stadtväter drohten hingegen, Rathenau die Konzession zu kündigen, wenn die geforderten Kraftwerke nicht gebaut würden. In diesem Dilemma kam Rathenau Georg Siemens zu Hilfe, ein Vetter seines Geschäftspartners Werner Siemens. Georg Siemens, Gründungsdirektor und Vorstandssprecher der Deutschen Bank, stand in engem Kontakt mit dem US-Banker John Pierpont Morgan, dem Finanzier von Thomas Alva Edison. Daher beurteilte er die Lage anders als die Berliner Bankiers. Der Deutsche-Bank-Chef witterte das große Geschäft, er war deshalb bereit, Rathenau die nötigen Kredite zu geben. In der Folge konnte sich die Bank an das Wachstum der Elektroindustrie und der Stromwirtschaft ankoppeln, die sich nach dem Berliner Vorbild bald über das ganze Reich ausdehnen würde. Damit begann die Ehe zwischen den Großbanken und den Stromkonzernen, die bis heute gehalten hat.

Auch Atomkonzerne benötigen für größere Investitionen Bankkredite. Für normale Bankkunden ist es fast unmöglich zu erfahren, ob ihre Bank das Geld ihres Kontos und ihrer Sparanlagen an Atomkonzerne weiter verleiht. Banken geben gewöhnlich keine Auskunft darüber, an wen sie Kredite vergeben. Dabei berufen sich die Geldinstitute auf das Bankgeheimnis. Wenn Banken Erneuerbare Energien unterstützen, reden sie jedoch gerne darüber und stellen ihr Engagement gerne bunt und ausführlich in ihren Jahresberichten dar. Erneuerbare Energien sind eben beliebt. Doch über ihre Geschäfte mit der Nuklearindustrie sprechen die Banken weniger gerne, wohl weil sie befürchten, ihr nach der Finanzkrise ohnehin schon schlechter Ruf könnte sich noch weiter verschlechtern, wenn ihre radioaktiven Geschäfte bekannt werden. Die Unterstützung der Atomindustrie erfolgt daher oft indirekt über Firmenkredite oder die Ausgabe von Anleihen. Finanzdienstleistungen für die Atomindustrie sind deshalb wenig transparent. Um Licht in dieses Dunkel zu bringen, hat die deutsche Umweltschutzorganisation Urgewald gemeinsam mit Greenpeace International, dem Netzwerk BankTrack, Les Amis de la Terre (Frankreich), Antiatom Szene (Österreich), Campagna per la Riforma della Banca Mondiale (Italien) und WISE (Niederlande) eine Bankenrecherche beim niederländische Forschungsinstitut Profundo in Auftrag gegeben. Profundo prüfte für den Zeitraum von 2000 bis 2009 die Jahresberichte von 80 Firmen der weltweiten Atomindustrie, ihre Börsenangaben, Handels- und Finanzpresse sowie Firmendatenbanken, um die Finanztransaktionen zwischen den Nuklearunternehmen und den Banken aufzudecken. Über die Geschäfte von Banken aus Deutschland mit der Atomindustrie informiert die Broschüre »Wie radioaktiv ist meine Bank?«.[114]

Angeführt wird die Liste der zehn schlimmsten Atombanken der Welt von der französischen Bank BNP Paribas, gefolgt von der Barclays Bank (Großbritannien) und der Citibank (USA). Die Top Ten der Atomfinanzierer haben der Atomindustrie im untersuchten Zeitraum 92 Milliarden Euro zur Verfügung gestellt. Das einzige deutsche Finanzinstitut unter ihnen ist die Deutsche Bank, sie rangiert auf Platz 7.

Die Top Ten der radioaktivsten Banken

1. BNP Paribas (Frankreich)
2. Barclays (Großbritannien)
3. Citibank (USA)
4. Société Générale (Frankreich)
5. Crédit Agricole CIB/Calyon (Frankreich)
6. Royal Bank of Scotland (Großbritannien)
7. Deutsche Bank (Deutschland)
8. HSBC (Großbritannien/Hongkong)
9. JP Morgan (USA)
10. Bank of China

Quelle: www.nuclearbanks.org

»Das große Engagement der Deutschen Bank bei der Atomindustrie passt zu ihrem sonstigen Auftreten, denn Bankenvertreter plädieren schon lange für eine Renaissance der Atomenergie«, erklärt Heffa Schücking, Geschäftsführerin von Urgewald. »Dies zeigt sich auch daran, dass die Bank ihren Privatkunden gezielt radioaktive Investitionen anbietet: Das ›S-Box Nuclear Power Index Zertifikat‹ bündelt die Erträge von 20 führenden Atomfirmen. Eine unverantwortliche Geschäftspolitik.«

Die Skandalkunden der Deutschen Bank

Zu den Kunden der Deutschen Bank gehört auch der französische Nuklearkonzern Areva. Ende 2007 beteiligte sich die Deutsche Bank an einem Kredit für Areva, die mit diesem Geld das südafrikanische Bergbau-Unternehmen UraMin gekauft hat. Ein Schritt, um den Uranabbau in vielen Teilen Afrikas auszubauen. »Im Niger ist Areva über Tochterfirmen schon seit 40 Jahren aktiv, mit schrecklichen Folgen für die Bevölkerung«, erklärt Dr. Barbara Happe von Urgewald. »Greenpeace hat im November 2009 in der Umgebung der nigrischen Uranminen gefährlich hohe Strahlungen gemessen, sie waren bis zu 500-mal höher als üblich. Radioaktives Baumaterial wurde hier für den Straßenbau verwendet – eine Riesengefahr für die Gesundheit der betroffenen Bevölkerung. Die Umweltprobleme haben wir bei der letzten Hauptversammlung schon vorgetragen. Die Deutsche Bank jedoch bleibt ihrem Skandalkunden treu.«

Die vier großen Stromkonzerne sind alle Kunden der Deutschen Bank. Für drei von ihnen, RWE, EnBW und Vattenfall ist die Deutsche Bank der größte Finanzdienstleister unter den deutschen Banken. Vattenfall Europe ist als deutscher Stromversorger bekannt, die Muttergesellschaft ist ein schwedischer Staatskonzern und der fünftgrößte Stromerzeuger Europas. Rund 30 Prozent seiner Stromproduktion stammt aus zehn Atomreaktoren, die der Konzern in Deutschland und Schweden betreibt. Seinen schlechten Ruf verdankt Vattenfall vor allem skandalösen Vorkommnissen in seinen Atomkraftwerken. Im Jahr 2006 kam es in Forsmark zu dem bereits erwähnten »Reaktor-Blindflug«. Forsmark-Mitarbeiter sprachen von einem »generellen Verfall der Sicherheitskultur« in der Anlage. Ein früherer Direktor der staatlichen Atomaufsicht meinte, dass es hier »nur durch pures Glück nicht zu einer Kernschmelze kam«. Ein Sicherheitsbericht stellte eine hohe Zahl von Unfällen, laxen Umgang mit den Sicherheitsvorschriften sowie Trunkenheit und Drogenmissbrauch bei Mitarbeitern fest. Vattenfall gelobte Besserung, doch im Jahr 2009 stellte die schwedische Atomaufsicht fest, dass das Kernkraftwerk Ringhals mehr als zwei Monate lang mit einem außer Funktion gesetzten automatischen Sicherheitssystem betrieben worden war – eine grobe Fahrlässigkeit. Die Atomaufsicht stellte Ringhals unter »verschärfte Aufsicht«, was den letzten Schritt vor dem Entzug der Betriebserlaubnis darstellt.

In Deutschland betreibt der Deutsche-Bank-Kunde Vattenfall neben dem Atomkraftwerk Brokdorf (20 %, E.ON 80 %) die Skandal-Reaktoren Krümmel (zu 50 %, 50 % E.ON) und Brunsbüttel (66,6 %, E.ON 33,3 %). In Krümmel brannte im Juni 2007 der Transformator, Rauchgas drang in die Leitwarte, das Personal konnte nur mit Atemschutzmasken weiterarbeiten, Kommunikations- und Bedienungsfehler folgten. Die Eigenversorgung des Reaktors mit Strom fiel aus, und es kam zu einer Reaktorschnellabschaltung. Wegen eines Fehlers bei der Steuerung der Pumpen sank der Wasserstand im Reaktordruckgefäß und wegen eines Prozessrechenfehlers fiel auch noch die Prozessrechenanlage aus. Ebenfalls im Sommer 2007 sorgte ein Kurzschluss im Atomkraftwerk Brunsbüttel für eine Reaktorschnellabschaltung, was der Beginn einer Reihe von Pannen war. Beim Wiederanfahren der Anlage kam es zu so gravierenden Problemen, dass die Anlage gleich wieder abgeschaltet werden musste. Die zahlreichen Mängel führten dazu, dass sowohl in Brunsbüttel wie auch in Krümmel die Reaktoren von 2007 bis Mitte 2011 fast durchgehend stillstanden. Die Rechtsanwältin Cornelia Ziehm von der Deutschen Umwelthilfe gelangte in einem Rechtsgutachten im Auftrag der schleswig-holsteinischen Grünen-Landtagsfraktion zu dem Ergebnis, dass aufgrund des mehr als dreijährigen Stillstandes von Brunsbüttel die Betriebsgenehmigung des Atomkraftwerks erloschen sei. Eine Frage, über die letztlich wohl die Gerichte entscheiden müssen, wenn das AKW nicht im Zuge der neuen Atompolitik der Bundesregierung sowieso endgültig stillgelegt wird.

Atomkraftwerk im Erdbebengebiet

Zum Kundenkreis der Deutschen Bank gehören auch RWE, Enel, Iberdrola und Electrabel, die vier wichtigsten ausländischen Investoren in das geplante Atomkraftwerk Cernavoda in Rumänien. Dabei handelt es sich um eine alte Planung aus der kommunistischen Zeit. In Cernavoda sollen zwei sogenannte CANDU-6-Reaktoren gebaut werden, deren Reaktordesign dem der Tschernobyl-Reaktoren in fataler Weise ähnelt. Weder in den USA, Japan oder Westeuropa wäre dieser Reaktortyp genehmigungsfähig. Bei Kühlmittelverlust kommt es in den CANDU-Reaktoren zu einem plötzlichen Leistungsexkurs, so dass sie im Ernstfall explodieren können. Auch im »Normalbetrieb« sind die radioaktiven Tritium-Emissionen von CANDU-Reaktoren 100-mal so hoch wie die von anderen Atomkraftwerken. »Außerdem gilt Cernovoda als eins der gefährlichsten Atomprojekte weltweit, weil der Standort in Südostrumänien regelmäßig von starken Erdbeben von über 7,5 auf der europäischen MSK-Skala heimgesucht wird«, erläutert Heffa Schücking von Urgewald. Im Januar zog sich der Essener RWE-Konzern aus dem umstrittenen Projekt zurück.

Ein weiterer Kunde der Deutschen Bank ist die Tokyo Electric Power Company (TEPCO). Der Konzern geriet schon vor dem Super-GAU in seiner Atomanlage in Fukushima immer wieder in die Schlagzeilen. Im Jahr 2002 wurde publik, dass TEPCO mehr als 20 Jahre lang Berichte über Sicherheitsprobleme seiner Reaktoren gefälscht hatte. Das Unternehmen schickte insgesamt 200 falsche Berichte an die Behörden. Als der Skandal aufflog, mussten alle 17 Atommeiler für Inspektionen und Reparaturen geschlossen werden. Bei einem Erdbeben im Jahr 2007 erwies sich das größte Atomkraftwerk der Welt, Kashiwazaki-Kariwa, als doch nicht »erdbebensicher«, wie die Betreiber immer behauptet hatten: 300 Gallonen radioaktiven Wassers ergossen sich während des Bebens ins Meer. Danach mussten die sieben Reaktoren für mehrere Jahre stillgelegt werden. Bevor 2010 drei der sieben Reaktoren wieder in Betrieb genommen wurden, kam es zu neun Bränden auf dem Atomkraftwerksgelände von Kashiwazaki-Kariwa.

Für ihre Atomkunden wird die Deutsche Bank auch als Lobbyist aktiv. Als einziger Vorstandsvorsitzender einer deutschen Bank unterschrieb Deutsche-Bank-Chef Josef Ackermann den »Energiepolitischen Appell«, mit dem die Energiekonzerne im August 2010 erfolgreich Druck auf die Bundesregierung ausübten, damit die Laufzeiten für ihre maroden Atomkraftwerke verlängert werden

Seit ihrer Übernahme der Dresdner Bank ist die Commerzbank das zweitgrößte deutsche Geldinstitut. Sie steht auch an zweiter Stelle der deutschen Atombanken. Die Commerzbank ist der größte Finanzdienstleister für E.ON, den größten privaten Energiekonzern der Welt. E.ON hält Anteile an 11 der 17 deutschen Atomkraftwerke: Brokdorf (80 %), Brunsbüttel (33,3 %), Unterweser (100 %), Grafenrheinfeld (100 %), Grohnde (83,3 %), Gundremmingen B und C (je 25 %), Krümmel (50 %), Emsland (12,5 %), Isar 1 (100 %) und Isar 2 (75 %). Darüber hinaus plant E.ON den Bau mehrerer Kernkraftwerke im Ausland. E.ON betreibt nicht nur Atomkraftwerke, sondern ist auch über die Firma Uranit genau wie RWE mit jeweils 33,3 Prozent an Urenco beteiligt. Das deutsch-niederländisch-britische Unternehmen Urenco betreibt die Urananreicherungsanlage in Gronau. Bei der Urananreicherung fallen als Abfall große Mengen abgereichertes Uranhexafluorid (UF_6) an, das bei Kontakt mit Luftfeuchtigkeit zu tödlicher Flusssäure wird. Urenco fand eine billige Lösung, den Atommüll zu entsorgen: den Export nach Russland. Dort

Deutsche Atombanken	Summe in Mio. Euro
1. Deutsche Bank	7842
2. Commerzbank	3926
3. UniCredit/Hypovereinsbank	2310
4. Bayrische Landesbank (Bayern LB)	1755
5. Westdeutsche Landesbank (West LB)	939
6. Landesbank Baden-Württemberg (LBBW)	831
7. DZ Bank	685
8. Deutsche Postbank	232
9. HSH Nordbank	210
10. Norddeutsche Landesbank (Nord LB)	53
11. Helaba (Hessische Landesbank)	47

Unterstützung deutscher Banker für die internationale Atomindustrie
(Quelle: Urgewald e. V.: »Wie radioaktiv ist meine Bank?«, Dezember 2010)

rosten die Fässer mit Uranhexafluorid unter freiem Himmel vor sich hin, das ZDF filmte solche Fässer in einer Lagerstätte in Sibirien.

Die Föderale Agentur für Atomenergie Russlands (Rosatom) deklariert das abgereicherte Uran jedoch nicht als Atommüll, sondern als wertvollen Rohstoff, der ab etwa 2030 in Schnellen Brütern genutzt werden könne. Doch russische Umweltaktivisten bezweifeln das. Nach mehreren Besuchen deutscher und russischer Umweltschützer bei den Hauptversammlungen von E.ON und RWE kündigten deren Chefs, Bernotat und Großmann, 2008 an, die Transporte nach Russland würden 2009 enden – trotzdem startete im Herbst 2009 ein neuer Atommülltransport von Gronau nach Russland.

Auch die Électricité de France (EDF) ist Kunde der Commerzbank. In ihren 59 Atomkraftwerken entsteht die Hälfte des gesamten hochradioaktiven Atommülls Europas. Das Unternehmen, das sich zu 85 Prozent in Besitz des französischen

Staates befindet, ist damit der größte Atommüllproduzent der Welt. Im Umgang mit Kritikern schreckt EDF nicht vor Stasi-Methoden zurück: Jahrelang ließ der Konzern Mitarbeiter von Greenpeace gezielt überwachen.

Die HypoVereinsbank gehört seit 2005 zur italienischen Großbank UniCredit. Zu den bedeutendsten Kunden der Bank zählt der italienische Energieversorger Enel. Obwohl Italien nach dem Tschernobyl-Unglück aufgrund eines Volksentscheides aus der Atomkraft ausgestiegen ist, fährt Enel nach Einschätzung von Urgewald einen »aggressiven Atomkurs«. Im April 2006 erwarb der Konzern eine Mehrheit an der slowakischen Elektrizitätsgesellschaft Slovenské elektrárne (SE). Der Konzern will die Atomkraftwerke Mochovce 3 und 4 fertig bauen. Die beiden Reaktoren russischen Designs wurden in den 1970er Jahren geplant und die Reaktorgebäude in den 1980ern weitgehend fertig gestellt. Nach dem Zusammenbruch der kommunistischen Diktatur wurde das Projekt 1992 nicht weiter fortgeführt, auch aus wirtschaftlichen Gründen. Nun wurde es von Enel jedoch wiederbelebt. Mochovce besitzt keine Sicherheitshülle, die für alle modernen Atomkraftwerke Pflicht ist, selbst der Absturz eines Kleinflugzeuges kann hier eine Katastrophe auslösen, warnt Greenpeace. Und in Italien wollte Enel mit Unterstützung von Ministerpräsident Silvio Berlusconi vier neue Atomkraftwerke vom Typ des Problem-Reaktors EPR bauen. Oppositionsparteien und italienische Anti-Atom-Gruppen hatten ein Referendum über das AKW-Neubau-Gesetz erzwungen. Da sich nach Fukushima eine schwere Niederlage für Berlusconi abzeichnete, nahm die Regierung das Gesetz wieder zurück und verhinderte so die Volksabstimmung.

»Move your money«

Die drei großen deutschen Privatbanken Deutsche Bank, Commerzbank und UniCredit/HypoVereinsbank sind die drei radioaktivsten deutschen Geldinstitute, sie sind tief in die schmutzigen Geschäfte der Atomindustrie verstrickt. Unter dem Motto »Move your money« ist während der Finanzkrise in den USA eine Bewegung entstanden, die dazu aufruft, den Großbanken das Geld wegzunehmen und zu genossenschaftlichen Banken zu wechseln. Damit soll verhindert werden, dass Banken, die mit Steuergeldern gerettet werden mussten, nach der Krise gleich wieder genauso weitermachen wie vorher. Die Bankkunden sollen ihr Geld von den Großbanken abziehen und zu kleineren Banken wechseln, die nicht so stark ins Investmentgeschäft verstrickt, bodenständiger und solider sind. Das ist auch den Bankkunden in Deutschland zu empfehlen. Zweifellos sind die kleinen Volks- und Raiffeisenbanken und die öffentlich-rechtlichen Sparkassen besser als die privaten Großbanken, die in viel stärkerem Maße die Atom- und Rüstungsindustrie sowie ökologisch katastrophale Projekte finanzieren. »Doch anders als beispielsweise die britische Cooperative Bank, die vom Geschäftsmodell her mit den Volks- und Raiffeisenbanken vergleichbar ist, verfügen die Volksbanken hierzulande über keine Ethikfilter für ihre Finanzaktivitäten. Und auch die Sparkassen haben erst bescheidene Schritte in Richtung Nachhaltigkeit eingeschlagen, in dem sie zum Beispiel für ihre festverzinslichen Anlagen ein Nachhaltigkeitsscreening eingeführt haben«, erklärt Heffa Schücking.

Die Sparkassen gehören Städten, Landkreisen oder Zweckverbänden und versorgen vor allem die lokale Wirtschaft mit Krediten. Doch die Sparkassen sind auch landesweit organisiert, ihr zentrales Institut stellen die Landesbanken dar. Sie sind die Verrechnungsstelle für den bargeldlosen Zahlungsverkehr, verwalten die Liquiditätsreserven der Sparkassen und erbringen einzelne Dienstleistungen für die Sparkassen, zum Beispiel im Auslandsgeschäft. Die Eigentümer der Landesbanken sind in der Regel die Bundesländer und die Sparkassen- und Giroverbände. Damit hängt ein Sparkassenkonto mit der jeweiligen Landesbank zusammen. In der Bankenrecherche von Profundo sind mit Ausnahme der Landesbank Berlin-Brandenburg (LBB) alle Landesbanken aufgetaucht. Die skandalumwitterte Bayerische Landesbank (Bayern LB) ist die mit Abstand radioaktivste Landesbank. Sie stellte der Atomindustrie zwischen dem Jahr 2000 und 2009 Finanzdienstleistungen in Höhe von 1,75 Milliarden Euro zur Verfügung. Zu ihren Kunden zählen E.ON, EnBW und RWE, aber auch British Energy, EDF, Enel und Iberdrola. Sie war Teil eines Konsortiums aus fünf Banken, das dem finnischen Energieversorger TVO einen günstigen Kredit über 1,95 Milliarden Euro gewährte, vermutlich weil Siemens als Kunde der Bayern LB am Bau des Kernkraftwerks Olkiluoto beteiligt ist (Näheres dazu in Kapitel 7.1).

Die Westdeutsche Landesbank (West LB) folgt in der Top Ten der deutschen Atombanken direkt auf die Bayern LB. Sie stellte der Atomindustrie 939 Millionen Euro zur Verfügung. Spitzenreiter unter ihren Atomkunden sind laut Urgewald: E.ON, RWE, gefolgt von EDF und EnBW sowie weiteren internationalen Nuklearfirmen. RWE ist Deutschlands zweitgrößter Stromkonzern und (Mit-)Betreiber der Atomkraftwerke Biblis A und B, Gundremmingen B und C mit je 75 Prozent sowie Emsland (87,5 %). RWE-Chef Großmann gilt als der Initiator des »Energiepolitischen Appells«, mit dem die Energiekonzerne längere Laufzeiten für die Atomkraftwerke forderten. RWE wollte sich mit 49,9 Prozent am Bau eines

Kernkraftwerkes im bulgarischen Belene beteiligen – mitten in einem Erdbebengebiet! Belene wurde noch zu kommunistischen Zeiten geplant und in den 1990er Jahren auf Eis gelegt. Aufgrund massiver Proteste – insbesondere gerichtet an die vielen Bürgermeister, die im Aufsichtsrat von RWE sitzen – zog sich RWE schließlich im November 2009 aus dem Projekt zurück.

Neben den privaten Banken und den öffentlich-rechtlichen Sparkassen gibt es in Deutschland noch die Genossenschaftsbanken, zu denen die Volks- und Raiffeisenbanken und die Sparda-Banken gehören. Sie finanzieren ähnlich wie die Sparkassen vor allem kleine und mittelständische Unternehmen aus ihrem Geschäftsgebiet. Doch auch das Zentralinstitut der Genossenschaftsbanken, die DZ Bank, ist in fragwürdige Geschäfte verstrickt. Die DZ Bank unterstützt die rund 1000 Genossenschaftsbanken mit Dienstleistungen wie zum Beispiel Liquiditätsausgleich und stellt Refinanzierungsmittel bereit. Außerdem ist sie als Geschäftsbank für Firmen und institutionelle Anleger tätig. Die DZ Bank hat die internationale Atomindustrie laut Urgewald zwischen 2000 und 2009 mit Finanzdienstleistungen in Höhe von 685 Millionen Euro unterstützt. Ihr größter Atomkunde ist E.ON, gefolgt von Nukem und EnBW. Zudem war die DZ Bank als Teil eines Konsortiums an der Kreditvergabe an Kazatomprom beteiligt. Der staatlichen Nuklearfirma aus Kasachstan wird illegaler Uranhandel mit dem Iran vorgeworfen. Kazatomprom will Kasachstan ohne jede Rücksicht auf die Umwelt zum größten Uranexporteur der Welt machen. Weite Teile des Landes sind schon heute radioaktiv kontaminiert.

Seit November 2010 verfügt die Deutsche Bank über die Mehrheit der Postbank-Anteile. Daher ist, salopp formuliert, auch dort Deutsche Bank drin, wo Postbank draufsteht. Wer wirklich sichergehen will, dass seine Spargroschen nicht an die Atomindustrie verliehen werden, der sollte daher sein Geld am besten bei einer Alternativbank anlegen. Die größten Alternativbanken in Deutschland sind die anthroposophisch orientierte GLS Bank aus Bochum, die Nürnberger Umweltbank, die Ethikbank aus Eisenach und die niederländische Triodos Bank mit einem Sitz in Frankfurt am Main. Noch allerdings führen sie ein Nischendasein: Die Bilanzsumme der vier Alternativbanken lag Ende 2009 bei knapp 6 Milliarden Euro. Zum Vergleich: 2008 wies der Geschäftsbericht der Deutschen Bank 2,2 Billionen Euro aus. Alle vier Alternativbanken schließen Atomfinanzierungen ausdrücklich aus. »Anders als bei den konventionellen Banken erfährt der Kunde bei den Alternativbanken, wohin sein Geld fließt, und wird entlang eines klaren Nachhaltigkeitsrasters beraten«, sagt Schücking. Auch einige Kirchenbanken, die im Privatkundengeschäft tätig sind und jedermann offenstehen, legen das Geld ihrer Kunden nach ähnlichen ethischen Kriterien an. Dazu gehören zum Beispiel die Bank für Kirche und Diakonie (Dortmund), die Bank im Bistum Essen oder die Bank für Kirche und Caritas (Paderborn). Mit einer Bilanzsumme von 12 Milliarden Euro sind die Kirchenbanken deutlich größer als die Alternativbanken. »In Sachen Transparenz, Kontrolle der eigenen Anlagen und auch hinsichtlich der Strenge ihrer Anlagekriterien hinken sie den fortschrittlicheren Alternativbanken hinterher«, kritisiert Urgewald.

Besonders Kunden der radioaktivsten Banken sollten überlegen, ihre Konten zu kündigen und zu einer der Alternativbanken zu wechseln. Mit einem Kontowechsel können Sie den Großbanken klarmachen, dass ihr massiver Einsatz für die Atomindustrie geschäftsschädigend ist. Wer gegenüber der Deutschen Bank protestieren oder einen Kontowechsel androhen möchte, kann dies über die Kampagnenseite www.bankgeheimnisse.de tun. Hier finden Sie auch Informationen über weitere unmoralische Geschäfte der Deutschen Bank, etwa mit der Rüstungsindustrie. Damit der Bankwechsel eine möglichst große Wirkung erzielt, sollte man die Deutsche Bank, Commerzbank oder UniCredit wissen lassen, was Ihre Gründe für den Wechsel sind. Ein Musterschreiben dafür bietet die Webseite von Urgewald.

Wenn Sie sich nicht dazu entschließen können, Ihr Girokonto zu wechseln, aber trotzdem etwas tun wollen, dann wechseln Sie einfach mit Ihren Spareinlagen zu einer Alternativbank oder einer der kirchlichen Banken. Hier ist der Wechsel noch einfacher als bei einem Girokonto: Da von einem Sparkonto keine Abbuchungen erfolgen, müssen keine Dritten über den Bankwechsel informiert werden, Sie müssen keine Daueraufträge ändern usw. Wenn Sie aus bestimmten Gründen trotzdem bei Ihrer alten, radioaktiven Bank bleiben wollen oder kein Geld zum Anlegen haben und trotzdem etwas tun wollen, dann beschweren Sie sich bei Ihrer Bank über deren »strahlende« Geschäfte mit den Atomkonzernen. Beziehen Sie sich dabei auf die Ergebnisse der Bankenrecherche von Urgewald. Kundenproteste werden bei den meisten Banken sehr genau registriert.

11. Rote Karte für Atompolitiker

11.1 Protest wirkt

Es war eine beeindruckende Aktion: Am 24. April 2010 reichten sich 120 000 Menschen zwischen den Atomkraftwerken Krümmel und Brunsbüttel die Hand zu einer großen Anti-Atom-Kette – 120 Kilometer Glücksgefühl. Aus dem ganzen Bundesgebiet waren Menschen mit 230 Bussen und drei Sonderzügen an die Elbe gereist. Am selben Tag »umzingelten« in Hessen rund 20 000 Menschen das Atomkraftwerk Biblis, weitere 6000 Menschen demonstrierten vor dem Atommüllzwischenlager in Ahaus. Noch nie in der Geschichte der Republik waren an einem Tag so viele Menschen gleichzeitig gegen den Weiterbetrieb der Atomkraftwerke auf die Straße gegangen. Im folgenden Jahr, am 26. März 2011, sollten die Proteste noch deutlich übertroffen werden: Nach der Katastrophe von Fukushima demonstrierten allein in Berlin, Hamburg, Köln und München zusammen eine Viertelmillion Menschen. Dazu aufgerufen hatten Anti-Atom-Initiativen, Verbände, Gewerkschaften, Parteien und Kirchen. Familien mit Kindern, Jugendliche, Rentner – Menschen aus allen Schichten und Altersgruppen machten mit, der Protest kam mitten aus der Gesellschaft.

Zwei Wochen vor der wichtigen Landtagswahl in Nordrhein-Westfalen zeigten die Proteste, dass die Anti-AKW-Bewegung stärker und vielfältiger als jemals zuvor ist. Der rot-grüne Atomkonsens hatte die Bewegung gespalten. »Da gab es viel böses Blut«, sagt Dieter Rucht, Protestforscher an der FU Berlin. »Seit dem beschlossenen Ausstieg war Ruhe an der Atomfront – mit Ausnahme der Castor-Transporte.« Schon bei den Castor-Transporten Ende 2008 verzeichnete die Anti-Atom-Bewegung jedoch wieder größeren Zulauf. Im Bundestagswahlkampf 2009 wurde der Atomausstieg zum Wahlkampfthema. Am 5. September 2009 demonstrierten in Berlin 50 000 Menschen und 350 Trecker für den Atomausstieg. In der Ablehnung der schwarz-gelben Atompolitik waren sich die Anti-Atom-Gruppen wieder einig. Mit dem Atomdeal ist der gesellschaftliche Großkonflikt über die Atomenergie, den der Atomkonsens halbwegs befriedet hatte, wieder voll ausgebrochen.

Nach anfänglichem Zögern hatte die Regierung ihren Atomdeal mit den Konzernen trotz aller Proteste knallhart durchgeboxt. Als Teil ihres Energiekonzepts wollte die Regierung längere AKW-Laufzeiten als wissenschaftlich fundiert erscheinen lassen. Doch der Atomdeal wurde zum Symbol schwarz-gelber Klientelpolitik. Die erklärte Absicht der Bundesregierung, den Atomausstieg aufzukündigen, trug auch zur Abwahl der CDU/FDP-Koalition in Nordrhein-Westfalen bei – und damit zum Verlust der schwarz-gelben Mehrheit im Bundesrat. Die Regierung manövrierte das Atomgesetz deshalb an der Länderkammer vorbei und hat damit wahrscheinlich gegen das Grundgesetz verstoßen.

Um den Eindruck zu zerstreuen, sie sei den Atomkonzernen hörig, führte die Koalition eine Brennelementesteuer ein – eine alte Forderung vieler Umweltverbände. Lange Zeit haben CDU/CSU und FDP behauptet, eine vollständig regenerative Energieversorgung sei nicht möglich. Das sie in diesem Punkt mittlerweile etwas klüger geworden sind, ist ein

Erfolg der Umweltbewegung. Im Energiekonzept der Bundesregierung wird für das Jahr 2050 ein Anteil der Erneuerbaren an der Energieversorgung von 80 Prozent angestrebt – das ist ein großer Schritt für die drei Parteien, aber ein zu kleiner Schritt für die Welt. Denn schon bis zum Jahr 2030 könnten nahezu 100 Prozent des Stromes aus erneuerbaren Energiequellen stammen, bis 2040 auch 100 Prozent der Wärme und des Verkehrs. De facto lief das technikpessimistische schwarzgelbe Energiekonzept darauf hinaus, den technischen Fortschritt zu bremsen. Außerdem klafften die grünfärberischen Worte und die wirklichen Taten auseinander: Laufzeitverlängerungen für die alternden Atomkraftwerke sind keine Brücke, sondern ein Hindernis auf dem Weg ins Solarzeitalter.

Wyhl, Kalkar, Wackersdorf

Als 1973 angekündigt wurde, in Wyhl am Kaiserstuhl solle ein Atomkraftwerk gebaut werden, begannen kurz darauf 27 Bürgerinnen und Bürger der kleinen Gemeinde gegen die Pläne zu protestieren. Schon bald darauf schlossen sich ihnen immer mehr Menschen an. In benachbarten Orten und im Elsass gründeten sich ebenfalls Bürgerinitiativen gegen den Bau. Als 1975 die Bauarbeiten begannen, wurde kurz darauf die Baustelle von Atomkraftgegnern besetzt. Als 400 Polizisten anrückten, um die 150 Besetzer – darunter auch Frauen und Kinder – mit Wasserwerfern zu vertreiben, waren viele Menschen empört. In den nächsten vier Tagen kamen 20 000 Menschen in den Wyhler Auenwald, um zu demonstrieren. Es war die Geburtsstunde der Anti-AKW-Bewegung.

Der baden-württembergische Ministerpräsident Hans Filbinger sagte damals, wenn das Atomkraftwerk nicht gebaut würde, gingen die Lichter aus. 1977 erstritten die Gegner vor Gericht einen Baustopp. 1982 wurde er wieder aufgehoben, daraufhin demonstrierten 30 000 Menschen gegen diese Entscheidung. Das Atomkraftwerk in Wyhl ging nie in Betrieb. Filbingers Nachfolger Lothar Späth erklärte 1983, Wyhl werde bis 1993 nicht benötigt; 1987 bekräftigte er den Verzicht bis zum Jahr 2000. Heute ist der ehemalige Bauplatz ein Naturschutzgebiet. Die Lichter sind deshalb in Baden-Württemberg nicht ausgegangen. Mit ihrem Mut, ihrer Ausdauer und ihrer Kreativität wurden die Menschen in Wyhl zum Vorbild für die Atomkraftgegner auch an anderen Orten. Nach jahrelangen Protesten wurden 1989 auch die Pläne für eine atomare Wiederaufarbeitungsanlage im bayerischen Wackersdorf gestoppt. 1991 folgte das endgültige Aus für den Schnellen Brüter in Kalkar. Heute befindet sich dort ein Vergnügungspark. Seit 1989 wurde in Deutschland kein Atomkraftwerk mehr in Betrieb genommen, Neubauten waren politisch nicht mehr durchsetzbar.

Mit langem Atem zum Erfolg

Wyhl, Wackersdorf, Kalkar – die Geschichte der Anti-Atom-Bewegung zeigt: Protest wirkt! Allerdings manchmal erst nach Jahren: Zwischen dem Beginn der Proteste in Wyhl und dem Aus für das Projekt vergingen zehn Jahre. Wenn sich die Menschen am Kaiserstuhl, in der Oberpfalz oder am Niederrhein von Rückschlägen hätten entmutigen lassen, wäre die Anti-Atom-Bewegung niemals zu einer der erfolgreichsten neuen sozialen Bewegungen in Deutschland geworden. Ohne sie hätte es niemals einen Ausstiegsbeschluss gegeben. Doch auch in jüngerer Zeit konnten die Atomkraftgegner wichtige Erfolge verbuchen.

Der Energiekonzern RWE wollte sich mit 49,9 Prozent am Bau des bulgarischen Atomkraftwerkes Belene beteiligen – mitten in einem Erdbebengebiet. Belene wurde noch zu kommunistischen Zeiten geplant und in den 1990er Jahren auf Eis gelegt. Die beiden Reaktoren wären von westlichen Sicherheitsstandards weit entfernt. Filz und Korruption im bulgarischen Energiesektor stellten ein zusätzliches Risiko dar. Fast ein Jahr lang wurde RWE gemeinsam von Campact, Urgewald und weiteren Bündnispartnern bearbeitet. Mit der Kampagne »Finger weg von Belene! Kein Reaktor auf unsicherem Boden« wurden gezielt die im RWE-Aufsichtsrat sitzenden Bürgermeister angesprochen: 29 078 Campact-Aktive verschickten »Gelbe (Post-)Karten« an acht Mitglieder des RWE-Aufsichtsrates. Im November 2009 zog sich RWE aus dem umstrittenen Projekt zurück. Im Januar 2011 stieg RWE auch aus einem ähnlichen Projekt in Rumänien aus. Im Falle des Atomkraftwerk Cernavoda wollte RWE sogar die alte Bausubstanz aus der Ceaușescu-Zeit nutzen. Mit dem Reaktor sind ähnliche Probleme wie im Fall von Belene verbunden (Erdbebengebiet, veraltetes Reaktordesign, Korruption). Bereits im Jahr 2006 zwangen Tausende Campact- und Urgewald-Aktive die Deutsche Bank und die HypoVereinsbank, auf die Finanzierung der Atomreaktoren in Belene zu verzichten. Nach der Ankündigung von Protestaktionen vor Bankfilialen in 60 Städten zogen die beiden Geldinstitute ihr Angebot zurück, sich an der Finanzierung der Schrottreaktoren zu beteiligen. Inzwischen haben zwölf weitere internationale Banken eine Finanzierung des riskanten Projekts abgelehnt.

Im Jahr 2010 kämpften deutsche und russische Anti-Atom-Initiativen monatelang gemeinsam gegen den Transport von sechs Castoren mit hochradioaktivem Atommüll aus Ahaus nach Majak in Russland. Ende November 2010 klinkte sich auch Campact in den Protest ein: Innerhalb von sechs Tagen unterschrieben fast 40 000 Menschen einen Online-Appell an Norbert Röttgen. Der Bundesumweltminister sagte den Transport nach Majak schließlich ab – nachdem er ihn in den Wochen zuvor vehement verteidigt hatte. Die »schadlose Verwertung«, die das deutsche Atomgesetz vorschreibt, sei in Majak gegenwärtig nicht möglich. Seine Entscheidung sei »zunächst endgültig«. Damit hält er sich ein Hintertürchen offen, einen Transport nach Russland in einigen Jahren erneut zu prüfen.

Die Absage des Transports zeigt, dass Politikerinnen und Politiker nicht einfach machen können, was sie wollen. Engagement zahlt sich aus! Das gilt aber auch dann, wenn wieder einmal atomkritischere Parteien regieren sollten. Denn wie viel eine Regierung bewegen kann, hängt immer auch von den gesellschaftlichen Kräfteverhältnissen und der öffentlichen Meinung ab. Daher ist die verändernde Wirkung eines »Marsches durch die Institutionen« begrenzt. Ohne den Druck von sozialen Bewegungen können auch Politiker mit den besten Absichten nicht viel bewirken. Als Rot-Grün mit den großen Energiekonzernen über den Atomkonsens verhandelte, war die Anti-Atom-Bewegung nur eingeschränkt kampagnenfähig. Und das hatte auch Auswirkungen auf die Verhandlungsergebnisse. Die Lehre daraus muss lauten: Wir dürfen die Regierenden, egal welcher Couleur, nie wieder mit den Atomlobbyisten alleine lassen.

11.2 Das Ende der Zuschauerdemokratie

Pyrrhus von Epirus, der König der Molosser, gewann um 279 vor Christus mehrere Schlachten gegen die Römer. Er war mit 30 000 Mann und 20 Kriegselefanten nach Italien gekommen.

Doch seine Siege waren mit so hohen Verlusten verbunden, dass er schließlich den Krieg verlor. Nach der gewonnenen Schlacht bei Asculum, in der Nähe der heutigen Stadt Ascoli Satriano, soll Pyrrhus gesagt haben: »Noch so ein Sieg, und wir sind verloren.«

Gut möglich, dass sich Angela Merkel genauso wie Pyrrhus fühlte, nachdem sie ihren Atomdeal im Oktober 2010 durch den Bundestag gepeitscht hatte. Selbst Merkels wissenschaftliche Umweltberater und das Umweltbundesamt hatten ihr dringend von den Laufzeitverlängerungen abgeraten. Der Verband kommunaler Unternehmen (VKU), in dem die 800 deutschen Stadtwerke zusammengeschlossen sind, machte ebenso Front gegen den Atomdeal wie der Deutsche Städtetag mit Frankfurts Oberbürgermeisterin Petra Roth (CDU) an der Spitze. Nicht nur Bürgerinitiativen, Umweltverbände und die drei Oppositionsparteien im Bundestag, auch Gewerkschaften, Kirchen und die Lobbyverbände der Erneuerbare-Energien-Branche kritisierten den Atomkurs der Bundesregierung scharf. Namhafte Juristen bezeichneten den Deal als verfassungswidrig – mehrere Bundesländer, SPD und Bündnis 90/Die Grünen sowie zahlreiche Anwohner von Atomanlagen kündigten Verfassungsklagen gegen die Gesetzesänderung an. Immerhin 24 Bundestagsabgeordnete von CDU/CSU und FDP stimmten gegen den Atomdeal oder enthielten sich der Stimme.

Kurz nach der Verabschiedung des schwarz-gelben Atomgesetzes rollten wieder Castoren nach Gorleben. Über 50 000 Menschen demonstrierten in Dannenberg gegen den Weiterbetrieb der Atomkraftwerke und die Castor-Transporte: die größte Anti-Atom-Protestaktion, die es jemals im Wendland gab. In den darauf folgenden Tagen und Nächten beteiligten sich so viele Menschen wie noch nie an den gewaltfreien Sitzblockaden. Es wurde der längste und teuerste Atommülltransport in der Geschichte der Republik. Nach dem Castor-Transport sprach der damalige Vorsitzende der Gewerkschaft der Polizei, Konrad Freiberg, von einem »Fanal politischer Irrfahrten« und kritisierte: »Es war ein großer politischer Fehler, den mühsam errungenen Atomkonsens aufzukündigen.«

Mit ihrer Klientelpolitik für die Atomkonzerne brachte die schwarz-gelbe Koalition sogar Teile der eigenen Wählerschaft gegen sich auf. 57 Prozent der Anhängerschaft von CDU/CSU verlangten nach dem Atommülltransport, die Bundesregierung solle ihre Atompolitik überdenken. Unter den Bundesbürgern insgesamt waren sogar 76 Prozent dieser Meinung. 64 Prozent der Bevölkerung lehnten die von der Bundesregierung geplanten AKW-Laufzeitverlängerungen um durchschnittlich zwölf Jahre ab. Dies ergab eine repräsentative Umfrage von TNS Emnid im Auftrag von Campact, die unmittelbar nach den Castor-Transporten durchgeführt wurde.[115]

In der Geschichte der Bundesrepublik fanden vor umstrittenen Entscheidungen häufig große Demonstrationen statt. Aber wenn die Regierung dann trotz der Proteste die Entscheidung durchdrückte, gingen die Menschen oft nicht mehr auf die Straße. Doch dieses Mal war es anders, ähnlich wie bei den Protesten gegen das Immobilienprojekt Stuttgart 21. Obwohl die Laufzeitverlängerungen bereits beschlossen waren, kamen im November 2010 so viele Menschen wie noch nie nach Gorleben. Und während früher nur bei den Castor-Transporten ins Wendland massive Polizeieinsätze nötig waren, wird mittlerweile jeder Atommülltransport zu einem teuren Großeinsatz. So gab es im Februar 2011 beim Transport von hochradioaktiver Atomsuppe aus Karlsruhe ins Zwischenlager nach Lubmin entlang der ganzen Castor-Strecke

Proteste. Sogar an den nicht genutzten Ausweichstrecken demonstrierten Atomkraftgegner.

»Die Bundesregierung sollte daraus den Schluss ziehen, dass ihre Atompolitik auf Dauer nicht durchsetzbar sein wird«, betont Jochen Stay von der Anti-Atom-Organisation .ausgestrahlt. Die Proteste gegen den Castor-Transport nach Lubmin zeigten auch, dass die Anti-AKW-Bewegung in Ostdeutschland angekommen ist.»Unzählige neu entstandene Initiativen in Thüringen, Sachsen-Anhalt, Brandenburg und Mecklenburg-Vorpommern haben zu Protesten aufgerufen und waren an den Schienen aktiv«, so Stay.

Doch es bedurfte 25 Jahre nach Tschernobyl erst einer weiteren schrecklichen Atomkatastrophe, bis zumindest Teile von Schwarz-Gelb erkannten, dass sie ihren Atomdeal nicht auf Dauer gegen die Mehrheit der Bevölkerung verteidigen können. Merkel hätte wohl kaum eine so jähe Kehrtwende vollzogen, wenn die Anti-AKW-Bewegung nicht schon vor der Kernschmelze in Fukushima so viele Menschen gegen die Atompolitik auf die Straße gebracht hätte. Selbst die Mehrheit der Wählerinnen und Wähler von CDU/CSU und FDP lehnte die Laufzeitverlängerung für die Atomkraftwerke im Herbst 2010 ab. Nach den Bildern von der Explosion in Fukushima ist der Rückhalt für die Atompolitik der Regierung weiter geschwunden. Rund 80 Prozent der Bevölkerung wollen schnell raus aus der Atomkraft.

Nach Tschernobyl hatte ein SPD-Parteitag 1986 unter dem Druck der Anti-AKW-Bewegung und der Wahlerfolge der Grünen den Beschluss gefasst, innerhalb von zehn Jahren aus der Atomkraft auszusteigen. Verabschieden sich nach Fukushima nun auch CDU/CSU und FDP endgültig von der Atomkraft? Oder legen sie lediglich als »Bauernopfer« ein paar alte Atomkraftwerke still und machen ansonsten weiter wie bisher?

In dem Maße, wie die Schreckensmeldungen aus Fukushima von der ersten Seite der Tageszeitungen verschwanden, wagten sich auch die atompolitischen Hardliner wieder aus der Deckung. Mit Panikmache vor einer angeblichen Strompreisexplosion oder gar Stromausfällen bei einem schnellen Ausstieg wollten sie erreichen, dass möglichst viele Atomreaktoren noch lange weiter betrieben werden dürfen. Dass die Stromkonzerne einfach klein beigeben, ist nicht zu erwarten. Dafür geht es für sie um zu viel Geld. Wen interessiert da schon die Sicherheit der Bevölkerung? Lange Restlaufzeiten für die gefährlichen Reaktoren machen den Strom nicht billig, sondern nur die Atomkonzerne reich.

Da Atom- und Kohlekraftwerke viel zu unflexibel sind, um die schwankende Stromerzeugung aus Wind und Sonne ausgleichen zu können (siehe Kapitel 3), macht ein langes Nebeneinander von konventionellen und regenerativen Kraftwerken die Stromversorgung ineffizient und unnötig teuer. Stattdessen brauchen wir eine Flexibilisierung des konventionellen Kraftwerksparks, regenerative Kombi- und Hybridkraftwerke, neue Stromspeicher sowie einen Aus- und Umbau der Stromnetze zu »intelligenten Netzen« (smart grids). Doch es ist zu befürchten, dass die Stromkonzerne und einzelne Stadtwerke den Atomausstieg als Vorwand für den Neubau von Kohlekraftwerken nutzen werden. Dagegen müssen wir genauso entschieden Widerstand leisten wie gegen den Weiterbetrieb von Atomkraftwerken. Denn jeder dieser neuen Klimakiller wäre ein gewaltiger Bremsklotz auf dem Weg zu einer vollständig regenerativen Energieversorgung. Die Stromriesen wollen einfach nicht wahrhaben, dass große, schwerfällige Kraftwerkskolosse keine Zukunft mehr haben. Selbst einige Stadtwerke haben noch immer nicht begriffen, welch ungeheure Chancen eine dezentrale und klimafreundliche

Energieversorgung für sie bietet. Da die Großkraftwerke unwirtschaftlicher werden, je mehr Strom aus erneuerbaren Quellen in die Stromnetze eingespeist wird, werden die Stromkonzerne alles daran setzen, die Energiewende in ihrem Sinne zu gestalten oder wenigstens zu verlangsamen. Wir dürfen uns deshalb nicht mit einer Rolle als passive Zuschauer des politischen Geschehens begnügen, sondern müssen uns weiter einmischen, damit die Energiewende nicht am Widerstand der Konzernlobbyisten scheitert.

No Deal! Der Atomausstieg 2.0

Nicht nur für Schwarz-Gelb, auch für E.ON, RWE, EnBW und Vattenfall hat sich der Atomdeal nach Fukushima als Pyrrhus-Sieg entpuppt: Die Anti-Atom-Bewegung erlebt ein sensationelles Comeback. Immer mehr Kunden laufen den Atomkonzernen davon und wechseln zu unabhängigen Anbietern von echtem Ökostrom. Ganze Städte und Regionen wollen sich möglichst rasch zu 100 Prozent mit Erneuerbaren Energien versorgen. Und wenn nun auch noch einzelne Landesregierungen strenge Sicherheitsauflagen für die am Netz verbleibenden Atommeiler verordnen und diese so unrentabler machen, könnte das Atomzeitalter in Deutschland bald vorbei sein.

Es spricht vieles dafür, dass ein Atomausstieg 2.0 für die Atomkraftwerksbetreiber wesentlich unangenehmer ausfallen wird, als es der ursprüngliche Atomkonsens gewesen wäre. Nach dem Vertragsbruch der Atomkonzerne haben hoffentlich auch die SPD und die Grünen begriffen, dass man den Atomausstieg nicht mit einem Konsens regeln kann. Bundestagspräsident Norbert Lammert (CDU) hat den Deal der Regierung mit den Konzernen völlig zu Recht scharf kritisiert.

Er habe die Erwartung, »dass die verbindliche Regelung von Rechten und Pflichten, die der Staat von Unternehmen oder von Organisationen oder von Personen erwartet, durch Gesetze erfolgt und nicht durch Verhandlungen und Vereinbarungen mit den jeweils Betroffenen«. Ein Normalbürger kann ja auch nicht mit der Regierung die Höhe seiner zukünftigen Steuerbelastung aushandeln.

Der Atomdeal war eine Vereinbarung zu Lasten Dritter. Für ein paar Milliarden hat die Bundesregierung die Sicherheit der Bevölkerung verkauft. Die Meinung von rund zwei Dritteln der Bürgerinnen und Bürger wurde missachtet, das Volk durfte nicht selbst entscheiden. Und zukünftigen Generationen wird mindestens 25 Prozent mehr strahlender Müll zugemutet, obwohl niemand weiß, wie er für eine Million Jahre sicher von der Biosphäre ferngehalten werden kann.

Es ist ein schwerer Verstoß gegen marktwirtschaftliche Prinzipien, wenn eine Regierung einen Vertrag mit einzelnen Marktteilnehmern zu Lasten der anderen Wettbewerber abschließt. Durch den Atomdeal wurde das Oligopol der vier großen Stromkonzerne auf Kosten der Stadtwerke und mittelständischer Unternehmen gestärkt, wie auch das Bundeskartellamt in einer Studie festgestellt hat. Zudem gefährden die Laufzeitverlängerungen für die Atomkraftwerke Investitionen und Arbeitsplätze in wichtigen Zukunftsbranchen. Dabei beschäftigen Stadtwerke, unabhängige Stromanbieter und die Erneuerbaren-Branche zusammen schon heute mehr Menschen als die großen Energiekonzerne.

Die Abgeordneten des Bundestages – auch die der schwarz-gelben Koalition – wurden zu Stimmvieh degradiert, sie durften den Deal der Exekutive mit den Nuklearstromunternehmen lediglich nachträglich abnicken, daran aber nichts mehr ändern – sonst wäre der Deal geplatzt. Die Rechte der Oppositionsfraktionen wurden missachtet. Ein Gesetz, das Auswirkungen für eine Million Jahre hat, wurde ohne sorgfältige Beratung eilig durch den Bundestag gepeitscht, damit das unpopuläre Thema möglichst schnell aus den Schlagzeilen verschwindet. Das Vertrauen der Bürgerschaft in die Volksvertretung ist dadurch mit Sicherheit nicht gestiegen. Nicht ohne Grund hat sogar der Bundestagspräsident das parlamentarische Verfahren gerügt.

11.3 Abschalten!

Nachdem die schrecklichen Ereignisse in Japan einmal mehr gezeigt haben, dass die Atomkraft alles andere als sicher ist, wechseln immer mehr Menschen zu unabhängigen Anbietern von echtem Ökostrom. Immer mehr Menschen wollen die Atomkraft wegsparen oder sogar selbst eine Erneuerbare-Energien-Anlage oder ein Mini-Blockheizkraftwerk betreiben. Auch Alternativbanken und ethische Geldanlagen, die eine Finanzierung der Atomkraft ausschließen, werden immer beliebter. Doch auch wenn unsere Macht als Verbraucherinnen und Verbraucher größer ist, als viele glauben, so ist sie kein Ersatz für politisches Handeln. Der Wechsel zu Ökostrom verringert die Marktmacht der Atomkonzerne und verringert die Nachfrage nach riskantem Atom- und schmutzigem Kohlestrom, er ersetzt aber nicht eine andere Energiepolitik. Der Wechsel zu Alternativbanken kann den Bankenmarkt mittelfristig etwas verändern, aber eine strengere Regulierung der internationalen Finanzmärkte und eine gerechtere Globalisierung bleiben trotzdem unverzichtbar. Wenn wir uns darauf beschränken, Energie zu sparen und Müll zu trennen, machen wir es den Politikern viel zu einfach.

Zumal unsere Macht als Kunden immer auch von den Rahmenbedingungen abhängig ist. Wir können zum Beispiel Biolebensmittel kaufen – aber dafür sorgen, dass dort wo Bio draufsteht, auch wirklich Bio drin ist, kann nur die Politik. Das gilt in anderen Bereichen genauso.

Am meisten können wir bewegen, wenn wir sowohl den Atomkonzernen als auch den Atompolitikern die rote Karte zeigen. Den Konzernen indem wir unseren persönlichen Atomausstieg vornehmen und zu grünem Strom wechseln, Energie sparen, unser Geld unter ethischen Gesichtspunkten anlegen und vielleicht sogar selber Ökoenergie produzieren. Und den Atompolitikern, in dem wir mit gezielten Kampagnen gesellschaftlichen Druck aufbauen. Nach Fukushima ist wieder Bewegung in die Energiepolitik gekommen. In der schwarz-gelben Koalition mehrten sich die Stimmen, die den Atom-Deal wieder rückgängig machen wollen. Und in den Oppositionsparteien wird darüber nachgedacht, schneller aus der Atomkraft auszusteigen, als noch im rot-grünen Atomkonsens vorgesehen. Bündnis 90/Die Grünen beschlossen im März 2011 auf einem kleinen Parteitag, dass sie bis zum Ende der nächsten Legislaturperiode alle Atomkraftwerke stilllegen wollen, also bis zum Jahr 2017. Die Linke fordert den Sofortausstieg und auch in der SPD wird darüber diskutiert, dass der Atomausstieg 2.0 wesentlich unangenehmer für die Kraftwerksbetreiber werden müsse als der alte Atomkonsens. Dennoch hat die Atomlobby noch lange nicht klein beigegeben, sie verbreitet weiter ihre Lügen und Halbwahrheiten über die angeblich so sichere, saubere und billige Atomkraft. Die AKW-Betreiber wollen ihre alternden Reaktoren noch möglichst lange weiterlaufen lassen. Der Betrieb eines abgeschriebenen Atomkraftwerks ist fast wie eine Lizenz zum Gelddrucken. Wen interessiert da schon die Sicherheit der Bevölkerung? Und die Konzerne haben immer noch mächtige Verbündete in der Politik, vor allem bei CDU/CSU und FDP. Doch auch die Regierungsparteien sind sich in Sachen Atomkraft längst nicht mehr einig – die Mehrheit ihrer Wählerinnen und Wähler ist für den Atomausstieg. Das ist die ideale Situation, in der Protest und gesellschaftlicher Druck etwas bewirken können.

Campact ermöglicht es auch Menschen, die nur wenig Zeit haben, sich politisch einzumischen. Durch unseren kostenlosen E-Mail-Newsletter bleiben Sie immer auf dem Laufenden. Wenn wichtige Entscheidungen auf der Kippe stehen, versucht Campact den Protest genau auf den Entscheidungsmoment hin zu mobilisieren. Mit wenigen Mausklicks können Sie Online-Appelle an Entscheidungsträger unterschreiben oder Protest-E-Mails an Politikerinnen und Politiker verschicken. Sie können aber auch »offline« an unseren phantasievollen kleinen und großen Protestaktionen teilnehmen oder unsere Arbeit mit einer Spende unterstützen. Oder sie engagieren sich auch bei einem unserer Kooperationspartner, zum Beispiel der Anti-Atom-Organisation .ausgestrahlt oder einem der Umweltverbände. Die Adressen finden Sie im Anhang. Eine andere einfache Möglichkeit, die Anti-Atom-Bewegung zu unterstützen, ist es, Leserbriefe zu schreiben. Die Leserbriefspalten gehören zu den am meisten gelesenen Rubriken in den Zeitungen. Fassen Sie sich kurz, orientieren Sie sich an der durchschnittlichen Länge der abgedruckten Leserbriefe. Nehmen sie auf einen konkreten Artikel Bezug und bleiben Sie sachlich, auch wenn Sie empört sind. Briefe mit beleidigendem Inhalt dürfen die Medien schon aus rechtlichen Gründen nicht abdrucken.

Das Katastrophenrisiko der Atomkraft als Restrisiko abzutun, ist nach Tschernobyl und Fukushima mehr als zynisch.

Die Gefahr von Terroranschlägen, die erhöhte Leukämierate bei Kindern in der Umgebung von Kernkraftwerken, das ungelöste Atommüllproblem, die zerstörerischen Folgen des Uranabbaus, das Risiko der terroristischen oder militärischen Zweckentfremdung von spaltbarem Material – es gibt viele Gründe, schnell aus der Atomkraft auszusteigen. Darüber hinaus verstopfen die Atomkraftwerke mit ihrer unflexiblen Stromerzeugung die Stromnetze und behindern so den zügigen Ausbau der Erneuerbaren Energien. Die Konsequenz aus Tschernobyl und Fukushima lautet: Atomkraftwerke abschalten – und zwar jetzt und endgültig!

Anhang

17 tödliche Nachbarn – Die deutschen Atomkraftwerke

(Quellen: Greenpeace-Magazin Nr. 06/2010; Öko-Institut 2010; Bundesamt für Strahlenschutz)

Siedewasserreaktoren, Baulinie 69:
Konstruktionsbedingte Sicherheitsmängel dieser Baulinie: Schweißnähte an stark belasteten Stellen des Druckbehälters, die spröde werden könnten; beschränkte Prüfbarkeit von Druckbehälter und Kühlkreislauf auf Schäden; Stahl-Bodenwanne, die bei einer Kernschmelze binnen Minuten durchschmelzen würde (Betonfundamente neuerer Anlagen halten Tage); weniger redundante Notstromversorgung als in neueren Reaktoren. Zu den Siedewasserreaktoren der Baureihe 69 gehören:

BRUNSBÜTTEL
- Eigentümer: Vattenfall
- Leistung: 806 Megawatt
- Baubeginn: 1970
- Betriebsbeginn: 1976
- Abschaltung nach rot-grünem Atomgesetz: 2012
- Abschaltung nach schwarz-gelbem Atomgesetz*: 2021
- Städte im Umkreis von 100 Kilometern: Hamburg, Bremerhaven, Kiel, Bremen
- Meldepflichtige Ereignisse pro Jahr: 13,89 (sehr viel)

- Arbeitsverfügbarkeit: 58,4 Prozent (sehr gering)
- Dicke der Stahlbetonhülle: weniger als 50 cm; hält allenfalls dem Absturz eines Sportflugzeugs stand
- Besondere Risiken: wie Brokdorf liegt Brunsbüttel direkt hinter einem Deich an der Unterelbe, die jährlich von zigtausenden Schiffen auf dem Weg in den Hamburger Hafen passiert wird. Terrorangriffe könnten also auch vom Wasser aus erfolgen.

ISAR 1

Isar 1 ist nicht nur baugleich mit dem Skandalreaktor in Brunsbüttel, sondern auch mit dem AKW Zwentendorf in Österreich, dessen Inbetriebnahme 1980 durch eine Volksabstimmung verhindert wurde. In Österreich ist deshalb die Empörung über die Laufzeitverlängerung für den grenznahen Schrottreaktor groß. Aber auch die CSU im benachbarten Landshut fordert die Stilllegung. 1988 wäre es beinahe zu einer Katastrophe gekommen, als ein französischer Mirage-Kampfbomber in nur zwei Kilometern Entfernung abstürzte.
- Eigentümer: E.ON
- Leistung: 912 Megawatt
- Baubeginn: 1972
- Betriebsbeginn: 1977
- Abschaltung nach rot-grünem Atomgesetz: 2011
- Abschaltung nach schwarz-gelbem Atomgesetz*: 2019
- Städte im Umkreis von 100 Kilometern: Regensburg, Passau, Ingolstadt, München
- Meldepflichtige Ereignisse pro Jahr: 8,65 (viel)
- Arbeitsverfügbarkeit: 83,4 Prozent (mittel)
- Dicke der Stahlbetonhülle: 35–120 cm (»Starfighter-Klasse«)

KRÜMMEL

Krümmel gilt als unzuverlässiger, schlecht geführter Skandalreaktor. Er zählt zur stark veralteten Baulinie 69, ist aber deutlich größer ausgelegt als die drei anderen AKWs dieser Bauart. Weil der Reaktor nach 1980 ans Netz ging, hat Schwarz-Gelb ihm 14 zusätzliche Jahre gewährt – ungeachtet seiner besonders hohen Störanfälligkeit. Im April 2010 bildeten 120 000 Menschen eine 120 Kilometer lange Menschenkette von Krümmel nach Brunsbüttel. Es war die größte Anti-Atom-Demo, die es bis dahin jemals in Deutschland gab. Am 26. Juni 2010 starteten Campact-Aktive vor dem Reaktor 13 000 schwarz-gelbe Ballons. Die simulierte »radioaktive« Ballonwolke flog über Hamburg ins Wendland.

- Eigentümer: Vattenfall
- Leistung: 1402 Megawatt
- Baubeginn: 1974
- Betriebsbeginn: 1983
- Abschaltung nach rot-grünem Atomgesetz: 2019
- Abschaltung nach schwarz-gelbem Plan*: 2033
- Städte im Umkreis von 100 Kilometern: Hamburg, Lübeck, Schwerin, Kiel
- Meldepflichtige Ereignisse pro Jahr: 12,31 (sehr viel)
- Arbeitsverfügbarkeit: 71,7 Prozent (gering)
- Dicke der Stahlbetonhülle: ca. 180 cm (»Phantom-Klasse«)

PHILIPPSBURG 1

- Eigentümer: EnBW
- Leistung: 926 Megawatt
- Baubeginn: 1970
- Betriebsbeginn: 1979
- Abschaltung nach rot-grünem Atomgesetz: 2012
- Abschaltung nach schwarz-gelbem Atomgesetz*: 2021

- Städte im Umkreis von 100 Kilometern: Heidelberg, Mannheim, Karlsruhe, Stuttgart, Wiesbaden, Frankfurt
- Meldepflichtige Ereignisse pro Jahr: 11,0 (viel)
- Arbeitsverfügbarkeit: 80 Prozent (mittel)
- Dicke der Stahlbetonhülle: weniger als 50 cm; hält allenfalls dem Absturz eines Sportflugzeugs stand.

Siedwasserreaktoren, Baureihe 72:
Konstruktionsbedingte Sicherheitsmängel: In den Siedewasserreaktoren der Baulinie 72 wurden gegenüber der Baulinie 69 einige Sicherheitssysteme verbessert. Die Bauweise des aus den 70er-Jahren stammenden Kraftwerks ist dennoch stark veraltet und wäre heute nicht mehr genehmigungsfähig.

GUNDREMMINGEN B

Das AKW Gundremmingen ist mit seinen beiden Blöcken das leistungsstärkste in Deutschland. In »Block A« kam es 1977 bei einer Schnellabschaltung zu Fehlsteuerungen, nach zehn Minuten stand im Reaktorgebäude drei Meter hoch 80 Grad heißes Wasser. Hunderte Kubikmeter radioaktives Kühlwasser wurden ins Freie gelassen. Es entstand Totalschaden, der Reaktor wurde nicht wieder in Betrieb genommen und ab 1983 rückgebaut.
- Eigentümer: RWE
- Leistung: 1344 Megawatt
- Baubeginn: 1976
- Betriebsbeginn: 1984
- Abschaltung nach rot-grünem Atomgesetz: 2015
- Abschaltung nach schwarz-gelbem Atomgesetz*: 2033
- Städte im Umkreis von 100 Kilometern: Ulm, Augsburg, Stuttgart, München

- Meldepflichtige Ereignisse pro Jahr: 4,32 (mittel)
- Arbeitsverfügbarkeit: 89 Prozent (mittel)
- Dicke der Stahlbetonhülle: ca. 180 cm (»Phantom-Klasse«)

GUNDREMMINGEN C

- Eigentümer: RWE, E.ON
- Leistung: 1344 Megawatt
- Baubeginn: 1976
- Betriebsbeginn: 1984
- Abschaltung nach rot-grünem Atomgesetz: 2016
- Abschaltung nach schwarz-gelbem Gesetz*: 2033
- Städte im Umkreis von 100 Kilometern: siehe Block B
- Meldepflichtige Ereignisse pro Jahr: 3,89 (wenig)
- Arbeitsverfügbarkeit: 87,2 Prozent (mittel)
- Dicke der Stahlbetonhülle: ca. 180 cm (»Phantom-Klasse«)

Druckwasserreaktoren, 2. Baureihe:
Konstruktionsbedingte Sicherheitsmängel: geringe Druck- und Temperaturfestigkeit des Sicherheitsbehälters; druckführende Behälter und Rohre nicht nahtlos gefertigt; eingeschränkte Prüfbarkeit des Primärkreislaufs auf Risse und Schäden; schlechte räumliche Trennung der Notstromversorgung; veraltete Werkstoffe.

BIBLIS A

Biblis A ist einer der umstrittensten Reaktoren in Deutschland. Schwere Unfälle sind dort laut Sicherheitsanalysen neunmal wahrscheinlicher, als in moderneren Anlagen. Am 24. April 2010 haben 20 000 Menschen den Pannenreaktor umzingelt und seine sofortige Abschaltung gefordert. Am 12. Juni 2010 haben Campact-Aktive 12 000 Ballons vor dem AKW gestartet, um zu zeigen, wohin es eine radioaktive

Wolke in Folge eines Unfalls oder eines Terroranschlages wehen würde. Einzelne Ballons flogen bis Berlin-Marzahn.
- Eigentümer: RWE
- Leistung: 1225 Megawatt
- Baubeginn: 1970
- Betriebsbeginn: 1974
- Abschaltung nach rot-grünem Atomgesetz: 2010
- Abschaltung nach schwarz-gelbem Atomgesetz*: 2020
- Städte im Umkreis von 100 Kilometern: Darmstadt, Frankfurt, Heidelberg, Ludwigshafen, Mannheim
- Meldepflichtige Ereignisse pro Jahr: 11,97 (viel)
- Arbeitsverfügbarkeit: 68,1 Prozent (sehr gering)
- Dicke der Stahlbetonhülle: ca. 60 cm; hält allenfalls dem Absturz eines Sportflugzeugs stand
- Besondere Risiken: erdbebengefährdetes Gebiet, nur 40 Flugsekunden von der Einflugschneise des Flughafens Frankfurt/Main entfernt

BIBLIS B

Biblis B zählt wie sein Schwesterreaktor zur völlig veralteten 2. Baulinie. Je zwei Sicherheitssysteme für die Not- und Nachkühlung befinden sich im gleichen Raum – in neueren Meilern sind alle vier redundanten Sicherheitssysteme räumlich getrennt.
- Eigentümer: RWE
- Leistung: 1300 Megawatt
- Baubeginn: 1972
- Betriebsbeginn: 1976
- Abschaltung nach rot-grünem Atomgesetz: 2010
- Abschaltung nach schwarz-gelbem Atomgesetz*: 2022
- Städte im Umkreis von 100 Kilometern: Darmstadt, Frankfurt, Heidelberg, Ludwigshafen, Mannheim

- Meldepflichtige Ereignisse pro Jahr: 12,33 (sehr viel)
- Arbeitsverfügbarkeit: 72,9 Prozent (gering)
- Dicke der Stahlbetonhülle: 60 cm (»Starfighter-Klasse«)
- Besondere Risiken: erdbebengefährdetes Gebiet

Zwischenfälle (Auswahl): 2004 tritt der gefährliche Notstromfall auf: Infolge eines Unwetters fallen Haupt- und Reservenetzanschluss aus, auch die Eigenbedarfsversorgung durch den Hauptgenerator versagt. Schließlich springt ein Notstromgenerator an. Keine Selbstverständlichkeit: Ein halbes Jahr zuvor hatten die Notstromdiesel bei Kontrollen nicht funktioniert.

NECKARWESTHEIM 1

Ein Vergleich von Neckarwestheim 1 mit dem neueren Nachbarreaktor ergab, dass aufgrund gealterter Bauteile »meldepflichtige Ereignisse« viermal häufiger sind. Der Standort gilt wegen geologischer Besonderheiten als ungeeignet: In den 90er Jahren bildeten sich auf dem Kraftwerksgelände Hohlräume im Boden, 2002 gab es in 4,5 Kilometer Entfernung einen Erdeinbruch bis in eine Tiefe von 18 Metern. Am 12. März 2011 bildeten Zehntausende Atomkraftgegner eine Menschenkette zwischen dem alten Schrottreaktor und der Landeshauptstadt Stuttgart.
- Eigentümer: EnBW
- Leistung: 840 Megawatt
- Baubeginn: 1972
- Betriebsbeginn: 1976
- Abschaltung nach rot-grünem Atomgesetz: 2010
- Abschaltung nach schwarz-gelbem Plan*: 2020
- Städte im Umkreis von 100 Kilometern: Karlsruhe, Mannheim, Ulm, Würzburg

- Meldepflichtige Ereignisse pro Jahr: 12,76 (sehr viel)
- Arbeitsverfügbarkeit: 83,6 Prozent (mittel)
- Dicke der Stahlbetonhülle: ca. 60 cm (»Starfighter-Klasse«)
- Besondere Risiken: instabiler Untergrund, Erdbebengefahr

UNTERWESER

Am 22. Juni 2009 kletterten Greenpeace-Aktivisten auf den Reaktor und malten einen Totenkopf darauf, um auf die Sicherheitsmängel der Alt-AKWs und die Terrorgefahr aufmerksam zu machen. Sie berichteten, dass sie problemlos auf das Kraftwerksgelände und die Kuppel gelangen konnten.
- Eigentümer: E.ON
- Leistung: 1410 Megawatt
- Baubeginn: 1972
- Betriebsbeginn: 1978
- Abschaltung nach rot-grünem Atomgesetz: 2012
- Abschaltung nach schwarz-gelbem Plan*: 2021
- Städte im Umkreis von 100 Kilometern: Bremerhaven, Oldenburg, Bremen, Hamburg
- Meldepflichtige Ereignisse pro Jahr: 10,62 (viel)
- Arbeitsverfügbarkeit: 80,1 Prozent (mittel)
- Dicke der Stahlbetonhülle: ca. 60 cm (»Starfighter-Klasse«)
- Konstruktionsbedingte Sicherheitsmängel: siehe Biblis A
- Besondere Risiken: Infolge des Meeresspiegelanstiegs zunehmende Gefahr bei Sturmfluten. Hochwasser könnte Netzstrom stören und so zum gefährlichen Notstromfall führen

Druckwasserreaktoren, 3. Baureihe:
Konstruktionsbedingte Sicherheitsmängel: In der 3. Baulinie wurden einige Sicherheitssysteme verbessert. Dennoch ist das aus den 70er Jahren stammende Kraftwerksdesign stark veraltet. Beim gezielten Absturz eines großen Verkehrsflugzeugs würde die Betonhülle bersten.

BROKDORF

- Eigentümer: E.ON, Vattenfall
- Leistung: 1480 Megawatt
- Baubeginn: 1976
- Betriebsbeginn: 1986
- Abschaltung nach rot-grünem Atomgesetz: 2019
- Abschaltung nach schwarz-gelbem Plan*: 2030
- Städte im Umkreis von 100 Kilometern: Hamburg, Bremerhaven, Kiel, Bremen
- Meldepflichtige Ereignisse pro Jahr: 8,98 (viel)
- Arbeitsverfügbarkeit: 90,8 Prozent (hoch)
- Dicke der Stahlbetonhülle: ca. 180 cm (»Phantom-Klasse«)
- Besondere Risiken: Brokdorf liegt direkt hinter dem Deich an der Unterelbe, die jährlich von zigtausenden Schiffen auf dem Weg in den Hamburger Hafen passiert wird. Terrorangriffe könnten also auch vom Wasser aus erfolgen

GRAFENRHEINFELD

- Eigentümer: E.ON
- Leistung: 1345 Megawatt
- Baubeginn: 1974
- Betriebsbeginn: 1981
- Abschaltung nach rot-grünem Atomgesetz: 2014
- Abschaltung nach schwarz-gelbem Atomgesetz*: 2029

- Städte im Umkreis von 100 Kilometern: Würzburg, Fürth, Nürnberg, Frankfurt
- Meldepflichtige Ereignisse pro Jahr: 7,78 (mittel)
- Arbeitsverfügbarkeit: 88,4 Prozent (mittel)
- Dicke der Stahlbetonhülle: ca. 180 cm (»Phantom-Klasse«)

GROHNDE
- Eigentümer: E.ON, Stadtwerke Bielefeld
- Leistung: 1430 Megawatt
- Baubeginn: 1976
- Betriebsbeginn: 1984
- Abschaltung nach rot-grünem Atomgesetz: 2018
- Abschaltung nach schwarz-gelbem Plan*: 2033
- Städte im Umkreis von 100 Kilometern: Hannover, Bielefeld, Paderborn, Kassel, Braunschweig, Osnabrück
- Meldepflichtige Ereignisse pro Jahr: 8,46 (viel)
- Arbeitsverfügbarkeit: 93 Prozent (hoch)
- Dicke der Stahlbetonhülle: ca. 180 cm (»Phantom-Klasse«)

PHILIPPSBURG 2
- Eigentümer: EnBW
- Leistung: 1458 Megawatt
- Baubeginn: 1977
- Betriebsbeginn: 1984
- Abschaltung nach rot-grünem Atomgesetz: 2018
- Abschaltung nach schwarz-gelbem Plan*: 2031
- Städte im Umkreis von 100 Kilometern: Heidelberg, Mannheim, Karlsruhe, Stuttgart, Wiesbaden, Frankfurt
- Meldepflichtige Ereignisse pro Jahr: 7,18 (mittel)
- Arbeitsverfügbarkeit: 90,5 Prozent (hoch)
- Dicke der Stahlbetonhülle: ca. 180 cm (»Phantom-Klasse«)

Druckwasserreaktoren, 4. Baureihe (»Konvoi«):
Konstruktionsbedingte Sicherheitsmängel: Die drei »Konvoi«-Reaktoren Emsland, Isar 2 und Neckarwestheim 2, die 1988/89 kurz nacheinander ans Netz gingen, gelten als die sichersten in Deutschland. Das Basisdesign ist jedoch stark veraltet, auch dieser Reaktortyp wäre heute nicht mehr genehmigungsfähig. Beim gezielten Absturz eines großen Verkehrsflugzeugs würde die Betonhülle bersten.

EMSLAND

Am 26. August 2010 besuchte Bundeskanzlerin Merkel (CDU) im Rahmen ihrer Sommerreise das Atomkraftwerk bei Lingen und traf sich dort mit RWE-Chef Jürgen Großmann und E.ON-Chef Johannes Teyssen. Die Anti-Atom-Organisation .ausgestrahlt hatte gemeinsam mit Campact kurzfristig Busse zu dem AKW organisiert. 300 Atomkraftgegner bereiteten der Atomkanzlerin bei strömendem Regen dort einen lautstarken Empfang. Unterstützt wurden sie von über dreißig Landwirten aus der Region und dem Münsterland mit ihren Traktoren.

- Eigentümer: RWE, E.ON
- Leistung: 1400 Megawatt
- Baubeginn: 1982
- Betriebsbeginn: 1988
- Abschaltung nach rot-grünem Atomgesetz: 2020
- Abschaltung nach schwarz-gelbem Plan*: 2037
- Städte im Umkreis von 100 Kilometern: Enschede (Niederlande), Osnabrück, Münster, Oldenburg, Essen, Dortmund, Duisburg
- Meldepflichtige Ereignisse pro Jahr: 5,26 (mittel)
- Arbeitsverfügbarkeit: 93,9 Prozent (hoch)
- Dicke der Stahlbetonhülle: ca. 180 cm (»Phantom-Klasse«)

ISAR 2

- Eigentümer: E.ON, Stadtwerke München
- Leistung: 1485 Megawatt
- Baubeginn: 1982
- Betriebsbeginn: 1988
- Abschaltung nach rot-grünem Atomgesetz: 2020
- Abschaltung nach schwarz-gelbem Plan*: 2033
- Städte im Umkreis von 100 Kilometern: Regensburg, Passau, Ingolstadt, München
- Meldepflichtige Ereignisse pro Jahr: 3,21 (wenig)
- Arbeitsverfügbarkeit: 92 Prozent (hoch)
- Dicke der Stahlbetonhülle: ca. 180 cm (»Phantom-Klasse«)

NECKARWESTHEIM 2

- Eigentümer: EnBW
- Leistung: 1400 Megawatt
- Baubeginn: 1982
- Betriebsbeginn: 1989
- Abschaltung nach rot-grünem Atomgesetz: 2022
- Abschaltung nach schwarz-gelbem Plan*: 2036
- Städte im Umkreis von 100 Kilometern: siehe Block 1
- Meldepflichtige Ereignisse pro Jahr: 3,7 (wenig)
- Arbeitsverfügbarkeit: 93,6 Prozent (hoch)
- Dicke der Stahlbetonhülle: ca. 180 cm (»Phantom-Klasse«)
- Besondere Risiken: instabiler Untergrund, Erdbebenrisiko

* rechnerisches Datum laut Öko-Institut; die tatsächliche Abschaltung wird sich aufgrund von Stillständen und Laufzeitübertragungen bei vielen Meilern voraussichtlich weit nach hinten verschieben

Adressen von Anti-Atom-Initiativen und Umweltverbänden

**Anti Atom Aktuell –
Zeitschrift für die sofortige
Stillegung aller Atomanlagen**
Tollendorf 9
29473 Göhrde
E-Mail: redaktion@
anti-atom-aktuell.de
Internet:
www.anti-atom-aktuell.de

**Arbeitsgemeinschaft
Schacht KONRAD e. V.**
Bleckenstedter Straße 14a
38239 Salzgitter
Tel.: 05341/90 01 94
Fax: 05341/90 01 95
E-Mail:
info@ag-schacht-konrad.de
Internet:
www.ag-schacht-konrad.de

**.ausgestrahlt – gemeinsam
gegen atomenergie**
Marienthaler Straße 35 (Hinterhaus)
20535 Hamburg
Tel.: 040 / 2531 89 40
Fax: 040 / 2531 89 44
E-Mail: info@ausgestrahlt.de
Internet:
www.ausgestrahlt.de

**Bundesverband Bürgerinitiativen Umweltschutz
e. V.**
Prinz-Albert-Str. 55
53113 Bonn
Tel.: 0 22 8/21 40 32
Fax: 0 22 8/21 40 33
E-Mail:
BBU-Bonn@t-online.de
Internet: www.bbu-online.de

Bund der Energieverbraucher
Frankfurter Str. 1
53572 Unkel
Tel.: 0 22 24 / 92 27 0
Fax: 0 22 24 / 10 32 1
E-Mail: info@energieverbraucher.de
Internet: www.energieverbraucher.de

Bund für Umwelt und Naturschutz Deutschland e. V. (BUND)
Am Köllnischen Park 1
10179 Berlin
Tel.: 030 / 27 58 64 0
Fax: 030 / 27 58 6-440
E-Mail: bund@bund.net
Internet: www.bund.net

Bürgerinitiative Kein Atommüll in Ahaus e. V.
Postfach 1165
48661 Ahaus
Tel.: 02561 / 961791
Fax: 02561 / 961792
E-Mail: mail@bi-ahaus.de
Internet: www.bi-ahaus.de

Bürgerinitiative Umweltschutz Lüchow-Dannenberg e. V.
Rosenstr. 20
29439 Lüchow
Tel.: 0 58 41 / 46 84
Fax: 0 58 41 / 31 97
E-Mail: buero@bi-luechow-dannenberg.de
Internet: www.bi-luechow-dannenberg.de

contrAtom – Informationsnetzwerk gegen Atomenergie
Ziegelei 10
29499 Zernien OT Mützingen
E-Mail: info@contratom.de
Internet: www.contratom.de

Deutscher Naturschutzring, Dachverband der deutschen Natur- und Umweltschutzverbände (DNR) e. V.
Koblenzer Straße 65
53173 Bonn
Tel.: 0 22 8 / 35 90 05
Fax: 0 22 8 / 92 39 93 56
E-Mail: info@dnr.de
Fax: www.dnr.de

Deutsche Umwelthilfe e. V.
Fritz-Reichle-Ring 4
78315 Radolfzell
Tel.: 0 77 32 / 99 95-0
Fax: 0 77 32 / 99 95-77
E-Mail: info@duh.de
Internet: www.duh.de,
www.wir-sind-aussteiger.de

Greenpeace e. V.
Große Elbstraße 39
22767 Hamburg
Tel.: 040 / 30 61 8 – 0
Fax: 040 / 30 61 8 – 100
E-Mail: mail@greenpeace.de
Internet: www.greenpeace.de

Grüne Liga – Netzwerk ökologischer Bewegungen
Haus der Demokratie und Menschenrechte
Greifswalder Straße 4
10405 Berlin
Tel.: 030 / 2 04 47 45
Fax: 030 / 2 04 44 68
E-Mail: bundesverband@grueneliga.de
Internet: www.grueneliga.de

IPPNW Deutschland – Internationale Ärzte für die Verhütung des Atomkrieges / Ärzte in sozialer Verantwortung e. V.
Körtestr. 10
10967 Berlin
Tel.: 030 / 69 80 74 0
Fax: 030 / 69 38 16 6
E-Mail: kontakt@ippnw.de
Internet: www.ippnw.de

die klima-allianz
Marienstraße 19 – 20
10117 Berlin
Tel. 030 / 67 81 77 5 – 72
Fax 030 / 67 81 77 5 – 80
E-Mail: reuter@klima-allianz.de
Internet: www.die-klima-allianz.de

Mütter gegen Atomkraft e. V.
Frohschammer Str. 14
80807 München
Tel.: 089 / 35 56 53
E-Mail: kontakt@muettergegenatomkraft.de
Internet: www.muettergegenatomkraft.de

Adressen von Anti-Atom-Initiativen und Umweltverbänden

NaturFreunde Deutschlands e. V.
Verband für Umweltschutz, sanften Tourismus, Sport und Kultur
Warschauer Str. 58a
10243 Berlin
Tel.: 030/29 77 32-60
Fax: 030/29 77 32-80
E-Mail: info@naturfreunde.de
Internet: www.naturfreunde.de

Naturschutzbund Deutschland e. V. (NABU)
Charitéstraße 3
10117 Berlin
Tel.: 030/284 984 – 0
Fax: 030/284 984 – 20 00
E-Mail: NABU@NABU.de
Internet: www.nabu.de

Nuclear-Free Future Award
Ganghoferstr. 52
80339 München
Tel.: 089 / 28 65 97 14
Fax: 089 / 28 65 97 15
E-Mail: info@nuclear-free.com
Internet: www.nuclear-free.com

ROBIN WOOD e. V.
Langemarckstr. 210
28199 Bremen
Tel.: 04 21/59 82 88
Fax: 04 21/59 82 87 2
E-Mail: geschaeftsstelle@robinwood.de
Internet: www.robinwood.de

Umweltinstitut München e. V.
Verein zur Erforschung und Verminderung der Umweltbelastung
Landwehrstr. 64 a
80336 München
Tel.: 089/30 77 49 – 0
Fax: 089/30 77 49 – 20
E-Mail: info@umweltinstitut.org
Internet: umweltinstitut.org

urgewald e. V.
Von Galen Str. 4
48336 Sassenberg
Tel.: 0 25 83/10 31
Fax: 0 25 83/42 20
E-Mail: urgewald@urgewald.de
Internet: www.urgewald.de

WWF Deutschland
Reinhardtstr. 14
10117 Berlin
Tel.: 030 / 31 17 77 0
Fax: 030 / 31 17 77 603
E-Mail: info@wwf.de
Internet: www.wwf.de

X-tausendmal quer
Normannenweg 17–21
20537 Hamburg
Tel.: 040 / 40 18 68 48
E-Mail:
info@x-tausendmalquer.de
Internet:
www.x-tausendmalquer.de

Empfehlenswerte Ökostromanbieter

Allgemeine Infos zum Wechsel des Stromanbieters:

Atomausstieg selber machen
Wechsel-Hotline: 0800 / 762 68 52 (werktags 9–17 Uhr)
E-Mail: kontakt@atomausstieg-selber-machen.de
Internet: www.atomausstieg-selber-machen.de

Elektrizitätswerke Schönau (EWS) Vertriebs GmbH
Friedrichstraße 53/55
79677 Schönau/Schw.
Tel.: 0 76 73 / 88 85 0
Fax: 0 76 73 / 88 85 19
E-Mail: info@ews-schoenau.de
Internet: www.ews-schoenau.de

Greenpeace Energy eG
Schulterblatt 120
20357 Hamburg
Tel.: 040 / 808 110–300
Fax: 040 / 808 110–333
E-Mail: info@greenpeace-energy.de
Internet: www.greenpeace-energy.de

LichtBlick AG
Zirkusweg 6
20359 Hamburg
Tel.: 040 / 63 60 0
Fax: 040 / 63 60 20
E-Mail: info@lichtblick.de
Internet: www.lichtblick.de

**NATURSTROM AG /
NaturStromHandel GmbH**
Achenbachstraße 43
40237 Düsseldorf
Tel.: 02 11 / 7 79 00 – 0
Fax: 02 11 / 7 79 00 – 5 99
E-Mail: Internet:
www.naturstrom.de

Alternativbanken

GLS Bank
Tel.: 0234/5797100
E-Mail: kundendialog@gls.de
Internet: www.gls.de

EthikBank
Tel.: 036691/862345
E-Mail: kundenzentrum@ethikbank.de, hallo@ethikbank.de
Internet: www.ethikbank.de

Umweltbank
Tel.: 0911/5308123
E-Mail: service@umweltbank.de
Internet: www.umweltbank.de

Triodos Bank
Tel.: 069/71719191
E-Mail: kundenbetreuung@triodos.de
Internet: www.triodos.de

Anmerkungen

1 *Financial Times Deutschland*, 8. 9. 2010.
2 Eine Übertragung von Strommengen von älteren auf jüngere Atomkraftwerke ist nach dem Atomgesetz genehmigungsfrei jederzeit möglich. Für die Übertragung von Strommengen von jüngeren auf alte Anlagen ist dagegen nach § 7b des Atomgesetzes die Zustimmung des Bundesumweltministers im Einvernehmen mit dem Bundeskanzler und dem Bundeswirtschaftsminister nötig.
3 *Stern*, Nr. 39/2010: »Die Atomlüge«.
4 *Der Spiegel*, 29. 9. 2010: »Atom-Geheimpapier entsetzt Experten«.
5 Wolfgang Renneberg: »Der Bluff mit den harten Nachrüstungsauflagen«, 2010, http://www.atomsicherheit.de/studien-und-statements/statement-der-bluff-mit-den-harten-nachrüstungsauflagen/.
6 Pressemitteilung der DUH vom 29. 9. 2010.
7 Bei der Union stimmten mit Nein: Ralph Brinkhaus (Gütersloh), Josef Göppel (Ansbach), Frank Heinrich (Chemnitz), Rüdiger Kruse (Hamburg) und Hans-Georg von der Marwitz (Brandenburg). Bei der FDP stimmten die folgenden Abgeordneten gegen den Atomdeal: Christine Aschenberg-Dungus (Rendsburg Eckernförde), Sebastian Blumenthal (Kiel) und Jürgen Koppelin (Steinburg-Dithmarschen Süd). Der CDU-Abgeordnete Egon Jüttner enthielt sich.
8 Pressemitteilung des BEE vom 7. Februar 2011, www.bee-ev.de.
9 Peter Becker: »Aufstieg und Krise der deutschen Stromkonzerne«, Bochum 2010.
10 Der natürliche Treibhauseffekt, ohne den es auf der Erde fürchterlich kalt wäre, wurde zwar schon 1825 von Joseph Fourier entdeckt, doch dass es auch einen anthropogenen (= von Menschen verursachten) Treibhauseffekt gibt, war damals noch unbekannt.
11 Wolfgang Renneberg: »Risiken alter Kernkraftwerke«. Studie im Auftrag der Bundestagsfraktion von Bündnis 90/Die Grünen, www.atomsicherheit.de.

12 http://www.focus.de/wissen/wissenschaft/mensch/lotto_aid_104937.html.
13 Gerd Rosenkranz: *Mythen der Atomkraft*, München 2010.
14 *Frankfurter Rundschau*, 6. 9. 2010.
15 Anthony Frogatt: »Die Risiken von Atomreaktoren«, in: *Mythos Atomkraft*, Heinrich Böll Stiftung 2006, www.boell.de.
16 Schreiben von Bundesumweltminister Röttgen an MdB Sylvia Kotting-Uhl (Grüne) vom 10. 03. 2010.
17 Der Journalist Manfred Kriener hat die Ereignisse in Harrisburg bei *Zeit Online* sehr anschaulich und ausführlich geschildert: »Alles unter Kontrolle«, 18. 3. 2009, http://www.zeit.de/2009/13/A-Harrisburg.
18 Oda Becker: »Studie zu den Gefahren von Laufzeitverlängerungen«, im Auftrag des BUND, August 2009, http://www.bund.net/fileadmin/bundnet/publikationen/atomkraft/20090806_atomkraft_studie_laufzeitverlaengerungen.pdf.
19 Hermann Scheer: *Der energetische Imperativ*, München 2010, S. 94 ff.
20 Bundesregierung: Antwort auf die Kleine Anfrage der Abgeordneten Hans-Josef Fell, Sylvia Kotting-Uhl, Bärbel Höhn, weiterer Abgeordneter der Fraktion Bündnis 90/Die Grünen, Drucksache 16/6272 – Sicherheit deutscher Atomkraftwerke sowie Sicherheitskultur der Atomkraftwerksbetreiber, 19. 10. 2007. Auch dazu: Ministerium für Soziales, Gesundheit und Verbraucherschutz Schleswig-Holstein: Sozialministerium informiert über offene Punkte aus der Sicherheitsüberprüfung im Kernkraftwerk Brunsbüttel, 18. 07. 2007, unter www.schleswig-holstein.de, eingesehen im November 2007.
21 *Kontraste* (ARD) vom 15. 07. 2010.
22 National Commission on Terrorist Attacks upon the United States, 2004.
23 *Der Spiegel*, Nr. 36/2010, »Brennstäbe unter dem Dach«.
24 Gesellschaft für Anlagen- und Reaktorsicherheit (Hrsg.): »Schutz der deutschen Kernkraftwerke vor dem Hintergrund der terroristischen Anschläge vom 11. September 2001. Zusammenfassung«, Köln 2002.
25 Greenpeace/Oda Becker: »Terrorangriffe aus der Luft auf (ältere) deutsche Atomkraftwerke – Bericht und Bewertung von Schwachstellen in der Luftsicherheit«, September 2010, http://www.greenpeace.de/fileadmin/gpd/user_upload/themen/atomkraft/Bericht_und_Bewertung_von_Schwachstellen_in_der_Luftsicherheit_05092010.pdf.
26 Zitat des Geschäftsführers des deutschen Unternehmens BNT, einer Tochterfirma des Rüstungskonzerns Rheinmetall, Pappberger. Zitiert

nach: Greenpeace/Hirsch, Becker, Neumann: »Terrorangriffe auf deutsche Atomkraftwerke, Bewertung der Gegenmaßmaßnahmen«, April 2004, S. 7, http://www.greenpeace.de/fileadmin/gpd/user_upload/themen/atomkraft/greenpeace_studie_terrorangriffe_auf_deutsche_akw.pdf.

27 Greenpeace/Oda Becker: »Terrorangriff mit einer panzerbrechenden Waffe (AT-14 Kornet-E) auf (ältere) deutsche Atomkraftwerke«, September 2010, http://www.greenpeace.de/fileadmin/gpd/user_upload/themen/atomkraft/KURZ_Panzerbrechende_Waffen_14092010.pdf.

28 *Spiegel Online*: »Experten warnen vor Sprengstoffterror gegen Atomkraftwerke«, 16.09.2010, http://www.spiegel.de/wissenschaft/technik/0,1518,717748,00.html.

29 Bundesamt für Strahlenschutz: »20 Jahre Tschernobyl«, Broschüre von 2006.

30 IPPNW: »Die gesundheitlichen Folgen von Tschernobyl«, Metaanalyse, April 2006, http://www.ippnw.de/commonFiles/pdfs/Atomenergie/Gesundheitliche_Folgen_Tschernobyl.pdf.

31 Greenpeace: »Gesundheitsreport. 20 Jahre nach Tschernobyl. Deutsche Kurzfassung«, April 2010, http://www.greenpeace.de/fileadmin/gpd/user_upload/themen/atomkraft/tschernobyl_gesundheitsreport_kf_2006.pdf.

32 ORF: »Tschernobyl: WHO korrigiert Todeszahlen«, 27.4.2007.

33 Öko-Institut: »Analyse des Bedrohungspotenzials ›gezielter Flugzeugabsturz‹ am Beispiel der Anlage Biblis A«; November 2007, im Auftrag von Eurosolar, http://www.oekoinstitut.de/oekodoc/623/2007-163-de.pdf.

34 AKW-Gefährdungsatlas der Deutschen Umweltstiftung, 2.12.2010, http://www.deutscheumweltstiftung.de/index.php?option=com_content&view=article&id=116&Itemid=186.

35 Zitiert nach: .ausgestrahlt: »Sicher ist nur das Risiko«, Autoren: Armin Simon und Jochen Stay, Mai 2010, www.ausgestrahlt.de.

36 IPPNW-Presseinfo vom 9.9.2008, http://www.ippnw.de/presse/presse-2008/artikel/fcfa847a76/biblis-region-uebt-fuer-dieatomkata.html.

37 Peter Kaatsch, Claudia Spix, Sven Schmiedel, Renate Schulze-Rath, Andreas Mergenthaler, Maria Blettner: »Epidemiologische Studie zu Kinderkrebs in der Umgebung von Kernkraftwerken (KiKK-Studie)«, Zusammenfassung/summary, Teil 1: Fall-Kontroll-Studie ohne Befragung; Teil 2: Fall-Kontroll-Studie mit Befragung; Mainz 2007, hrsg. vom Bundesamt für Strahlenschutz, http://www.bfs.de/de/kerntechnik/bfs/druck/Ufoplan/4334_KIKK.html.

38 Winfried Eisenberg: »Atomkraftwerke machen Kinder krank«, Broschüre von .ausgestrahlt und IPPNW, 3., überarbeitete Auflage, April 2010, sowie *IPPNW-aktuell* 20/09: »Kinderkrebs um Atomkraftwerke«, 2., aktualisierte Neuauflage, Juli 2009, http://www.ippnw.de/common Files/pdfs/Atomenergie/Akt_Kinderkrebs.pdf.

39 Eberhard Greiser: »Leukämie-Erkrankungen bei Kindern und Jugendlichen in der Umgebung von Kernkraftwerken in fünf Ländern. Meta-Analyse und Analyse«, im Auftrage der Bundestagsfraktion Bündnis'90/Die Grünen, Musweiler 1. September 2009, http://www.gruene-bundestag.de/cms/archiv/dokbin/302/302113.studie_leukaemierisiko.pdf.

40 http://www.project-syndicate.org/commentary/rahmstorf3/German.

41 Mojib Latif: *Bringen wir das Klima aus dem Takt?*, Frankfurt am Main 2008, S. 105 f.

42 Harald Schumann, Christiane Grefe: *Der globale Countdown. Finanzcrash, Wirtschaftskollaps, Klimawandel*, Köln 2009.

43 Harald Welzer: *Klimakriege. Wofür im 21. Jahrhundert getötet wird*, Frankfurt am Main, 2008.

44 Jared Diamond: *Kollaps. Warum Gesellschaften überleben oder untergehen*, Frankfurt am Main 2005.

45 Das Meinungsforschungsinstitut TNS Emnid befragte im Auftrag von Greenpeace 1001 repräsentativ ausgewählte Bürgerinnen und Bürger aus ganz Deutschland am 11. und 12. Oktober 2010, http://www.green peace.de/themen/energie/presseerklaerungen/artikel/bundesbuer ger_wollen_100_prozent_oekostrom/.

46 http://www.dfb.de/index.php?id=500014&tx_dfbnews_pi1%5Bshow Uid%5D=23790&tx_dfbnews_pi4%5Bcat%5D=121.

47 http://www.horizont.net/aktuell/marketing/pages/protected/Solar-World-startet-TV-Kampagne-mit-Poldi_85766.html.

48 Bundesverband Deutscher Industrie (BDI): »Die ökonomischen Auswirkungen einer Laufzeitverlängerung deutscher Kernkraftwerke«, Januar 2010, S. 2.

49 Olav Hohmeyer: »2050 – Die Zukunft der Energie«, Flensburg 2010, Gutachten im Auftrag der LichtBlick AG.

50 ders., S. 8.

51 Agentur für Erneuerbare Energien 2010: Renews Spezial, www.unendlich-viel-energie.de.

52 Noch weitere fragwürdige Basisannahmen der Studie fallen auf: Die E.ON-Studie berücksichtigt außerdem keine Effizienzgewinne und

rechnet für das Jahr 2030 mit einem Rohölpreis von nur 75 US-Dollar. Doch im Januar 2011 kostete der Barrel Rohöl bereits über 90 Dollar. Zum Vergleich: Die Internationale Energieagentur (IEA) rechnet für 2030 mit einem Preis von 190 Dollar je Fass.

53 Departement of Energy and Climate Change, »The UK Renewable Energy Strategy 2009«, http://www.decc.gov.uk/en/content/cms/what_we_do/uk_supply/energy_mix/renewable/res/res.aspx.
54 In der Stellungnahme schreibt E.ON unter anderem: »Our detailed analysis shows that, as the intermittent renewable capacity approaches the Gouvernments's 32 % proposed target, if wind is not to be constrained (in order to meet the renewable target), it would be necessary to attempt to constrain nuclear power more than is practicable.«, http://www.eon-uk.com/downloads/UK_Renewable_Energy_Strategy_Consultation_-_E_ON_response.pdf.
55 Responses to the UK Renewable Energy Strategy consultation (26.06.–26.09.2008), http://www.decc.gov.uk/en/content/cms/consultations/cons_res/cons_res.aspx.
56 Diese Zahl ist von 2009, 2010 stieg der Anteil der Erneuerbaren an der Stromversorgung auf 17,4 Prozent.
57 BMU Pressedienst 116/10 vom 4.8.2010.
58 Bundesamt für Strahlenschutz.
59 Klaus Traube: *Plutonium-Wirtschaft?*, Hamburg 1984.
60 Frankfurter Allgemeine Zeitung, 2.11.2009.
61 Bernhard Fischer/Lothar Hahn/Christian Küppers: *Der Atommüll-Report*, Hamburg 1989.
62 Deutschlandradio Kultur am 23.3.2010, http://www.dradio.de/dkultur/sendungen/weltzeit/1149297/.
63 http://www.spiegel.de/panorama/0,1518,648978,00.html.
64 *Greenpeace Magazin*, 6/2010: »Die Schiffe der Gifte«.
65 *Greenpeace Magazin*, 4/2000: »Atommülllager Ozean«.
66 Spiegel online: »Doppelt soviel radioaktive Flüssigkeit in der Asse wie bekannt«, 14.12.2010, http://www.heute.de/ZDFheute/inhalt/10/0,3672,8111082,00.html.
67 Statusbericht des Niedersächsischen Ministeriums für Umwelt und Klimaschutz über die Schachtanlage Asse II, Hannover 1.9.2008.
68 http://www.spiegel.de/wissenschaft/natur/0,1518,druck-734675,00.html.
69 *Südkurier*, 10.1.2011.
70 .ausgestrahlt, www.ausgestrahlt.de.

71 *Frankfurter Rundschau*, 22.9.2009: »Gorleben: Getäuscht, getrickst, gelogen«.
72 *Greenpeace Magazin*, 6/2010.
73 Areva ist Weltmarktführer für Atomtechnik. Der französische Großkonzern entstand 2001 aus einem Zusammenschluss der Firmen CEA-Industrie, Cogema, Framatome ANP und FCI. Cogema betrieb die Wiederaufarbeitungsanlage La Hague und war im nuklearen Brennstoffkreislauf in den Bereichen Herstellung, Transport, Wiederaufarbeitung und Entsorgung tätig und besaß zudem Anteile an Goldbergwerken in Australien und der Elfenbeinküste. Diese Aktivitäten sind jetzt alle im Areva-Konzern vereint.
74 *Junge Welt*, 7.6.2006.
75 Die beiden Filme können Sie hier ansehen: http://www.strahlendesklima.de.
76 WISE: »Uranium Mining und Mining Waste. An Introduction«, 15.8.2004, www.wise-uranium.org. Armin Simon/.ausgestrahlt e.V.: »Der schmutzige Atombrennstoff«, 3., überarbeitete Auflage, September 2010, www.ausgestrahlt.de.
77 Radio France International: »Frankreichs Uranminen auf der Anklagebank«, 12.2.2009.
78 WISE: »In-Situ-Leaching Decommissioning Projects«,2009.
79 *Allgemeine Zeitung* (Namibia), 9.2.2009.
80 Pressemitteilung Committee »Areva ne fera pas la loi au Niger«, 16.5.2008.
81 WISE: »Issues at Operating Uranium Mines and Miles – Wyoming, USA«, 1.7.2010.
82 FZ Jülich: »Strahlenbelastung der Bevölkerung in der Region Aktau, Kaspisches Meer«, 22.2.2007.
83 WISE: »Chronology of uranium tailing dam failures«, 18.4.2010. Brugge, Doug u.a.: »The Navajo People and Uranium Mining«, 2007.
84 *Spiegel Online*, 5.12.2008: Uranschlamm aus Kirgisien bedroht Zentralasien, http://www.spiegel.de/wissenschaft/natur/0,1518,594166,00.html.
85 Siehe Anmerkung 4.
86 www.bfs.de.
87 Foodwatch: »Uran-Grenzwert schützt Säuglinge nicht ausreichend«, 30.11.2010, http://foodwatch.de/kampagnen__themen/mineralwasser/grenzwert_debatte/index_ger.html.
88 IPPNW: »Factsheet: Gesundheitliche Folgen des Uranabbaus«, 26.8.2010, www.uranrisiko.de.

89 http://de.wikipedia.org/wiki/Golfkriegssyndrom.
90 Bundesamt für Strahlenschutz: »Kohortenstudie Wismut«, 2009, www.bfs.de.
91 Michael Beleites: »Die Pechblende. Der Uranbergbau in der DDR und die Folgen«, Wittenberg/Berlin 1988. http://www.wise-uranium.org/pdf/pb.pdf.
92 Deutschlandfunk 16.7.2010, Dossier: »Es sah aus wie Zukunft. Uranerzbergbau in der DDR«.
93 http://www.yellowcake-derfilm.de/.
94 http://www.liberale.de/files/3098/Flugblatt_Atomkraft_01.pdf.
95 IPPNW: »Die Versorgung Deutschlands mit Uran«, 21.7.2010, http://www.nuclear-risks.org/fileadmin/user_upload/pdfs/uran_deutschland_2009.pdf.
96 *taz*, 27.7.2010: »Strahlender Rohstoff mit dunkler Herkunft«.
97 Lise Meitner befand sich zum Zeitpunkt des am Berliner Kaiser-Wilhelm-Institut durchgeführten Experiments in Schweden, da sie in Deutschland von den Nazis als Jüdin verfolgt wurde. Sie hatte jedoch die Idee für das Experiment mitentwickelt und klärte zusammen mit Fritz Winter den theoretischen Hintergrund des Experiments.
98 Otfried Nassauer: »Atomwaffen und Atomenergie – Siamesische Zwillinge oder doppelte Nulllösung«, in: Heinrich Böll Stiftung (Hrsg.): *Mythos Atomkraft. Warum der nukleare Pfad ein Irrweg ist*, Band 12 der Schriftenreihe Ökologie, März 2010.
99 Vgl. http://www.iaea.org/NewsCenter/Features/ResearchReactors/security20040308.html
Aktuelle Daten zum Status jedes einzelnen Forschungsreaktors bietet die IAEO hier an: http://www.iaea.org/worldatom/rrdb/.
100 Wolfgang Liebert, Armin Simon: »Bombenrisiko Atomkraft«, Argumente-Broschüre von INESAP, IPPNW und .ausgestrahlt, September 2010.
101 Siehe vorige Anmerkung sowie: C. Pistner/W. Liebert: »Nukleare Last des Kalten Krieges – Beseitigung von Plutoniumbeständen«, in: *Physik unserer Zeit*, 32. Jg., Nr. 1, 2001, S. 18–25.
102 *Der Spiegel*, 32/1997.
103 Klimalügendetektor, 1.10.2010: »Der Mythos vom globalen AKW-Boom«, http://www.klima-luegendetektor.de/2010/10/01/atomlobby-dermythos-vom-globalen-akw-boom/.
104 *Bild-Zeitung*, 15.8.2010.
105 *Frankfurter Allgemeine Zeitung*, 6.2.2010: »Von wegen Renaissance der Kernkraft« http://www.faz.net/-00m9s.

106 *Der Spiegel,* Nr. 42/2009: »Die Atom-Schlamperei«.
107 *Le Figaro,* 6.7.2010.
108 Peter Becker, »Aufstieg und Krise der deutschen Stromkonzerne«, Bochum 2010.
109 Öko-Institut: »Schneller Ausstieg aus der Kernenergie in Deutschland. Kurzfristige Ersatzoptionen, Strom- und CO_2-Preiseffekte. Kurzanalyse für den WWF Deutschland«, März 2011.
110 Greenpeace: »Der Plan. Deutschland ist erneuerbar«, April 2011.
111 *Die Zeit,* 2.12.2010.
112 Ernst Ulrich von Weizsäcker, Karlson Hargroves, Michael Smith: *Faktor Fünf. Die Formel für nachhaltiges Wachstum.* München 2010.
113 Mehr dazu hier: >http://www.forum-netzintegration.de/
114 Urgewald: »Wie radioaktiv ist meine Bank?«, Dezember 2010. Autorinnen: Regine Richter, Barbara Happe und Heffa Schücking. Die Broschüre ist für 4,50 Euro bei Urgewald erhältlich (www.urgewald.de).
115 TNS Emnid befragte am 10. und 11. November 2010 1002 zufällig ausgewählte BundesbürgerInnen.

Register

Abklingbecken 80, 192
Afrikanische Union 148
Agentur für Erneuerbare Energien 324
Ahaus 192
Allgemeine Elektricitäts-Gesellschaft (AEG) 50
Altbauten
– Wärmedämmung 318
Alternativbanken 367
Alterungsprozesse
– physikalische 86
Altmeiler
– Gewinne 270
Altreaktoren
– Beherrschbarkeit von Störfällen 86
– Nachrüstungen 83
– Sicherheitsanalysen 86
– sicherheitstechnische Nachteile 83
– Weiterbetrieb 22
Ampiron 177
Anfahrdauer 168
Anlagen zur Biomasseverstromung
– Neubau 301
Anlagenkonzepte
– veraltete 86
Anschlagsszenarien 103
Anti-AKW-Bewegung 364, 370
Anti-Atom-Initiativen
– deutsch-russische 374
Anti-Atom-Kette 370
Anti-Atom-Protest 370, 378 f.
Arbeitsgemeinschaft Energiebilanzen 41

Arbeitskreis Endlagerung 216
Areva 227, 231 f., 271 ff.
Argon 130
Asse 23, 192, 200 ff.
– Bergung des Atommülls 206 f.
– eindringendes Wasser 205
– Einlagerungsstopp 204
– Einsturzgefahr 204
– Genehmigungsverfahren 207
– Inventarbericht 203
– kontaminierte Flüssigkeit 205
– mittelradioaktiver Müll 202
– Planfeststellungsverfahren 204
– Sanierung 288
– Sanierungskosten 208
– Testbohrungen 207
– Wassereinbruch 203
– Zutrittswässer 209
Atlas Mine, Moab 236
Atomabfall 183
– Entsorgungspflicht 34
Atomanlagen
– verstrahlte Bauteile 186
Atomare Abrüstung 265
Atomar-fossile Energien 47
Atomaufsicht
– Anforderungen 34
– Bundesländer 379
– ukrainische 111
Atomaufsichtsbehörden 19
– systematische Überprüfung 90
– Verlangen grundlegender Nachrüstungen 85
Atomausstieg 15 f., 295 ff., 341 ff.

- Aufkündigung 31
- Demonstrationen für den 371
- ohne Stromlücke 297
Atomausstiegsgesetz 284
Atombanken 357 f., 363
Atom-Brennstoffsteuer 23
Atomdeal
- Vereinbarung zu Lasten Dritter 381
Atomenergie
- externe Kosten 291
Atomenergienutzung
- friedliche 249, 253
- geordnete Beendigung 29
- gesetzliche Beendigung 27
Atomfinanzierer 357
Atomforum 164, 269
Atomgesetz 191, 296
- rot-grünes 17
Atomgesetz, schwarz-gelbes 17, 371, 376
- Normenkontrollklage 35
- Verfassungsbeschwerde 35
- Verfassungsklage 35
- Verfassungswidrigkeit 34
- Zustimmung des Bundesrates 33
- Zustimmungsbedürftigkeit 34
Atomindustrie
- Fördergelder 286
- Subventionen 280
Atomkatastrophe
- Japan 36
- Wahrscheinlichkeitsberechnung 68
Atomkonsens 15, 21
- Gorleben 216
- rot-grüner 26
Atomkonzerne
- Haftpflichtversicherung 30
Atomkraftnutzung
- Risikotyp 150
- zivile 260 ff.
Atomkraftwerke
- Abschaltung 379 f.

- altersbedingte 282
- vorzeitige 378
- Alter 72
- altersbedingte Ausfälle 75
- alterbedingte Fehlerrate 75
- Alterserscheinungen 75
- Altersmängel 68
- Alterungsmanagement 75
- Alterungsphänomene 75
- Alterungsphase 75
- Alterungsprozesse 75
- Alterungsschäden 76
- Anfangsinvestitionen 280
- anlagenschonende Betriebsweise 173
- Ausfallrate von Komponenten 74
- Auslegungsanforderungen 87
- Ausscheiden von Mitarbeitern 87
- Baukosten 281
- Behinderung des Ausbaus der Windenergie 176
- Cyberangriff 106
- Emissionen 132
  - erlaubte 137
- finanzielle Risiken 281
- Gefährdungslage 96
- Haftpflichtversicherung 291
- im Erdbebengebiet 361 ff.
- Investitionskosten 270
- Krebsrisiko 129 f., 137
- Lastfolgebetrieb 168, 173
- Lebensdauer 75
- Leistungsdrosselung 165
- Materialalterung 74 ff.
- meldepflichtige Ereignisse 69, 93
- militärischer Schutz 95
- Neubaupläne 284
- Neubauverbot 29, 283
- Pannenstatistik 73
- Refinanzierung 280
- Rückbau 28
  - der ostdeutschen AKW 287
- Sanierung der Altlasten 287

- Sicherheit 67
- Sicherheitskultur 90 f.
- Sicherheitsnachrüstungen 284
- Sicherheitsreserven 91
- Sicherheitstechnik 66
- sicherheitstechnische Nachrüstung 378
- Simulation von Flugzeugabstürzen 97
- Stilllegung alter 282
- Stromversorgung 105
- Überprüfung 92
- unbefristete Betriebsgenehmigungen 26
- Unterschreitung der Minimallast 167
- Vernebelung 101 f.
- weltweite 269
- Wirkungsgrad 158
- Zufallsausfälle 75

Atomkraftwerksbetreiber
- Deckungsvorsorge 30
- Rückstellungen 289
- Schadensvorsorge 19
- Sicherheitsversprechungen 69

Atomkraftwerksgelände
- Überflutung 40

Atomlobby
- Fußballwerbung 155
- Kommunikationsstrategie 152
- Werbung 153

Atommächte 249
Atommüll 61, 138, 190
- Abkühlung 226
- Endlagersuche 182 ff.
- hochradioaktiver
  - Endlager 183
- Kosten der Rückholung 207
- mittelradioaktiver 192
- schwachradioaktiver 192
- Zwischenlager 191 ff.

Atommüllendlager 60, 183
Atommüllendlagerung
- in Kupferbehälter 224
- Kosten 202
- Sicherheitsstudien 201

Atommüllentsorgung 28, 194
- im Meer 199 f.

Atommülllager Weltmeere 193 ff.
Atommüllsammelstellen 201
Atommülltransporte
- Gorleben 221
- nach Russland 362 f.
- Verringerung 29

Atomprogramm
- ziviles 261

Atomreaktoren
- ältere s. *Altreaktoren*

Atomsprengköpfe 252
Atomstreit 16
Atomstrom
- aus dem Ausland 41
- billiger 284 ff.

Atomstromanteil
- weltweiter 283

Atomsuppe 188 f.
- Aufbewahrung 193
- hochradioaktive 185

Atomtechnik
- keine Fehlerfreundlichkeit 94
- militärische Nutzung 266
- zivile Nutzung 266

Atom-U-Boote 199
Atomunfall 67
- Deckungsvorsorge 29
- finanzieller Schaden 123
- Gefährdung der Bevölkerung 123
- Haftung 125
- menschliches Versagen 68

Atomwaffen
- Entwicklung 248
- Herstellung 254
- hoch angereichertes Uran 255
- Nichtverbreitungssystem 262
- Nichtverbreitungsvertrag 263
- taktische 250
- Teststoppvertrag 263
- Verzicht auf 249, 264

- Weiterverbreitung 262
- Welt ohne 262 ff.

Atomwaffenabrüstung 265
Atomwaffenbau 260
Atomwaffenprogramm 260 f.
- iranisches 106

Atomwaffensperrvertrag 264 ff.
Atomwaffenstaaten 265
Atomwaffenverzicht 266
"ausgestrahlt 14
Auslegungsparameter 39

Baake, Rainer 19, 21
Baumängel 74
Bautz, Christoph 10 f.
Bayerische Landesbank 366
Bayernwerk 54
Becker, Jürgen 15
Becker, Oda 40, 75, 81
Becker, Peter 48
Becker, Torben 46
Behmel, Hermann 39
Beleites, Michael 241
Belene 374
Berliner Informationszentrum für Transatlantische Sicherheit 254
Beschaffungskosten
- gesunkene 328

Betreiberangaben
- Kontrolle 134

Betriebsgenehmigungen
- nachträgliche Befristung 26 f.
- Widerruf 20, 87

Bevölkerung
- Evakuierung 122, 125

Bewegungsenergie 59
Biblis 21, 76, 65, 286
- Ausbreitungsrechnung bei einem Unfall 124
- Ballonaktion 118
- Folgen eines Super-GAUs 123
- konzeptionelle Sicherheitsnachteile 79
- Nachrüstung 21

- Notfall-Informationsbroschüre 122
- Pannen 69
- Reststrommenge 21
- Schutz gegen Erdbeben 83

Biogas 323, 335 ff.
Biogasanlagen 302
- Einspeisevergütung 335
- Lastfolgebetrieb 335

Biogas-Blockheizkraftwerke 158
Biomasse 323, 334 ff.
Blacksmith-Institut 236
Blockheizkraftwerke 158, 167, 338
- dezentrale 307
- gasbefeuerte 308
- mit Kraft-Wärme-Kopplung 180, 338
- Neubau 301

Bodenwanne
- stählerne 81

Börsenstrompreise
- negative 172

Brandschutz 79
Braunkohletagebau 12
Brennelemente
- abgebrannte 29
- Schädigung 84

Brennelementeherstellung
- Abfälle 183
- Kohlendioxid 156

Brennelementesteuer 28, 284, 371, 378
Brennstäbe
- abgebrannte
  - Lagerung 192
  - Transportverbot 190
- Wiederaufbereitung im Ausland 29

Brennstoff
- Kühlung 66

Brennstoffkreislauf
- atomarer 186

Brokdorf 39

Browns Ferry
- Störfall 78
Brückentechnologie 42, 150, 284
- Atomkraft 296
Brunsbüttel 41, 77, 360
- Sicherheitsverstöße 91
- Wasserstoffexplosion 84
Brütertechnologie 187
Brutreaktorkraftwerk 187
Bruttostromverbrauch 170
Bundesamt für Strahlenschutz 185
- KiKK-Studie 127
Bundesanstalt für Bodenforschung 200
Bundesanstalt für Geowissenschaften und Rohstoffe 219, 245
Bundesregierung
- Energiekonzept 371 f.
Bundesverband der deutschen Elektrizitätswirtschaft 71
Bundesverband der Deutschen Industrie 160
Bundesverband Erneuerbare Energie 153, 325
Bundesverband Windenergie 175
Bürgerinitiative Umweltschutz Lüchow-Dannenberg 209, 212
Bürgersolaranlagen 353
Bürgerwindpark 353

CANDU-6-Reaktoren 361
Cäsium 126, 130
Castor 13
Castor-Behälter 192
Castor-Proteste 221
Castor-Transport 371, 376 f.
- Dannenberg 221
- Kosten der Polizeieinsätze 292
CCS-Technologie 312
Cernavoda 361, 374
Churchrock-Mine 235
Commerzbank 362, 365
Computervirus 106
Containment 37, 81

CRIIRAD 232, 240
Cyberterrorismus 106 f.

Dampfturbinen 52
Davis Besse 76
Deckungsvorsorge 123
Deichbruch 40
Deutsche Bank 365
- Engagement bei der Atomindustrie 358
Deutsche Edison-Gesellschaft 50
Deutsche Energieagentur 316
Deutsche Risikostudie Kernkraftwerke 123
Deutsche Umwelthilfe 95, 153, 245, 337 f.
Deutscher Naturschutzring 304
Deutscher Städtetag 376
Deutsches Atomforum 151
Deutsches Kinderkrebsregister 127
Deutsches Zentrum für Luft- und Raumfahrt 47
Diesel-Notstromaggregate 36
Dokumentationszentrum Sarkophag 107 ff.
Dosis-Wirkungs-Beziehung 135
Druckwasserreaktoren
- Baulinien 80
- Schwankungen der Stromerzeugung 165
- Wandstärke 80
Dürr, Ferdinand 149
Dynamomaschine 50
DZ Bank 367

E.ON 55, 380
Edison, Thomas Alva 48
Edison-Lampen 49
Edison-Monopol 50
Eigenbedarfstransformator
- Störung 84
Eigenbedarfsversorgung 77
Einspeisevergütung 334
- Absenkung 329

Register

– garantierte 311
Einspeisevorgang 163
Einspeisevorrang
– Erneuerbare Energien 54
Einstrahlungswinkel 59
Einstrahlungszonen 59
Eisenberg, Winfried 130
Électricité de France 272
Elektrizitätsversorgungsunternehmen (EVU) 51
Elia 177
Ellweiler
– Entsorgung der Tailings 242
Emissionshandel
– EU-weiter 290
– Zusatzeinnahmen 287
Emissionswerte
– monatlich gemittelte 144
Emissionszertifikate 159, 290
Emsland
– Leukämiefälle bei Kindern 127
EnBW 55, 338, 380
EnBW Transportnetz 177
End of pipe-Technologie 317
Endlager 193
– für hochradioaktive Abfälle 34
– für radioaktive Abfälle Morsleben 211
– sichereres 225
Endlagerdebatte 191
Endlagersuche 182 ff., 217, 223
– mit Öffentlichkeitsbeteiligung 218
Endlagersuchgesetz 217
Endlagerung in Salzformationen 200
Endlagervorausleistungen 218
ENERCON 153
Energethischer Imperativ 56
Energie
– nicht mehr nutzbare 58
– nicht verfügbare 58
– ruhende 58
– verbundene 58
– zerstreute 58
Energiebedarf 60

Energieberatung 349
Energiebesteuerung
– Steuervergünstigungen 286
Energieeffizienz 46, 303, 305, 315 ff.
Energieeffizienzmaßnahmen 46
Energieeinsatz
– effizienter 349
Energieeinsparungen 305, 349
– Tipps 350
– Unternehmen 316
Energieerzeugung 58
Energieimporte
– Ausgabeneinsparung 321
Energiekonzept der Bundesregierung 15
Energien
– atomar-fossile 60, 337 f.
– solare 60, 337 f.
Energiepolitik 13
Energiepolitischer Appell 312 f.
Energieproduktivität 315
Energiesparlabel 350
Energiesparlampen 351
Energietechnologien
– Lebenszyklus 157
Energieverbrauch 58
– Einsparpotenziale 318
Energieversorger
– Gebietsmonopole 54
Energieversorgung Schwaben 54
Energiewirtschaftliches Institut Köln 171
Energiewirtschaftsgesetz von 1935 54
Energieziel 2050 47
Entlastungssystem
– gefiltertes 81
Entropie 58
Entsorgungsnachweis 29
Entsorgungsrückstellungen 287
Epidemiologische Studie zu Kinderkrebs in der Umgebung von Kernkraftwerken 127
Erbgutveränderung 117

Erdgasvorkommen
- Gorleben 219

Erdölpreise 322

Erdwärme 331

Erdwärmekollektoren 354

Erdwärmesonden 354

Erkrankungsdaten 136

Erneuerbare Energien 46 ff., 303
- Abdeckung des Energiebedarfs 330 ff.
- Anschubfinanzierung 280
- Anteil am Strommix 336
- Anteil an der Stromversorgung 152
- Ausbau 17, 25, 56
- Ausbaurate 336
- bleibende Energie 331
- Einspeisung 165
- Einspeisevorrang 54, 331
- Erzeugungskosten 323
- Export 326
- Fehlerfreundlichkeit 94
- Förderung 280
- freie Entfaltung 314
- Kosten 47, 322 f.
- Kosten und Nutzen der Stromerzeugung 322
- Kostenvorteil 326
- Maßnahmen zur Netzintegration 177
- Monopolisierungsversuch 311
- ökonomischer Vorteil 322
- positives Image 151
- Steuereinnahmen 325
- Stromverbrauchdeckung 163
- Umlage zur Förderung 287
- volkswirtschaftlicher Nutzen 321
- Vollversorgung 152
- Vorrang 314
- Wachstum 43

Erneuerbare Energien-Anlagen 310

Erneuerbare Energien-Branche 25
- Beschäftigungsentwicklung 327

Erneuerbare Energien-Gesetz
- rot-grünes 42, 56, 324
- Umlage 172, 327 f., 346

Erneuerbare Energien-Wärmegesetz 325

Erneuerbare Energiequellen
- wetterbedingt schwankende Stromerzeugung 77

Erneuerbare Wärme
- Einsparung von Heizkosten 354

EU-Endlagerrichtlinie 226

EU-Länder
- Nichteinstieg in die Atomkraft 225

Europäische Atomgemeinschaft (Euratom) 200, 289

Europäische Lebensmittelsicherheitsbehörde 237

Europäische Union
- Klimaschutzziele 317

Europäischer Druckwasserreaktor (EPR) 175, 271 ff.
- Prototyp 271

Europäischer Emissionshandel 159

European Organization for Nuclear Research 289

Eurosolar 121

Evakuierung 82

Evakuierungspläne 125

Finnische Atomaufsicht 273

Flamanville 274

Flughafenkontrollen 98

Flugzeug
- Abschuss eines entführten 100

Flugzeugabsturz 18, 20, 96
- Erfolgswahrscheinlichkeit einer Terrorgruppe 98
- Schutz vor 80
- Simulation 97

Flugzeugentführungen 99

Fonds zum Ausbau der Erneuerbaren Energien 174

Foodwatch 237

Forschungsreaktoren
- mit hoch angereichertem Uran 257
- öffentliche Ausgaben 287
Forsmark 105, 359
- Störfall 70 f.
Forum Ökologisch-Soziale Marktwirtschaft 286
Fossile Brennstoffe 60
Frachtmaschine
- Angriff mit einer entführten 103
Framatom 111
Fraunhofer-Institut für Windenergie und Energiesystemtechnik 165
Freie Republik Wendland 214
Frogatt, Anthony 75
Fukushima 36 ff.
- Sicherheitsbehälter 82

Garching 257
Gas- und Dampfanlagen
- Neubau 302
Gaskraftwerke 163, 167
- Neubau 301
Gasturbinenkraftwerke 167
Genehmigungsdokumentation 89
Genossenschaftsbanken 367
Gesellschaft für Anlagen- und Reaktorsicherheit 81, 93 ff.
- Simulation von Flugzeugabstürzen 97
Gesellschaft für bedrohte Völker 230
Gesellschaft für Strahlenforschung 201
Gesellschaft für Strahlenschutz 116
Gewinnabschöpfung 22
Giftmüllentsorgung
- Italien 194 ff.
Giftmüllhandel
- internationaler 197
Globale Erwärmung 61, 142, 149
Glühlampenkartell 50
Golfkriegssyndrom 239
Gorleben 23, 29, 121, 192, 212
- Atommülltransporte 221

- atomrechtliches Genehmigungsverfahren 208
- Endlagerausbau 208
- Erkundungsarbeiten 24
- Erkundungsbergwerk 208
- Erkundungskosten 209
- Gasfunde 220
- geologische Zweifel 217
- Gutachten 214
- Enteignung der Grundstückseigentümer 218
- Erdgas 219
- Grundwassereinflüsse 210
- Konjunkturprogramm für die Region 212
- Manipulationen 215
- Mikrorisse 220
- Nukleares Entsorgungszentrum 212
- Öffentlichkeitsbeteiligung 208
- Rahmenbetriebsplan 218
- Tiefbohrungen 209, 214
- Wiederaufbereitungsanlage 190
Göttinger Erklärung 250 ff.
Grafenrheinfeld 41
Greenpeace 15, 303 f.
Greenpeace-Studie »Plan B« 46, 303 f.
Greiser, Eberhard 136
Gronau 256
Großbritannien 278 ff.
- AKW-Neubaupläne 278
- Atomkonzerne 278
- Ausbau des Ökostroms 174
- Förderung Erneuerbarer Energien 279
- Ökostromanteil 175
Großkraftwerke 25, 54, 308 ff.
Grundlastkraftwerke 163
- Auslastung 169
- Wirtschaftlichkeit 169
Gundremmingen 285

Harrisburg
- Kernschmelze 68
Helmholtz Zentrum 201

Hennenhöfer, Gerald 20
Hiroshima 248
Hochspannungsnetzausbau 176
Höglund, Lars-Olov 105
Hohmann, Wolfgang 133
Hohmeyer, Olav 166
Holzheizungen 354
Hybridphase 304

ifeu-Institut für Energie- und Umweltforschung 46
Indian Point 95
Industrieabsetzungsanlage Helmsdorf 236
Informationskreis Kernenergie 152, 268
Infrastruktur
– nukleare 162
Initiative Pro Wettbewerb und Klimaschutz 24
In-situ-Laugung 233
Institut für Energiewirtschaft und rationelle Energieanwendung 164
Internationale Atomenergiebehörde 199, 269
Internationale Atomenergie-Organisation 118, 289
Internationale Elektrizitätsausstellung 49
Internationale Energieagentur (IEA) 44
Internationale Zivilluftfahrtsorganisation 98
IPPNW 116
Isar 1 295

Jahreshöchstlast
– Leistungsbilanz 297 f.
Jahresrevisionen 92
Japan
– Atomkatastrophe 36
Jentzsch, Gerhard 39
Jod 130
Jodtabletten 126
Jungk, Robert 212

Kabelbeschichtungen 79
Kabelstränge
– Teiltrennungen 79
Kahl 285
Kalkar 187, 373
Kalkar-Urteil 19
Kaltreserve 299
Kampf dem Atomtod-Bewegung 252
Kapazitätsengpässe
– Reserve 298
Kazatomprom 367
Kellerkraftwerke 355
Kernbrennstoff
– Besteuerung 289 f.
Kernforschungszentrum Karlsruhe 192, 201
Kernfusion 59
Kernschmelze 37, 69
– Three Miles Island 79
Kernschmelzereignis 68
Kernschmelzhäufigkeit 68
Kernschmelzunfall 81
Kernspaltung 36, 59, 66
Kerntechnik
– Sicherheit 67
Kerr McGee 228
KiKK-Studie 127 f., 132
Kirchenbanken 367
Klimaschäden
– Kosten 320
Klimaschutz
– AKW-Laufzeitverlängerung 159
– atomarer 161
– Kostenfaktor 317
Klimaschutzszenario 161
Klimaschutzziele 161
Klimaveränderungen 149
Klimawandel 60, 144 ff., 149 ff.
– ökonomische Auswirkungen 319
– Risikotyp 150
– wirtschaftliche Schäden 319
Kohlekraftwerke
– Leistungsreduzierung 166

- mit Kohlendioxidabscheidung 47
- Neubau 47, 301
Kohlendioxid 141
Kohlendioxidemissionen 156
- Anstieg 303
Kohlepatronage 12
Kohlepfennig 290
Kohlestrom 285
Kolb, Felix 12
Konstruktionsfehler 74
Kontaminierte Regionen 117
Konzeptaltenung 73, 78 ff.
Konzessionsabgaben 53
Konzessionsvertrag 53
Körblein, Alfred 127
Korrosion 74
Koskar-Ata-See 235
Kraft-Wärme-Kopplung 25, 158, 303, 308
Kraft-Wärme-Kopplungsanlagen
- Biomasse 335
Kraftwerke
- flexible 164
Kraftwerksbestand
- Nutzung von Reserven 302
Kraftwerkseigenverbrauch 170
Krebserkrankungen
- Häufung 134
Krebsrisiko
- Kinder 129
Krümmel 41, 138, 360
- Abschaltung 295
- Alterung des Netztransformators 77
- Ballonaktion 118
- Freisetzungsrate von Xenon-133 84
- Leukämiefälle 127
- Reaktorunfall
  - Ausbreitung der Radioaktivität 120
- Sicherheitsverstöße 91
Krypton 130
Kühlmittelpumpen 36
Kühlmittelverlust 69

Kühlsysteme 36
Kühlwasserstand 37
Kurtschatow-Institut 112
Kyoto-Verpflichtung 274

La Hague 188 f.
Lachgas 141
Landesbanken 366
Langfristreserve 298
Lastfolgebetrieb 164
Lastmanagement 301 ff.
Latif, Mojib 142
Laufwasserkraftwerke 163
Laufzeitverlängerungen 10, 17, 47, 159 f., 312 ff.
- Aussetzung 40
- Rückgängigmachung 378
- Störfallrisiko 72
- Studie über die Gefahren 81
Legambiente 193
Leichtwasserreaktoren 162
Leistungsbilanz
- Jahreshöchstlast 297 f.
Leittechnik 107
Lengfelder, Edmund 116
Leukämie
- Erkrankungsrisiko 129
Leukämiefälle bei Kindern 127
Liquidatoren 116
Lobby Control 12
Lubmin 192

Majak
- Atommülltransport 13
Marktanreizprogramm 325, 354
Massenvernichtungswaffen
- Proliferation 254
MASS-System 101
Material- und Energiekosten
- Investitionen zur Senkung 316 f.
Materialalterung 73 f.
Materialeigenschaften
- Verschlechterung 74
Materialermüdung 74, 174

Materialflussrechnung 316
Matthes, Felix 24
Mehr Demokratie 12
Mehrbarrierensystem 218
Menschliche Fehler 93
Menzenschwander Urangrube 230
– Sanierung 242
Merkel, Angela
– Atomdeal 376
Methan 141
Metzges, Günter 10 f.
Mikroblockheizkraftwerke 167
Mindesstillstandszeit 168
Mindestbetriebszeit 168
Mineralwasser
– Uran-Grenzwert 237
Miniblockheizkraftwerke 307, 355
Minimallastschwelle
– Unterschreitung 167
Mischoxid-Brennelemente 259 f.
Mittelspannungskabel
– Alterungsprozess 77
Möller, Detlev 201
Moratorium 40, 42, 295
– Gorleben 216
Morsleben 192, 210 ff.
– Einlagerungsstopp 211
– Einsturzgefährdung 211
– Sanierung 288
– Überflutung 211
MoveOn 10
Münchmeyer, Tobias 15

Nachrüstanforderungen 34
Nachrüstkosten
– Deckelung 174
Nachrüstungen 21
– Aufwandsbegrenzung 23
– Schutz gegen Flugzeugabstürze 85
Nachweisalterung 74, 89
Nagasaki 249

Nahrungsmittel
– kontaminierte 117
Nassauer, Otfried 106
Nationaler Aktionsplan für erneuerbare Energien 165, 178
– Ökostromanteil 169
Natrium 187
Natur-Uran 229
Neckarwestheim 38 f., 41
Negentropie 58
Nettostromerzeugung 170
Netzbetreiber
– negative Börsenstrompreise 172
Netzparität 334
Nicht-Atomwaffenstaaten 265
Niederaichbach 285 f.
Nordmeer
– Verseuchung 200
Nordostatlantik
– radioaktive Belastung 199
Norwegen
– Stromspeicherung 180
Notkühlsysteme 70
– getrennte 80
– Pumpen 78
Notstromaggregate
– Zerstörung 38
Notstromversorgung
– Sicherheitsmängel 83
Notwarte
– verbunkerte 85
Novarka 114
Nuclear Energy Agency 268
Nukleare Kettenreaktion 36, 66
Nukleare Pilotprojekte
– öffentliche Ausgaben 287
Nuklearenergie
– Kosten 286
Nuklearer Nichtverbreitungsvertrag 264
Nukleartechnik
– Dual-use-Technik 254
– zivile 253, 264

Nuklearwaffenarsenal
– USA 264
Nullemissionshäuser 318
Nullenergiehäuser 355

Obama, Barack 262 ff.
Obninsk 182
Obrigheim 31 f.
Oceanic Disposal Management
– Entsorgung radioaktiver Abfälle 194
OECD
– Nuklearkapazitäten der Mitgliedsstaaten 268
Offshore-Windenergie
– Ausbau 304
Offshore-Windkraftanlagen
– Problem der Korrosion 323
Offshore-Windparks 176, 332
– Lärmschutzmaßnahmen beim Bau 332
Ökoheizung
– Kosten 326
Öko-Institut 72
– Berechnungen 158
Ökokraftwerke 344
Ökosteuer 290
Ökostrom
– Netzbetreiber 345
– Wechsel zu echtem 342
Ökostromanbieter 342
– Kriterien 343
– unabhängige 344
– Zertifizierung 346
Ökostromanteil 169, 178
Ökostrom-Fonds 23
Ökostromprodukte 344
Ökostromtarife 341
Ökostromversorger 347
– Serviceleistungen 348
– Tarifbedingungen 348
Olkiluoto 272
– Sicherheitsmängel 273
Online-Petitionen 11

Ordoliberalismus 314
Ostwald, Wilhelm 56, 60
Over-the-counter-Verträge 172

Pannenstatistik 72 f.
Pariser Atomhaftungsübereinkommen 125
Passivhäuser 318, 355
Personalalterung 73, 87
Personalnachwuchs
– qualifizierter 87
Pflugbeil, Sebastian 241
Philippsburg 38, 41
Photosynthese 59
Photovoltaik 44
– Kostenentwicklung 324
Photovoltaikanlagen
– Einspeisevergütung 334
– Kapazität der installierten 309
– Leistung 353
Physikalisch-Technische Bundesanstalt 214
– Gutachten zu Gorleben 214
Plus-Energiehäuser 318, 355
Plutonium 130, 188, 258 ff.
– bombentaugliches 252
– waffenfähiges 258
Plutonium-239 184
Plutoniumpfad 187
Pollux-Behälter 226
Postbank 367
Preussen-Elektra 54
Primärenergiegewinnung 157
Primärkreislauf 83
Prognos-Institut 123
Proliferationsrisiken 261
Pumpspeicherkraftwerke 163, 168, 180
Pumpstromeigenverbrauch 170

Radioaktive Emissionen 127
Radioaktive Isotope
– in den Körper aufgenommene 131, 135

Radioaktive Kontamination 115
Radioaktive Stoffe 67
– Abgabe an Luft und Wasser 130
– Entweichen 81
Radioaktive Wolken 115
Radioaktiver Kohlenstoff 130
Radioaktives Abwasser 200
Radioaktives Inventar 37
Radioaktivität
– Freisetzung 97, 123
Radiologisches Institut Kiew 114
Radionuklide 82, 135, 189
Radium-226 234
Radiumkonzentrationen
– Grundwasser 237
Radon 235
Radongas 237 f.
Rangierverteiler 79
Rathenau, Emil 48
Reaktor
– Kühlsysteme 36
Reaktorabschaltungen 166
Reaktordruckbehälter 37
Reaktorgebäude
– Wandstärke 80
Reaktorkatastrophe 30
Reaktorkern
– geschmolzener 81
– schmelzender 37
Reaktorkernschmelze 66
Reaktormaterial
– Alterung 72
Reaktorplutonium 258 f.
Reaktorschnellabschaltung 187
– automatische 36
Reaktorsicherheitskommission 72
Reaktor-Uran 243
Reaktorwasserreinigungssystem 84
Regellaufzeit 28
Regenerative Energien
– Vermeidung von Umwelt- und Klimaschäden 320
Regenerative Heizanlagen 324
Regeneratives Kombikraftwerk 307

Reimer, Nick 107
Renneberg, Wolfgang 20 f., 67, 83, 86, 88, 174
Reserveleistung
– freie 299
Residuallast 164
Ressourcenproduktivität 315, 317
Ressourcenrechnung 316
Restbiomasse 335
Restlaufzeitbegrenzung 85
Restrisiko 19
Reststrommengen 17, 28
– Verfallsdatum 31
Reststrommengenübertragung 390
Restzerfallswärme 36
Rheinbraun-Strom 53
Rheinisch-Westfälische Elektrizitätswerke s. RWE
Ringhals 359
Risikoanalyse 295
Rissbildung 74
Rogg, Hagen 105
Rosenkranz, Gerd 161, 186
Röthemeyer, Helmut 214 f.
RWE 52 f., 55, 66, 380
– Belene-Projekt 374
– Notfallschutz-Broschüre 125

Sachverständigenrat für Umweltfragen 46, 164
Sailer, Michael 72, 207
Salzstöcke
– Atommüllendlager 209
Sarkophag
– Tschernobyl 112
Schacht Konrad 218
Scheer, Hermann 44, 56, 88, 310, 312 f.
Schmitz, Rolf Martin 15
Schneider, Mycle 36, 272
Schnelle Brüter 162, 187, 229
Schütz, Dietmar 26
Schwachwindphasen 167
Schwarmstrom 180, 306

Register

Schwermetall
- hochradioaktives 135
Schwerwasserreaktoren 229
Sellafield 188, 279
- Kinderkrebsraten 127
- Leukämieerkrankungen 189
- Störfälle 189
Sicherheitsanforderungen 19
Sicherheitsbehälter 37, 81
- Auslegungsschwäche 81
Sicherheitsbestimmungen 31
Sicherheitskultur
- mangelnde 91
Sicherheitsmanagement
- effektives 91
Sicherheitsmanagementsystem
- Einführung 93
Sicherheitsmängel 18
Sicherheitsnachweise 85
- Alterung 74
Sicherheitsniveau 90
Sicherheitstechnik 78
Sicherheitstechnische Mängel
- Behebung 91
Sicherheitsüberprüfungen
- periodische 92
Sicherheitsvergleich 86
Siedewasserreaktoren 38
- Baulinien 80
- Betrieb mit natürlichem Uran 255
- Schwankungen der Stromerzeugung 165
- Sicherheitsanalyse 82
- Sicherheitsbehälter 81
- Wandstärke 80
Siemens 271 ff.
Siemens, Werner 48
Simon, Armin 236
Sizewell 105
Smital, Heinz 98
Smith Ranch Uranmine 254
Sofortausstieg 383
Solarenergie 59, 333
- Werbung 155

Solarer Energiemix 42
Solarheizungen 353
Solarstrom
- Preise 323
Solarthermie 323
Solarworld 333
Solarzeitalter 295 ff.
Sonnenenergie 59
Sonnenkollektoren 353
Sonnenstrahlung 141
Sparkassen 365
Speicherwasserkraftwerke 168
Spitzenlastbedarf 301
Spitzenlastkraftwerke 163
Spotmarkt 172
Spurengase 141
Stade 32, 96
Stadtwerke 24, 307
- Ökostrom 347
Standortvergleich 218
Starkwindphasen 167
START-Vertrag 263
Steinkohlekraftwerke 163
Steinkohlesyndikat 52
Stinnes, Hugo 48, 52
Störfall
- Altreaktoren 86
Störfallrisiko
- Laufzeitverlängerung 72
Störfallszenarien 68
Stoßbremsen 76
Strahlenbelastungen 134
- Anwohner eines Atomkraftwerks 133 f.
- Erkrankungen 116
- Modellrechnungen 134
Strahlendosis 125
Strahlenempfindlichkeit
- ungeborener Kinder 134
Strahlenkrankheiten 82
Strahlenmessungen
- regelmäßige 133
Strahlenschäden 74
Strahlenschutzkommission 117

Strahlenschutzverordnung 122, 125
Strahlensensibilität 135
Strahlungswerte 122
Stromanbieterwechsel 341, 380
Stromausfall 38
Strombörse 171
- Preise 329
Stromerzeugung
- regenerative 46
- Reservekapazität 301
- Überkapazitäten 301
Stromerzeugungskosten 330
Strom-Exportüberschuss 41 f.
Stromfresser 352
Stromgestehungskosten 330
Stromimportlüge 41 ff.
Stromkartell 48 ff.
Stromkonzerne
- Haftung 29
- Verstaatlichung 314 f.
Stromlücke 41
- drohende 297
Strommarkt
- liberalisierter 280
- Liberalisierung 54 f.
- Überkapazitäten 41
- Wettbewerb 290
  - mangelhafter 172
Strommengenübertragung 303
Stromnachfrage 165
Stromnetze 337 f.
- Rekommunalisierung 314
- Verstaatlichung 314
Strompreise 281
- negative 171
- regeneratives System 47
Strompreiserhöhungen 327
Strompreisgarantien 281
Strompreissteigerungen 329
Stromproduktion
- schwankende 171
Stromspaircheck 349
Stromsparfahrplan 350

Stromsparhelfer 349
Stromspeicher 180
Stromsteuer 290
Stromüberangebot 165
Stromverbrauch
- Schwankungen 162
Stromversorgung
- Anteil Erneuerbarer Energien 43
- Jahreshöchstlast 300
- Leistungsbilanz der allgemeinen 300
- vollständig regenerative 47, 153
- Zerstörung 38, 106
Stronium-90 131
Strontium 126, 130
Super-GAU 29, 66 f., 69
- Tschernobyl 115

Tailings 234
Technischer Überwachungs-Verein (TÜV) 92 f.
Teillastbetrieb 17
Tennet 177
Teollisuuden Voisma (TVO) 271 ff.
TEPCO 361
Terminmarkt 172
Terrorangriffe 19
- Alarmfall 99
- vom Boden 104 ff.
Terroranschläge 68, 94 ff., 110
Terrorszenarien 103
Thermodynamik 57 f.
Thorium-230 234
Three Miles Island 79
Thyssen, August 52
Transparency International 12
Treck nach Hannover 212
Treibhausgasemissionen 61, 149, 156 f.
- Kosten für Reduzierung 319
Trinkwasserverordnung
- Grenzwert für Uran 237
Tritium 130 f., 135
Tschernobyl 107 ff.

Register

Übertragungsnetze
- Ausbau 177
Ulmer Ärzteinitiative 127
Umrüstungsmaßnahmen 22
Umwandlungsverluste 58
Umweltausschuss 32
Umweltbelastung
- geringere 320
Umweltprogramm der Vereinten Nationen 148
Umweltsachverständigenrat der Bundesregierung 152
UniCredit/Hypo Vereinsbank 364 f.
Unterweser 39
- Besetzung 105
Uran 227 ff.
- abgereichertes 229
- hoch angereichertes 255
- Kernspaltungs-Kettenreaktion 229
- niedrig angereichertes 229, 255
- Verbrauchsdeckung 244
Uran-235 255
Uran-238 229
Uranabbau 60, 138
- Emissionen 240
- gesundheitliche Folgen 237 ff.
- Nigeria 227
Uranabbaugebiete 228 f.
Urananreicherung
- Kohlendioxid 156
- Proliferationsrisiko 255 ff.
Urananreicherungsanlagen 255 f.
Uranbergbau 230
- Abfälle 183
- Sanierung 242
- Wismut AG 241 ff.
Uranbrennelemente 260
Uranerz-Aufbereitung 183, 233 ff.
Uranerzbergbau
- Sachsen und Thüringen 288
Urangewinnung 231
Uranhalden
- Renaturierung 242
Uraninit 231

Urankonzentrationen
- Gesundheitsrisiken 238
- Grundwasser 237
Uranlieferanten 244
Uranminen
- aktive 229
- Lungenkrebsrisiko 239
- Nigeria 227
- Produktion 243
- weltweite 230
Uranminerale 231
Uranoxid-Verbindung 234
Uranpecherz 231
Uran-Plutonium-Mischoxid-Brennelemente 188
Uranpreise 243
Uranproduzenten
- DDR 229
Uranversorgungskrise 244
Uranvorräte
- Rückgang 244
Uran-Zuliefererländer 245 f.
Urenco 256
Urgewald 357 ff.
- Bankenrecherche 369
USA
- AKW-Neubauten 274 ff.
- Klimaschutzgesetz 276
- Kreditgarantien 276
- Solarnenergie 276
US-Atomindustrie
- Subventionszusagen 275
- Wirtschaftlichkeitsanalyse 277

Vattenfall Europe 55, 380
Verband der Europäischen Übertragungsnetzbetreiber 298
Verband kommunaler Unternehmen (VKU) 24, 376
Verdünnungsentsorgung 189
Vernebelung 101 f.
Verschmutzungsrechte 159
- Preissteigerungen 303
Versorgungssicherheit 40

Versuchsatomkraftwerk 285
Versuchsendlager
– Asse 201, 208
Volllaststunden 169
Vorwarnzeit 82

Wackersdorf 190, 373
Wärmeversorgung 325
Watts Bar 275
Wechselrichter 71
Weizsäcker, Carl Friedrich von 192, 266
Weltenergieverbrauch 331
Weltgesundheitsorganisation 117
Weltklima 60
Weltklimarat der Vereinten Nationen 139
Welt-Uranproduktion 230
Wendland
– Anti-Atom-Demonstration 222
Westdeutsche Landesbank 366
Wetterextreme 142 f.
Wiederaufbereitungsanlage Karlsruhe 186, 190
Wiederaufbereitungsanlagen
– Abspaltung von Plutonium 259
– atomare 188
– Plutoniumabtrennung 259
– Strahlenbelastung 189
Windenergie 175, 304, 331 f.

Windenergieanlage
– Anlagenleistung 323
– Erträge 331 f.
Windkraftkapazität
– in der EU 44
– installierte 44
Windstromeinspeisung 171
Wismut AG 241 ff.
– DDR-Strahlenschutzwerte 242
Wismut-Region
– Sanierung 288
Wissenschaftlicher Beirat der Bundesregierung Globale Umweltveränderungen 150
World Energy Outlook 44
Wuppertal Institut für Klima, Umwelt, Energie 321
Wurm Stuxnet 106
Wüstenstromprojekt Desertec 311
WWF 179
Wyhl 372

Xenon 130
Xenon-135 173

Yellow Cake 234
Yucca Mountain 223

Zuhausekraftwerk 167, 305 ff.
Zwischenlager 191 ff.
– für Castoren 29
– hochradioaktive Abfälle 222

ABSCHALTEN:
JETZT UND ENDGÜLTIG!

❱❱ Sehr geehrte Frau Bundeskanzlerin Dr. Angela Merkel,
wir sind fassungslos und entsetzt über die Reaktorkatastrophe von Fukushima.
Ziehen Sie daraus Konsequenzen: Machen Sie die Laufzeitverlängerung rückgängig
und schalten Sie Atomkraftwerke ab – jetzt und endgültig! ❱❱

Bereits über 300.000 Menschen haben diesen offenen Brief unterschrieben.
Unterzeichnen auch Sie online den Appell auf www.campact.de!

Gestaltung: www.zitrusblau.de